MÉMOIRES
SUR
VOLTAIRE.

PARIS, IMPRIMERIE DE LEBEL,
Imprimeur du Roi, rue d'Erfurth, n° 1.

MÉMOIRES

SUR

VOLTAIRE,

Et sur ses Ouvrages,

PAR LONGCHAMP ET WAGNIÈRE,

SES SECRÉTAIRES;

Suivis de divers écrits inédits

DE LA MARQUISE DU CHATELET, DU PRÉSIDENT HÉNAULT,
DE PIRON, DARNAUD BACULARD, THIRIOT, etc.,

TOUS RELATIFS A VOLTAIRE.

TOME SECOND.

PARIS,
AIMÉ ANDRÉ, LIBRAIRE-ÉDITEUR,
QUAI DES AUGUSTINS, N° 59.
1826.

EXAMEN

DES

MÉMOIRES SECRETS, ETC.,

DITS DE BACHAUMONT.

SUITE.

Tome XII, *page* 145, du 4 octobre 1778. Quoique M. l'abbé *Mignot*, neveu de M. *de Voltaire*, ainsi que M. *d'Hornoy*, n'ait eu qu'une somme de cent mille livres pour la portion d'héritage à laquelle le vieillard de Ferney les a réduits, tandis que madame *Denis* a recueilli 80,000 livres de rentes et 400,000 livres d'argent comptant, le premier se pique de générosité : il a commandé un mausolée, qu'il doit placer dans son abbaye de Scellières, en l'honneur de M. *de Voltaire*. Il s'ensuit que l'abbé *Mignot* renonce à envoyer les cendres de son oncle à Ferney, et se propose de les conserver à perpétuité. C'est un nommé *Clodion*, sculpteur, qui est chargé du monument.

Le prieur, que le clergé voulait faire expulser par son général nommé *Pontigny*, fier de la protection du gouvernement, est aujourd'hui tout entier dans les intérêts du parti des philosophes. Il a triomphé absolument de la persécution élevée contre lui, et le comité ministériel tenu entre le comte *de Maurepas,* M. *Amelot* et M. *Necker,* relativement à tout ce qui a concerné cette affaire, depuis la maladie de M. *de Voltaire* jusqu'au dernier effort tenté par les curés, dirige toutes les démarches nouvelles et y préside. C'est à ce comité qu'a recours aujourd'hui l'Académie française pour faire faire le service qu'elle attend, avant de procéder à l'élection d'un successeur de M. *de Voltaire;* mais cette grâce est plus difficile à obtenir, à cause de la capitale, où il doit avoir lieu, où s'est passé le scandale, et où se trouve en quelque sorte le clergé réuni.

Ibid., page 146, du 5 octobre. C'est décidément le sieur *Panckoucke* qui sera l'agent matériel de l'édition générale qu'on se propose de faire des œuvres de M. *de Voltaire.* Madame *Denis* a remis toutes les pièces nécessaires. On ne nomme point encore l'homme de lettres qui présidera à l'opération; il en faudrait même plusieurs, tant elle sera immense et diversifiée.

Page 148, du 8 octobre. Madame *Denis* a fait remettre au sieur *Panckoucke* deux caisses de papiers et manuscrits pour la nouvelle édition des œuvres de son oncle; ce n'est pas qu'il y ait beaucoup de neuf; on en a trouvé très-peu; mais ce sont quantité de volumes retouchés de la main de M. *de Voltaire;* ce sont aussi des lettres de toute espèce qu'elle a recueillies, quoiqu'il s'en faille qu'on ait pu les rassembler en totalité; il y en a infiniment plus qu'on n'a pu recouvrer, ou qu'on n'ose publier.

Ces détails ne sont pas absolument exacts. M. *de Voltaire* avait autorisé M. *Panckoucke* à faire une nouvelle édition de ses œuvres. Celui-ci, en conséquence, lui avait apporté en 1777 l'édition encadrée de Genève, partagée en quatre-vingts demi-volumes, avec des feuillets blancs entre les pages.

M. *de Voltaire* devait revoir et corriger le tout ; il n'avait revu, à sa mort, que trente et quelques demi-volumes, la plupart de la partie historique et du théâtre. M. *Panckoucke* les vint chercher à Ferney, avec un ordre de madame *Denis* de lui délivrer le reste des manuscrits, suivant l'intention de son oncle. Il n'a dû s'y trouver que fort peu de lettres, telles que celles adressées à elle-même, et une collection fort incomplète de minutes des lettres au roi de Prusse, qu'elle avait fait rassembler. M. *de Voltaire* ne gardait point d'ailleurs de minutes de ses lettres ; il me les dictait si promptement et en si grand nombre, que s'il avait fallu en conserver des doubles, un copiste m'aurait à peine suffi pour ce seul objet ; il ne gardait que celles dont il pouvait avoir besoin dans la suite, pour des raisons particulières d'intérêt ou de politique. On a dû en trouver quelques-unes de ce genre, adressées à des ministres, mais fort peu d'autres (120).

Ibid., pages 151 et 152, du 12 octobre. M. le duc *de Choiseul*, instruit qu'on se proposait d'imprimer les lettres familières de M. *de Voltaire* et les réponses de divers personnages qu'on pourrait rassembler, n'a point voulu figurer

(120) Cela est vrai. Les lettres dont il est parlé dans les *Mémoires* ne peuvent être que celles qui étaient adressées à *Voltaire*. Celles-là, en effet, étaient en très-grand nombre, et ont été rendues à tous ceux qui les ont réclamées. Celles de *Voltaire* ont été communiquées par les personnes à qui il les a écrites, ou par des curieux qui en avaient rassemblé. Il reste encore des correspondances intéressantes à recouvrer.

dans cette collection, et a redemandé les siennes. On n'ose publier celles du roi de Prusse, de l'impératrice de Russie, du roi de Pologne et autres souverains, sans leur aveu. M. le duc *de Nivernais* en a beaucoup, dont il ne veut pas se défaire. M. le comte *d'Argental* a remis celles qu'il avait au sieur *Panckoucke,* en nombre très-considérable, et l'on assure que ce libraire les a achetées 4ooo livres. Il s'ensuit que cette collection sera encore très-imparfaite.

Le rédacteur des *Mémoires* veut dire *très-incomplète;* dans ce sens il a raison. Les lettres de M. *de Voltaire*, écrites depuis plus de soixante ans, doivent être en partie perdues, et les autres tellement dispersées, qu'il sera impossible de les réunir toutes; mais le recueil qu'on en pourra faire, volumineux ou non, sera toujours un monument littéraire, curieux et intéressant (121).

Ibid., page 161, *du* 24 *octobre.* M. le marquis *de Villette*

---

(121) Le texte des *Mémoires* a besoin ici de quelques rectifications que *Wagnière* n'était point alors à portée de faire. On ne s'est jamais proposé de joindre les lettres reçues par *Voltaire* aux siennes, ce qui aurait plus que doublé la correspondance générale. Il n'a été fait, pour les particuliers, qu'une seule exception, en faveur de M. *d'Alembert*, dont la correspondance a été imprimée à part, de même que celles des souverains. Il est vrai que les ducs *de Choiseul* et *de Nivernais* ont retiré leurs lettres et refusé celles *de Voltaire*. Ce ne fut que long-temps après qu'on en a eu, par voie indirecte, quelques-unes adressées au duc *de Choiseul.* Le comte *d'Argental* a aussi retiré les siennes, et avait donné celles de *Voltaire* à une dame de sa société, admiratrice comme lui de ce grand homme. C'est d'elle que *Panckoucke* les a obtenues, et non achetées; s'il lui en a témoigné sa reconnaissance, ce n'aura été qu'avec la délicatesse convenable en pareil cas.

a acheté de madame *Denis* la terre de Ferney, pour 250,000 livres. L'abbé *Mignot* et M. *d'Hornoy* sont furieux qu'on laisse passer dans des mains étrangères cette habitation de M. *de Voltaire*.

Ils avaient sans doute de grandes raisons d'être fâchés de cette vente.

Ibid., page 183, du 14 novembre. C'est au 28 de ce mois décidément qu'est fixée la cérémonie funèbre en l'honneur de M. *de Voltaire*, que la loge des *Neuf-Sœurs* se propose d'ordonner à sa rentrée solennelle. On lui élèvera un sarcophage, on prononcera son oraison funèbre, et on lira d'autres morceaux pour la célébrer. Tous les frères doivent être en noir; il faudrait même qu'ils fussent en pleureuses.

Ibid., page 193, du 29 novembre. La cérémonie funéraire dont la loge des *Neuf-Sœurs* se proposait d'honorer la mémoire du frère *Voltaire*, en suppléant en quelque sorte à celle que lui avait refusée l'Eglise, a eu lieu hier, jour indiqué. Pour la rendre plus solennelle, M. *d'Alembert* devait se faire recevoir maçon auparavant, et y représenter l'Académie française en la personne de son secrétaire; mais le grand nombre de ses membres très-circonspects a craint qu'après tout ce qui s'était passé, cette démarche ne scandalisât, ne réveillât la fureur du clergé, n'indisposât la cour. Cela est devenu la matière d'une délibération de la compagnie, qui a lié ce philosophe, quoique très-indiscrètement il eût donné sa parole en particulier. La loge, désolée de ne pouvoir faire cette acquisition, en a été un peu dédommagée par le peintre *Greuze*, très-utile aux travaux dans sa partie.

Après la célébration des mystères, interdite aux profanes, on a fermé la loge et l'on s'est transporté dans une vaste enceinte en forme de temple, où la fête devait se célébrer. Le *vénérable* frère *Lalande*, les frères *Francklin* et comte de

Strogonoff, ses assistans, ainsi que tous les grands-officiers et frères de la loge, étant entrés pour faire les honneurs de l'assemblée, le grand-maître des cérémonies a introduit les frères visiteurs deux à deux, au nombre de plus de cent cinquante. Un orchestre considérable, dans une tribune, jouait pendant cette marche celle d'Alceste; il a exécuté ensuite différens morceaux de Castor et Pollux; et tout le monde étant en place, le frère abbé *Cordier de Saint-Firmin*, agent général de la loge, et celui auquel on doit l'imagination de la fête, est venu annoncer que madame *Denis* et madame la marquise *de Villette* désiraient recevoir la faveur de jouir du spectacle. La permission accordée, ces deux dames sont entrées, l'une conduite par le marquis *de Villette*, et la seconde par le marquis *de Villevieille*. Elles n'ont pu qu'être frappées du coup d'œil imposant du local et de l'assemblée, qui était restée décorée de ses différens cordons *bleus, rouges, noirs, blancs, jaunes*, etc., suivant les grades.

Après avoir passé sous une voûte étroite, on trouvait une salle immense tendue de noir dans son pourtour et dans son ciel, éclairée seulement par de tristes lampes, avec des cartouches en transparens, où l'on lisait des sentences en prose et en vers, toutes tirées des œuvres du frère défunt. Au fond se voyait le cénotaphe.

Les discours d'appareil ont commencé. Le *Vénérable* a d'abord fait le sien, relatif à ce qui allait se passer; l'orateur de la loge des *Neuf-Sœurs*, frère *Changeux*, a parlé après lui un peu plus longuement; frère *Coron*, l'orateur de la loge de *Thalie*, affiliée à celle des *Neuf-Sœurs*, a débité son compliment de mémoire, et quoique plus court, il a paru le meilleur. Enfin frère *Ladixmerie* a commencé l'éloge de *Voltaire*. Il a suivi la méthode de l'Académie française, et a lu son cahier, ce qui refroidit beaucoup le panégyriste et l'auditoire. On y a observé quelques traits saillans, mais peu de faits et point d'anecdotes. Frère *Ladixmerie* s'est étendu trop amplement sur les œuvres de ce grand homme, qu'il a disséquées en détail, et n'a point assez parlé de la personne. Nulle digression vigoureuse, nul écart, nul élan; on voyait que l'auteur, continuellement dans les entraves, ne marchait qu'avec une circonspection timide, qui l'obligeait de faire de la *réticence* sa figure favorite. Le seul endroit où il se soit animé et ait mis un peu de chaleur, a été dans son apostrophe aux ennemis fougueux de son héros, où, après avoir dit tout ce qui pouvait les toucher, les attendrir : *Si sa mort enfin ne vous réduit pas au silence,* a-t-il ajouté, *je ne vois plus que la foudre qui puisse, en vous écrasant, vous y forcer.* A l'instant des coups redoublés de tonnerre d'opéra se font entendre; le cénotaphe a disparu; et l'on n'a plus vu dans le fond qu'un grand tableau représentant *l'apothéose de Voltaire*. On aurait désiré que, par une heureuse adresse, on eût en même temps fait succéder à la décoration lugubre de la salle, une décoration brillante et triomphale.

Frère *Roucher* a terminé la séance, en déclamant un morceau du mois de *janvier,* de son *Poème des Mois*. Il faut se rappeler la persécution excitée déjà contre son ouvrage, quoiqu'il ne soit pas encore imprimé : son zèle contre le fanatisme s'est animé et lui a fait enfanter la tirade en question relative à la mort de *Voltaire* et au refus de l'enterrer; il a comparé cette injustice avec les honneurs accordés aux cendres d'un prélat hypocrite, d'un ministre concussionnaire. Dans ces deux portraits il a désigné sensiblement le cardinal *de La Roche-Aymon* et l'abbé *Terrai,* morts peu avant, et a fini par annoncer que *toute la terre où reposerait la cendre de Voltaire, serait une terre sacrée.*

Où repose un grand homme un dieu doit habiter.

Un enthousiasme général a saisi tous les spectateurs transportés; on a crié *bis,* et il a fallu qu'il recommençât.

On ne sait comment le clergé et le gouvernement prendront ce morceau; on craint qu'il ne mérite à l'auteur l'animadversion de l'un et la vengeance implacable de l'autre.

Page 205, du 1ᵉʳ décembre. Par une circonstance remarquable qu'on a oubliée dans la relation de la fête funéraire célébrée en mémoire de M. *de Voltaire*, il est à observer que c'est au noviciat des jésuites, où vingt loges de francs-maçons se sont établies, et entre autres celle des *Neuf-Sœurs*, qu'elle a eu lieu. Les bons pères se seraient-ils jamais attendus à cette bizarre destinée d'un des principaux berceaux de l'ordre?

Madame *Denis* a touché 150,000 livres de la vente de la bibliothèque de M. *de Voltaire*, à l'impératrice de Russie; c'est le prix qu'y a mis cette magnifique souveraine. Elle y a joint des fourrures de la plus grande beauté et une lettre très-flatteuse. On doit ajouter aux livres toutes les lettres originales qu'on pourra faire imprimer, et autres manuscrites qui ne seraient pas dans le même cas. Madame *Denis* a seulement demandé permission d'en garder copie.

L'impératrice de Russie désire en outre des plans exacts et dans tous les sens du château de Ferney: elle se propose d'en faire construire un pareil dans un de ses châteaux de plaisance, et d'y élever un monument à la mémoire du philosophe ci-devant seigneur du lieu.

Je n'ai pas été témoin de la solennité funéraire qui a eu lieu aux francs-maçons, et dont on vient de lire la relation; les détails en sont probablement exacts. Pour ce qui a rapport à l'envoi de la bibliothèque à Pétersbourg, le lecteur peut voir ce que j'en dis dans l'avertissement qui précède mes *Additions au Commentaire historique* (122).

(122) La bibliothèque contenait tous les livres imprimés. Les manu-

Ibid., dudit jour, 1ᵉʳ décembre. La place de M. *de Voltaire* à l'Académie française reste encore vacante, et la compagnie ne semble pas disposée à lui donner de sitôt un successeur; on la croit toujours en négociation avec le ministère pour le service d'usage à faire aux Cordeliers.

Cette négociation est restée sans effet, du moins jusqu'à présent, et il n'a plus été fait de service aux académiciens morts postérieurement à M. *de Voltaire*; mais d'un autre côté, le gouvernement n'a point gêné l'Académie sur les moyens qu'elle pouvait choisir pour honorer, d'une manière différente, la mémoire de ce grand écrivain.

Ibid., pages 209 et 210, du 6 décembre. C'est le sieur *Grimm*, ministre plénipotentiaire du duc *de Saxe-Gotha*, qui a fait pour l'impératrice des Russies l'achat de la bibliothèque de M. *de Voltaire*, et c'est dans le superbe parc de Czarskozelo que doit être bâti le château pareil à celui de Ferney, avec toutes ses attenances et dépendances. Il y sera élevé un muséum, dans lequel on arrangera les livres dans l'ordre où ils étaient placés. Le sieur *Wagnière*, secrétaire du défunt, doit se rendre à Pétersbourg à cet effet. La statue du maître s'élèvera au milieu.

Cette souveraine a joint aux présens qu'elle a fait remettre à madame *Denis*, une lettre écrite de sa main, en date du 15 octobre; la suscription est: *Pour madame Denis, nièce d'un*

---

scrits n'en pouvaient pas faire partie, puisque *Voltaire* les avait destinés à *Panckouke*, à qui ils furent en effet remis par madame *Denis*. Mais *Wagnière*, chargé du transport de cette bibliothèque en Russie, a pu y joindre, pour faire sa cour à l'impératrice, des copies de quelques pièces, quelques lettres ou fragmens qui lui avaient été donnés en propre par des amis de *Voltaire*.

grand homme qui m'aimait beaucoup. Cette épître singulière est un monument à conserver. La voici :

« Je viens d'apprendre, madame, que vous consentez à remettre entre mes mains ce dépôt précieux que monsieur votre oncle vous a laissé, cette bibliothèque que les âmes sensibles ne verront jamais sans se souvenir que ce grand homme sut inspirer aux humains cette bienveillance universelle que tous ses écrits, même ceux de pur agrément, respirent, parce que son âme en était profondément pénétrée. Personne avant lui n'écrivit comme lui; il servira d'exemple et d'écueil à la race future. Il faudrait unir le génie et la philosophie, aux connaissances et à l'agrément, en un mot, être M. *de Voltaire* pour l'égaler. Si j'ai partagé avec toute l'Europe vos regrets, madame, sur la perte de cet homme incomparable, vous vous êtes mise en droit de participer à la reconnaissance que je dois à ses écrits. Je suis, sans doute, très-sensible à l'estime et à la confiance que vous me marquez; il m'est bien flatteur de voir qu'elles sont héréditaires dans votre famille. La noblesse de vos procédés vous est caution de mes sentimens à votre égard.

» J'ai chargé M. *Grimm* de vous en remettre quelques faibles témoignages, dont je vous prie de faire usage.

» *Signé* CATHERINE. »

C'est en effet M. le baron *de Grimm*, ministre plénipotentiaire de Saxe-Gotha, qui a fait pour l'impératrice de Russie l'acquisition de la bibliothèque. Tout cet article est vrai, ainsi que la lettre de S. M. I. à madame *Denis*.

Je me fais encore ici un devoir et un grand plaisir de publier que c'est aussi à M. le baron *de Grimm* que je dois en grande partie les bontés extrêmes que S. M. I. a daigné avoir pour moi, qu'il m'a en quelque sorte servi de père depuis la mort de M. *de Voltaire*, et que ma reconnaissance respectueuse envers mon auguste bienfaitrice et envers lui est sans bornes, ainsi que pour plusieurs seigneurs russes qui m'ont honoré de leur amitié et de leur bienveillance.

Ibid., page 215, *du* 16 *décembre.* M. *d'Alembert*, fort satisfait d'avoir réussi dans les deux coups fourrés qu'il a portés au clergé en faveur de M. *de Voltaire*, commence à convenir qu'il a eu long-temps peur qu'ils ne manquassent. Aujourd'hui il se prévaut du silence du gouvernement, et triomphe. Ces deux coups fourrés sont l'arrêté de ne point ordonner le service d'usage pour aucun confrère avant qu'on eût célébré celui de l'académicien anathématisé; et l'éloge proposé publiquement de cet impie, et proposé en vers, afin d'éviter la formalité des censeurs de la faculté de théologie, qui auraient pu chicaner les candidats. Mais que de peines, que de délais, que d'anxiétés ne lui a pas coûté ce double projet! il a été plus de six semaines à épier le moment favorable. Il faut, pour qu'une délibération de l'Académie française soit valable, être douze unanimes; il s'est souvent vu ce nombre de cabalans réunis, mais avec de faux frères dont il craignait la pusillanimité, ou l'indiscrétion, ou la fureur.

Voyez sur cela ma remarque précédente, à l'un des articles du 1er décembre.

Ibid., page 218, *du* 18 *décembre.* On parle beaucoup d'un *Eloge de Voltaire par le roi de Prusse.*

Cet éloge existait et avait été prononcé à l'Académie de Berlin. Il a été imprimé immédiatement après. Il a paru beaucoup d'autres *Éloges de Voltaire*, publiés par différens auteurs, tels que MM. *de La Harpe, La Dixmerie, Palissot*, etc., etc.

Ibid., page 224, du 20 décembre. M. le marquis *de Villette*, devenu possesseur de la terre de Ferney, a cru devoir aux habitans de cette colonie fondée par *Voltaire*, une continuation de soins et de protection : en conséquence il a pris les mêmes moyens qui ne seront peut-être pas aussi efficaces, et a adressé une requête poétique à M. *Necker*, directeur-général des finances, *pour les habitans de Ferney*. Il y a des idées, des images, et des vers ronflans.

Le zèle de M. *de Villette* pour les habitans de Ferney, et son goût pour cette terre n'ont pas été de longue durée. Comment d'ailleurs sa protection aurait-elle pu suppléer celle de M. *de Voltaire*, dont l'influence s'étendait à toute l'Europe?

ANNÉE 1779.

Tome XIII, *page* 289, du 3 janvier 1779. M. *de Ladixmerie* a eu beaucoup de peine à faire imprimer son *Eloge de Voltaire*, prononcé dans la loge maçonique des *Neuf-Sœurs*, dont cet illustre vieillard avait été membre. Il a surmonté les obstacles du clergé et des ennemis de son héros. L'ouvrage paraît enfin. On ne peut se rétracter à la lecture sur le jugement qu'on en a porté. En applaudissant au style, aux tournures, aux images, aux décisions, en général assez saines, de l'écrivain, on continue à lui reprocher de n'avoir donné qu'une analyse chronologique des œuvres de ce grand homme, et d'avoir négligé de l'enrichir de cette foule d'anecdotes, entre lesquelles il avait à choisir. M. *de Ladixmerie* a ajouté quelques notes, où il a réparé cette omission, mais bien faiblement; en sorte qu'on peut prononcer hardiment que l'*éloge de Voltaire* reste encore à faire.

Celui-ci est dédié à madame *Denis* par une épître assez médiocre. On trouve à la fin une autre épître, en vers aussi, que le poète adressa au seigneur de Ferney, lors de son retour dans cette capitale. On y lit ces vers singuliers:

>Mais dans le temple du Seigneur
>Je suis un simple enfant de chœur,
>Et j'attache à l'autel ma chétive guirlande:
>En vain j'essayai quelquefois
>De joindre ma débile voix
>A celles qui pour vous entonnaient des cantiques, etc.

Cette comparaison rapprochée des cérémonies de l'Eglise, empêcha dans le temps le *Journal de Paris* d'insérer la pièce, et les prêtres en sont en effet scandalisés.

Ibid., page 242, du 5 janvier. Le morceau du panégyrique de *Voltaire*, particulier au lieu, et que l'orateur de la loge des *Neuf-Sœurs* pouvait rendre infiniment plus intéressant, c'est celui où il parle de la réception de ce grand homme comme franc-maçon. Mais loin de tirer parti de cette circonstance, pour faire une apologie vigoureuse de l'ordre (123), une digression historique sur l'aventure de Naples, un éloge glorieux de la reine *Caroline*, la bienfaitrice des frères persécutés, il s'est contenté de repousser les sarcasmes, les mauvaises plaisanteries et la dérision des profanes étourdis, condamnant ce qu'ils ignorent. Ce paragraphe est tout-à-fait petit, mesquin et puéril.

On peut observer à cette occasion que les loges de

---

(123) Vous êtes orfèvre, monsieur *Josse*.

France, plus sensibles à la bienfaisance de la reine de Naples, ne manquent pas de porter la santé de cette souveraine entre celles d'étiquette dans les banquets.

Ibid., page 256, *du* 17 *janvier* 1779. Comme on parlait beaucoup des prétentions du marquis *de Condorcet* à la place de M. *de Voltaire,* et que ce candidat s'appuyait sur les éloges qu'avait faits de lui le défunt, qui par là l'avait, en quelque sorte, désigné pour son successeur, on a fait cette épigramme :

>N'est-ce pas Condorcet qui succède à Voltaire?
>Voltaire l'a nommé. — Tant pis, dit un censeur,
>Auguste aussi nomma son successeur,
>Et ce successeur fut Tibère.

Qu'y a-t-il de commun entre ces deux empereurs et deux hommes de lettres? Cette épigramme recherchée ne paraît ni juste ni fine; M. *de Voltaire* estimait M. *de Condorcet,* et désirait de le voir entrer à l'Académie française. Ce fut M. *Ducis* qui succéda à M. *de Voltaire;* M. *de Condorcet* ne fut élu que quelque temps après.

Ibid., page 318, *du* 19 *janvier.* Les partisans de M. *de Voltaire* cherchent aujourd'hui à se dédommager de toutes les manières du long silence que leur avait imposé le gouvernement. Après avoir répandu divers éloges particuliers, après s'être enhardis à en prononcer en public, en parodiant, en quelque sorte, les cérémonies de l'Eglise qu'on lui a refusées, ils entreprennent aujourd'hui son apothéose au théâtre.

Il y a quelque temps que M. le comte *d'Argental,* l'un des plus fanatiques (124) partisans de ce coryphée encyclo-

---

(124) S'il y a ici du *fanatisme,* c'est plutôt dans l'esprit, le ton et

pédique, remit en grand mystère aux comédiens français un petit drame intitulé les *Muses rivales*. Il roule sur l'universalité des talens de ce grand maître. Chacune des neuf Muses prétend que l'illustre mort lui appartient, comme ayant excellé dans le genre auquel elle préside, et réclame l'avantage de le présenter au dieu des arts. Comme ce secret était celui de la comédie, il a percé; ce qu'on ignore seulement, c'est le nom de l'auteur de la pièce, le comte *d'Argental* paraissant seul, et suivant même les répétitions. On attend avec impatience cette nouveauté.

Ibid., page 272, du 2 février. On a joué hier à la Comédie française la petite pièce des *Muses rivales*, en un acte et en vers. Cette apothéose de *Voltaire* ne pouvait manquer d'avoir le plus grand succès. C'est une imitation de celle de *Molière* exécutée, il y a quelques années, mais enrichie de scènes et de particularités relatives au héros. Le singulier, c'est que, malgré son triomphe, l'auteur persiste à garder l'incognito. On ignore absolument son nom; ce qui donne lieu de l'attribuer à plusieurs qui s'en défendent. On juge bien qu'il y a beaucoup de spectacle dans cette pièce. Pour la compléter, on y a joint un ballet, trop médiocre pour ne lui pas faire tort.

Ibid., page 274, du 6 février. Le clergé n'a pas vu de bon œil qu'on se préparât à faire au théâtre l'apothéose de *Voltaire*, et l'archevêque de Paris s'est remué en conséquence pour l'empêcher. Il a voulu piquer du moins l'amour-propre du gouvernement, qui, après avoir défendu même aux journalistes de parler de ce héros de l'impiété et d'annoncer sa mort, six mois après le laisserait couronner en

---

le style de plusieurs articles de ces *Mémoires* qu'il se fait sentir. Le rédacteur pouvait ne pas prodiguer injustement aux autres des épithètes qu'il semble mériter mieux lui-même.

public. Le gouvernement, accoutumé aux inconséquences, n'est pas à celle-là près.

On ne sait si c'est pour éviter la fureur des prêtres que l'auteur, malgré son succès, persiste à garder l'incognito. M. le comte *d'Argental*, pressé de le faire connaître, assure ignorer son nom. Il dit qu'il a reçu la pièce avec une lettre où l'on lui marquait la lui adresser comme à un ami et enthousiaste de *Voltaire*, qu'on la soumettait à son jugement, et qu'on s'en rapportait à son zèle pour la mémoire du héros; zèle qui sans doute procurerait, en cas d'approbation, une prompte exécution de cet ouvrage du moment. On le priait d'excuser si l'on ne lui en confiait pas davantage.

Ibid., page 277, du 8 février. L'*Eloge de Voltaire* par le roi de Prusse est infiniment rare encore. On n'en peut juger que sur parole. Des gens de cour et de lettres qui l'ont lu, assurent qu'il est très-médiocre, qu'il n'a de remarquable que son auteur, et la circonstance de sa naissance, au moment où ce monarque roulant les plus vastes projets et faisant les marches les plus savantes, se délassait, comme *César*, avec les lettres, et produisait cet écrit qui lui fait honneur, surtout par une sensibilité peu commune chez ses pareils.

Page 280, du 11 février. Le nom de l'auteur de la pièce des *Muses rivales* n'est plus un mystère; M. *de La Harpe* s'est annoncé pour l'avoir composée. Il a voulu par là se justifier du reproche d'ingratitude envers son héros; et l'on lui fait aujourd'hui celui d'une adulation basse et outrée au point de lui accorder au Parnasse le premier rang pour la tragédie, au préjudice de *Corneille*, dont on ne parle même pas. C'est ce qui a donné lieu à une épître à ce père du théâtre, qu'on attribue à M. *Dorat*. Au reste, la production de M. *de La Harpe* est médiocre, sans invention, fadasse et dénuée de cette critique qui, en contrastant avec les louanges, lui aurait donné un piquant nécessaire partout et principalement dans la comédie (125).

Les *Muses rivales*, composées par M. *de La Harpe*, ne le furent point par amitié de cet auteur pour M. *de Voltaire*, mais parce qu'il cherchait à rattraper l'indulgence du public, qui avait été indigné contre lui de ce qu'il s'est avisé, dans un article de son journal, de critiquer ce grand homme immédiatement après sa mort; conduite qui avait révolté tout le monde, par l'ingratitude du critique envers celui que, jusque là, il s'honorait d'appeler son maître. C'est ce qui lui fut alors vivement reproché dans le *Journal de Paris*, par M. le marquis *de Villevieille*.

Ibid., page 328, du 11 février. Les comédiens italiens viennent d'exécuter, mardi 9, les *Deux Billets*, petite pièce en un acte en prose. On la dit de M. *de Florian*, neveu de M. *de Voltaire*, et auteur connu par quelques romans et autres productions jusqu'ici d'un genre médiocre.

M. *de Florian*, auteur des *Deux Billets*, n'est en aucune façon parent de M. *de Voltaire*. C'est un autre M. *de Florian*, de la même famille, qui avait épousé une nièce de M. *de Voltaire*, et était par conséquent devenu son neveu par alliance. Cette nièce était alors veuve de M. *de Fontaine*.

(125) La partialité du rédacteur des *Mémoires* se fait encore remarquer ici au sujet des *Muses rivales*. Dès l'instant qu'il apprend le nom de l'auteur, on le voit changer de ton en parlant de cette pièce, et la critiquer sévèrement.

M. *de Florian* lui a survécu, et il a depuis épousé une dame de Genève.

Ibid., page 294, du 26 février. On a parlé d'un buste de M. *de Voltaire* fait par *Houdon*. Ce buste, qu'on a déjà vu à l'Académie française le jour de Saint-Louis, a été aussi placé dans le foyer de la comédie, le jeudi 18 de ce mois. La loge des *Neuf-Sœurs* en a reçu un pareil de ce fameux artiste; enfin il a envoyé ce buste à tous les membres de l'Académie française. Cette compagnie, en lui faisant ses remercîmens par son secrétaire, a arrêté qu'il aurait désormais son entrée à toutes les séances publiques, et deux billets à distribuer à sa volonté; elle lui a de plus fait don d'une bourse de cent jetons et d'un exemplaire de son dictionnaire. Plusieurs académiciens lui ont aussi envoyé leurs ouvrages, comme une marque de leur estime et de leur reconnaissance.

Ibid., page 300, du 7 mars. On a parlé plusieurs fois de la prétention élevée par un certain abbé *Martin,* se disant auteur du *Dictionnaire des trois siècles de la littérature,* publié sous le nom de l'abbé *Sabatier de Castres.* Depuis la mort dudit *Martin,* ses partisans ont soutenu sa réclamation, et enfin ils la mettent en lumière dans une brochure clandestine intitulée: *Problème littéraire.* On ne connaît encore ce pamphlet que par l'annonce qu'en fait l'adversaire. Il gagne les devans, et parle d'une réponse de sa part qui s'imprime. Tout cela ne peut que faire rire le parti philosophique. On sait que quand on écrivit à M. *de Voltaire* pour l'instruire du nouvel athlète qui commençait à se présenter dans la personne de cet abbé *Martin,* il répondit plaisamment : *Oh! je savais bien que parmi ces messieurs il y en avait plusieurs de ce nom.* Et sans daigner s'adresser à celui-ci, il ne lâcha pas prise contre le premier.

On ne doute point que ce *Martin* n'ait fourni une grande partie de la matière de ce dictionnaire ou libelle antiphilosophique. *Sabatier* lui-même ne disconvient pas qu'il en a été aidé. D'autres individus de la même classe y ont probablement fourni aussi leur tantième d'injures; et chacun de ces graves auteurs a droit de réclamer la portion d'honneur, si honneur y a, qui lui en revient.

Le rédacteur des *Mémoires*, après avoir lu le *Problème littéraire*, dit, sous la date du 11 mars, qu'on ne peut se refuser à croire que l'abbé *Martin* a coopéré à ce *Dictionnaire des trois siècles*. On le prouve, dit-il, 1° par une pension de quinze cents livres qu'il recevait du clergé pour *services rendus à l'Église*; 2° par quantité de lettres de la correspondance des deux abbés *Martin* et *Sabatier*; 3° par le témoignage de l'abbé *Martin*, et surtout de l'abbé *Baudouin*, principal du collége du cardinal *Le Moine*, ami et confident dudit *Martin*. L'abbé *Sabatier*, dans une réplique, a opposé à cela des dénégations et des défis; il en résulte qu'en voulant se donner la principale part de l'ouvrage, il laisse entendre que les prétentions de l'abbé *Martin* ne pourraient s'étendre qu'aux articles des théologiens et des auteurs ascétiques.

Ibid., page 301, *du* 8 *mars* 1779. *Pradon* se félicitait autrefois d'avoir eu trois portiers étouffés à sa tragédie de *Phèdre*. M. *Ducis* pourrait presque en dire autant du jour de sa réception à l'Académie française (comme successeur de M. *de*

Voltaire). S'il n'y a eu personne d'écrasé, beaucoup de gens se sont plaints de ne pouvoir tenir à la presse excessive; et si l'on n'eût contenu la foule qui s'accroissait sans interruption, il serait arrivé, à coup sûr, quelque malheur. Jamais surtout on n'a tant vu de femmes.

Le récipiendaire, plus poète qu'orateur, dans un discours de cinq gros quarts d'heure de débit assez rapide, a prodigué toutes les richesses de son imagination. Voulant s'élever à la hauteur du sujet, il s'est absolument perdu dans les nues. Des idées fausses, pour être trop outrées; des images gigantesques, plus que grandes; un style superbe, moins que bouffi; tel est le jugement que la raison et le goût ont porté de cet éloge de *Voltaire*, qui a paru aux gens impartiaux un délire perpétuel, une magnifique extravagance, mais prodigieusement applaudi de la multitude béante. On peut assurer que l'ouvrage sera détestable à la lecture.

M. l'abbé *de Radonvilliers*, chargé de répondre au récipiendaire, comme directeur élu par le sort, en sa qualité de prêtre, d'ex-jésuite, de courtisan, s'est trouvé fort embarrassé; il a commencé par faire ses réserves, c'est-à-dire par déclarer qu'étant forcé au rôle qu'il allait jouer, à louer le confrère défunt, il n'entendait point parler de la foule de ses ouvrages impies ou licencieux, qu'il condamnait avec tous les honnêtes gens; mais de la *Henriade*, de ses tragédies, de ses histoires, etc.; et qu'il en restait assez pour fournir matière au plus brillant éloge. Sa voix basse a empêché qu'on entendît le reste de son discours, pendant lequel, au surplus, l'assemblée, mal disposée, a beaucoup hué l'orateur, quoiqu'on assure que ce discours soit infiniment meilleur, plus sensé, d'un style plus sage, plus académique, en un mot, et surtout d'une longueur moins fatigante que le précédent.

M. *Marmontel* a lu ensuite un poème *sur le désir de se survivre;* M. *d'Alembert* a fait une espèce de digression, où prenant occasion du buste de *Voltaire* et de celui de *Molière*, placés depuis peu à l'Académie, en face l'un de l'autre, il en a fait une sorte d'inauguration. Enfin M. *Saurin* a lu une élégie, et l'on a jugé que le but de tous les trois était d'occuper entièrement la séance du grand homme qu'on pleurait; de couvrir, à force de fleurs, de lauriers, de trophées accumulés sur sa tombe, l'opprobre dont le clergé a voulu le flétrir en lui refusant la sépulture chrétienne.

Les deux discours dont il est parlé dans cet article, étant imprimés, le public a été bientôt à même d'apprécier le jugement qu'en porte ici le rédacteur, et de savoir si c'était en effet celui du goût et de la raison.

Tome XIV, *page* 15, du 7 avril. L'*Éloge de Voltaire*, par le roi de Prusse, lu à l'Académie de Berlin, dans une assemblée publique extraordinaire, le 26 novembre 1778, devient moins rare. Ce qu'il offre de plus extraordinaire, sans doute, c'est son auteur; c'est un monarque faisant le panégyrique d'un particulier. Cependant le roi de Prusse avait déjà accordé cet honneur à *la Mettrie*, qui n'était pas un homme à comparer à celui dont il s'agit aujourd'hui.

Cet éloge-ci, comme littéraire, est le meilleur qui ait encore paru sur ce sujet; les faits y sont liés avec l'historique des ouvrages, entremêlés d'anecdotes. Il suppose dans l'auteur une grande connaissance de l'histoire, il annonce une étude réfléchie de notre langue. Il y a très-peu de taches: quelques expressions néologues, quelques-unes peu nobles, quelques incorrections, voilà tout ce qu'on peut lui reprocher. La narration, du reste, est rapide, le style clair. La tirade sur les prêtres est le seul endroit qui doive déplaire dans ce pays-ci, et mériter à cet imprimé la proscription sévère dont on use. Les gens de lettres, les savans, les philosophes, doivent une véritable reconnaissance au souverain éclairé qui sait les apprécier, et reconnaître de quelle utilité ils sont, quel lustre ils répandent sur les Etats.

Cet ouvrage d'un monarque est sans doute très-remarquable et très-honorable pour la mémoire de M. *de Voltaire*. Quelque jugement qu'on en puisse porter, en le considérant sous ses divers aspects, il est certain qu'il tiendra toujours un rang distingué parmi les bons ouvrages qu'on a faits et qu'on pourra faire encore sur le même sujet, si heureux et si fécond en lui-même.

Ibid., page 21, du 12 avril. On vient de traduire en prose française une ode italienne sur la mort de *Voltaire*; elle a été insérée au *Journal de Paris*, n° 100. Ce qui rend l'anecdote précieuse, c'est qu'on l'attribue à un père *Bertola*. Il n'est pas peu singulier de voir dans le pays du fanatisme, de la superstition, sous les yeux du tribunal inquisitorial, un moine répandre une pièce à la gloire d'un poète à qui le clergé de France a refusé la sépulture, et y louer à outrance un prince hérétique, le roi de Prusse. Du reste, à en juger par cette faible copie, l'ode est très-lyrique, pleine de mouvement, d'élans et de sensibilité. Le parti philosophique ne manque pas de se prévaloir beaucoup de cette pièce, et d'agréger parmi ses membres le cénobite ultramontain.

Ibid., page 24, du 16 avril. L'enthousiasme des partisans de M. *de Voltaire* ne finit point. Il n'est aucune occasion de l'exalter qu'ils laissent passer sous silence. Un artiste en bronze, nommé *Hauré* (sculpteur, élève de *Lemoine*), a exécuté dans son atelier, pour encadrement et ornement d'une pendule, le couronnement de ce grand poète à la

Comédie française. Il prétend qu'il était présent à cette fête, et qu'il en fut si frappé, qu'à son retour il jeta les premiers traits de son dessin. *Voltaire* y est représenté dans sa loge, à côté de madame *Denis*. L'auteur a saisi le moment où le héros, attendri jusqu'aux larmes, et se courbant sous la couronne que *Brizard* lui posait sur la tête, s'écria avec une émotion prophétique : *Ils veulent donc me faire mourir!* Tous les détails, tels que les deux colonnes sur lesquelles la loge est assise, et figurant les deux muses dramatiques, *Thalie* et *Melpomène*, sont allégoriques et analogues à la scène qu'il s'agit de rendre, ou au principal personnage.

Ibid., page 45, du 8 mai 1779. En attendant que le monument que M. l'abbé *Mignot* fait ériger à son oncle, dans son abbaye de Scellières, puisse fournir matière à la gravure de s'exercer, on a imaginé une estampe allégorique relative à cet objet. On voit au milieu un tombeau simple, où l'on suppose que les cendres de *Voltaire* sont renfermées. Les quatre parties du monde, désignées : l'Europe par M. *d'Alembert*, l'Asie par l'impératrice de Russie, l'Afrique par un certain prince nègre nommé *Orenoko*, enfin l'Amérique par le docteur *Francklin*, tous dans le costume de leur nation, groupés ensemble, viennent rendre hommage à ce grand homme, pleurer sur son tombeau, et y déposer des palmes. Le secrétaire de l'Académie ouvre la marche, en donnant la main à l'impératrice des Russies; mais à la droite du tombeau, s'élance l'Ignorance, avec tous les attributs de l'Envie, du Fanatisme et de la Superstition, et semble s'y opposer et les repousser. Dans le lointain on voit le tombeau élevé dans l'Elysée, ou l'île des Peupliers à Ermenonville, à *J.-J. Rousseau*, par M. *de Girardin*.

Cette idée de rassembler sous le même point de vue deux hommes si différens, et cependant également persécutés, aurait été fort heureuse si on l'eût mieux exécutée. Une partie de la composition est obscure et ne désigne pas assez les efforts du clergé et sa rage effrénée contre les mânes du chef de la philosophie moderne. C'est sans doute ce qui a empêché d'en défendre la vente jusqu'à présent.

La peinture, la sculpture, la gravure, ont célébré à l'envi M. *de Voltaire*, et montré dans tous les temps, à cet égard, des artistes non moins zélés que les poètes. Ses différens portraits formeraient seuls un recueil considérable. L'estampe dont on parle ici n'est pas sans mérite; le dessin est de .... et la gravure de ....

Ibid., page 5o, du 14 mai. Les partisans de M. *de Voltaire* ne perdent point de vue sa gloire, et cherchent tous les moyens de réparer par de nouveaux triomphes l'insulte que les prêtres lui ont faite. En conséquence, on se propose de célébrer l'anniversaire de sa mort, en donnant au théâtre son *Agathocle*. Les comédiens ont écrit une lettre circulaire aux auteurs qui ont des pièces sur le répertoire, pour les engager à ne point trouver mauvais qu'on les recule et qu'on satisfasse à l'empressement de madame *Denis*.

Cette circulaire a été écrite et adressée par M. *Vanhove*, alors semainier de la Comédie, à tous les auteurs qui avaient des pièces sur le répertoire. Il leur annonçait que madame *Denis* avait présenté aux comédiens la tragédie d'*Agathocle*, ouvrage posthume de son oncle, et leur avait témoigné le désir de la voir représenter le jour anniversaire de la mort de ce grand homme; que les comédiens avaient reçu avec reconnaissance le message de madame *Denis;* mais que, d'un autre côté, leur respect pour les droits de messieurs les auteurs reçus ne leur permettait d'adhérer à la demande de cette dame qu'autant qu'ils consentiraient à ne pas se prévaloir de leurs droits en cette circonstance. Messieurs les auteurs dramatiques s'empressèrent de donner une nouvelle marque de leur vénération pour la mémoire de M. *de Voltaire*, en approuvant le projet de sa nièce, et les comédiens, en conséquence, mirent de suite à l'étude la tragédie d'*Agathocle*.

Ibid., page 56, du 20 mai. Il passe pour constant que le sieur *de Beaumarchais*, qui ne néglige aucun moyen d'acquérir de l'argent et de la célébrité, a acheté du sieur *Panckoucke* l'édition des œuvres générales de M. *de Voltaire* dont ce libraire était chargé. Celui-ci, à la veille de faillir, a mis la plus grande économie dans sa maison, et obligé de faire face, a vendu l'objet en question une somme considérable, argent comptant, à cet intrigant.

M. *de Beaumarchais* a acheté les caractères de *Baskerville*, ce fameux artiste de Londres, dont les éditions sont si renommées. Il doit établir le siége de son imprimerie aux Deux-Ponts; mais on craint que, n'ayant pas le secret de l'Anglais, il ne fasse que du bousillage.

Tout cela était fondé sur des bruits, la plupart faux. Ce n'est point du tout par les motifs qu'on allègue ici, que M. *Panckoucke* a cédé ses droits et ses manuscrits à M. *de Beaumarchais.* Il était si peu dans le cas qu'on suppose, que peu de temps après il offrit à celui-ci une somme considérable pour résilier le marché. Quant à M. *de Beaumarchais*, s'il n'avait cherché qu'à gagner de l'argent, il n'aurait pas commencé par en prodiguer tant et si inutilement dans cette entreprise : on peut lui supposer des motifs plus louables (126).

Ibid., page 72, du 1er juin. On a donné hier la première représentation d'*Agathocle*... Le concours a été médiocre... Le sieur *Brizard* a commencé par un discours relatif à la circonstance, et tendant à obtenir la bienveillance du public en faveur d'un ouvrage que M. *de Voltaire* ne regardait lui-même que comme une esquisse.

Cette esquisse, au surplus, quoique plus faible qu'*Irène*, vaut mieux cependant que nombre de nos tragédies modernes si courues. Le sujet est précis, l'intrigue claire, la marche simple, et le dénoûment un des plus heureux et des plus satisfaisans du théâtre. Mais toute la partie de l'amour est froide, les caractères peu prononcés ; le dénoûment si beau ressemble en partie à celui de *Venceslas*. Quelques vers brillans se distinguent dans la foule.

Ibid., page 77, du 8 juin. Tous les efforts du parti voltairien n'ont pu soutenir *Agathocle*, et après la troisième représentation, il a fallu la retirer. Ce grand poète a fait tant de chefs-d'œuvre, que cet échec ne peut nuire à sa gloire.

Le sujet d'*Agathocle* était plus favorable que celui d'*Irène*, mais l'auteur n'avait pas eu le temps

---

(126) On trouvera quelques éclaircissemens sur ces objets dans l'article PANCKOUCKE, de la *Biographie universelle*. L'on y lit que son voyage à Ferney eut lieu en 1775 ; ce ne fut qu'en 1777, ainsi que le dit *Wagnière* dans sa note sur l'article du 6 octobre 1778.

de perfectionner sa pièce; il devait la revoir avant de la donner aux comédiens. C'est par cette tragédie qu'il a terminé sa carrière dramatique; telle qu'elle est, cette production a de quoi étonner dans un vieillard de quatre-vingt-quatre ans, accablé de souffrances et de travaux, et il est à croire qu'elle n'eût pas été retirée après trois représentations dans une saison moins défavorable. Le compliment qui a précédé la première représentation, est de M. *d'Alembert.*

Ibid., page 84, du 16 juin. On a donné encore une représentation d'*Agathocle*, avec le *Droit du Seigneur*, comédie de M. *de Voltaire*, jouée la première fois en 1762, sous le titre de *l'Écueil du Sage.* Il avait réduit cette pièce de cinq actes en trois, et l'avait apportée avec lui pour la faire jouer. Les deux premiers sont à peu près tels qu'ils étaient; les trois autres sont resserrés en un.

Ibid., page 119, du 16 juillet. Entre les pièces qui concourent pour l'éloge de *Voltaire*, il s'est trouvé un dithyrambe qui a surtout frappé les académiciens, et qui, malgré la bizarrerie de cette forme, a de si grandes beautés, que ces messieurs sont tentés de lui adjuger le prix.

Cette pièce a été en effet couronnée; elle était anonyme, et l'on a su depuis qu'elle était de M. *de La Harpe.*

Ibid., page 165, du 26 août. ..... Quant au prix de poésie, ce n'est point *le Russe* dont on a parlé qui l'a mérité. Il paraît qu'il n'aura pas voulu servir de prête-nom à M. *de La Harpe*, dont tout le monde sait aujourd'hui la supercherie. Il est vraiment le père du dithyrambe; mais il a fait écrire par M. *d'Argental*, à l'Académie, que l'auteur de cet ouvrage couronné avait des raisons pour ne point accepter le prix; ce qui en effet aurait été contre les statuts qui défendent à tout académicien de concourir. D'après cette déclaration, la médaille a été décernée à M. *de Murville*.

M. *de La Harpe* a lu les deux ouvrages. On a été très-content des deux, mais surtout du premier qu'on a trouvé supérieurement bien travaillé.

Ibid., page 205, *du* 11 *octobre.* On prend toutes les mesures pour faire l'édition générale des œuvres de *Voltaire*, dont le sieur *de Beaumarchais* et consorts s'occupent depuis si long-temps...... Afin de pouvoir éviter les censeurs de France et leurs scrupules, les éditeurs ont obtenu de monter leur imprimerie au fort de Kehl, appartenant à l'Empire, non loin de Strasbourg. Sa majesté impériale leur fournira des gardes pour veiller, tant au dehors que dans l'intérieur de l'imprimerie, et surtout pour empêcher qu'aucun des travailleurs n'emporte, suivant l'usage, des feuilles des épreuves, au moyen duquel larcin la contrefaçon a lieu presque aussitôt que l'édition originale.

C'est faute de permission pour imprimer en France, qu'on a été obligé de faire cette édition en pays étranger.

Ibid., page 316, *du* 23 *novembre. Extrait d'une lettre de Ferney du* 15 *novembre.* « Les étrangers continuent à visiter cet ancien séjour de M. *de Voltaire*, avec la même affluence et la même curiosité. M. le marquis *de Villette* a fait conserver la chambre telle qu'elle était, jusqu'à son lit qui semble encore prêt à le recevoir. Mais ce qu'il y a de nouveau et qui frappe d'un saisissement involontaire, c'est un monument dont voici la description:

» On voit une pyramide quadrangulaire, contre laquelle est adossé un autel composé d'un seul tronçon de colonne cannelée. Cette pyramide est ceinte au tiers de sa hauteur d'une corniche saillante, soutenue aux angles par quatre consoles antiques, et porte une urne sépulcrale. Sur chaque face, une couronne de laurier termine la pyramide tronquée ; c'est le seul attribut caractéristique qui y soit exprimé ; et sur l'autel est placé un coussin de velours, où repose un cœur, symbole de celui qui est dans l'intérieur du monument.

» Cet emblème, composé de trois marbres, le blanc, le noir et le vert antique, de la hauteur d'environ sept pieds sur trois et demi de largeur à la base, est placé au fond d'une niche drapée de noir.

» On ne sait comment l'évêque d'Annecy, qui n'a pas voulu que le cœur de M. *de Voltaire* fût dans l'église, prendra cette espèce d'idolâtrie, cette parodie, du moins, des monumens religieux dans un lieu tout profane.

» On a décoré l'appartement de quelques portraits rassemblés de diverses chambres du château, portraits pour lesquels le grand homme défunt avait le plus de prédilection ; savoir, ceux de l'impératrice de Russie, du roi de Prusse, de la princesse *de Bareich*, de la marquise *du Châtelet*, de l'acteur *le Kain*, de M. *d'Alembert*, du comte *de Maurepas*, de M. *d'Argental*, de M. le marquis et madame la marquise *de Villette*. Il est à observer que le comte *de Maurepas* n'a jamais figuré entre les personnages chéris de M. *de Voltaire* ; qu'il en parlait avec assez d'irrévérence ; mais l'auteur du monument, trop sujet aux censures ecclésiastiques, a cherché ainsi à se mettre sous la protection du mentor du roi.

» Enfin on y lit cette inscription : *Mes mânes sont consolés, puisque mon cœur est au milieu de vous.* »

Cette lettre est de M. *de Villette* lui-même. Tous

ceux qui ont vu Ferney et le château ne peuvent qu'être révoltés de la ridicule vanité du possesseur actuel de cette terre, dans les relations qu'il donne d'un lieu que l'on est un peu étonné de lui voir appartenir.

Le saisissement involontaire que l'on éprouve en entrant dans la chambre qu'occupait M. *de Voltaire*, et à la vue du prétendu monumen., est un mouvement d'indignation. Ce soi-disant superbe monument de trois sortes de marbre, n'est que de la terre glaise, cuite et vernissée en couleur de marbre, et dont la valeur est au plus de deux louis. D'ailleurs le cœur de ce grand homme n'y est pas; tout est de la plus grande fausseté. Voyez ma *Relation* (127).

Ibid., page 321, du 23 décembre. La dernière séance tenue à l'Académie française, concernant le service de M. *de Voltaire*, est très-curieuse, et mérite de plus amples détails. Il s'y trouvait trois prélats, dont les avis étaient attendus avec impatience : c'étaient le cardinal *de Rohan Guiméné*, grand-aumônier, l'archevêque de Lyon et l'archevêque d'Aix. On poussa vivement le premier, et on lui représenta qu'en qualité de grand-aumônier et de premier curé des diverses maisons royales, il pouvait lever toutes les difficultés, en demandant au roi à faire faire ce

---

(127) Le lecteur sensible éprouve ici une autre sorte de mouvement involontaire et pénible; c'est de voir dissiper en quelques lignes, un beau prestige qui plaisait à l'imagination et semblait donner à l'âme un peu de consolation. Mais si *Wagnière* ne fait que rétablir la vérité, d'après ce qu'il a vu, il n'y a nul reproche à lui faire.

service dans la chapelle du Louvre, lieu le plus convenable pour une pareille cérémonie : il répondit qu'il le pensait ainsi, et qu'il y prêterait volontiers les mains, quand le service aurait été fait à Saint-Sulpice, paroisse sur laquelle est mort le défunt.

M. *de Montazet* s'en tira plus adroitement encore, et dit que, vu la scission qu'occasionait dans l'Eglise le service de M. *de Voltaire,* il pourrait se faire qu'il en résultât contestation; qu'ayant l'honneur d'être primat des Gaules, cette contestation pourrait ressortir à son tribunal, et qu'alors il était de son intégrité de ne pas s'expliquer d'avance.

Enfin l'archevêque d'Aix ne s'en tira pas moins finement, et opina pour réformer l'usage de faire faire un service à chaque académicien, mais pour en établir un à perpétuité qui engloberait indistinctement tous les morts de la compagnie.

Cet avis, qui sauvait l'honneur de *Voltaire* et celui de l'Académie, entraîna tous les suffrages. Le marquis *de Paulmy,* seul, différa d'opinion (il est goguenard), et prétendit qu'il ne s'était fait recevoir que dans l'espoir d'avoir un service pour lui seul; qu'il ne consentirait jamais à l'avis adopté.

Cependant l'arrêté fut formé, et l'on convint que les députés chargés d'aller annoncer au roi la nomination de M. *de Chabanon,* et lui en demander l'approbation, lui feraient part du nouvel arrangement pris sous le bon plaisir de Sa Majesté.

Le roi a répondu qu'il approuvait le choix de l'Académie; mais qu'il fallait, à l'égard de la seconde demande, que les choses se passassent comme ci-devant. Ce qui rejette la compagnie dans le même embarras.

ANNÉE 1780.

Tome XV, *page* 24, du 24 janvier 1780. M. *de La Harpe* a terminé la séance publique de l'Académie française (du jeudi 20 janvier), et lu des extraits d'un ouvrage qu'il a sur le métier. Après avoir fait un premier éloge de *Voltaire*, sur la scène, après en avoir fait un second en vers dans son dithyrambe, il en a entrepris un troisième en prose, mais où il doit tenir plus sévèrement la balance, et où il annonce par son épigraphe qu'il faut éviter de donner également dans l'excès du dénigrement et de l'adulation. Pour se faire applaudir plus sûrement, il y avait adapté un morceau postiche, relatif à l'histoire du jour, aux réformes de M. *Necker*, et l'orateur s'est trouvé ainsi enveloppé adroitement dans les battemens de mains interminables accordés au directeur-général des finances.

Cet ouvrage de M. *de La Harpe* a été imprimé peu de temps après, et le grand succès qu'il a obtenu dans le public, et qu'il ne devait à aucune considération étrangère au sujet, s'est toujours maintenu (128).

Ibid., page 27 et suiv., du 27 janvier. Madame *Denis*, nièce de M. *de Voltaire*, vient de faire une sottise, dans son

(128) On l'a joint aux œuvres de *Voltaire*, avec le discours du roi de Prusse sur le même sujet. (Tom. LXIX, in-8º de Kehl.) L'épigraphe de M. *de La Harpe* est ce passage de *Tite-Live*, appliqué à M. de *Voltaire* : *Cujus gloriæ neque profuit quisquam laudando, nec vituperando quisquam nocuit*; dont le sens est : *Sa gloire n'a rien gagné par les louanges, ni perdu par la censure de qui que ce soit* : ou plus brièvement : *Il est au-dessus de l'éloge et de la satire*. On donne un autre sens dans les *Mémoires*.

genre à peu près aussi forte que celle de la veuve *de J.-J. Rousseau;* elle s'est remariée à un certain M. *du Vivier,* qui a commencé par être soldat, a été occupé ensuite en qualité de copiste à la secrétairerie du comte *de Maillebois,* a plu à ce seigneur qui se l'est attaché, en a fait son secrétaire en titre, et lui a fait avoir une charge de commissaire des guerres.

Madame *Denis* a 68 ans; elle est laide, grosse comme un muid, et d'une mauvaise santé. Malgré la considération de son oncle, qui se réfléchissait sur elle, elle désirait depuis long-temps d'en être débarrassée, pour devenir maîtresse de sa fortune et de ses actions. A peine jouit-elle de ces deux biens, et la voilà qui se remet sous la tutelle d'un maître impérieux, dur, sans complaisance, et qui ne peut guère même lui procurer les plaisirs qui excitent ordinairement les veuves à se remarier. Il a 58 ans et est estropié d'un bras, qui lui a été mal remis après une chute. On dit qu'il est aimable quand il veut, mais qu'il ne le veut déjà plus vis-à-vis de sa femme; qu'à peine le mariage a-t-il été déclaré, il s'est rendu le maître; qu'il a forcé madame *Denis,* accoutumée à dîner, à n'avoir personne le soir, et à se coucher de bonne heure, à changer de train de vie; qu'il lui procure beaucoup de monde à souper, la fait veiller et jouer, et semble vouloir s'en débarrasser promptement à force d'excès.

Du reste, sottise des deux parts : ceux qui connaissent M. *du Vivier* assurent qu'il avait 15 ou 20,000 fr. de rentes, et qu'il pouvait fort bien rester garçon avec cette fortune, sans s'exposer à devenir le fléau d'une femme et l'horreur de sa famille. Madame *Denis* proteste qu'elle ne lui a donné que part d'enfant; mais on se doute bien que la cupidité seule ayant pu être le motif de l'époux, il va la dépouiller de son mieux. Toute sa famille est furieuse ; l'abbé *Mignot,* que sa sœur avait engagé à venir demeurer chez elle, l'a quittée dès le matin où il a appris cette nouvelle; il n'a pas même voulu y dîner. M. *d'Hornoy* n'est pas moins outré, et en général le public se moque d'elle sans la plaindre. Elle faisait un si mauvais usage de sa fortune, même envers les gens de lettres, qu'on est peu touché du malheureux sort qu'elle se prépare.

Tout ceci est de la plus exacte vérité.

Ibid., *page* 31, *du* 29 *janvier.* On ne saurait rendre l'indignation publique du mariage de madame *Denis* avec *Nicolas Toupet,* sobriquet resté au sieur *du Vivier,* depuis qu'il est parvenu, parce qu'il était frater de son métier, et que c'est lui qui accommodait, étant soldat, ceux de la chambrée. Comme il est fort insolent, on n'a pas oublié cette dénomination. Il avait été envoyé à Saint-Domingue, commissaire des guerres, du temps que M. *de Clugny* y était intendant; il s'était lié avec lui, et il passe pour avoir porté souvent le caducée; ce qui l'a fait parvenir, et lui a valu les bienfaits de ce ministre pendant le peu de temps qu'il a été contrôleur-général. Tel est l'homme dont madame *Denis* s'est engouée.

Cet article aussi est vrai en tout, sauf que le nom de baptême du mari de madame *Denis* est *François,* et celui de sa famille est aussi *François;* sa mère s'appelait *Vivier,* et de là il s'est fait nommer *du Vivier.*

Ibid., *page* 46, *du* 14 *février. Extrait d'une lettre de Ferney, du 6 février* 1780. On n'a pas fait un récit exact de *la chambre du Cœur.* (C'est ainsi qu'on appelle celle du château où a été élevé le monument dont on a parlé.) On aurait d'abord dû rendre hommage au talent de l'artiste qui l'a exécuté, qu'on n'a pas même nommé. C'est M. *Racle*, qui a, pour ainsi dire, créé le marbre dont il a revêtu cet ingénieux et savant ouvrage. Il est le résultat de ses longs et dispendieux travaux : c'est lui qui a bâti Ferney et le port de Versoy. M. *de Voltaire* connaissait bien les talens d'un si habile homme ; il avait baptisé *argile marbre* la composition dont se sert M. *Racle*. Il en revêt actuellement une campagne auprès de Ferney, qui sera digne de la curiosité des étrangers, par son éclat, sa solidité, et le peu de frais qu'entraîne ce nouveau genre de luxe.

Quant à la chambre du Cœur, on l'a ornée non-seulement des portraits trouvés dans le château, mais de ceux des divers personnages les plus illustres qu'a célébrés *Voltaire*. Ils sont tous classés dans l'ordre qui leur convient : *Benoît XIV, Ganganelli, Quirini, Fénelon* sont d'un côté ; les dames *de Sévigné, de Lambert, Tencin, Geoffrin, de Boufflers, du Deffand, de Genlis*, en face de ces prélats ; d'autre part est le canton des beaux esprits ; les *Saint-Lambert, Chatellux, Thomas, Tressan, Marmontel, Raynal, de Lille*. On lit au bas de celui-ci : *Nulli flebilior quam tibi, Virgili*. Les amis sont les plus voisins du cœur. C'est au milieu de cette auguste assemblée qu'est placée l'inscription qui déplaît à l'envieux *Linguet*.

Ce que M. *de Villette* dit encore lui-même dans cette lettre, excepté ce qui concerne le mérite et les talens de M. *Racle*, n'est pas plus juste que ce qu'il a dit dans la précédente.

Ibid., page 79, du 13 mars. M. *d'Epremesnil*, dans son plaidoyer, cherche à infirmer le suffrage de M. *de Voltaire* en faveur du comte *de Lally*, et à la suite de sa tirade contre cet écrivain, ajoute : *Vers la tombe de M. de Voltaire* s'avance à pas lents, mais sûrs, la postérité, qui dans l'écrivain le plus vanté cherchera vainement un homme de bien.

M. *de Dampierre d'Hornoy*, neveu de M. *de Voltaire*, est précisément nommé, en ce moment, président de la première chambre des enquêtes, dont est M. *d'Epremesnil;* il a trouvé très-mauvais que ce magistrat s'exprimât, dans un écrit imprimé et distribué au parlement, d'une façon aussi injurieuse pour la mémoire de son oncle, et l'on assure qu'il voulait argumenter de cette phrase pour intenter à son tour un procès à l'orateur indiscret, mais que celui-ci a apaisé son confrère par une lettre de satisfaction, lettre qui, si elle existe, doit être rendue publique, autant que l'injure.

On écrit de Rouen, que la réponse de M. *de Tolendal* est beaucoup plus réservée que le plaidoyer de son adversaire, qu'elle lui a ramené beaucoup de magistrats.

Le lecteur peut voir quelques détails sur M. *de Lally* dans mes *Additions au Commentaire historique*. J'ajoute qu'il a paru que M. *d'Hornoy*, petit-neveu de M. *de Voltaire*, avait montré peu de fermeté dans cette occasion. Il m'a avoué avoir eu des raisons particulières et très-fortes pour ne point agir, mais il ne me les a point dites.

Ibid., page 173, du 1er juin. Depuis long-temps on attend le *prospectus* des œuvres *de Voltaire;* enfin M. *de Beaumarchais*, qui s'annonce pour correspondant général de la société littéraire et typographique, qui a fait l'acquisition des droits de madame *Denis* et du sieur *Panckoucke* sur les portefeuilles du défunt, annonce qu'il ne tardera pas à paraître. Il attribue ces délais aux difficultés qu'a entraînées, comme on l'avait prévu, l'acquisition des caractères de *Baskerville*. Il prétend cependant qu'un ouvrier s'est trouvé en état de fournir toutes les connaissances nécessaires pour leur manipulation, et qu'enfin la France est enrichie des types les plus parfaits de l'Europe.

Ibid., page 231, *du* 22 *juillet.* M. l'abbé *Duvernet* n'était jusqu'ici connu dans la littérature que comme un espion de *Voltaire,* furetant dans la capitale pour lui ramasser des anecdotes, des nouvelles; pour lui rapporter ce qu'on pensait, ce qu'on disait de lui; pour suivre à la piste ses ennemis cachés. Il va bientôt s'ériger en auteur en titre : il annonce une histoire de son patron, en un seul volume, et se flatte que dans ce court espace il aura réuni plus de faits intéressans que le marquis *de Luchet* dans son ouvrage en six volumes, où il doit déployer la vie de ce grand homme. Les autorités de messieurs le président *Henault, Cideville, de la Condamine, Chenevières, Thiriot, Berger, Moussinot, d'Arget, le Kain,* etc. : voilà les témoins qu'il a consultés; et quand ceux-ci étaient en contradiction, ou ne le satisfaisaient pas, il remontait à la source et demandait des éclaircissemens à M. *de Voltaire* lui-même. On sent bien que celui-ci ne les donnait pas à son désavantage.

Tout cela est de la plus grande fausseté. L'abbé *Duvernet* a pu informer M. *de Voltaire* qu'il se proposait de devenir son historien, et lui demander en conséquence des détails sur différentes circonstances de sa vie; mais cela ne lui a valu de la part de M. *de Voltaire* que des lettres de politesse. Il a pu d'ailleurs recueillir des choses intéressantes de la bouche de plusieurs anciens amis de ce grand homme. C'est à eux que M. *de Voltaire* lui disait de s'adresser (129).

(129) Deux raisons contribuèrent également au succès de la *Vie de*

Tome XVI, *page* 11, du 2 octobre 1780. Les comédiens français, sachant que madame *Mignot du Vivier*, plus connue sous le nom de madame *Denis*, faisait faire une statue de son oncle *Voltaire*, ont écrit une lettre à cette dame pour lui proposer de la placer dans la nouvelle salle qu'on construit pour eux. Ils prétendent que ce grand homme, les regardant de son vivant comme ses enfans, doit résider au milieu de la troupe. Ils prennent de là occasion de relever les efforts qu'il faisait pour les tirer de leur *infamie*. On y trouve plusieurs anecdotes sur ce sujet. Entre autres singularités, il avait demandé aux supérieurs, que sur l'affiche, au lieu de *comédiens français donneront*, etc., on mît : *Au Théâtre français, on donnera*, etc. (130)

Par une réponse du 26 septembre, madame *du Vivier* a accédé aux désirs des comédiens.

Voltaire, par l'abbé *Duvernet* : l'intérêt inhérent au sujet même, et le ton libre et hardi de l'historien. La première édition n'était pourtant pas exempte d'erreurs de plusieurs genres. Invité par l'auteur à lui dire ce que j'en pensais, je lui donnai, avec mes remarques, celles que madame *Denis* et M. *d'Argental* voulurent bien y joindre. Je lui confiai en même temps les mémoires manuscrits de *Longchamp*, ancien secrétaire de M. *de Voltaire*. Ils lui ont fourni plusieurs détails pour la partie qu'il a intitulée: *Vie privée*, partie neuve, qu'il ajouta dans la seconde édition (Paris, Buisson, 1797, in-8°), laquelle, par ces additions et corrections, est très-préférable à la première (Genève 1786, in-8°), et à toutes les contrefaçons qui la suivirent. Voyez ci-après l'*Avertissement de l'éditeur*, à la tête des *Mémoires de Longchamp*.

(130) Cela n'avait point de rapport à *l'infamie*. Mais M. *de Voltaire* trouvait la dénomination de *comédiens* trop restreinte ou équivoque pour des acteurs qui représentaient également des tragédies et des comédies. C'est pourquoi il regrettait que le mot *tragédien* ne fût pas en usage pour ceux qui ne jouent que dans la tragédie.

ANNÉE 1781 (131).

Tome XVII, *page* 43 *et suiv.*, du 28 et du 29 janvier 1781. On est surpris de la lenteur avec laquelle on procède à la publication du *prospectus* de l'édition nouvelle des œuvres de *Voltaire*. En attendant, on voit un *Avis* imprimé aux personnes qui ont des écrits particuliers, pièces fugitives ou lettres de *Voltaire*, par lequel on les invite à les communiquer; en déclarant à celles dont on a trouvé des lettres dans les papiers de ce grand homme, qu'on est disposé à les leur rendre, si elles le désirent.

Ce qui avait retardé l'opération, c'est qu'il ne restait en Angleterre qu'un seul ouvrier de *Baskerville* en état de graver les accens français, qui manquaient à sa fonderie. Les matrices viennent d'en être frappées, et la France est enfin enrichie des types les plus parfaits de l'Europe.

C'est entre les mains de M. *Caron de Beaumarchais* que va s'ouvrir la souscription.

Ibid., page 48, du 31 janvier. Enfin le *prospectus* paraît sous le titre d'*Édition des Œuvres de M. de Voltaire, avec les caractères de Baskerville*. C'est un volume entier.....; il contient un *Avis préliminaire*, un *Avertissement des rédacteurs*, un autre des éditeurs, et un plan de loterie par laquelle deux cent mille livres seraient employées au profit des souscripteurs et réparties par le sort (132).

(131) *Wagnière* n'a fait aucune remarque sur l'année 1781, qui comprend tout le XVIIe tome et une partie du XVIIIe des *Mémoires de Bachaumont*. Pour compléter le journal de tout ce qui concerne *Voltaire*, nous allons continuer d'extraire brièvement les articles de ces Mémoires qui y ont rapport; s'ils sont susceptibles de remarques, elles seront mises en notes.

(132) Le *Prospectus* avec le *Specimen*, etc., formait un cahier de 40 pages in-8°.

Ibid., page 140, du 27 avril. M. l'évêque d'Amiens (*Machault*) avait adressé son mandement aux auteurs du *Journal de Monsieur*, qui se sont déjà signalés par une dénonciation vigoureuse au parlement, de la nouvelle édition de *Voltaire*; et ceux-ci étaient sur le point d'en donner l'extrait, lorsque le prélat leur a écrit pour suspendre cette levée de boucliers. Il paraît qu'on l'a engagé à modérer son zèle antiphilosophique, et il retire le plus qu'il peut les exemplaires de sa diatribe, courte, fougueuse et mal écrite. L'esprit minutieux de ce prélat l'avait déjà porté à menacer son imprimeur d'Amiens de le destituer, pour avoir annoncé les nouvelles éditions de *Voltaire* et de *Rousseau*.

Ibid., page 158, du 8 mai. C'est la famille de M. *de Machault* qui a jusqu'ici empêché l'évêque d'Amiens de donner à son zèle tout l'essor qu'il voulait prendre contre *Voltaire* et ses œuvres. Enfin le prélat l'a emporté, et son mandement doit être inséré en entier dans les *Affiches de province* de l'abbé *Fontenay*. C'est le jour de Pâques que ce mandement a été lu au prône dans les églises du diocèse d'Amiens. Il n'y a que les curés d'Abbeville qui ont refusé de le faire. Comme il y est fait mention de la catastrophe du chevalier *de la Barre*, arrivée en cette ville, ils ont craint d'exciter une trop grande fermentation. L'évêque mécontent, leur intente un procès (133).

Ibid., ibid., dudit jour. Un M. *Le Tellier,* avocat de Chartres, conservait depuis plus de vingt ans le manuscrit de *Zulime*, tragédie de M. *de Voltaire*, avec de nombreuses corrections de la main de l'auteur, et conformes à toutes les éditions antérieures à celle de 1772, dans laquelle on sait que *Voltaire*, alors âgé de soixante-dix-huit ans, a fait

---

(133) La conduite de l'évêque donna lieu dans le temps à plusieurs brochures, où elle était singulièrement bafouée.

quelques changemens à quelques-unes de ses pièces de théâtre. Ces corrections sont d'autant plus curieuses, qu'étant en interlignes ou sur des cartons, elles laissent voir les vers supprimés ou corrigés, et montrent en même temps la merveilleuse facilité avec laquelle l'homme de génie sait rompre et renouer le fil de ses idées, changer les nuances des passions, etc. M. *Le Tellier* instruit que la bibliothèque de M. *de Voltaire* devait passer à Saint-Pétersbourg, par les soins du baron *de Grimm*, il l'a prié d'y joindre son manuscrit de *Zulime*. L'impératrice *Catherine II* l'a agréé, et a fait don à M. *Le Tellier* d'une médaille d'or, frappée en 1777, à l'occasion de la naissance de son petit-fils, *Alexandre Paulovistch*.

Ibid., page 220, du 9 juin. L'abbé *Duvernet*, voulant glaner dans les œuvres de *Voltaire*, avant que la grande édition paraisse, s'est hâté de publier des *Lettres de M. de Voltaire à M. l'abbé Moussinot*, son trésorier, écrites depuis 1736 jusqu'en 1742.

Ibid., page 226, du 13 juin. M. *Bordes*, que nous avons perdu, a fait des poésies légères, dont quelques-unes ont été attribuées à M. *de Voltaire*, entre autres la jolie épître au pape *sur les Castrati*; une belle ode sur la guerre, etc.

Ibid., page 274, du 14 juillet. La Faculté de théologie (de Paris), excitée par l'exemple de deux prélats qui ont proscrit l'édition annoncée de *Voltaire*, a adressé au garde-des-sceaux un mémoire tendant au même but. Il lui a répondu qu'elle n'eût aucune crainte, que c'était affaire de police qui ne la regardait pas, et qu'elle eût seulement à veiller avec son zèle ordinaire au dépôt de la foi et à la pureté du dogme. Les sages maîtres ne s'attendaient pas à un pareil persifflage et en sont fort scandalisés.

Ibid., page 290, du 20 juillet. Extrait d'une lettre de Colonges, village à cinq lieues de Genève, du 13 juillet.

Voltaire passa ici il y a environ dix ans. Le même jour un habile peintre s'y arrêta, il n'avait sur lui ni pinceaux ni palette; le génie supplée à tout : échauffé par la vue du grand homme qu'il rencontre, il prend un charbon et dessine sur le manteau de la cheminée la figure de M. *de Voltaire* d'une façon très-ressemblante. Peu de temps après, de jeunes étourdis, méconnaissant le patriarche de Ferney, coiffé de sa grande perruque, surmontée d'un bonnet fourré, s'égayaient sur cette figure qui leur semblait grotesque, et allaient la défigurer; ils portaient déjà leurs mains sur cette tête vénérable, lorsque l'hôtesse s'en aperçoit, et leur crie : *C'est Voltaire!* Frappés aussitôt d'un respect religieux, ils s'arrêtent, et l'un d'eux prend la poste, vole à Genève, et amène un vitrier qui met le portrait à l'abri d'une pareille insulte. Le buste est de grandeur naturelle, et peut-être le plus ressemblant qu'on ait fait. On a mis au bas ces quatre vers :

> Mon œil le reconnaît, c'est lui-même, c'est lui
> Qui de la vérité fut le plus ferme appui!
> O toi, qui dans ces lieux viens mettre pied à terre,
> Trop heureux, ne pars pas sans contempler Voltaire (134).

Tome XVIII, *page* 13, du 29 août 1781. C'est au fort de Kehl, comme on l'a annoncé dans le temps, qu'en effet on travaille avec activité à la nouvelle édition des œuvres de M. *de Voltaire.* Il y a dix-sept presses qui gémissent sans relâche; cependant, comme on vient de perdre un des principaux chefs ouvriers, on craint qu'il n'en résulte un retard. M. *de Beaumarchais* fait aussi procéder à de petites impressions particulières, capables de fournir au courant, ou de lui concilier son protecteur. C'est ainsi que s'imaginant faire sa cour à M. *de Maurepas,* il a recueilli toutes

---

(134) Nous avons vu en 1777 ce portrait, tel qu'on le décrit ici.

les pièces critiques contre l'administration de M. *Necker*, et en a ordonné la réimpression en ce lieu.

Ibid., page 155, du 21 novembre. Outre les deux mandemens dont on a parlé contre la nouvelle édition des œuvres de *Voltaire*, il y avait une dénonciation au parlement, anonyme, avec cette épigraphe : *Ululate et clamate.* Ces hurlemens avaient été étouffés par les amis et défenseurs de *Voltaire;* ce n'est que depuis peu que ladite dénonciation se répand davantage, elle est encore plus violente que les mandemens..... Malgré toutes ces réclamations, l'édition de *Beaumarchais* se continue. On regarde celle du sieur *Clément* comme avortée; il voulait châtier *Voltaire* et le réduire de vingt volumes, malgré un commentaire de sa façon, pour rendre l'ouvrage classique après *l'avoir purgé de toutes ses ordures*. Le sieur *Palissot* avait aussi brigué auprès du public le rôle d'éditeur de *Voltaire*. Pour amorcer les souscripteurs, il promettait autant de matière que le sieur *de Beaumarchais*, et en outre un commentaire aussi, et le tout à moitié moins...... Cependant son entreprise semble aussi échouée (135).

Tome XIX, *pag.* 373, novembre. *Extrait de la lettre troisième sur le Salon.* On a vu à l'exposition de cette année, la statue du maréchal *de Tourville*, par M. *Houdon*. Les connaisseurs lui préfèrent la statue de *Voltaire*, par le même, destinée d'abord à figurer à l'Académie française, et depuis à décorer la nouvelle salle de comédie. Elle est exécutée en grand, d'après la petite que M. *Houdon* a faite pour l'impératrice de Russie. Le philosophe est assis, les mains appuyées sur son fauteuil, dans l'attitude du repos. Cette situation familière, excellente dans l'intérieur du palais de

---

(135) Cette édition en 55 vol. in-8°, très-incomplète, a commencé à paraître en 1792, et n'a fait nul tort à celle de M. *de Beaumarchais*.

la souveraine, ne semble pas assez noble au centre de sa gloire. Il fallait que cet auteur immortel fût offert en poète au théâtre, en homme de lettres au sanctuaire des Muses. La tête est supérieurement traitée; la draperie a donné lieu à une discussion entre les gens de goût. Il est à la romaine, en robe consulaire, les cheveux ceints d'une bandelette. Les partisans de cette méthode disent que *Voltaire* appartenant à tout l'univers, doit être représenté dans le costume le plus généralement connu, le plus digne; que l'habillement français est maigre, n'a pas les formes assez majestueuses, et par conséquent n'était pas convenable à cette figure. Leurs adversaires répliquent que *Voltaire* étant français, illustrant particulièrement sa patrie, il fallait le caractériser tel; il fallait ne pas lui donner une chevelure dont il manquait, mais une perruque, un habit ou sa robe de chambre, et son bonnet de campagne à cornes, tel qu'on le lui connaissait. Il serait ainsi, suivant eux, beaucoup plus intéressant. Je suis de cet avis; il ne faut pas dans un pareil sujet, aussi national, sacrifier la vérité du fond à la grâce du faire. La première beauté, c'est la vérité (136).

ANNÉE 1782.

Tome XX, *page* 34, du 16 janvier 1782. Les philosophes, les membres de l'Académie, les partisans de *Voltaire* surtout, sont furieux de voir M. le cardinal *de Rohan*, philosophe, académicien et ami de *Voltaire*, en sa qualité d'évêque de Strasbourg, publier un mandement pareil à celui de l'évêque d'Amiens et de l'archevêque de Vienne, où il s'élève avec force contre l'audace sacrilége d'imprimer dans son diocèse la collection complète des œuvres de cet auteur,

---

(136) M. *Houdon* l'a depuis exécutée aussi de cette manière.

si dangereuses pour la religion, les mœurs, et même l'autorité.

Le cardinal peut avoir été porté à cette démarche par quelques motifs particuliers, mais il est évident qu'elle n'empêche pas qu'on ne continue paisiblement à la porte de Strasbourg, et presqu'à la vue de son éminence, la collection des œuvres de M. *de Voltaire* (137).

Ibid., page 53, du 24 janvier. Le fameux *Olavidés* est à Paris depuis plusieurs mois. Il s'est tiré adroitement de l'inquisition, secondé de son médecin, qui a déclaré que les eaux de Bagnères étaient nécessaires à sa santé..... Nos philosophes ne manquent pas de le voir et cherchent à adoucir ses chagrins. On sait qu'un des crimes qu'on lui reprochait, était d'avoir traduit en espagnol divers ouvrages de *Voltaire*, et surtout son *Dictionnaire philosophique*. Les partisans de ce grand homme ne peuvent que lui savoir gré d'avoir été ainsi le martyr de son enthousiasme pour lui.

Cet Espagnol se sauva avec peine des mains des inquisiteurs, qui voulaient le sacrifier parce qu'il répandait des idées utiles, mais nouvelles, parmi ses compatriotes, et rendait de grands services à

---

(137) Elles sont dangereuses à l'autorité, dit le rédacteur. Mais il paraît au contraire que *Voltaire* a toujours pris la défense de l'autorité légitime envers et contre tous les factieux qui l'attaquaient, de quelque robe qu'ils fussent; et s'il en a aussi condamné les abus partout où il en voyait d'évidens, il lui était encore utile en cela, car c'est toujours sous le prétexte de corriger des abus, vrais ou faux, que les intrigans et les fanatiques cherchent à la renverser.

son pays, en plus d'un genre et particulièrement par des défrichemens considérables qu'il avait entrepris.

Ibid., page 62, du 30 janvier. Le mandement du cardinal *de Rohan* a été rendu pour la solennité de la fête séculaire du rétablissement du culte catholique dans la cathédrale et la ville de Strasbourg. C'est une déclamation contre la nouvelle philosophie, qui déclare une guerre ouverte à la croyance de dix-huit siècles. Il y a un passage qui semble relatif à la nouvelle édition de *Voltaire;* mais il n'ose nommer ni l'ouvrage ni l'auteur. Il s'écrie : *Eh! dans quel siècle aurait-on vu établir une forge d'impiété, où l'on fabriquât contre la religion des armes nouvelles, que l'art y prépare avec soin et que l'industrie va répandre avec profusion. Là cependant se réuniront les productions des écrivains les plus licencieux, les paradoxes des auteurs les plus téméraires. Ce n'est point assez de tous ceux qu'ils avaient hasardés de leur vivant; on va fouiller dans leurs cendres pour en extraire ce qu'ils auraient rougi d'avouer.* Tel est le paragraphe que les académiciens et partisans de *Voltaire* reprochent à un prélat, membre de l'Académie française et confrère du défunt; tandis que d'un autre côté, les dévots et les zélés lui font un crime de sa pusillanimité à n'oser attaquer ouvertement et de front une entreprise si dangereuse. Quoi qu'il en soit, les grands-vicaires du cardinal se disculpent en cette occasion et déclarent que c'est lui-même qui a fait son mandement.

Voyez ce que nous avons dit plus haut à ce sujet.

Ibid., page 77, du 8 février. On parle beaucoup d'un nouveau rescrit de l'empereur (*Joseph II*), où il attaque le clergé plus vivement que jamais, et le renferme dans les bornes les plus étroites de son ministère, en le réduisant aux fonctions des premiers apôtres, etc. On raconte à ce sujet que, lorsque l'empereur eut eu des conférences avec le roi de Prusse, en 1769 et 1770, ce dernier écrivait à *Voltaire*: *Je ne crois pas que l'empereur m'ait pris pour son confident; mais, à en juger par sa conversation, c'est un philosophe qui nous effacera; nous ne sommes, vous et moi, que de petits garçons auprès de lui.*

Ce que l'on dit ici est vrai. Le roi de Prusse ajoutait :

Ce jeune prince connaît bien vos ouvrages et vous sait presque par cœur.

On doit trouver cette anecdote dans les lettres de S. M. Prussienne (138).

Ibid., *page* 311, du 26 mai. On se rappelle une pièce de M. *de Voltaire*, intitulée *Charlot*, ou *la Comtesse de Givry*, qui n'a pas encore été jouée, mais seulement imprimée. Les comédiens italiens se disposent à représenter incessamment cette œuvre dramatique, et sans doute ils ont obtenu l'agrément nécessaire de la famille.

Cette pièce n'avait été représentée qu'à Ferney, en 1767.

Ibid., *page* 328, du 4 juin. C'est aujourd'hui que les Italiens jouent la *Comtesse de Givry*, ouvrage imprimé depuis

---

(138) Il y a une grande lacune dans la correspondance du roi de Prusse et de *Voltaire*, de l'année 1769. Mais on trouve dans une lettre du roi du 16 septembre 1770, à peu près l'équivalent de ce que rapporte ici *Wagnière*.

long-temps et que les comédiens français avaient dédaigné jusqu'à présent. M. le comte *d'Argental* ayant toujours le même zèle pour la mémoire de son illustre ami, a fait représenter cette pièce chez lui deux fois, et cette pièce y a fait assez d'effet pour le déterminer à l'offrir au public. Madame *Vestris*, présente à ces représentations, l'a réclamée au nom de sa troupe, mais on lui a répondu que l'indifférence des comédiens français à cet égard, depuis dix ans que ce drame était imprimé, ayant fait présumer qu'ils ne s'en souciaient pas, la famille s'était déterminée à la donner aux comédiens italiens.

Ceux-ci en donnèrent la première représentation sur leur théâtre, le 4 juin 1782.

Ibid., *page* 330, du 5 juin. Les deux premiers actes de la *Comtesse de Givry* ont paru froids et vides; mais le troisième, très-intéressant, a produit beaucoup d'effet. Ce drame roule sur une supposition, ou plutôt sur un échange d'enfants. Son auteur en tire une morale exquise pour apprendre aux mères à les nourrir elles-mêmes, et pour les rappeler à ce premier de leurs devoirs. Il y a beaucoup de vers heureux, touchans, faciles; et l'attention du poète à parler toujours d'*Henri IV*, à rappeler plusieurs beaux traits de la vie de ce grand roi, à citer une foule de ses paroles sublimes, est un autre genre de mérite qui a fait grand plaisir. La pièce, en général, n'a pas été mal jouée.

Tome XXI, *page* 41, du 28 juillet. Le sieur *Gaucher*, de l'Académie des belles-lettres et arts de Rouen, de celle des arts de Londres, qui a gravé, d'après le dessin de M. *Moreau* le jeune, l'estampe représentant le couronnement de *Voltaire*, en a fait hommage à l'Académie française. Elle l'a agréée et a chargé M. *d'Alembert* de faire de sa part des remercîmens à l'artiste, de son estampe et de la lettre qui l'accompagnait. M. *Gaucher* disait dans cette lettre : *Puisse la plus illustre compagnie de l'Europe honorer de ses regards le tableau d'un des plus beaux momens de la vie de Voltaire! Pour l'exécuter, je n'ai pas eu seulement à vaincre la modestie de cet homme célèbre...... Mais, pourrais-je manquer de persévérance? Voltaire avait daigné sourire au projet de perpétuer cet événement, quelques jours avant que la mort vînt le ravir à l'admiration de son siècle; si je suis assez heureux pour mériter votre suffrage, messieurs, rien ne manquera à ma félicité.*

Messieurs de l'Académie reçurent l'hommage de M. *Gaucher* avec la même bonté qu'ils avaient montrée à M. *Houdon*, quand il offrit à chacun des membres de cette compagnie le modèle si bien exécuté par lui de la tête de M. *de Voltaire*.

Ibid., page 89, du 25 août. M. *de Florian* a remporté le prix de poésie de l'Académie française. Le sujet était au choix des auteurs. M. *de Florian* avait pris celui qu'elle désirait le plus de voir traiter : *La servitude abolie dans les domaines du roi.* Le candidat a eu l'adresse de mettre en scène *Voltaire;* il est son parent; tout cela n'a pas peu contribué à son triomphe. Sa pièce est intitulée : *Voltaire et le serf du Mont-Jura.*

M. le chevalier *de Florian*, qui a eu le prix de l'Académie, n'est point parent de M. *de Voltaire;* ainsi ce n'est pas cela qui a pu contribuer à lui obtenir les suffrages des académiciens. C'est M. le marquis *de Florian*, cousin du chevalier, qui était devenu neveu de M. *de Voltaire* par alliance, ayant épousé sa nièce, alors veuve de M. *de Fon-*

taine; devenu veuf à son tour, il a épousé une Genevoise, avec laquelle il s'est établi dans une très-jolie possession, nommée *Monbijou*, que M. *de Voltaire* lui avait fait arranger à Ferney.

Ibid., page 103, *du* 1er *septembre.* On a recueilli des lettres de *J.-J. Rousseau* pour en grossir l'édition de ses œuvres..... On y voit comment les Corses, en 1765, le sollicitèrent de leur rédiger un code de législation, demande qui lui riait et flattait son orgueil, mais qui excita si vivement la jalousie de *Voltaire,* qu'il se mit à la traverse et empêcha que l'exécution n'eût lieu.

Le rédacteur se trompe ici de toute manière; M. *de Voltaire* ne savait pas ce qui se passait entre les Corses et M. *Rousseau.* Il n'a jamais songé à s'ériger lui-même en législateur des Corses ni d'aucun autre peuple, et par conséquent n'enviait point cet honneur à *Rousseau.* Supposé même qu'il en eût été jaloux, on ne voit pas comment cette jalousie eût empêché les Corses de recevoir des lois de *J.-J. Rousseau,* et celui-ci de leur en donner, si de part et d'autre ils l'avaient décidément voulu. Si *Rousseau* a osé avancer que c'est M. *de Voltaire* qui y a mis obstacle, et s'il n'en donne aucune preuve démonstrative, c'est une calomnie très-odieuse, surtout dans un philosophe cynique, qui s'affiche dans sa devise pour l'oracle de la vérité.

ANNÉE 1783.

Tome XXII, *page* 17, *du* 6 *janvier* 1783. *Extrait d'une lettre de Troyes, du* 31 *décembre* 1782. « On a mis à Scellières, abbaye où est enterré *Voltaire,* l'épitaphe suivante :

> *Terra tenet cineres, mens altas pervolat auras;*
> *Voltarius vivet, scriptaque vivificant.*

Le terme *vivificant,* si prosaïque, si peu harmonieux, donne à cette inscription funéraire un air de ressemblance avec celles des 12e et 13e siècles, qu'on lit dans les églises en caractères gothiques. Un voyageur, indigné d'une telle platitude, et surtout qu'on eût célébré dans une langue morte un des plus grands poètes de la nation, a gravé sur sa tombe en français le distique suivant, aussi simple, mais moins barbare que l'autre, dont il est en quelque sorte la traduction :

> Son corps n'est plus que cendre, et son esprit a fui :
> Sans ses écrits divins rien n'eût resté de lui. »

Ibid., page 119, *du* 25 *février.* L'abbé *de Mably* vient de publier un traité *De la manière d'écrire l'Histoire,* où il maltraite à peu près tous nos historiens et surtout *Voltaire,* ce qui a singulièrement scandalisé tout le parti de ce grand homme. L'abbé *Mably* pourrait bien être comme l'abbé *d'Aubignac,* qui, après avoir donné des règles pour la tragédie, fit une tragédie détestable. Il y a à parier du moins que quelqu'un qui s'astreindrait servilement aux documens de ce pédagogue, composerait une histoire très-ennuyeuse, très-inutile par conséquent, puisque personne ne la lirait et ne pourrait la lire.

Cet ouvrage de l'abbé *de Mably* a été très-bien

réfuté par M. *Gudin*, dans un *Supplément à la manière d'écrire l'Histoire* (139).

Ibid., page 231, du 10 avril. M. *de Voltaire* n'avait point oublié les mauvais traitemens qu'il avait éprouvés à Francfort de la part du roi de Prusse, et quoiqu'il parût réconcilié avec ce prince, qui lui avait rendu depuis ses bonnes grâces, et qu'il encensait encore de temps en temps par politique, il en conservait un ressentiment profond. Il avait consigné tout cela dans un manuscrit auquel il avait joint les anecdotes particulières qu'il avait pu recueillir, ou comme témoin, ou comme à portée de connaître mieux qu'un autre la vie privée de ce monarque.

Ce manuscrit s'est trouvé dans les papiers de *Voltaire*; il était sous enveloppe, cacheté, et dans la suscription le défunt voulait qu'il ne fût ouvert qu'à la mort du roi de Prusse. Madame *Denis*, qui aurait dû se rendre dépositaire d'un tel secret, et conserver le paquet, par inadvertance, ou bonne foi, ou ignorance, l'a livré au sieur *Panckoucke*, avec le reste des papiers de son oncle, lors de la vente qui lui en a été faite, et ce libraire, fort étourdi, dans sa rétrocession au sieur *de Beaumarchais*, n'a pas eu plus de réserve.

Celui-ci ayant flairé le paquet, a jugé que ce pouvait être du bon, et sans scrupule ni pudeur, a enfreint les volontés du testateur, et l'a ouvert. Il a été enchanté de son trésor, mais il s'est trouvé embarrassé de l'usage qu'il en ferait. Ne pouvant se flatter que le roi de Prusse mourût

---

(139) *Gudin* pouvait d'autant mieux répondre à l'abbé *de Mably*, qu'il a fait une étude approfondie de l'histoire, et qu'étant très-bon écrivain, il était fort en état de donner le précepte et l'exemple. Il a travaillé nombre d'années à une histoire de France, qui sera probablement supérieure à toutes celles que nous avons.

avant l'impression de l'édition qu'il a entreprise des œuvres de *Voltaire*, il a senti l'impossibilité de l'insérer dans le recueil; d'ailleurs, par une infidélité envers ses souscripteurs, il a conçu qu'il en tirerait un excellent parti en le réservant pour une meilleure occasion; mais il n'aurait pas été sûr de le faire imprimer même clandestinement. 1° Il fallait trouver un imprimeur assez hardi pour cette entreprise et assez sûr pour garder le secret. 2° On aurait même enfin découvert le mystère, en remontant à la source et en interrogeant le sieur *Panckoucke* et madame *Denis*. Il a craint le ressentiment du roi de Prusse, et a imaginé de ruser d'une autre manière. C'a été de lire ce manuscrit confidemment à quelques amis, de le communiquer de même à quelques grands seigneurs. Il s'était flatté que la nouvelle en parviendrait ainsi indirectement au roi de Prusse, et que ce monarque, intéressé à la soustraction de l'ouvrage, en solliciterait la remise et le paierait au poids de l'or. Voilà très-vraisemblablement la vraie cause de la publicité que reçoit aujourd'hui cette anecdote, et de la fermentation qu'elle excite dans tous les bureaux littéraires.

Il n'est pas vrai que ce manuscrit ait été trouvé dans les papiers de M. *de Voltaire*, sous enveloppe et cacheté, pour n'être ouvert qu'à la mort du roi. Tout ce qu'on dit à ce sujet dans le second alinéa de cet article, est très-faux. Je répète qu'on vola à M. *de Voltaire*, en 1768, le manuscrit de ses Mémoires sur le roi de Prusse; il ne les avait jamais montrés à qui que ce soit; mais il avait la malheureuse habitude de laisser sa bibliothèque ouverte et ses papiers souvent étalés, malgré les représentations que je lui faisais. Il s'aperçut du vol de ces mémoires et de quelques autres manuscrits, lorsqu'ayant brûlé l'original, il chercha les deux copies de ma main, pour les brûler aussi. S. M. I. de Russie possède l'une de ces copies, et dans le dernier voyage que je fis à Paris, je vis l'autre copie entre les mains de M. *de Beaumarchais*. On peut voir des éclaircissemens sur cet objet dans mes *Additions au Commentaire historique* (140).

(140) A la date de cet article des *Mémoires de Bachaumont* (avril 1783), l'écrit de M. *de Voltaire* sur le roi de Prusse n'était pas encore imprimé, mais il commençait à être connu par ce qu'en disaient quelques personnes qui en avaient entendu des lectures particulières. Ce ne fut que plusieurs mois après qu'on en vit une petite édition furtive à Paris. *Wagnière* ne relève que le second alinéa de cet article; le reste n'est pas moins inexact. Le manuscrit dont il s'agit se trouva parmi les autres papiers remis par madame *Denis*, et passa sans aucun mystère de ses mains dans celles de *Panckoucke* et de *Beaumarchais*. Celui-ci, à la vérité, ne put résister à la tentation d'en faire quelques lectures; mais le motif que lui prête, à ce sujet, le rédacteur des *Mémoires*, et les conjectures odieuses qu'il se permet, sont de la plus grande fausseté. Il voudrait faire entendre que *Beaumarchais*, ne tirant pas de ces lectures ce que l'on suppose qu'il en attendait, c'est-à-dire beaucoup d'argent de la part du roi de Prusse pour supprimer ce manuscrit, ou pour le céder à ce monarque, et ne pouvant d'un autre côté l'insérer dans son édition de *Voltaire*, il aurait pris le parti de le faire imprimer secrètement. Bien loin qu'il y ait en cela rien de vrai, c'est que *Beaumarchais* fut aussi étonné qu'irrité de cette édition qu'on lui imputait. Le roi de Prusse, heureusement, en apprit la publication, et vit la brochure avec une indifférence stoïque. Mais d'où venait, dira-t-on, cette édition furtive? D'après le récit de *Wagnière*, il n'avait existé que trois manuscrits de l'ouvrage, savoir, l'original de la main de *Voltaire*, et qu'il brûla, et deux copies de la main de son secrétaire, lesquelles ne se trouvèrent plus dans son cabinet, lorsqu'il les y chercha pour les brûler aussi. *Wagnière* nous a

Ibid., page 236, du 12 avril. Entre les choses curieuses qui se trouvent dans le manuscrit de *Voltaire* sur le roi de Prusse, il y a, dit-on, une ode que ce monarque, en guerre avec la France en 1758, composa après la bataille de Crevelt. C'est une diatribe violente contre *Louis XV*, sa maîtresse, sa luxure, tous les vices de sa cour, et l'abâtardissement entier de la nation. *Voltaire* eut de bonne heure

appris ailleurs que cette soustraction de papiers eut lieu en 1768, par un homme de lettres, logé alors au château de Ferney, et qui agit en cela de concert avec madame *Denis*. Il ne trouva et ne put enlever qu'une des deux copies, et il faut que l'autre se soit trouvée en ce moment entre les mains de *Wagnière*, et qu'elle ait été dans la suite portée par lui en Russie, où il dit qu'elle existe. Le moindre prix qu'aura pu exiger de madame *Denis* l'homme de lettres qui s'était chargé de la mettre en possession de ce petit trésor littéraire, fut sans doute d'en tirer une copie pour lui-même. C'est l'origine du quatrième exemplaire que cet homme de lettres a gardé très-secrètement jusqu'après la mort de *Voltaire*. Il le lisait à des amateurs réunis en petit comité, dans le même temps que *Beaumarchais* faisait un pareil usage de l'exemplaire provenant de madame *Denis*, et qu'il croyait être unique au monde. L'édition clandestine n'a pu être faite que sur l'un ou l'autre de ces deux exemplaires. *Beaumarchais*, indépendamment des raisons de politique et de convenance, avait un intérêt particulier à ne pas rendre public un morceau si neuf et si piquant, dont il espérait pouvoir enrichir tôt ou tard, et sans inconvénient, son édition de *Voltaire*, comme cela eut lieu en effet. Au contraire, le possesseur de l'autre copie, quel qu'il fût alors (car elle pouvait être sortie des mains de l'homme de lettres, fortuitement ou à dessein), trouvait immédiatement, et sans risque certain, un grand profit à la vendre ou à l'imprimer avec toutes les précautions nécessaires en pareil cas; or

Celui-là fait *la faute* à qui *la faute* sert.

Cette explication peut éclaircir les doutes qu'a fait naître dans le temps la première publication de ces Mémoires sur le roi de Prusse, et doit achever d'en disculper *Beaumarchais*, à qui on l'attribua alors fort injustement.

connaissance de cette ode, et il la fit parvenir indirectement au duc *de Choiseul*. Ce ministre frémit de rage en la lisant, fit appeler le sieur *Palissot*, l'instruisit de l'anecdote, et le chargea de répondre à l'ode. Ce dernier en conséquence fit une autre ode très-violente contre le roi de Prusse. Le ministre, qui en fut content, la fit parvenir à ce monarque, en lui faisant connaître qu'on la publierait s'il se permettait de publier la sienne.

Tout cela était resté dans le secret depuis cette époque, et est aujourd'hui révélé par l'indiscrétion du sieur *de Beaumarchais*. Le sieur *Palissot* certifie la vérité de l'anecdote, mais jette les hauts cris contre le duc *de Choiseul*, qui l'a compromis en faisant connaître son nom à *Voltaire;* contre la méchanceté de *Voltaire*, qui l'articule tout au long, et contre l'infidélité encore plus grande du sieur *Caron* (*Beaumarchais*), qui expose ainsi le vengeur de *Louis XV* et de la nation au ressentiment d'un souverain outragé. Du reste, cela donne la clef de la haute protection que le sieur *Palissot* trouva dans ce temps auprès du gouvernement. On lui avait promis une récompense qu'il n'eut point, mais on lui donna la permission de faire jouer sa comédie des *Philosophes*, et de répandre beaucoup de méchancetés qu'on n'aurait pas tolérées de sa part en toute autre circonstance.

Le roi de Prusse envoya effectivement une copie de son ode à M. *de Voltaire*. M. le duc *de Choiseul* en eut aussi connaissance, et y fit faire une réponse comme on le dit ici. C'était par le canal de M. *de Voltaire* que passaient vers ce même temps, les premières propositions pour la paix, qui lui étaient adressées par madame la margrave *de Bareith*, sœur du roi de Prusse (141).

(141) La note précédente répond suffisamment à ce qu'on dit dans

Ibid., page 361, du 31 mai. Dans les changemens faits au foyer de la Comédie française, les bustes des auteurs dramatiques qui l'ornaient se sont trouvés dérangés, ce qui a donné lieu à quelques murmures. Madame *du Vivier,* ci-devant madame *Denis,* a surtout trouvé très-mauvais que, sous prétexte de construire une cheminée, les comédiens aient déplacé la statue en pied de *Voltaire,* dont elle leur avait fait présent à condition qu'elle serait toujours sous les yeux du public, et qu'ils l'aient reléguée dans leur salle d'assemblées particulières. Elle leur a écrit en conséquence, le 12 mai, une lettre de reproches très-amers..... Elle insiste, non pour retirer le don qu'elle a fait, mais pour racheter cette statue, à l'estimation de M. *Houdon,* son auteur.

Ibid., page 363, du 2 juin. Le manuscrit de *Voltaire* sur le roi de Prusse commence à se répandre au moyen des copies qu'on en a surprises au sieur *de Beaumarchais...* On sait que M. *de La Harpe* en a fait aussi des lectures; ce qui

cet article de la prétendue infidélité de *Beaumarchais.* Celle qui est reprochée en même temps à *Voltaire* est aussi destituée de tout fondement; car *Palissot* n'est point nommé, ni même désigné en aucune manière dans l'écrit de *Voltaire.* Mais il l'aura cru d'après les discours de ceux qui en avaient entendu la lecture, et qui avaient pu apprendre quel était l'auteur de l'ode contre le roi de Prusse, par le lecteur lui-même, qui, sans doute, en avait été instruit verbalement pendant son séjour à Ferney.

Cette remarque de *Wagnière* est la dernière qu'il ait faite sur les *Mémoires de Bachaumont;* nous avons reporté à leur vraie date celles qu'il avait écrites sur le tome XXIV de ces *Mémoires,* qui sert de supplément à des années précédentes. Pour compléter, d'après ces *Mémoires,* le journal de tout ce qui concerne *Voltaire,* nous allons en examiner les volumes suivans, et si quelques articles nous paraissent susceptibles de remarques, elles seront mises en note, au bas des pages.

annonce qu'il est pourvu d'une copie. Cela met de plus en plus M. *Palissot* dans de cruelles angoisses (141 *bis*).

Tome XXIII, *page* 34, du 29 juin 1783. Il paraît une réponse de la Comédie française à la lettre de madame *du Vivier,* bien digne de ces histrions, fort gauchement tournée et fort insolente.... Ils persistent à laisser la statue de *Voltaire* où ils l'ont placée, dans une pièce qui n'est ni leur chambre, ni leur salle d'assemblée, mais un salon destiné aux séances extraordinaires des *états comiques,* lorsque nosseigneurs les gentilshommes de la chambre jugent à propos de les convoquer. Ils n'acceptent point l'alternative de madame *du Vivier,* et sans acquiescer à sa demande, ne parlent point du tout de lui rendre ce bienfait.

Ibid., page 117, du 12 août. On a vu précédemment avec quel zèle le marquis *de Villette,* acquéreur de la terre de Ferney, y avait élevé au château un monument où il avait déposé le cœur de *Voltaire,* avec cette inscription :

Son esprit est partout, et son cœur est ici.

Ce qu'on ignorait, c'est que M. *de Villette,* peu après son acquisition, eût loué la terre à un Anglais. Il prétend s'être réservé spécialement la chambre de *Voltaire,* telle qu'elle était, et avoir commis une personne chargée expressément d'introduire dans ce sanctuaire les voyageurs honnêtes qui viendraient en adorer le dieu. Cependant un auteur de *Lettres sur la Suisse* dit qu'ayant désiré visiter, à Ferney, la *chambre du cœur,* il ne put jamais parvenir à y entrer. Il ajoute qu'on lui avait dit que le cœur n'y était plus et était sur une tablette de l'office. Ce fait excite une réclamation du marquis *de Villette,* qui ne pourra jamais du moins s'excuser d'avoir loué si promptement ce château; mais

---

(141 *bis*) Voyez les notes précédentes.

c'est surtout à madame *Denis* et à la famille de *Voltaire*, qu'il faut reprocher d'avoir laissé passer la terre de Ferney, et plus encore le cœur de *Voltaire*, en des mains étrangères (141 *ter*).

ANNÉE 1784.

Tome **XXV**, *page* 214, *du* 21 *mars* 1784. Le manuscrit dont on a parlé il y un an, indiscrètement communiqué par le sieur *de Beaumarchais*, transpire de plus en plus au moyen des copies furtives qui en ont été tirées; il a pour titre : *Mémoires pour servir à la vie de M. de Voltaire, écrit par lui-même.* Il embrasse deux parties : l'une depuis sa retraite à Cirey en 1733 jusqu'en 1758; la seconde est datée des Délices, du 6 novembre 1759.

Ibid., page 224. Il paraît un livre qui a pour titre : *Lettres philosophiques sur saint Paul, sur sa doctrine politique, morale et religieuse, et sur plusieurs points de la religion chrétienne, considérés politiquement.* On voudrait faire accroire que ce livre a été traduit de l'anglais par *Voltaire*, et qu'il a été trouvé dans le porte-feuille du sieur *Wagnière*, son secrétaire intime, qui était encore auprès de lui au moment de sa mort. Ceux qui l'ont lu assurent bien qu'il est dans les principes et la manière de penser du philosophe de Ferney, mais nullement dans son style (142).

(141 *ter*.) *Voyez sur ces objets, la* Relation du voyage à Paris, etc., *par Wagnière, et ses remarques sur les années 1778 et 1779, des Mémoires de Bachaumont.*

(142) Cet ouvrage n'est point de *Voltaire*, et le rédacteur des *Mémoires* le reconnaît dans un article postérieur, quoiqu'il dise que ce livre n'est pas indigne du philosophe de Ferney. Il est composé de dix-neuf lettres écrites par une *Mirza* à son amie *Elise*. On croit ces *lettres* de *Brissot*.

Ibid., page 248, du 6 avril. Les *Mémoires pour servir à la vie de M. de Voltaire,* paraissent imprimés, au grand scandale de toute l'Europe... On ne doute pas que le sieur *de Beaumarchais* ne soit l'auteur de cette publicité. Au moins ne peut-il se disculper d'avoir manqué à la volonté du testateur, en ouvrant le paquet qui devait rester clos jusques après la mort du roi de Prusse (143).

Ibid., page 254, du 8 avril. M. le baron *de Goltz,* ministre plénipotentiaire du roi de Prusse, a jeté les hauts cris lorsqu'il a été instruit de l'impression et de la publicité de ces *Mémoires de Voltaire.* On dit qu'il en retire tous les exemplaires qu'il peut, ce qui les rend rares (144).

Tome XXVI, *page* 340, du 8 novembre 1784. Entre les ouvrages littéraires de M. *Prost de Royer,* des académies de Lyon, etc., on distingue une *Lettre sur le prêt à intérêt,* qu'il publia en 1763. Elle plut assez à M. *de Voltaire*, pour qu'il permît de l'insérer dans ses œuvres (145).

(143) L'édition dont on parle, et les copies furtives qui s'étaient précédemment répandues, ne provenaient point de M. *de Beaumarchais.* On les lui imputait cependant, parce qu'on le croyait seul possesseur de l'ouvrage, tandis qu'un autre homme de lettres de la capitale en avait une copie ancienne. *Voyez à ce sujet la note* 140, *page* 54 ci-devant.

(144) L'indignation du baron *de Goltz,* ses démarches, les plaintes qu'il a dû porter aux ministres de *Louis XVI*, au sujet de cette publication, étaient dans l'ordre; et c'est une raison de plus pour se convaincre que *Beaumarchais,* éditeur des œuvres de *Voltaire,* et possesseur de ses manuscrits, ayant déjà consacré à cet objet une grande partie de sa fortune, le seul homme enfin sur qui devaient tomber tous les soupçons, ne pouvait être assez imprudent pour s'exposer à des conséquences fâcheuses et certaines, en publiant cet ouvrage. Il avait d'ailleurs un grand intérêt à ne pas le divulguer d'avance, au détriment de son édition de *Voltaire,* dans laquelle on pouvait un jour le placer. Aussi *Beaumarchais* parvint-il assez facilement à s'en disculper aux yeux des ministres.

(145) C'est par méprise que MM. *Cramer* ont inséré la lettre de

ANNÉE 1785.

Tome XXVIII, *page* 149, du 18 février 1785. Le mandement de M. l'archevêque de Paris, pour permettre l'usage des œufs en carême, étant une chose ordinaire, n'avait pas d'abord attiré la curiosité; mais il devient très-recherché aujourd'hui, qu'on est instruit qu'il contient des détails très-intéressans sur différentes choses, telles que les courtisanes, les mauvais livres, les spectacles des boulevards, le *Mariage de Figaro*, désigné à ne pouvoir s'y méprendre, enfin la nouvelle édition de *Voltaire*, à l'introduction de laquelle il déclare avoir été spécialement chargé de s'opposer par la dernière assemblée du clergé.

Ibid., page 157, du 21 février. Le mandement de M. l'archevêque de Paris est fort long, et l'on assure qu'il l'a composé lui-même avec ses faiseurs. Le prélat songe à la plaie générale qui afflige l'Église, de là une peinture effrayante des désordres de la capitale. Il les attribue principalement aux mauvais livres, qui se répandent avec plus de profusion que jamais. « On ose étaler et vendre publiquement les » tableaux et les estampes les plus contraires à l'honnêteté » publique. Les vestibules des palais en sont couverts, les » portiques même de nos temples ne sont pas respectés. »

Il passe aux spectacles. « Le théâtre français même, » qui s'était fait une loi de la décence, n'a-t-il pas tenté de » secouer les restes d'honnêteté qu'il avait conservés, et » d'introduire sur la scène une licence de principes incon- » nue à nos pères? »

L'orateur n'oublie pas les spectacles forains de toute

Prost de Royer dans un des volumes des œuvres de M. *de Voltaire;* ce qui leur a été depuis reproché par celui-ci.

espèce, « séminaires où l'enfance se corrompt presque en
» sortant du berceau, où l'artisan vient consumer en peu
» d'heures le fruit de son travail et la subsistance de sa
» famille, pépinières où se multiplient ces prostituées dont
» le nombre et l'audace s'accroissent de plus en plus. »

Le libertinage des colléges fait l'objet d'un paragraphe entier. « Des pères, des mères alarmés sont venus
» déposer leurs inquiétudes dans le sein du prélat; des ins-
» tituteurs publics lui ont demandé par quel moyen sauver
» les mœurs de leurs disciples. »

L'orateur en vient à l'édition de *Voltaire :* « Ce recueil im-
» mense de tous les écrits de cet homme fameux, qui devait
» être par la supériorité de son génie la lumière et la gloire
» de son siècle, et qui par l'abus de ses talens est devenu le
» fléau de la religion et des mœurs : cette entreprise si re-
» doutée, non-seulement des âmes pieuses, mais de toutes
» celles qui conservent encore du respect pour l'honnêteté;
» ce monument de scandale, décoré de tous les ornemens
» de l'art, et multiplié sous toutes les formes possibles pour
» le faire circuler plus facilement dans toutes les mains;
» cette œuvre, préparée dans une terre étrangère, car la
» France n'a pas voulu qu'elle fût exécutée dans son en-
» ceinte; cette œuvre de ténèbres est donc bientôt con-
» sommée !... » Il ajoute :

« Nous vous devons à deux titres, nos très-chers frères,
» cette réclamation solennelle, et comme votre pasteur, et
» comme le dépositaire et l'interprète des alarmes de la der-
» nière assemblée du clergé de France, qui nous a chargés
» spécialement de continuer après sa séparation les efforts
» qu'elle avait commencés pour préserver les mœurs de
» cette calamité. »

L'archevêque déclare qu'il pourrait à cette occasion faire
tonner les foudres de l'Eglise.... Mais après ce *Quos ego,*....
il se calme, et finit par permettre de manger des œufs.

Bien des ecclésiastiques, amis de la paix, ne sont pas contens de ce mandement, qu'ils regardent comme trop rempli de déclamations de rhéteur, et ne ressemblant nullement à ceux de M. *de Noailles.* Quoi qu'il en soit, à n'envisager l'ouvrage que comme littéraire, il est oratoire, plein de mouvement, et écrit avec autant de force que d'élégance (146).

Ibid., page 171, du 26 février. Le sieur *de Beaumarchais*, mécontent du mandement de M. l'archevêque, n'a pas manqué de chercher à tourner en ridicule ce prélat et son faiseur, qu'il croit être l'ancien évêque de Senez. On lui attribue du moins une chanson intitulée : *Cantique spirituel d'un très-spirituel mandement de carême*, sur l'air : *A Paris il y a deux lieutenans*. Il commence ainsi :

> A Paris sont en grand sâoulas
> Deux saints prélats :
> L'un est le chef et l'autre son
> Premier garçon.
> Leur carnaval est d'annoncer
> Qu'on peut laisser
> Filles, garçons, femmes et veufs,
> Casser des œufs.

Voici le couplet sur l'édition de *Voltaire*.

> A propos d'œufs, dans ce trésor
> L'on voit encor

(146) On voit, par les citations qu'en donne le rédacteur des *Mémoires*, que les prélats du clergé de France, dont l'archevêque de Paris se déclare ici l'interprète, en condamnant les opinions et les écrits de M. *de Voltaire*, opposés à la religion, ne méconnaissent pas du moins les qualités éminentes de cet homme extraordinaire : en quoi ils sont loin de ressembler à certains critiques que dirige souvent l'envie ou l'intérêt; et encore plus, de partager la partialité ridicule et l'ineptie des *Zoïles* qui s'imaginent ravir, de leur autorité privée, à un auteur célèbre, le génie, l'esprit, le goût et le talent, et le rabaisser par ce moyen à leur niveau.

>L'écrivain le plus admiré
>   Bien déchiré;
>Puis il empoigne auteur, lecteur
>   Et rédacteur,
>Et lance tout d'un bras de fer
>   Au feu d'enfer (147).

Ibid., page 132, du 3 mars. Précisément au moment où M. l'archevêque annonçait le vœu du clergé pour la proscription de la nouvelle édition de *Voltaire,* le sieur *de Beaumarchais,* afin de le mieux narguer, introduisait une moitié de cette édition, mais furtivement (148).

Ibid., page 309, du 16 avril. L'édition de *Voltaire* va son train, malgré le mandement de M. l'archevêque. Seulement il est défendu à tous les journalistes d'en parler, de l'annoncer même. Le sieur *de Beaumarchais* ne peut inviter les souscripteurs de venir prendre leurs exemplaires. Il faut qu'ils le devinent, ou soient instruits par d'autres. Cette inconséquence est si extraordinaire, que l'on ne la croirait pas, si on ne l'apprenait dans les bureaux mêmes du sieur *de Beaumarchais* (149).

Tome XXIX, *page* 81, du 12 juin 1785. Par arrêt du conseil du 3 juin, la nouvelle édition des œuvres complètes de *Voltaire* est supprimée. C'est une petite satisfaction que l'on

---

(147) Cette chanson, en sept couplets, était alors assez recherchée des Parisiens, qui l'attribuaient effectivement à *Beaumarchais.* Elle est dans les dernières éditions de ses œuvres.

(148) Ce n'était pas trop *furtivement* qu'on faisait entrer cette édition; on y était suffisamment autorisé, ainsi qu'à distribuer le livre. Il n'était que trop juste de garder des ménagemens en cette circonstance, et de ne pas négliger des précautions qui étaient recommandées.

(149) L'annonce ne pouvait se faire dans les papiers publics, mais les souscripteurs ont toujours reçu, sans le moindre empêchement, les circulaires à l'effet de retirer leurs exemplaires.

a voulu donner au clergé, en ce moment qu'il est assemblé : satisfaction d'autant plus illusoire, que, depuis trois mois et plus, le sieur *de Beaumarchais* a débité tout ce qu'il en avait. C'est une nouvelle inconséquence du gouvernement à joindre à tant d'autres.

Ibid., page 86, du 15 juin. L'arrêt du conseil qui supprime l'édition de *Voltaire* est imprimé et affiché avec une grande profusion. On a affecté d'en coller deux à la porte du sieur *de Beaumarchais.* La suppression est motivée sur ce qu'une partie de cet ouvrage est contraire à la religion, aux mœurs, à l'autorité, etc. Il est ordonné à tous imprimeurs, libraires, distributeurs et autres qui en auraient des exemplaires, de les apporter pour être mis au pilon. Au reste, il n'est encore question que des trente premiers volumes de cette édition (150).

Tome XXX, *page* 66, du 13 novembre 1785. On exalte beaucoup en ce moment un petit tableau d'un nouvel artiste, nommé mademoiselle *Beaulieu,* élève de M. *Greuze.* Cette jeune personne a représenté, sur une superficie de trente-quatre pouces de hauteur sur vingt-sept de largeur, *la Muse de la poésie livrée aux regrets que lui cause la mort de Voltaire.* A en croire ses enthousiastes, la composition est imaginée avec sagesse et exécutée avec intelligence ; le dessin est correct, le clair-obscur bien entendu, les draperies jetées avec grâce, le coloris vrai, les teintes parfaitement fondues. Mademoiselle *de Beaulieu* n'a pas encore le faire assuré, la touche mâle qui caractérisent les grands maîtres, mais elle s'attache tellement à l'imitation de la nature, elle en a tellement saisi le ton et les effets, qu'elle s'appro-

---

(150) Cet arrêt du conseil, accordé aux sollicitations du clergé, ne fut suivi d'aucun effet.

chera, si elle continue, de la manière du *Corrége*. On trouve encore dans ses têtes le style de *Vandick* (151).

Ibid., page 83, du 21 novembre. Quoique dans la nouvelle édition de *Voltaire*, on ait affecté de laisser des lacunes dans la série des volumes livrés au public, sans doute pour dérouter les contrefacteurs, le théâtre est complet en neuf volumes. Il ne s'y trouve rien de nouveau, que trois opéras insérés dans le 9ᵉ volume, et qu'on aurait pu supprimer sans dérober rien à la gloire de l'auteur. Ils sont intitulés : *Tanis et Zélide*, *Le baron d'Otrante*, et *Les deux tonneaux* (152).

Ibid., page 105, du 2 décembre. Les quatre volumes de la nouvelle édition de *Voltaire*, contenant son *Essai sur les mœurs et l'esprit des nations*, n'offrent rien de véritablement neuf, sauf de petites notes de l'auteur et des éditeurs. Ces dernières surtout sont très-philosophiques, c'est-à-dire très-violentes contre le clergé, et, par suite, contre la religion. On les attribue au marquis *de Condorcet*, et elles en sont dignes (153).

(151) Ce tableau doit être intéressant et précieux, d'après le magnifique éloge qu'on en fait ici, surtout s'il n'y a pas d'exagération dans ces louanges.

(152) Ce n'est pas la crainte des contrefacteurs qui a déterminé à imprimer certaines parties avant d'autres, et à les donner ensemble dans la première livraison, quoiqu'elles ne dussent pas se suivre dans l'ordre général de l'édition; cela n'eût point empêché ces contrefacteurs de remplir leur but, en suivant exactement la même marche. La véritable raison, c'est que dans une entreprise aussi considérable et aussi longue, il était prudent de réserver pour la fin les parties les plus susceptibles de s'améliorer encore et de se compléter entre les mains des éditeurs, et les matières qui, par leur nature, pouvaient fournir le plus de prétextes aux ennemis quelconques de cette opération, pour la combattre, l'entraver, et réunir leurs derniers efforts, dans le dessein d'en empêcher la suite; en quoi ils auraient peut-être réussi, si l'on avait pris une autre marche.

(153) Il y avait aussi plusieurs nouvelles corrections de M. *de Vol-*

Ibid., page 149, *du* 28 *décembre. Voltaire* était chez un lord où se trouvaient le célèbre docteur *Young* et quelques gens de lettres : jaloux de tous les poètes épiques, il avait l'audace de rabaisser même *Milton* dans sa patrie ; il frondait surtout dans, le *Paradis perdu,* la mort, le péché et le diable personnifiés. *Young,* indigné, lui adresse sur-le-champ, en anglais, une épigramme qu'on peut traduire ainsi :

> *Ton esprit, ta laideur et ton corps desséché*
> *Font voir en toi la mort, le diable et le péché.*

Voltaire, déconcerté, resta court et s'en fut (154).

taire, dans l'*Essai sur les mœurs,* etc. Presque toutes les notes historiques et philosophiques de l'édition sont de M. *de Condorcet.*

(154) Voilà un philosophe bien poli, bien équitable, et les fictions de *Milton* bien justifiées ! La manière dont *Voltaire* prend le compliment couronne l'œuvre. C'est au bout de soixante ans qu'on découvre et qu'on met en lumière cette belle anecdote, lorsque tous les acteurs et les témoins de l'événement qu'on suppose n'existent plus et n'en peuvent répondre. Ce conte invraisemblable ressemble fort à tant d'autres anecdotes suspectes, ramassées dans les *Mémoires de Bachaumont,* et dans tous les recueils de même genre. Celle-ci se concilie mal avec ce que tout Paris peut avoir vu. *Voltaire* n'était point laid, même dans son extrême vieillesse. Son front ouvert, ses yeux vifs, son sourire avaient encore de l'agrément. Il était beau au temps dont on parle, comme on le sait par tradition, et comme l'atteste son portrait peint alors par *Largillière.* Sa taille était au-dessus de la moyenne, et bien prise. Sa maigreur n'était point outrée, et ne ressemblait point au *dessèchement.* En un mot, l'épigramme, pour cette époque, serait une contre-vérité. Elle s'accorde encore plus mal avec le caractère moral d'*Young,* ses sentimens religieux, son honnêteté, et surtout avec les hommages publics qu'il a rendus à *Voltaire.* Voyez l'épître qu'il lui adresse, 4e partie, page 119, de la traduction française des œuvres complètes, Paris, 1770, in-12, en 6 parties. Elle commence ainsi : « C'est toi, Voltaire, qu'implore ma muse. Prenant son » vol au-dessus des mers, elle quitte les contrées glacées qui l'ont vue » naître, et te cherche dans les climats plus doux que ton génie

ANNÉE 1786.

Tome XXXI, *page* 205, *du* 26 *mars* 1786. *Extrait d'une lettre de Vienne en Autriche, du* 1er *mars* 1786. « Un certain

» éclaire. Elle sent sa faiblesse, elle veut s'étayer de ta grandeur et
» cacher ses fautes dans l'éclat de ta gloire.... C'est à toi de porter le
» flambeau de l'histoire dans la nuit des siècles, d'étonner le nôtre
» par le récit des actions des héros, et d'agrandir les rois. Qui pourra,
» comme toi, étaler sur la scène leurs tragiques aventures? C'est en-
» core à toi qu'appartient la gloire d'emboucher la trompette épique,
» et d'en tirer des sons immortels. Mais laisse-moi l'honneur de ré-
» péter sur ma harpe maritime les chants d'*Arion*. Sois le protecteur
» de mes vers, et ma muse enchaînée à ta gloire sera préservée du
» tombeau, etc. » Il continue sur ce ton dans le reste de l'épître, en
s'honorant d'être son ami. Ce ton, ce langage, sont-ils ceux d'un
homme qui aurait insulté en face, par la plus horrible épigramme,
le même homme de lettres objet actuel de son admiration, un étranger déjà célèbre dans l'Europe? Cela ne se peut croire. Mais il y
a plus, on trouve dans cette même épître ce qui a pu donner à quelqu'un l'idée de la prétendue épigramme d'*Young*. « *Voltaire*, souviens-
» toi de cette muse qui ne t'est point étrangère. C'est elle dont les
» accens adoucirent l'arrêt trop sévère que tu prononças contre *Mil-
» ton*, lorsque, mollement assis sur le duvet de *Dorset*, tu repoussais
» avec horreur les fantômes de son génie, qui offensèrent ton goût
» délicat.... Mais qu'ils sont déjà loin de nous ces jours de nos dis-
» putes innocentes! » Ce passage rappelle le séjour de *Voltaire* en
Angleterre, où il publia en anglais l'*Essai sur les poètes épiques*. On
se le représente dans la société du duc de *Dorset*, avec *Young* et
d'autres gens de lettres, et cette matière discutée entre eux, chacun en
parlant suivant son goût et ses lumières. Il est tout simple qu'*Young*
y défendît son compatriote *Milton*, dont l'imagination exaltée et profonde, et la mélancolie sombre, avaient une grande analogie avec les
siennes. Mais il serait ridicule d'imaginer que ces discussions littéraires,
ces *disputes innocentes*, eussent jamais dégénéré en inimitiés personnelles, en injures grossières. Ce qu'on vient de lire, démontre le contraire, et nous croyons que l'auteur de l'épigramme est assez réfuté
par *Young* lui-même.

abbé *de Saint-Remy*, se disant français, chanoine honoraire de Saint-Jean-de-Latran, protonotaire apostolique, agrégé de l'Académie royale des belles-lettres de Nanci, a fait imprimer ici, l'année dernière, un livret de 16 pages, sous ce titre : *Éloge lyrique de M. de Voltaire, dédié aux amateurs de la belle littérature*. Éloge bien tardif après tout ce qui a été dit et fait à ce sujet; mais enchérissant sur les autres, ce panégyriste emphatique, non-seulement attribue à son héros la gloire de tous les talens, mais il voudrait encore qu'on le regardât comme un saint digne d'avoir des autels : à ce petit ridicule près, sa pièce n'est point mal tournée; elle annonce du talent pour la poésie; il y a même des vers très-heureux.

Il paraît que cet aventurier avait formé de vastes projets de fortune sur son opuscule, par lequel il comptait se rendre recommandable chez l'étranger. Il désirait le dédier au prince *de Kaunitz;* mais ce seigneur, soit répugnance personnelle, soit crainte de déplaire à son maître, qui n'aime pas *Voltaire*, a refusé cette permission à l'auteur : sa demande même a été rejetée avec mépris, au grand dérangement des affaires de celui-ci. L'abbé *de Saint-Remy*, qui comptait sa fortune faite au moyen de la dédicace, avait contracté des dettes à-compte. Le mémoire du seul traiteur monte à cent ducats (plus de onze cents livres de France); on l'a mis en prison, et c'est à quoi ont abouti ses étourderies (155).

(155) Il paraît que c'est encore ici une de ces anecdotes que le rédacteur des *Mémoires* tourne et enjolive à sa façon pour amuser ses lecteurs. Il voudrait faire envisager, comme une sottise et une témérité, la tentative de dédier un poème, qu'il avoue n'être pas sans mérite, à un seigneur autrichien; et il attribue à cette cause la disgrâce de l'abbé *de Saint-Remy*. Cela est dépourvu de vraisemblance. S'il y a quelque chose de vrai dans tout ce récit (ce dont nous n'oserions répondre), si la détention de l'abbé n'est point controuvée, on doit

Tome XXXII, *page* 107, du 12 juin. On annonce une *Vie de Voltaire*, qu'on dit méchante, surtout contre les prêtres et le parlement. Elle est rare encore et se vend douze livres (156).

Tome XXXIII, *page* 133, du 25 octobre. C'est un certain abbé *Duvernet* qui est l'auteur de la *Vie de Voltaire*, qu'on a ci-devant annoncée. Il avait succédé à *Thiriot* dans l'emploi d'espion et d'émissaire du grand homme pour découvrir ses amis ou ses ennemis, lui envoyer les renseignemens dont il avait besoin..... Ce rôle doit le faire suspecter de partialité dans son ouvrage, où le héros est toujours peint en beau. Quoi qu'il en soit, l'historien se fait lire avec beaucoup de plaisir. Il suit son héros depuis sa naissance jusqu'à sa mort, et répand partout l'intérêt qu'exigeait le sujet.... S'il ne nous apprend rien de bien neuf, il s'exprime toujours d'une manière piquante. Il emploie souvent la tournure ironique de son maître; il l'imite dans son style et même dans sa hardiesse, etc. (157).

supposer qu'il y en avait eu des motifs moins extraordinaires, de même qu'au refus de la dédicace du livre. Ce qui est encore ici plus étrange, c'est le ton tranchant et positif avec lequel le rédacteur nous dit que l'empereur *Joseph II n'aime pas M. de Voltaire*. Son assertion est bien démentie par ce que *Wagnière* a rapporté dans plusieurs de ses remarques à ce sujet; par les lettres du roi de Prusse à *Voltaire*; enfin par la conduite même de *Joseph II*, aussitôt qu'il a pu gouverner sans partage. On peut également assurer que son premier ministre, le prince *de Kaunitz-Rittberg*, d'après ses lettres à *Voltaire*, que nous avons sous les yeux, rendait à cet illustre écrivain toute la justice qu'il méritait.

(156) L'auteur est l'abbé *Duvernet*, qui en a donné depuis une seconde édition, augmentée et corrigée, dont il a été parlé précédemment. De légères inexactitudes dans quelques détails peuvent aisément se rectifier par les *Additions* de *Wagnière*, que nous publions aujourd'hui.

(157) *Wagnière* a démenti dans ses *Additions* ce que l'on dit au

ANNÉE 1787.

Tome **XXXIV**, *page 7*, du 2 janvier 1787. M. le marquis *de Villette* raconte que le sculpteur de Saint-Claude, *Rosset-Dupont*, est le premier qui ait fait des bustes de M. *de Voltaire;* qu'il était présent, quand ce grand homme, qui jusqu'alors s'était refusé à prêter son visage, subjugué enfin par la bonhomie de cet artiste, se laissa persuader, en disant *qu'il n'y avait personne qui sût donner la vie à un buste comme le sculpteur de Franche-Comté.* Ce qu'il y a d'admirable dans *Rosset-Dupont*, c'est que, n'étant jamais sorti de sa petite ville, chacun jugeait qu'il avait fait un long cours d'études en Italie, et travaillé d'après les grands modèles. *Falconnet*, en admirant un *saint Jérôme* de lui, ne pouvait se persuader le contraire. *Pigal* avouait que ses ouvrages avaient la perfection de ceux des anciens. Il travaillait avec le même succès le bois, le marbre, l'albâtre et même l'ivoire si cassant et si dur. Il semblait pétrir celui-ci comme de la cire (158).

Tome **XXXV**, *page* 152, du 22 mai. Un M. *de Champagneux* prétend que durant le séjour que *Rousseau*, de Ge-

---

commencement de cet article, touchant le rôle d'émissaire secret de *Voltaire*, qu'on attribue à l'abbé *Duvernet*. Quand celui-ci eut formé le projet d'écrire la vie de cet homme célèbre, il lui en fit part, en le priant de vouloir bien lui donner des éclaircissemens sur diverses anecdotes. *Voltaire* lui répondit qu'il pouvait s'adresser sur cela à ses anciens amis; ce qu'il fit. L'abbé *Duvernet* était un admirateur zélé de *Voltaire*, mais il ne fut jamais son commissionnaire ni son confident.

(158) On avait fait des bustes de *Voltaire* long-temps avant *Rosset-Dupont*. Il en existe un fort ancien et fort beau en marbre, fait par le célèbre *Le Moine*. Celui de *Voltaire*, dans sa vieillesse, a été parfaitement exécuté par M. *Houdon*.

nève, fit à Bourgoing en Dauphiné, il écrivit sur la porte de la chambre des lignes que M. *de Champagneux* déclare avoir transcrites avec fidélité. Voici ces étranges sentences, qu'on ne conserve que comme venant d'un grand homme, et indiquant déjà un germe de cette folie d'un amour-propre ulcéré, développée beaucoup plus dans la suite, surtout dans le livre intitulé *Rousseau juge de Jean-Jacques*. (On ne transcrit ici que deux ou trois de ces sentences, pour échantillon.)

Les rois et les grands ne disent pas ce qu'ils pensent ; mais ils me traiteront toujours honorablement.

Les beaux esprits se vengent, en m'insultant, de ma supériorité, qu'ils sentent.

Le peuple, qui fut mon idole, ne voit en moi qu'une perruque mal peignée et un homme décrépit.

Le magistrat de Genève sent ses torts, sait que je les lui pardonne, et les réparerait, s'il l'osait.

Les chefs du peuple, élevés sur mes épaules, voudraient me cacher si bien qu'on ne vît qu'eux.

Voltaire, que j'empêche de dormir, parodiera ces lignes ; ses injures grossières sont un hommage qu'il est forcé de me rendre malgré lui (159).

Ibid., page 272, du 4 juin. *Extrait d'une lettre de Vienne en Autriche.* « *Petzeli*, ecclésiastique hongrois, qui cultive les lettres et surtout la poésie avec succès, vient de publier à Comorre une traduction de la *Henriade*, en langue hon-

---

(159) Ceux qui ont beaucoup vu et bien connu *Voltaire* pourraient affirmer que jamais son sommeil n'a été troublé par le grand bruit qu'a fait *Rousseau* à Paris, à Genève et ailleurs ; mais que la réputation du poète philosophe, éclatante dans toute l'Europe, n'ait point offusqué et irrité quelquefois l'amour-propre ou l'orgueil excessif du citoyen de Genève, c'est ce dont les partisans mêmes de celui-ci n'oseraient peut-être répondre.

groise ; il a envoyé un exemplaire de cette traduction, dont on dit beaucoup de bien, au comte *de Palfy*, chancelier de Hongrie et de Transylvanie, qui doit mettre cet ouvrage sous les yeux de l'empereur, à son retour.

Ibid., page 330, *du* 16 *juillet.* Le sieur *de Beaumarchais* fait en ce moment une seconde livraison du *Voltaire* de *Kehl.* Celle-ci est de vingt-un volumes. Il se presse afin de prévenir l'assemblée du clergé. Il a d'autant plus raison, que le plus grand nombre de ces volumes contient les ouvrages de l'auteur les plus anathématisés et les plus dignes de l'être par les deux puissances. Il y a peu d'ouvrages nouveaux. Les principaux sont un *Traité de métaphysique* et l'*Histoire de l'établissement du christianisme.* Les éditeurs disent que cette histoire, dont une partie seulement était imprimée à la mort de l'auteur, peut être regardée comme son dernier ouvrage et son testament de mort (160).

Ibid., page 346, *du* 21 *juillet.* Les éditeurs du nouveau *Voltaire* ont compris sous le titre général de *Dictionnaire philosophique,* les *Questions sur l'Encyclopédie,* le Dictionnaire philosophique, réimprimé sous le titre de *La Raison,* par alphabet; les articles de l'auteur insérés dans l'Encyclopédie : tout cela était connu et n'a changé de forme que pour être mieux classé. Ce qu'on y remarque de neuf, c'est un dictionnaire intitulé *L'Opinion en alphabet,* qui était resté manuscrit, et plusieurs articles pour le Dictionnaire de l'Académie française. Le marquis *de Condorcet* n'a pas manqué d'enrichir ces sept volumes de ses notes virulentes contre la religion, les prêtres, les magistrats, les journalistes, etc.

Tome XXXVI *et dernier, page* 317, *du* 25 *décembre.* Un

(160) Cette seconde livraison contenait tous les ouvrages philosophiques. On avait réservé pour la dernière la collection des lettres, parce que, jusqu'à la fin, on ne cessait d'en recueillir de nouvelles.

plaisant vient de mettre en action la mort de *Voltaire*, sous le titre de *Voltaire triomphant*, ou *les Prêtres déçus*. Dans ce drame en un acte, en prose, les acteurs sont *Voltaire*, le marquis *de Villette*, *La Harpe*, *la Fortune*, le secrétaire de *Voltaire*, le curé de Saint-Sulpice, l'abbé *Gautier*, supérieur de la maison des Incurables; *la Pilule*, garçon apothicaire. La scène est à Paris, dans l'hôtel du marquis *de Villette*. Cette facétie est un résumé de ce qui s'est passé lors de cet événement qui causa tant de scandale dans le temps, et parmi les dévots, et parmi les philosophes. L'intrigue consiste dans la substitution du secrétaire qui s'alite et se confesse à la place de son maître. De là l'enchantement de l'abbé *Gautier* et du curé, qui, voulant compléter leur victoire par l'administration solennelle du viatique, sont reçus du vrai *Voltaire* avec les blasphèmes qu'il proféra, dit-on, en ces derniers instans; ce qui déconcerte ces messieurs et les couvre de honte et de ridicule. Quoiqu'il n'y ait pas beaucoup d'invention dans cette facétie, elle est amusante et se lit avec plaisir. On ne doute pas que quelque club philosophique ne l'ait déjà jouée ou ne la joue incessamment (161).

(161) C'est ici le dernier article qui ait rapport à *Voltaire* dans ces *Mémoires de Bachaumont*. Le tome XXXVI termine l'ouvrage, et finit avec l'année 1787. La mort de M. *de Voltaire* a été très-paisible, et il ne s'est pas répandu en blasphèmes, comme on le dit ici. On peut voir des détails à ce sujet dans la *Relation* de *Wagnière*.

FIN DE L'EXAMEN DES MÉMOIRES DE BACHAUMONT.

EXAMEN

D'UN OUVRAGE INTITULÉ :

MÉMOIRES

POUR SERVIR A L'HISTOIRE DE M. DE VOLTAIRE;

AMSTERDAM, 1785, DEUX PARTIES, in-12.

PAR WAGNIÈRE.

EXAMEN
DES MÉMOIRES
POUR SERVIR A L'HISTOIRE DE M. DE VOLTAIRE, ETC.;

AMSTERDAM, 1785, DEUX PARTIES, in-12.

TEXTE DES MÉMOIRES.

PREMIÈRE PARTIE, *page* 2 de l'Avertissement. M. *de Voltaire* ayant eu la plus grande influence sur les opinions de son siècle, il serait peut-être essentiel de savoir si l'envie de dogmatiser en fait de religion, si l'humeur et le ressentiment, ne lui auraient pas dicté quelques-uns de ses jugemens sur la religion et ses défenseurs.

REMARQUES DE WAGNIÈRE.

Il paraît que M. *de Voltaire* laissa voir de bonne heure des dispositions à ne pas croire sur parole tout ce qu'on lui enseignait. Les persécutions qu'il essuya en plusieurs circonstances au sujet de ses opinions purent l'irriter, et, loin de faire changer sa façon de penser, elles ne firent qu'augmenter son horreur pour le fanatisme et la superstition, dans quelque religion et quelque secte qu'il les rencontrât. Ajoutez à cela que les maux que ces deux monstres ont produits affectaient vivement son imagination et l'extrême sensibilité de son âme (1).

Page 2 de l'ouvrage. Le jeune *Arouet*, dès l'âge de douze ans, étalait les principes et faisait les railleries qu'il a dé-

---

(1) Les dragonnades, ou massacres des Cévennes, se commettaient dans le temps qu'il était au collége. Il est probable que le récit des horreurs exercées réciproquement par les deux partis; ce qu'on répétait, à cette occasion, de tant d'autres événemens de même genre qui avaient désolé le monde; enfin ce que l'histoire lui apprenait des crimes de la Saint-Barthélemy et de la Ligue, firent naître dans son âme le premier germe de la haine qu'il voua au fanatisme. La conduite de beaucoup de prêtres et même de prélats, dont il fut témoin pendant la régence, et le scandale des convulsions, ne durent pas affaiblir ce sentiment, et ce qui acheva de le fortifier, ce furent les persécutions dont il devint lui-même l'objet. Il plaida de bonne heure la cause de l'humanité, et tenta de la préserver, à l'avenir, de ses plus cruels fléaux, en peignant, avec autant de force que de clarté, leurs causes et leurs déplorables effets. Il mourut dans la douce espérance que ses efforts n'auraient pas été tout-à-fait inutiles, surtout contre les excès du fanatisme religieux. En effet, sur ces articles, les choses semblaient être parvenues au point où il avait désiré les amener. Le clergé, par sa modération, se rendait respectable aux yeux de tous les partis; personne en France n'était persécuté pour ses opinions; la tolérance générale était assez marquée. *Voltaire*, n'ayant embrassé avec chaleur la défense du genre humain contre la tyrannie religieuse, que par le seul désir de le voir moins malheureux, il eût tonné sans doute avec la même véhémence contre les persécuteurs en sens opposé, et surtout contre les assassins de leurs concitoyens, en quelque lieu et pour quelque cause que ce fût.

posés depuis dans une foule d'ouvrages. Il est très-vrai que le père *Le Jai* prédit dès lors qu'il serait le *porte-drapeau de l'incrédulité*.

Cela a tout l'air de ces prophéties faites après coup ; il n'est pas vraisemblable que des jésuites souffrissent dans leur collége un jeune écolier faisant des railleries sur la religion, et qu'ils n'y répondissent que par d'autres railleries. Il est aisé de faire tenir des propos à un vieux jésuite, soixante-dix ou quatre-vingts ans après sa mort, lorsqu'il ne reste plus de contemporains pour vous démentir.

Page 38, à la note. L'apologie de la *Henriade*, qu'on trouve dans ce chapitre (le septième), est prise d'une lettre de M. *de la Bruère*, son ami, contre les journalistes de Trévoux.

On ne doit point avancer de pareilles choses sans preuves, ou tout au moins sans en alléguer des raisons vraisemblables. M. *de la Bruère*, alors auteur du *Mercure de France*, en rendant compte dans ce journal d'une nouvelle édition de la *Henriade*, pouvait analyser ce poëme et en faire l'apologie, d'après ses propres lumières et son goût. Ce n'est pas une raison pour dire positivement, comme on le fait ici, que M. *de Voltaire* se louait lui-même et empruntait pour cela le nom de *la Bruère*. De plus, si ce dernier était son *ami*, comme on l'avoue, cela devait être, pour l'auteur de ces

Mémoires, un motif suffisant pour croire que M. *de la Bruère* pouvait parler avantageusement de la *Henriade*, sans y être incité par l'auteur, ni par personne. Mais nous sommes persuadés que ce motif n'entrait pour rien dans les jugemens de cet homme de lettres, auteur de plusieurs bons ouvrages en divers genres.

Page 48. Les adversaires de *Rousseau* (le poète), et les amis de M. *de Voltaire*, qu'il décriait, soupçonnèrent le premier d'une secrète jalousie. Le succès de la tragédie de *Marianne* fut, selon eux, la véritable cause de leur inimitié.

Il est certain que cette malheureuse jalousie de *Rousseau*, occasionée par les succès en différens genres de M. *de Voltaire*, fut la première cause de l'inimitié de ces deux hommes célèbres. Je remarque derechef que dans les querelles de M. *de Voltaire* avec plusieurs gens de lettres, ceux-ci furent toujours les agresseurs.

Page 55. Si je m'avisais de faire la peinture d'un fat écervelé...... si je peignais dans le même homme une ignorance consommée..... une étourderie qui annonce jusque dans son geste et dans sa démarche un frénétique achevé.... une témérité qui commence toujours par l'insolence et finit par la bassesse, etc. (Extrait d'une lettre de *Rousseau*.)

Qui reconnaîtrait à ces traits, rassemblés péniblement par *J.-B. Rousseau*, le portrait de M. *de Voltaire*? Jamais celui-ci n'eut la démarche d'un fou. Qui pourrait l'accuser d'une ignorance consommée? Et parmi tous ceux qui l'ont connu particulièrement, en est-il un seul qui n'ait reconnu que son âme était incapable de bassesse.

Page 61. Il substitua, dans la *Henriade,* l'amiral de *Coligny* à M. *de Rosny.* J'en ai su depuis la raison, fondée sur le ressentiment d'une menace humiliante qu'il s'était attirée de feu M. le duc *de Sully.*

Cela n'est pas vrai, et M. *de Voltaire* jamais ne s'attira ni n'apaisa l'indignation de M. *de Sully.* Ceci a rapport à l'insulte faite par le chevalier *de Rohan* à M. *de Villette,* et sur laquelle M. *de Sully* marqua trop d'indifférence. D'ailleurs, voyez ci-après les raisons que donne M. *de Voltaire* de ce changement dans son ouvrage.

Ibid. J'ai toujours vécu avec des gens qui parlent français mieux que lui (*Ibid.*).

Je doute très-fort que l'on puisse faire à M. *de Voltaire* le reproche de n'avoir pas su sa langue.

Page 68. Ce capitan du Parnasse l'était venu trouver à la comédie (un M. *de Launay*), où il lui avait fait des excuses et des bassesses. (*Ibid.*)

Je répète que la bassesse était fort éloignée du caractère de M. *de Voltaire.* Il avait au contraire l'âme ferme et courageuse.

Page 84. Rien ne peut excuser ou justifier M. *de Voltaire* de la bassesse qu'il eut de publier l'aumône qu'il prétendait avoir faite à *Rousseau*.

Il me semble que punir l'ingratitude, ce n'est pas une bassesse. Ce n'est pas non plus, il est vrai, une chose louable. Il est peut-être préférable de la dédaigner. M. *de Voltaire* a dit lui-même : *Il est grand, il est beau de faire des ingrats.*

Page 90. *Mémoires pour servir à l'histoire de J.-B. Rousseau, par M. de Voltaire.*

Ces mémoires ne sont point de M. *de Voltaire*. C'est un ouvrage imprimé depuis long-temps avec ce titre : *La Vie de J.-B. Rousseau.*

Page 150. *Lettre de M. Demoulin à MM. les auteurs de la Bibliothèque française, en réponse à un écrit de J.-B. Rousseau contre M. de Voltaire, imprimé dans cette Bibliothèque.*

Ce que dit M. *Demoulin*, dans cette lettre, du caractère de M. *de Voltaire* est très-vrai (2).

Page 153. Je ne sais pourquoi le sieur *Rousseau* dit de lui (de M. *de Voltaire*) qu'il a une mauvaise physionomie; il était au contraire, dans sa jeunesse, d'une figure séduisante.

On peut en juger par son portrait, à l'âge de vingt-quatre ans, peint par *Largillière*, pour ma-

---

(2) Cette lettre a été aussi imprimée dans la *Bibliothèque française*. Elle est du 26 août 1736. On y voit un parallèle détaillé des procédés de *J.-B. Rousseau* et de *Voltaire*, et la justification de celui-ci.

demoiselle *de Livri*, depuis marquise *de Gouvernet.* Elle le donna à M. *de Voltaire*, en 1778, lorsque nous allâmes un jour chez elle. Il doit y en avoir une copie faite depuis, et placée dans la salle de l'Académie française (3).

Page 157. Il publia en 1738 un ouvrage en prose intitulé *Le Préservatif* contre l'abbé *Desfontaines.*

Cet ouvrage fut publié par le chevalier *de Mouhi*, et passa long-temps pour être de lui. M. *de Voltaire* lui en avait donné le manuscrit.

Page 160. Il aurait été digne de M. *de Voltaire* de ne pas rappeler à toute occasion le service important rendu par lui à l'abbé *Desfontaines.*

Cela est très-vrai ; mais aussi M. *de Voltaire* était-il donc si blâmable de dévoiler l'excès d'une atroce ingratitude ?

Page 165. Le stratagème avait réussi.

On suppose que M. *de Voltaire* croyait ne pouvoir entrer à l'Académie française que par stratagème. Le lecteur ne devinerait pas quel est ce stratagème. C'était de faire la tragédie de *Mérope*, de la donner aux comédiens, et, par les applaudissemens qu'elle pouvait recevoir, exciter le parterre à le proclamer académicien, et à forcer ainsi,

(3) C'est d'après ce tableau de *Largillière* que *Langlois* a gravé le portrait qu'on voit à la tête du tom. Ier de l'édition de Kehl.

de concert avec l'auteur, les portes de l'Académie. Ce stratagème, dit l'historien, *avait réussi;* et cependant il reconnaît ensuite que les intrigues de *Boyer,* évêque de Mirepoix, et son crédit à la cour, écartèrent encore cette fois M. *de Voltaire* de l'Académie. La vérité est que ce plaisant stratagème qu'on suppose, et que peu de personnes eussent été à même de faire réussir, est une pure chimère; que M. *de Voltaire* avait, depuis long-temps, assez d'autres titres sans le succès de *Mérope* pour être de l'Académie; qu'il était bien sûr d'y parvenir un jour, malgré la cabale de ses ennemis qui l'en écartaient, et sans recourir à des ruses d'aucune espèce.

Page 168. M. *de Voltaire,* averti que *Travenol,* fils, violon de l'Opéra, débitait des libelles contre lui.... se décida tout de suite à s'assurer de la personne de ce musicien, et chargea un exempt de police de ce soin. *Travenol* fils étant absent, le père fut arrêté, etc.

J'avoue qu'il y eut de la précipitation et de l'imprudence dans la conduite de M. *de Voltaire* envers les *Travenol;* qu'on exécuta peut-être avec trop de rigueur l'ordre qu'il avait obtenu contre eux; qu'il eût beaucoup mieux fait de mépriser leurs misérables libelles, et de les laisser tomber d'eux-mêmes dans l'oubli; mais je pense en même temps que ce n'était pas sans quelque raison qu'il désirait de voir réprimer la licence effrénée de ses détracteurs.

Page 175. Il proposa, en 1778, à l'Académie de refaire son dictionnaire.

Il trouva la plus grande répugnance pour ce travail utile parmi ses confrères. Voyez la *Relation de notre voyage à Paris*, etc.

Page 200. *Extrait d'une lettre de la Beaumelle....* « J'allai à Postdam le 14 novembre 1754 ; je n'y vis que M. *de Voltaire.* »

M. *de Voltaire* avait quitté la Prusse en 1753, et dans le moment dont on parle, il était parti de Colmar pour se rendre à Lyon.

Ibid. « Il me questionna beaucoup, et même jusqu'à l'indécence. » *Lettre de la B.*

Cela n'était nullement dans le caractère de M. *de Voltaire.*

Page 202. « Je ne voulais pas me faire connaître à Berlin par un livre, quoique je susse que d'assez mauvais livres avaient fait la fortune de bien des gens. » *Lettre de la B.*

Quelle pitoyable raison! Aviez-vous donc fait imprimer votre ouvrage pour qu'il restât enseveli dans l'arrière-magasin du libraire!

Page 204. « Il me parla de mon livre, m'en fit une critique fort judicieuse et fort sévère, dont je profitai depuis. » *Lettre de la B.*

Donc, vous avez reconnu que M. *de Voltaire* avait raison.

Page 205. « Il me dit que ce que le roi lui donnait n'était pas une récompense, mais un simple dédommagement.» *Lettre de la B.*

Cela était très-vrai, car M. *de Voltaire* avait abandonné ses pensions en France.

Page 207. « Il y a eu de plus grands poètes que *Voltaire*. Il n'y en eut jamais de si bien récompensés.» *Lettre de la B.*

M. *de Voltaire* ne fut point récompensé à titre de poète.

Page 208. «Je reçus de *d'Arget*, secrétaire du roi de Prusse, une lettre qui me disait, au nom du roi, des choses qu'il n'est pas possible que le roi lui ait commandées. Quelque irrité que je fusse de ces procédés, que j'attribuais avec raison à M. *de Voltaire* et à son parti, je crus qu'il était inutile de rompre entièrement avec lui, qu'il convenait encore de le ménager. J'allai le voir avec M. *de Lalande*, le 3 janvier 1752; ma modération fut si grande, que ce dernier, si modéré lui-même, en est encore aujourd'hui étonné.» *Lettre de la B.*

Voici ce qui pourra servir de commentaire à tout ce paragraphe.

Lettre DE M. WAGNIÈRE *à* M. DE LALANDE, *de l'Académie des sciences, à Paris.*

A Ferney-Voltaire, le 24 janvier 1787.

« MONSIEUR,

» Je commence la lettre que je prends la liberté de vous écrire par vous prier de me pardonner.

» Vous savez que j'ai été attaché pendant près de vingt-cinq ans à un homme illustre, votre ami, qui avait pour vous tous les sentimens que vous méritez, et pour moi quelques bontés, dont vous avez pu être témoin. Ma reconnaissance et mon respect pour celui que je regardais comme un père tendre et un ami, ont imprimé dans mon cœur le plus vif intérêt pour sa gloire, et en même temps un grand amour de la vérité, qui fut constamment l'objet de ses recherches. Depuis sa mort fatale et cruelle, j'ai été dans la plus grande ignorance de tout ce qui se passait dans la république des lettres, ma petite fortune ne me permettant pas de m'en instruire. Mais il y a cinq ou six jours qu'il m'est tombé par hasard entre les mains un ouvrage en deux volumes, intitulé : *Mémoires pour servir à l'histoire de M. de Voltaire*, etc., *Amsterdam*, 1785. Comme il y est question de vous, Monsieur, en plusieurs endroits, j'ose m'adresser à vous pour être instruit, et me rectifier, si je me suis trompé dans les notes et remarques que j'ai faites sur le *Commentaire historique sur les œuvres de l'auteur de la Henriade*, dans ma *Relation* du dernier voyage de M. *de Voltaire* à Paris, et de sa mort, ou dans mes Remarques et Additions pour l'édition de Kehl.

» L'auteur de ces *Mémoires (page* 208, *tome* Ier) dit, en rapportant une lettre de M. *de la Beaumelle*, sur sa querelle avec M. *de Voltaire*, que vous l'accompagnâtes à Berlin, chez M. *de Voltaire*, que vous fûtes témoin combien, dans cette entrevue, M. *la Beaumelle* donna à la douceur, à *la pitié*, au respect, à sa modération pour M. *de Voltaire*, dont vous fûtes dans l'étonnement. Je vous supplie, Monsieur, de vouloir bien m'apprendre ce qui en est.

» J'ai vu ensuite (*tome* II, *page* 19 *et suiv.*) une copie exacte, dit-on, du mémoire de M. l'abbé *Gauthier*, etc., que, lorsque ce mémoire parut, en 1778, à Paris, vous écrivîtes, le 12 octobre de cette année, à l'abbé *Gauthier*, qui vous certifia la vérité de tout ce qu'il avait avancé, et qui vous offrit de vous montrer les originaux des lettres et billets de M. *de Voltaire*.

» Vous connaissez, je pense, Monsieur, l'écriture de feu mon cher maître et la mienne. Oserais-je vous supplier de me dire si vous avez vu ces originaux? Vous eûtes, dans le temps, des scrupules sur l'authenticité de ces pièces qu'on publiait; mais, moi, j'ai plus que des scrupules. Vous avez cherché à découvrir la vérité. Je l'aime comme vous, même dans les plus petites choses. J'aurais voulu que mes facultés m'eussent permis d'aller à Paris, pour faire avec vous la vérification des choses inexactes que l'on rapporte, et dont j'étais témoin, puisque, comme vous savez, je ne quittais pas mon cher maître.

» 1° La lettre imprimée de M. *Gauthier* n'est pas

telle qu'il l'écrivit à M. *de Voltaire*, le 20 février 1778.

» 2º La réponse de celui-ci est vraie, excepté qu'il ne signait pas *de Voltaire* mais *Voltaire*, et plus souvent par la lettre initiale *V*.

» 3º L'abbé *Gauthier* (*page* 25, *tome* II) dit que sa conversation avec M. *de Voltaire*, le 21 février, fut interrompue par trois personnes, dont l'une lui dit : *Finissez, Monsieur, vous voyez que M. de Voltaire crache le sang*. Cela n'est pas vrai. Et d'ailleurs l'hémorragie de M. *de Voltaire* ne lui vint que le 25 février, vers midi. C'est un petit anachronisme dont M. l'abbé *Gauthier* ne s'est point aperçu en composant postérieurement son mémoire et ses conversations avec M. *de Voltaire*.

» 4º Le 26 février, M. *de Voltaire* ni moi n'écrivîmes à M. l'abbé *Gauthier* le billet qu'il rapporte à cette date, signé de mon maître. Le 25, vers une heure après-midi, M. *de Voltaire* me dit : *Écrivez un mot à l'abbé Gauthier pour qu'il vienne me voir, vous savez de quoi il s'agit*. J'écrivis ; je gardai mon billet, non signé, et fis semblant de l'avoir envoyé. Je répondis qu'on n'avait pas trouvé l'abbé. J'en fis part à madame *Denis* ; je décachetai mon billet, le lui montrai, et elle le garda, en me disant que j'avais bien fait.

» 5º Je ne connais absolument point le billet que l'abbé *Gauthier* dit avoir été écrit par madame

Denis, le 27 février, pour le prier de venir voir son oncle.

» 6° Le 2 mars, j'annonçai l'abbé à M. *de Voltaire,* qui était avec M. le maréchal *de Richelieu.* Celui-ci, en sortant, rencontra l'abbé *Gauthier* dans le corridor, et lui dit en riant : *Ah pardieu! l'abbé, je vous recommande mon vieux ami.* Il paraît que M. l'abbé a pris la chose au sérieux.

» 7° La déclaration de M. *de Voltaire,* du 2 mars, et écrite de sa main, est vraie. Je ne voulus jamais la signer, quelques instances que fît M. l'abbé pour m'y engager. Mais je ne connais point celle qui commence ainsi : *M. l'abbé Gauthier m'ayant averti qu'on disait dans un certain monde,* etc. Il n'est pas vrai non plus que M. *de Voltaire,* lui ayant demandé s'il était content, l'abbé lui ait répondu que *non;* c'est le contraire.

» 8° Je n'ai point connu la lettre de M. *Gauthier* à M. *de Voltaire,* du 13 mars, ni la réponse de celui-ci, du 15, et signée *de Voltaire.*

» 9° M. *de Voltaire* n'a jamais reçu la lettre de M. *Gauthier,* du 30 mars, encore moins celle du 30 mai, jour de la mort de M. *de Voltaire.*

» Je vous demande bien des excuses de mon importunité; j'ose espérer que vous voudrez bien avoir la complaisance de m'honorer d'une réponse.

» Je suis toujours étonné chaque fois que j'entends dire ou rapporter de M. *de Voltaire* des choses qui n'ont aucun fondement.

» Je suis avec bien du respect, etc. »

Réponse de M. de Lalande *à* M. Wagnière.

A Paris, le 29 janvier 1787.

« Je suis enchanté, Monsieur, d'apprendre, par la lettre que vous m'avez fait l'honneur de m'écrire, que vous travaillez sur la vie du grand homme que nous regrettons l'un et l'autre; mais c'est à Paris que vous devriez être pour cela. Madame *du Vivier*, M. *de Beaumarchais* seraient charmés de vous avoir pour coopérer avec vous à une si juste entreprise.

» L'abbé *Gauthier* a fait imprimer la lettre que je lui écrivis, lorsque son Mémoire parut; je ne sais s'il m'offrit de me montrer les originaux, mais je ne les demandai point, persuadé qu'il n'oserait pas en imposer. S'il l'a fait, vous aurez grande raison de le relever; et l'on vous croira sans difficulté, quand vous parlerez de choses dont vous avez été acteur ou témoin, et contre un cafard qui a intérêt de dénaturer les circonstances.

» A l'égard de ma visite à Berlin, voici exactement le fait. Je voyais *la Beaumelle* chez *Maupertuis*. Je savais que M. *de Voltaire* ne l'aimait pas. Je crus, avec la confiance d'un jeune homme, que je pouvais contribuer à une réconciliation; je m'offris à l'y accompagner. Mais M. *de Voltaire*, qui voulait sans doute éviter une explication, fit semblant de ne pas le voir, et me parla d'une manière si continue à moi seul, qu'il ne donna pas le temps à *la Beaumelle* d'entamer une explication. Sa modération consista donc à ne rien dire. Je m'aperçus que le silence de M. *de Voltaire* m'accusait d'indiscrétion. Je me retirai au bout d'un quart d'heure. M. *de Voltaire* me reconduisit avec des témoignages d'affection qui contrastaient avec l'affectation de ne pas regarder *la Beaumelle*, et de faire semblant de ne pas s'apercevoir qu'il était présent. Je n'ai point oublié ces circonstances, quoiqu'il y ait trente-cinq ans d'écoulés.

» Je voudrais, Monsieur, pouvoir contribuer par de plus grands éclaircissemens à la perfection d'un travail qui m'intéresse vivement, et vous prouver l'extrême considération avec laquelle j'ai l'honneur d'être, etc. Lalande, *au Collége royal, place Cambrai.* »

On peut avoir, d'après ce qu'on vient de lire, des scrupules très-raisonnables sur tout le reste de la lettre de *la Beaumelle*.

Page 233. M. *de Voltaire* et madame *Denis*, étant à Lausanne, ne se contentèrent pas de former des acteurs et des actrices; ils jouèrent eux-mêmes dans plusieurs pièces, et surtout dans *Zaïre*, où ils enlevèrent tous les suffrages. M. le baron *de Corevon*, seigneur du pays de Vaud, écrivit à M. *de Voltaire*, au sortir de la représentation, et lui fit un compliment très-flatteur. Le poète lui répondit sur une carte : *Zaïre et le bon Lusignan sont très-obligés* à M. de Corevon ; *c'est à des hommes tels que lui qu'on veut plaire.*

Il n'y a jamais eu à Lausanne de baron *de Corevon*.

Page 234. Il aima mieux attribuer à *J.-J. Rousseau* le malheur de n'avoir pas pu jouir de sa campagne des Délices.

Il s'agit des tracasseries qu'il essuya de la part de quelques Genevois ameutés contre lui, sous prétexte qu'il pourrait inspirer le goût des spectacles à leurs concitoyens, en jouant la comédie à sa maison des Délices. Il est très-vrai que *J.-J. Rousseau* fut la cause de ces querelles. Les détails que donne là-dessus M. *de Voltaire*, dans une lettre à M. *de Pezai*, qu'on cite, sont exacts (4).

Page 235. Il ne démontre point du tout que *Rousseau* fût le chef de ce parti.

On ne démontre pas une chose qui est reconnue publiquement.

Page 236. Le roi (de France) lui donna une pension de deux mille livres en 1761.

Dites, *renouvela* une pension dont il avait négligé de toucher les arrérages.

(4) Cette lettre est imprimée, tom. LX, pag. 8, des *OEuvres de Voltaire*, édition in-8º de Kehl.

Ibid. à la note. M. *Sherlock*, dans ses *Lettres*, dit que M. *de Voltaire* avait toujours eu l'ambition de fonder une religion. On peut dire cependant à cet égard qu'il a plus détruit que fondé.

Il me paraît que M. *Sherlock* a très-mal rapporté ce qu'on lui a dit, et même ce qu'il a vu de M. *de Voltaire*; et il en est ainsi de ce qu'en disent plusieurs autres voyageurs, dont la plupart ne l'ont même jamais approché.

Page 238. La communion de M. *de Voltaire* le jour de Pâques 1768, dans l'église de Ferney, et le discours qu'il y fit sur le larcin, au sujet d'une vache qu'on lui avait volée, parurent à l'évêque d'Anneci des démarches tout-à-fait irrégulières.

Ce n'était point à M. *de Voltaire* que le vol avait été fait. Ce n'était pas une vache, mais de l'argent dont il s'agissait. Voyez mes *Additions au Commentaire historique*.

Page 239. Il avait effectivement des lettres d'affiliation à l'ordre des Capucins. Il les avait fait encadrer proprement pour les placer dans l'endroit le plus apparent du château. Comme on envoie ces lettres quelquefois en blanc, un avocat de Grenoble eut le secret d'en avoir et les lui fit passer; mais il est faux que le général les ait adressées directement à M. *de Voltaire*, comme il le disait.

1° Ces lettres encadrées étaient placées dans l'endroit le moins apparent du cabinet, où couchait une femme de chambre. 2° Elles furent apportées à M. *de Voltaire* par le gardien du couvent des Capucins de Gex, et signées du général *don Alamballa*.

Page 240. Il leur avait fait d'abord quelques aumônes, mais dans les derniers temps il les avait supprimées, parce qu'on lui avait refusé quelques petits services.

Jamais M. *de Voltaire* n'a demandé ni grands ni petits services aux capucins, pour lui personnellement. C'était au curé de Ferney qu'ils en rendaient, en venant l'aider quelquefois dans ses fonctions. Ils n'auraient sans doute rien refusé à M. *de Voltaire*, de tout ce qui pouvait dépendre d'eux. Ils en étaient toujours bien reçus quand ils venaient au château; il leur faisait des aumônes, indépendamment de celles que les seigneurs et autres personnes leur accordent au temps des moissons. Son crédit leur était utile, et c'est à sa sollicitation que M. le duc *de Choiseul* leur fit accorder une pension de six cents livres, pour dire une messe le dimanche aux troupes qui étaient à Versoy.

Page 242. Madame *Denis* est depuis long-temps la compagne de son oncle, et elle est digne de l'être.

Je soupçonne qu'il y a ici une faute d'impression.

Page 243. Elle compose, dit-on, des ouvrages dramatiques qui feraient honneur à un bel esprit.

Tarare !

Ibid. Mais sa modestie les cache avec le même soin qu'une autre femme aurait pour les faire connaître. On prétend qu'elle a eu quelque part à la charmante comédie de *Nanine.*

Madame *Denis* modeste! Et qu'elle a eu part à la comédie de *Nanine!* Ah!

Ibid. Le tendre attachement qui l'unit à son oncle n'a jamais souffert d'altération.

Rien de vrai en tout cela. Voyez ma *Relation du voyage à Paris*, etc.

Page 248. Lorsque l'affaire des *Calas* était entamée, M. le maréchal *de Richelieu*, qui se trouva aux Délices, demanda à M. *de Voltaire*, devant une nombreuse compagnie, des détails de cette affaire. M. *de Voltaire* lui raconta la chose avec une éloquence si forte et si pathétique, que le maréchal et tous les spectateurs fondirent en larmes. Alors parut un des *Calas* qui était dans une chambre voisine, et M. le maréchal dit au jeune homme: *Je suis persuadé de l'innocence de votre père. Vos malheurs m'ont vivement pénétré. Vous pouvez compter sur mon crédit et sur mes secours; puisque vous n'avez plus de père, c'est à moi de vous en servir.* C'est par des traits semblables qui ennobliraient un homme obscur, qu'un grand seigneur ajoute encore à l'éclat de son nom.

Cette réflexion de l'auteur est très-juste; mais il y a quelque chose à dire sur ce que l'on raconte ici. M. *de Voltaire* avait d'abord écrit à M. *de Richelieu*, qui avait été gouverneur du Languedoc, pour le prier de prendre des informations. Ce seigneur lui répondit que la plupart des Languedociens étaient des têtes chaudes et des fanatiques, et qu'il lui conseillait fort d'abandonner cette affaire; M. *de Voltaire* eut beaucoup de peine à le faire revenir de sa prévention, ainsi que plusieurs autres seigneurs qui n'avaient pas le temps d'examiner et d'approfondir cette affaire avec la même ardeur et la même patience que lui.

Page 250. *Louis XV accorda à cette famille infortunée une gratification de 36 mille livres.*

Ce fut à la sollicitation de M. le duc *de Choiseul*, dont la compassion pour les *Calas* avait été vivement excitée par les prières de M. *de Voltaire*.

Page 262. *L'impératrice de Russie (Catherine II), non moins attentive à ménager un écrivain que la renommée avait pris pour son interprète, acheta pour* 50,000 *livr. de montres des fabriques établies à Ferney par Voltaire, etc.*

L'impératrice de Russie aime, estime véritablement M. *de Voltaire*; elle admire ses ouvrages. J'ai eu l'honneur de pouvoir m'en convaincre de près; mais *le ménager!* Ah! monsieur, vous la connaissez bien peu.

Page 263. *Les récompenses qu'il obtint dans les derniers temps auraient été plus considérables, s'il avait respecté ce que tout citoyen doit respecter, la religion et les mœurs.*

On veut sans doute parler ici de quelques priviléges ou exemptions qu'il avait fait accorder au pays de Gex, par son crédit auprès des ministres, car il ne demanda jamais ni ne reçut de récompenses particulières pour lui-même. Il n'en avait, à la vérité, aucun besoin; sa fortune était considérable, et toutes les grâces qu'il sollicitait et qu'il obtenait presque toujours, étaient à l'avantage d'autrui, et principalement à celui des habitans du pays qu'il habitait. Le désir de les voir heureux était surtout le mobile de ses démarches auprès du ministère.

IIe Partie. *Page* 11. M. *de Voltaire* était associé à une maison riche de Cadix, que la fortune favorisa.

Oui, pendant quelque temps, mais qui enfin lui fit perdre quatre-vingt mille francs.

Page 12. Son domestique, dans les derniers temps, se réduisait à un secrétaire, une femme qui le servait, une cuisinière, deux laquais, dont l'un servait de cocher, et le père *Adam*, qui était l'intendant de la basse-cour. Il avait à la vérité un grand nombre d'ouvriers pour la campagne, dont quelques-uns servaient au besoin dans la maison.

M. *de Voltaire* nourrissait d'ordinaire environ soixante à soixante-dix personnes journellement, et quelquefois davantage, lorsque les travaux l'exigeaient. Les domestiques suffisaient pour le service dans l'intérieur du château, et les ouvriers de campagne n'y venaient jamais pour cela. Le père *Adam* n'était point l'intendant de la basse-cour : ceci est une plaisanterie de l'auteur des *Mémoires*.

Page 15. Il s'ennuyait quelquefois dans sa solitude.

Cela est faux, personne n'était moins susceptible d'ennui que M. *de Voltaire*.

Ibid. L'opinion publique était que son séjour au pied des Alpes était forcé. Cette opinion le chagrinait.

Cette dernière assertion est également fausse.

Ibid. On raconte à ce sujet qu'un homme qui, abusant des lois de l'hospitalité, prolongeait outre mesure son séjour à Ferney, ayant été interrogé par M. *de Voltaire* sur le temps où il comptait partir pour Paris, lui répondit avec affectation : *Monsieur, j'y vais quand je veux;* comme pour lui faire sentir qu'il était plus libre que lui à cet égard. On a contesté cette anecdote.

Et on a eu raison. Peut-on imaginer quelqu'un d'assez grossier pour répondre ainsi au bon accueil qu'il avait reçu? Il est apparent que cela a rapport à l'anecdote concernant l'abbé *Coyer*, dont on a parlé ailleurs, et qu'on aura dénaturée.

Page 16. Ce qui aggrava les mortifications que lui donnaient ses ennemis, c'est que l'empereur passa devant sa porte sans l'honorer d'une visite.

Cela est faux. Voyez mes *Additions au Commentaire historique* et mes *Remarques* sur les *Mémoires de Bachaumont*, à la date de 1777.

Page 17. Dès lors il s'occupa de son retour à la capitale.

Point du tout. Il n'y pensa qu'à la fin de 1777,

et par des motifs très-différens. Voyez ma *Relation du voyage*. Je n'aurai que peu de chose à ajouter à ce que j'ai dit dans cette *Relation* et dans les *Remarques sur les Mémoires de Bachaumont*, relativement à ce qu'on rapporte à la fin de ces nouveaux *Mémoires*, que j'examine ici, sur le séjour de M. *de Voltaire* à Paris et sa mort.

Page 38. Sa maladie recommença vers la fin du mois de mai.

Vous vous trompez, ce fut vers le 5.

Page 41. Avant d'entrer dans la chambre du malade, je lus à M. *de Villette* la rétractation que j'exigeai du malade. Il la trouva bien, et me dit *qu'il ne s'y opposait pas*.

Et de quel droit M. *de Villette* s'y serait-il opposé?

Ibid. à la note. M. l'abbé *Mignot*, magistrat respectable, mit tout en œuvre pour engager M. *de Voltaire* à mourir en vrai chrétien.

Point du tout.

Page 42, *à la note*. M. *Tronchin*, médecin de *Voltaire*, le trouva dans des agitations violentes et criant de toutes ses forces : *Je suis abandonné de Dieu et des hommes!* etc.

Je rapporterai à ce sujet les deux lettres suivantes.

Lettre de M. Wagnière *à* M. Tronchin, *Procureur-général, syndic de la république de Genève, aux Délices* (*).

Ferney, le 23 janvier 1787.

« Monsieur mon respectable protecteur,

» Permettez que je m'adresse à vous pour être instruit de la vérité.

» Je viens de voir dans un ouvrage sur M. *de Voltaire*, la note suivante :

« C'est après la sortie de MM. le curé de Saint-
» Sulpice et l'abbé *Gauthier*, que M. *Tronchin*, mé-
» decin de *Voltaire*, le trouva dans des agitations
» violentes, criant de toutes ses forces : *Je suis*
» *abandonné de Dieu et des hommes!* Le docteur
» *Tronchin*, qui raconta ce fait à des personnes res-
» pectables, ne put s'empêcher de leur dire : *Je*
» *voudrais que tous ceux qui ont été séduits par*
» *les livres de Voltaire, eussent été témoins de sa*
» *mort; il n'est pas possible de tenir contre un pa-*
» *reil spectacle.* »

» J'ai eu l'honneur de voir M. *Tronchin* quelques jours après la mort de mon cher maître. Il avait des bontés pour moi; il me parla beaucoup de

---

(*) L'un des hommes les plus respectables que j'aie connus, et cousin du docteur *Tronchin*. (*Note de Wagnière.*)

M. *de Voltaire*, de sa maladie et de sa mort, mais il ne me dit pas un mot dans le sens de ce que je viens de transcrire. J'ai une peine extrême à croire ce propos de M. le docteur *Tronchin*; encore plus à penser, s'il l'avait effectivement tenu, qu'il y eût attaché le sens qu'on veut lui donner dans cette note. Il y a une grande différence, ce me semble, entre le désespoir des remords et de la crainte, qui est celui qu'on suppose ici, et le désespoir qu'aurait pu montrer M. *de Voltaire*, de ce qu'on le laissait sans secours et sans consolation, malgré toutes ses instances. On ne permit pas seulement qu'il vît son notaire, qu'il ne cessait de demander. C'est la seule conviction de la manière horrible dont on trahissait ce grand homme dans ses derniers momens, qui a pu rendre sa fin triste et cruelle. M. *Tronchin* ne le vit pas le jour de sa mort; ce ne fut point non plus à lui qu'il dit : *Je suis abandonné de tout le monde*; ce fut à madame *de Saint-Julien*, quand il la revit sans ce notaire, qu'il l'avait suppliée plusieurs fois d'aller chercher, voyant que ses demandes aux gens de la maison pour qu'on le lui amenât restaient sans effet.

» Je vous supplie avec instance, Monsieur, de daigner prendre des informations sur cette petite anecdote. Je vous demande en même temps pardon de vous importuner, mais j'ose compter toujours sur votre indulgente bonté pour moi. Je me mets avec ma famille aux pieds de vos dames, et je suis avec bien du respect et de la reconnaissance,

» Monsieur,

» Votre, etc. WAGNIÈRE. »

Réponse de M. TRONCHIN *à* M. WAGNIÈRE.

Aux Délices, 25 janvier 1787.

« L'ouvrage, Monsieur, dont vous avez extrait la note que je reçois m'est inconnu, et rien ne ressemble moins au docteur *Tronchin* que le propos que l'auteur lui fait tenir à la mort de M. *de Voltaire*. On a beau jeu à faire parler les personnes qui ne sont plus.

» Croyez-moi toujours bien véritablement, Monsieur,

» Votre, etc. TRONCHIN. »

Page 82. On lui disait un jour, en parlant de M. *Linguet*, qu'il avait le génie et le style trop ardens. *Oui,* répondit-il, *il brûle, mais il éclaire.* S'il déprécia ensuite cet écrivain éloquent, en disant qu'il était le premier des écrivains des Charniers, c'est qu'il avait à se plaindre du compte qu'il avait rendu de son retour à Paris.

Ce qu'on dit ici n'est pas vrai.

Page 84. M. *de Voltaire* proposa cette aimable personne à M. *de Villette*, avec 150,000 livr. de dot. Celui-ci refusa la dot.

L'offre prétendue de la dot est fausse, et le prétendu refus de M. *de Villette* plus faux encore.

Page 85. Il disait : *J'ai fait deux heureux et un sage.*

Ce propos de M. *de Voltaire* est vrai; mais il n'a pas été heureux dans son pronostic.

Ibid. M. *de Villette* écrivait de Ferney au sujet de mademoiselle *de Varicourt* : *C'est l'ange gardien du patriarche. Elle est devenue nécessaire à son existence.*

Oh! point du tout, je vous en assure.

Page 112. M. *de Voltaire* n'osait pas même se rendre en Savoie. Il y a environ vingt ans qu'il eut besoin de prendre sur les lieux les eaux d'Aix. Il en demanda l'agrément à la cour de Turin. On lui répondit de la part du roi : *Que ses États étaient ouverts à tous les honnêtes gens, qu'il n'avait qu'à s'examiner.* Mais on sait que l'ordre était donné de l'arrêter. Le prince qu'il appelait le *gardien* des Alpes, l'aurait tenu sous *bonne garde.*

Monsieur l'historien, qui croit faire de l'esprit avec ses bons mots, nous raconte ici avec une confiance risible l'anecdote la plus fausse et la plus absurde. Il devait du moins s'assurer, avant d'écrire cette sottise, s'il faut passer par la Savoie pour se rendre de Ferney à Aix (5).

(5) *Wagnière* paraît désigner ici Aix en Provence (*Aquæ Sextiæ*), et l'auteur des *Mémoires* parle sans doute d'Aix en Savoie (*Aquæ Gratianæ*). Ces deux villes ont également des eaux minérales. Si *Wagnière* a pu les confondre, cela n'ôte rien à la confiance que doit mériter le fond de sa remarque.

FIN DE L'EXAMEN DES MÉMOIRES, etc.

MÉMOIRES

DE S. G. LONGCHAMP,

ANCIEN SECRÉTAIRE DE M. DE VOLTAIRE,

CONTENANT

DIVERSES ANECDOTES INTÉRESSANTES SUR CET HOMME CÉLÈBRE, ET SUR PLUSIEURS DE SES OUVRAGES, DEPUIS 1746 JUSQU'A 1754.

AVERTISSEMENT
DE L'ÉDITEUR.

Longchamp fut attaché pendant près de huit années au service de *Voltaire*. Ses fonctions s'étendaient à tout dans la maison; mais il y était le plus souvent occupé comme secrétaire, ou, pour mieux dire, copiste. Pendant tout ce temps, il se plut à connaître, à observer un homme dont la célébrité, dès lors, s'étendait dans toute l'Europe; et il écrivit ses remarques dans la seule intention, à ce qu'il paraît, de pouvoir s'en ressouvenir au besoin. Dans la suite, cependant, il réunit ensemble ces notes, et en composa un recueil, qu'il intitula *Mémoires*; ouvrage informe, il est vrai, et fort mal écrit, mais dont le fond pouvait plaire aux amateurs d'anecdotes littéraires, et à tous ceux qu'intéresse la mémoire des écrivains qui font le plus d'honneur à leur patrie. Pour offrir aujourd'hui cet ouvrage aux lecteurs, il a été indispensable d'en corriger le style, et, par la transposition de divers articles, d'en former un ensemble plus régulier et plus chronologique. On n'a d'ailleurs point touché aux faits, ni aux idées, ni aux réflexions de l'auteur, et l'on a même assez souvent conservé ses expressions, lorsqu'elles n'ont été que simples et sans obscurité. *Longchamp* servait principalement de secrétaire à *Voltaire*, parce que son écriture était nette et correcte ; mais il n'avait nul talent pour écrire de son chef, ce qui au fond était indifférent pour tous deux, parce que ces fonctions de secrétaire ou de copiste se bornaient à écrire sous la dictée de l'auteur, ou d'après ses minutes, qu'il ne s'agissait que de mettre au net.

Au milieu de l'année 1750, lorsque, pressé par les sollicitations de *Frédéric II*, roi de Prusse, *Voltaire* se rendit près de ce monarque, il laissa *Longchamp* à Paris, chargé du soin de sa maison, de terminer différentes affaires, de toucher les revenus, payer les dettes et pourvoir à l'entretien de madame *Denis*, qui occupait le rez-de-chaussée dans la maison de son oncle. Il le prévint que lorsque, par d'autres arrangemens, son séjour à Paris cesserait d'être nécessaire, il le ferait venir près de lui à Berlin. Trois ans s'écoulèrent de la sorte, et pendant ce temps, madame *Denis*, jeune encore, et veuve d'un commissaire des guerres, goûtait les plaisirs de Paris, se livrait à la dissipation, recevait souvent chez elle nombreuse compagnie et faisait grande dépense, ce qui chagrinait beaucoup *Longchamp*, et le mettait quelquefois dans l'embarras. D'un autre côté, l'amour-propre de madame *Denis* était vivement blessé de la confiance accordée par son oncle à *Longchamp*, et ce n'était pas sans un secret dépit qu'elle supportait l'espèce de joug qui lui était imposé par un surveillant incommode. La maison souffrait de ce conflit d'autorité, d'où résultaient assez souvent des querelles fâcheuses pour tous deux. Jaloux l'un de l'autre, ils se desservirent à qui mieux mieux auprès de *Voltaire*; et, selon toute apparence, leurs allégations réciproques n'étaient pas dénuées de tout fondement. Quoi qu'il en soit, il paraît que *Voltaire* s'en rapporta de préférence à sa nièce. Quelques indices épars en divers papiers nous ont fait présumer que madame *Denis*, parmi ses griefs contre *Longchamp*, l'avait accusé de faire de doubles copies de tout ce que *Voltaire* lui faisait transcrire, et d'en garder une pour lui. Il faut avouer que cette présomption acquiert une grande vraisemblance, lorsque au bout de quarante ans, et après la mort de *Voltaire*, on voit sortir du porte-feuille de *Longchamp* des ouvrages de cet auteur, dont personne n'avait encore entendu parler, ou dont on connaissait à peine les titres. Tel est ce *Traité de métaphysique*, qui semble avoir été fait uniquement pour madame *du Châtelet*, et fut publié pour la première fois dans l'édition de Kehl (tom. XXXII, in-8°, pag. 13), et d'autres pièces dont on voit les titres dans une note du tome LIII, page 136, de la même édition. Cette infidélité envers un homme dont on a toute la confiance est sans doute fort condamnable en elle-même; on peut croire cependant que la postérité, indulgente par intérêt, sera très-disposée à l'excuser. Heureuse faute! dira-t-elle, par qui seule plusieurs intéressantes productions du plus beau génie de la France existent aujourd'hui. Ce qui donne encore du poids à notre conjecture, c'est que *Longchamp* ayant terminé sa mission à Paris, ne fut point appelé à Berlin par *Voltaire*, qui probablement n'ayant que des soupçons et point de preuves de cette prévarication, se contenta de le remercier de ses services, en le chargeant de remettre les clefs de ses appartemens à madame *Denis*; en même temps, il le récompensa de manière à ce que, bientôt après, *Longchamp* put faire un mariage assez avantageux à Paris, et s'y former un établissement utile. Dans ses momens de loisir, il avait lu beaucoup de relations de voyages, ce qui, en l'amusant, lui avait inspiré du goût pour la géographie. Devenu libre, il s'appliqua particulièrement à cette étude, et l'idée lui vint d'entreprendre un commerce de tous les objets dépendans de cette science: il s'intitula alors ingénieur-géographe, et fit graver sous son nom diverses cartes géographiques qui ne feront point oublier celles des *d'Anville*, des *Gosselin* et des *Arrowsmith*.

Ce fut dans les derniers temps de sa vie que nous obtînmes de lui ces *Mémoires*. Il y avait ajouté quelques articles depuis la mort de *Voltaire*, auquel il a survécu environ quatorze ans.

En 1786, l'abbé *Duvernet* ayant publié une *Vie de Voltaire*, nous invita, comme nous l'avons déjà dit (*), à l'examiner et à lui faire part de nos remarques sur cet ouvrage. Nous remplîmes son

---

(*) Voyez notre note 129, sur l'*Examen des Mémoires secrets de Bachaumont*, page 37 du présent volume.

intention avec franchise en lui indiquant tout ce qui nous y avait paru controuvé ou peu exact; et nous lui fîmes connaître en même temps les mémoires manuscrits de *Longchamp*, dont il prit des extraits. Ces nouveaux documens lui furent utiles pour une seconde édition, corrigée et augmentée, qui ne parut qu'en 1797. On y retrouve encore quelques inexactitudes, dont les principales seront rectifiées dans les notes. L'addition intitulée *Vie privée*, renferme plusieurs des anecdotes rapportées par *Longchamp*. On les verra ici dans leur source même, avec plus de détails et en plus grand nombre, et dégagées de la broderie que l'abbé *Duvernet* avait coutume de mettre dans tout ce qui lui passait par les mains.

AVERTISSEMENT

DE L'AUTEUR DES MÉMOIRES.

Ayant été attaché à M. *de Voltaire* pendant l'espace d'environ huit années, l'ayant suivi dans tous ses petits voyages en Champagne et en Lorraine, et ayant eu toute sa confiance, j'ai été à portée plus qu'aucun autre de voir de près et d'étudier cet homme célèbre, d'observer son esprit, son caractère et ses habitudes. Il eut toujours pour moi beaucoup de bonté, et je lui restai bien sincèrement attaché par reconnaissance, même après avoir cessé d'être à son service. Je ne parlerai point de sa réputation littéraire; elle est assez établie par ses ouvrages, qui sont dans les mains de tout le monde; mais les curieux qui aiment à connaître jusqu'aux moindres particularités de ce qui regarde sa personne, ne seront pas fâchés de trouver ici quelques circonstances intéressantes et curieuses de sa vie privée, la plupart ignorées du public, et dont j'ai été le témoin oculaire.

MÉMOIRES

DE S. G. LONGCHAMP.

ARTICLE PREMIER.

Circonstances qui ont précédé mon arrivée à Paris. Année 1745.

Une sœur que j'avais, et qui était femme-de-chambre à la cour de Lunéville, ayant quitté sa maîtresse pour venir à Paris, entra au service de madame la marquise *du Châtelet*. Cette dame, quelque temps après, étant mécontente de son maître-d'hôtel, résolut de le renvoyer. Ma sœur songeant alors à me le faire remplacer, me proposa à sa maîtresse, qui consentit à me prendre en cette qualité. J'étais pour lors à Gand en Flandre. Ma sœur, très-charmée que je dusse entrer dans la même maison qu'elle, m'écrivit pour me presser de venir à Paris le plus tôt possible, m'annonçant que madame la marquise m'attendait, et que tous les arrangemens pour ce qui me concernait étaient déjà pris et réglés. Il y avait treize ans que j'étais valet-dé-chambre de madame la comtesse *de Lannoy*, femme du gouverneur de Bruxelles. La comtesse *de Welde*, mère de madame *de Lannoy*, l'avait mariée très-jeune et malgré elle à un vieux mari, et cela, pour laisser tout son bien à un fils qu'elle avait d'un second mariage; mais ce jeune homme étant mort sans avoir été marié, il résulta de l'injustice de la mère, que tout le bien de la famille a passé dans une autre maison, le comte *de Lannoy* s'étant contenté d'une dot en argent comptant.

Quelques années après son mariage, la guerre entre différentes puissances ayant éclaté, et la ville de Bruxelles étant encombrée de militaires, son mari, comme gouverneur, tenait table ouverte; les principaux officiers s'y trouvaient journellement, et sa jeune femme en faisait les honneurs; mais elle ne lui dissimulait pas sa crainte de le voir se ruiner par les dépenses excessives que sa place entraînait. Elle lui proposa comme un moyen honnête et plausible de diminuer le train de sa maison, de permettre qu'elle allât passer quelque temps auprès d'une vieille tante dont elle était l'unique héritière. C'était la sœur de son père, le comte *d'Asselt*, baron *de Jamoigne*, premier mari de la comtesse *de Welde*. Cela ayant été décidé entre eux, on écrivit à cette tante, qui, depuis la mort de son mari, était gouvernante des princesses de *Lorraine*. Elle fut enchantée de la proposition de sa nièce, et lui marqua de venir sans délai auprès d'elle. Madame la comtesse *de Lannoy* fit aussitôt ses préparatifs et ne tarda pas à se mettre en route; elle trouva sa tante, la comtesse *de Sarmoises*, née comtesse *d'Asselt*, bien portante, quoique très-âgée. Elle fut bien reçue à la cour, et surtout des princesses *Elizabeth* et *Charlotte*, qui étaient à peu près du même âge qu'elle. La guerre continuant, son séjour en Lorraine se prolongea et finit par devenir en quelque sorte indispensable, à cause des infirmités et des souffrances de sa tante, qui s'accroissaient de jour en jour. De plus, la retraite de S. A. R. *Madame*, et de la princesse *Charlotte* à Commerci, et la cession de la Lorraine à la France, contribuèrent aussi à la retenir dans ce pays, où elle demeura jusqu'à la mort de madame la comtesse *de Sarmoises*. Ayant recueilli sa succession, et ne voulant pas qu'elle servît à payer les dettes que son mari avait contractées, lors du dernier siége de Bruxelles, elle prit le parti de se retirer à Gand, auprès de la comtesse *de Welde*, sa mère; et c'est là où j'étais depuis près de six mois. La vie triste et solitaire qu'elle menait à Gand influait sur celle de ses gens; je m'y ennuyais à périr. Que faire dans une ville aussi monotone, sans presque aucun amusement, et où les usages étaient si différens de ceux que j'avais vus ailleurs? L'envie de voir Paris, dont j'entendais dire tant de merveilles, me détermina à accepter la place qui m'avait été proposée par ma sœur. Je quittai donc madame la comtesse *de Lannoy*, non sans quelques regrets. J'avais passé environ treize ans au service de cette dame, tant à Nanci et Lunéville qu'à Aulnoy, campagne et jolie terre de madame *de Sarmoises*, sa tante, dans laquelle on passait ordinairement la belle saison. J'avais eu en ces différens endroits tous les agrémens possibles; j'étais jeune, je jouissais d'une robuste santé, rien ne me manquait, et je n'avais eu guère d'autres soins que celui de choisir chaque jour de nouveaux amusemens et de les goûter tour à tour. La bonne chère, le jeu, la chasse, la pêche, les bals, les promenades, les spectacles se suivaient rapidement. Cet heureux temps s'est écoulé comme un songe; il ne m'en reste que le souvenir et des regrets qui durent encore! Le plaisir que j'éprouve en me rappelant l'aurore de ma vie m'a retenu malgré moi trop long-temps sur cet article; je me hâte de le terminer.

ARTICLE II.

J'entre au service de madame la marquise DU CHATELET, *et m'attache ensuite à* M. DE VOLTAIRE. 1746.

Je partis de Gand le 10 janvier 1746, et j'arrivai à Paris le 16; je descendis chez madame la marquise *du Châtelet*, où j'étais attendu. Ma sœur me présenta sur-le-champ : madame la marquise ayant paru satisfaite dès l'abord, je fus aussitôt admis et installé dans son hôtel. Elle chargea ma sœur de m'instruire de ce que j'aurais à faire tous les jours. Le lendemain, comme elle partait pour Versailles, où elle devait passer la journée à la cour, elle me prescrivit ce que j'aurais à faire pendant son absence. Elle ne rentra à l'hôtel que très-tard. Le lendemain, lorsque j'attendais son réveil pour lui rendre compte de la besogne dont elle m'avait chargé, le bruit de la sonnette se fit entendre. J'entrai chez elle en même temps que sa femme-de-chambre; elle fit tirer ses rideaux et se leva. Tandis que ma sœur préparait une chemise, madame qui se trouvait debout vis-à-vis de moi, laissa subitement couler celle qu'elle avait sur le corps, et resta nue comme une statue de marbre. J'étais interdit et n'osais lever les yeux sur elle, quoique, ayant été élevé à la cour de Lorraine, j'eusse été plus d'une fois dans le cas de voir des femmes changer de chemise, mais, à la vérité, pas tout-à-fait de cette façon. Quand madame eut été habillée, elle me commanda son souper, où devait se trouver bien peu de monde, car elle n'attendait que deux convives, M. le duc *de Richelieu* et M. *de Voltaire*.

Quand je fus seul avec ma sœur, je lui demandai si madame *du Châtelet* changeait ainsi de chemise devant tout le monde : elle me dit que non, mais que devant ses gens elle ne se gênait nullement, et elle m'avertit qu'une autre fois, quand pareille chose arriverait, je ne fisse pas semblant de m'en apercevoir. Cependant quelques jours après, au moment où elle était dans son bain, elle sonna; je m'empressai d'accourir dans sa chambre; ma sœur, occupée ailleurs, ne s'y trouvait point alors. Madame *du Châtelet* me dit de prendre une bouilloire qui était devant le feu, et de lui verser de l'eau dans son bain, parce qu'il se refroidissait. En m'approchant, je vis qu'elle était nue, et qu'on n'avait point mis d'essence dans le bain, car l'eau en était parfaitement claire et limpide. Madame écartait les jambes, afin que je versasse plus commodément et sans lui faire mal l'eau bouillante que j'apportais. En commençant cette besogne, ma vue tomba sur ce que je ne cherchais pas à voir; honteux et détournant la tête autant qu'il m'était possible, ma main vacillait et versait l'eau au hasard : *Prenez donc garde*, me dit-elle brusquement, d'une voix forte, *vous allez me brûler*. Force me fut d'avoir l'œil à mon ouvrage, et de l'y tenir, malgré moi, plus long-temps que je ne voulais. Cette aventure me parut encore plus singulière que le changement de chemise. Je n'étais pas encore familiarisé avec une telle aisance de la part des maîtresses que je servais.

Je restai cinq à six mois assez tranquille dans

la maison de madame *du Châtelet*, n'ayant presque rien à faire, si ce n'est quelques emplettes et commissions. Elle ne faisait qu'un seul repas par jour, qui était le soupé, et encore c'était presque toujours hors de chez elle. Le matin, le déjeuné consistait en une tasse de café à la crême et le petit pain; ainsi son maître-d'hôtel et sa cuisinière n'avaient guère d'occupation. Dans cet espace de temps, je ne crois pas qu'elle ait donné plus de dix à douze fois à souper, et quand cela arrivait, c'était toujours à peu de personnes, avec peu de plats et encore moins de vin. Sa cave n'était point garnie; son marchand de vin lui en envoyait deux douzaines de bouteilles à la fois, dont moitié de rouge, qu'il appelait du Bourgogne, et qui était du crû de Paris; et l'autre moitié de blanc, qualifié de champagne, et aussi véridique que l'autre. Quand cette provision était écoulée on la renouvelait. Mon principal ouvrage était de faire les autres approvisionnemens de la maison, en bois, bougies, fourrages, etc.; j'étais chargé de veiller à ce qu'il ne manquât rien à la chambre, à l'office et à l'écurie. Madame ne nourrissait point ses gens et leur donnait pour cela une rétribution en argent : c'est moi qu'elle avait chargé de les payer tous les quinze jours; son cocher, ses deux laquais et sa cuisinière à vingt sous par jour; son suisse, sa femme-de-chambre et moi, à trente sous par jour : j'avais en outre la desserte de la table, que je partageais avec ma sœur. Je ne tardai pas long-temps à m'ennuyer de la vie monotone que je menais chez madame *du Châtelet*, où j'étais, la plus grande partie du jour, oisif et désœuvré; car ma besogne ordinaire était loin de prendre tout mon temps; je cherchai quelque ressource pour dissiper mon ennui, et j'en trouvai une dont je m'accommodai très-bien. M. *de Voltaire* logeait dans la maison, ainsi que son secrétaire; je me liai d'amitié avec celui-ci. Lorsque le travail de la maison était achevé, et qu'il ne me restait plus rien à faire, je montais dans la chambre de ce secrétaire; il me donnait à lire des ouvrages de M. *de Voltaire*, et même, voyant que j'écrivais assez bien, il me priait quelquefois de l'aider à copier les manuscrits de cet auteur, qui le surchargeait souvent de travail. Cela m'amusait beaucoup, et lorsque madame *du Châtelet* était dehors, ce qui arrivait souvent, je passais des journées presque entières dans cette occupation. M. *de Voltaire* m'y trouva un jour, et me connaissant pour être attaché à madame *du Châtelet*, et comme habitant de la maison, il ne s'en formalisa point. Il examina mon écriture, et je m'aperçus qu'il la trouvait à son gré. Depuis lors je ne manquais pas, toutes les fois qu'il ne me restait rien à faire, d'aller trouver son secrétaire, et là je m'amusais en m'instruisant, et je m'appliquais à perfectionner mon écriture.

Il me fallut cependant renoncer au bout de

quelques mois, à cette occupation, ainsi qu'à la maison de madame *du Châtelet*. Je quittai peut-être trop légèrement cette dame, piqué d'une injustice qu'elle avait faite à ma sœur, que j'obligeai aussi à la quitter. Quelques semaines après il y eut dans sa maison une défection plus considérable. C'était le temps du voyage de Fontainebleau; toute la cour y était : madame la marquise *du Châtelet* avait coutume d'y aller, ayant tabouret chez la reine et étant de son jeu. Au moment où elle faisait ses préparatifs de départ pour Fontainebleau, tous ses domestiques la quittèrent, sous prétexte que la vie était plus chère en cette ville qu'à Paris, se plaignant de son économie et de la modicité de leurs gages, et disant qu'ils en trouveraient aisément de plus forts ailleurs. Il ne lui resta qu'une femme-de-chambre qu'elle avait prise depuis peu de jours. Elle avait fait mettre les domestiques de M. *de Voltaire* sur le même pied que les siens, parce qu'elle le gouvernait, et ils le quittèrent aussi, s'étant tous donné le mot. Pour comble de malheur, son secrétaire venait de lui être enlevé par une violente maladie inflammatoire. Cette circonstance le fit sans doute ressouvenir de moi dans le fâcheux abandon où il se trouvait; s'étant informé de mon adresse, il me fit dire de venir lui parler; c'était pour me demander si je voulais aller avec lui à Fontainebleau, et lui servir de secrétaire pendant le temps du voyage.

Etant satisfait des propositions qu'il me fit, et charmé d'ailleurs de connaître la cour, que je n'avais point encore vue depuis mon arrivée à Paris, j'acquiesçai volontiers à sa demande; tous les arrangemens pour le voyage furent bientôt pris. Il fut prévenu que je ne pourrais le suivre immédiatement, mais seulement deux ou trois jours plus tard, parce que j'étais alors chargé des détails d'une autre place qu'on m'avait procurée et qui ne me plaisait guère. Il me fallait rendre des comptes avant de la quitter. Sur cette observation, M. *de Voltaire* me recommanda de faire diligence, et il partit. Je me dépêchai de terminer ce qui me restait à faire à Paris, après quoi je fus le rejoindre à Fontainebleau, comme je le lui avais promis.

C'est ainsi que je suis entré au service de M. *de Voltaire*. Je ne devais y rester que pendant le voyage de Fontainebleau; mais diverses circonstances imprévues dérangèrent mes projets et me firent prendre la résolution de demeurer avec lui, ainsi qu'il le désirait. Je n'ai quitté sa maison que long-temps après, pendant son séjour à la cour du roi de Prusse, comme je le dirai dans la suite. Je n'ai eu qu'à m'applaudir de m'être attaché à lui; j'ai été comblé de ses bontés et honoré de son entière confiance, ainsi que j'avais eu précédemment celle de madame *du Châtelet*.

Avant de parler de mon entrée en fonction chez

M. *de Voltaire*, j'achèverai de rapporter ce que je remarquai de singulier pendant mon service auprès de cette dame, dont j'allais me rapprocher, puisqu'ils habitaient tous deux la même maison.

ARTICLE III.

Soupé à la Maison-Rouge, à Chaillot.

Madame la marquise *du Châtelet* passait une grande partie de la matinée au milieu de ses livres et de ses écritures, et elle ne voulait pas y être interrompue. Mais au sortir de l'étude, il semblait que ce n'était plus la même femme : son air sérieux faisait place à la gaîté, et elle se livrait avec la plus grande ardeur à tous les plaisirs de la société. On l'aurait prise pour la femme du monde la plus frivole. Quoiqu'elle eût alors quarante ans, elle était encore la première à mettre en train, à égayer, par son enjoûment et ses saillies, les dames de la société, qui, pour la plupart, étaient beaucoup plus jeunes qu'elle. Dans le temps que leurs maris étaient à l'armée, ou appelés ailleurs pour d'autres fonctions, ces dames, pour se divertir entre elles, arrangeaient quelquefois des parties de plaisir, telles que des petits voyages à la campagne ou dans les villes voisines, ou des dînés et des soupés dans quelque hôtellerie ou guinguette des environs de Paris. Pendant que j'ai été au service de madame *du Châtelet*, je n'ai vu qu'une seule de ces parties joyeuses. Ce fut un soupé qui eut lieu à Chaillot, dans un cabaret nommé *la Maison-Rouge*, enseigne qui, à ce que je crois, a été remplacée depuis par une autre. J'y avais été envoyé la veille par madame *du Châtelet*, pour y commander un repas copieux et délicat, destiné à une compagnie de six personnes distinguées. Les cinq convives qui avec elles formaient ce nombre étaient madame la duchesse *de Boufflers*, mesdames les marquises *de Mailly, de Gouvernet, du Deffand*, et madame *de la Popelinière*. Les voitures de ces dames, après quelques tours au bois de Boulogne, vinrent au rendez-vous à l'heure indiquée. C'était l'été, et il faisait très-chaud. Quoique vêtues à la légère, ces dames étant arrivées, se mirent encore plus à leur aise, se débarrassèrent d'une partie de leurs parures et vêtemens, hormis ceux que la bienséance leur prescrivait de garder. On a vu dans l'article précédent qu'on ne se gênait pas devant ses laquais. C'était l'usage, et j'ai été à même de juger par mon propre exemple que leurs maîtresses ne les regardaient que comme des automates. Je suis du moins convaincu que madame *du Châtelet*, dans son bain, en m'ordonnant de la servir, ne voyait pas même en cela une ombre d'indécence, et que mon individu n'était alors à ses yeux ni plus ni moins que la bouilloire que j'avais à la main. A plus forte raison les laquais de ces dames pouvaient-ils être considérés ainsi au soupé de Chaillot, où des amies étaient réunies comme en famille, où d'ailleurs il n'y avait rien d'extraordinaire pour eux, ni de comparable en rien aux singulières positions où je m'étais trouvé, comme je l'ai dit précédemment. Ils firent seuls le service de la table. Les gens de la *Maison-Rouge* ne faisaient autre chose que d'apporter et déposer sur un buffet dans l'antichambre, les mets et autres objets nécessaires. C'est là que les laquais les venaient prendre et rapporter. Mes fonctions se bornaient à celles de directeur et ordonnateur du repas; je présidais en conséquence à la symétrie, à la propreté et à l'exactitude des différens services. Au dessert, les laquais allèrent souper à leur tour dans une pièce que j'avais fait disposer pour cela, et c'est moi qui fis les honneurs de cette table. Le vin n'y fut pas plus épargné que dans la salle du banquet, et l'on n'y fut pas moins gai. Ces dames s'amusèrent beaucoup, nous n'en pûmes douter. On les entendait rire et chanter, et peut-être eussent-elles dansé s'il y avait eu des violons et des cavaliers; mais cet article n'était point entré dans leurs projets. Elles ne songèrent à quitter la Maison-Rouge qu'après cinq heures du matin. Leurs voitures venaient alors pour les ramener. Elles y trouvèrent des mantelets ou pelisses que les femmes-de-chambre avaient eu l'attention d'y mettre, et qui ne furent pas inutiles à ces dames pour se garantir du serein qui tombait.

Arrivées à Paris, elles se séparèrent, et chacune prit le chemin de son hôtel. Quant à moi, je restai à la Maison-Rouge pour régler et acquitter le mémoire de la dépense qui montait assez haut. J'avais dit à l'hôte de ne rien épargner, et il avait été chercher à Paris ce qu'il y avait de plus rare et de plus nouveau. Madame *du Châtelet* m'avait donné de quoi y pourvoir. J'ai lieu de présumer qu'elle ne fit pas seule les frais de ce festin, et qu'un arrangement par forme de *pique-nique* avait été concerté à ce sujet entre elle et ses amies. Le compte ayant été liquidé, je partis de Chaillot à pied, et rentrai au logis trois heures après madame *du Châtelet*.

ARTICLE IV.

M. DE VOLTAIRE *se venge plaisamment d'un musicien dont il avait à se plaindre* 1746 (1)

M. *de Voltaire*, qui avait obtenu les suffrages du public dans plusieurs genres de littérature, tels que la poésie épique, l'histoire, la tragédie et la comédie, voulut aussi essayer de faire un opéra. Il composa celui de *Samson*, dans l'intention de le faire mettre en musique par M. *Rameau*, musicien déjà célèbre, mais qui n'avait point encore tra-

---

(1) Voyez, à la fin de cet article, la note où l'on en rectifie plusieurs erreurs et anachronismes.

vaillé pour le théâtre. En effet, le poème ayant été admis par les directeurs de l'Opéra, ce musicien en composa la musique. On en fit des répétitions particulières qui valurent beaucoup de louanges aux deux auteurs. On fit alors la distribution des rôles aux acteurs et actrices, sans avoir en cela d'autre égard que pour leur talent. La protection et la brigue n'ayant point en cette occasion exercé leur influence ordinaire, du moins avec fruit, il se trouva des mécontens parmi les acteurs, les danseurs, et même parmi les musiciens de l'orchestre. Dans l'intervalle des répétitions et de la première représentation, l'un des violons de l'orchestre, nommé *Travenol*, piqué de ce que l'on n'avait point employé, comme il l'aurait voulu, quelque sujet féminin auquel il s'intéressait particulièrement, ameuta quelques-uns de ses camarades, et parvint avec eux à former une cabale contre la pièce, et fit en même temps, aidé de quelque poète (2), un mauvais libelle contre madame la marquise *du Châtelet* et M. *de Voltaire*, se chargeant lui-même de le colporter et répandre dans le public. M. *de Voltaire*, informé qu'il paraissait contre lui et madame *du Châtelet* un libelle scandaleux, dont il ignorait l'auteur, fit ses plaintes à la police pour en faire

(2) On l'a attribué à Roi, poëte satirique, auteur d'une vingtaine d'opéras, dont quelques-uns eurent du succès, tels que le ballet des *Élémens*, mis en musique par *Lalande* et *Destouches*, et *Tithon et l'Aurore*, musique de *Mondonville*.

arrêter la distribution et informer contre l'auteur ou les auteurs anonymes. M. *de Marville*, qui, dans ce temps, je crois, était lieutenant de police, mit ses mouches en campagne, et il apprit bientôt que le libelle était distribué par un M. *Travenol*, musicien de l'Opéra. Un exempt, avec des gardes, s'étant transporté chez ce dernier, y trouva quatre cents exemplaires du libelle, les saisit, arrêta M. *Travenol*, le fit monter dans un fiacre et conduire chez M. le lieutenant-général de police. Ce magistrat fit mettre le prévenu à Bicêtre. Les musiciens de l'Opéra, confrères de ce violon, s'imaginant que par cet acte de rigueur on avait attenté à leurs priviléges, qu'ils prétendaient n'être pas moins étendus que ceux des actrices de leur spectacle, devinrent furieux contre M. *de Voltaire*, provocateur de cet attentat. Ils cabalèrent et formèrent entre eux et quelques acteurs une ligue pour empêcher la représentation de *Samson*; en quoi ils n'ont que trop bien réussi. Cependant le lendemain de l'emprisonnement de M. *Travenol*, son père vint supplier M. *de Voltaire* de faire rendre la liberté à son fils; il se jeta à ses genoux devant plusieurs personnes qui se trouvaient là. M. *de Voltaire*, s'empressant de le relever, lui dit que ne connaissant pas l'auteur du libelle, il avait porté plainte pour en faire arrêter la distribution; qu'il lui semblait étrange que, n'ayant jamais fait de mal à son fils, celui-ci se fût porté à un excès aussi répréhensible ; qu'au reste, il n'avait point provoqué la rigueur du magistrat contre lui ; qu'il n'en était informé que depuis un instant, et que s'il dépendait de lui de délivrer son fils, il était prêt d'aller solliciter sa liberté chez M. *de Marville.* En effet, M. *de Voltaire* fait mettre aussitôt les chevaux à son carrosse, y fait monter M. *Travenol* père, et se rend avec lui chez le lieutenant-général de police. Il parla avec tant d'onction à ce magistrat, qu'il en obtint enfin l'objet de sa demande. M. *de Marville* signa un ordre de sortie, qu'il mit entre les mains de M. *de Voltaire,* et que celui-ci donna aussitôt à M. *Travenol* père. Ce vieillard, pénétré de reconnaissance, ne savait assez demander pardon de la faute de son fils. Cependant, malgré ce procédé noble et généreux de M. *de Voltaire,* la cabale contre son opéra n'en persista pas moins, et par ses menées elle réussit à en empêcher la représentation. M. *Rameau* retira la musique qu'il avait faite pour ce poème, et en fit entrer depuis divers morceaux dans d'autres ouvrages. M. *de Voltaire* soupçonna que les directeurs de l'Opéra, par quelque jalousie musicale contre M. *Rameau,* dont le début les étonnait, avaient trempé dans la conspiration contre *Samson.*

A quelque temps de là M. *de Voltaire* étant à la fenêtre de sa maison, rue Traversière, aperçut M. *Royer,* l'un des directeurs de l'Opéra, qui était aussi à la fenêtre d'une maison vis-à-vis la sienne.

C'était chez une dame où ce musicien avait dîné, et à laquelle il donnait ce même jour un petit concert. Au moment qu'il commençait, M. *de Voltaire* voit passer dans la rue une troupe de Tyroliens avec leurs ours. Il lui vient aussitôt dans l'idée de faire arrêter ces gens-là devant sa porte pour y répéter leurs exercices. On les avertit par son ordre de faire danser leurs ours, de jouer de leurs instrumens, en un mot de bien travailler jusqu'à ce qu'on leur donnât le signal de finir. Ils s'en acquittèrent à merveille. La rue fut bientôt encombrée de passans, qui s'arrêtaient pour voir ce spectacle. Tous les voisins étaient à leurs croisées. M. *de Voltaire* restait tranquillement à la sienne, et souriait au bruit de cette musique diabolique des Tyroliens, qui l'emporta tellement sur celle de M. le directeur, que son concert ne put être continué. Ce vacarme dura près de deux heures. M. *Royer*, ne pouvant tenir plus long-temps à cette discordante harmonie, prit le parti de se retirer avec les gens de son orchestre. M. *de Voltaire* l'ayant vu sortir, fit donner aux Tyroliens le signal de finir, les paya largement, et les congédia très-satisfaits de lui, et de la collecte qu'ils avaient faite dans la rue (3).

(3) Par cet article, daté de 1746, il paraît que *Longchamp*, en le rédigeant long-temps après les événemens, ne s'est aidé que de sa mémoire, qui a pu le tromper, ou d'anciennes notes, qu'il avait négligé de dater exactement, ce qui dans la suite l'aura induit en quel-

ARTICLE V.

Mon arrivée à Fontainebleau. Jeu et perte de madame DU CHATELET. *Départ précipité. Octobre* 1746.

M. *de Voltaire* et madame *du Châtelet* étaient logés, à Fontainebleau, chez M. le duc *de Richelieu*. J'ai dit ci-devant que tous leurs domestiques les avaient quittés d'un commun accord, la veille de leur départ, sous prétexte de l'insuffisance de leurs gages. Madame la marquise, pressée de partir, prit alors, et sans aucune information, les premiers domestiques qui se présentèrent. M. *de Voltaire* n'en avait point. J'arrivai le troisième jour

---

ques erreurs. Il est évident qu'il confond ensemble différentes anecdotes, et qu'il mêle des choses qu'il a vues avec d'autres qui lui ont été racontées. 1º Il ne peut être question en 1746 de l'opéra de *Samson* qui est antérieur de quinze à seize ans, quoiqu'il soit vrai qu'une cabale, plutôt dirigée contre le poète que contre le musicien, parvint à en empêcher la représentation. 2º Ce qu'on dit de *Travenol* est bien de 1746, et ne doit se rapporter en partie qu'à un autre opéra de *Voltaire* et de *Rameau*. C'est le *Temple de la Gloire*, donné à la cour en 1745, et à Paris en 1746. Le libelle de *Travenol* avait aussi rapport à la réception de M. *de Voltaire* à l'Académie française, qui est de la même année 1746, et il offensait à la fois ce corps et le récipiendaire, dont il ne pouvait que se faire honneur. 3º A l'égard du musicien qui entendit malgré lui la sérénade des Tyroliens, et qui est qualifié *directeur* de l'Opéra, ce ne pouvait être *Royer*, qui ne l'a été qu'en 1754, sous le titre d'inspecteur-général. Les directeurs en 1746 étaient MM. *Rebel* et *Francœur*, dont M. *de Voltaire* n'eut

après eux à Fontainebleau, à deux heures du matin. Tout était parfaitement tranquille dans l'hôtel. Après m'être reposé durant quelques heures, je me rendis dans la chambre de M. *de Voltaire*, qui venait de se réveiller. Il n'avait pu trouver encore de domestique. Charmé de me voir, il me pria de lui allumer du feu, le froid étant assez vif ce jour-là. Quand cela eut été fait, il me dit, étant toujours dans son lit, de lui apporter un porte-feuille que je n'apercevais pas. Comme je tardais à le satisfaire, ne sachant point où il avait mis ce porte-feuille, il jette sa couverture, se met à moitié hors du lit, et me montrant du doigt une chaise qui était dans un coin obscur de la chambre, il me crie avec force et vivacité : *Il est là; ne le voyez-vous pas?* Un peu interdit du ton de l'apostrophe, j'allai prendre le

---

jamais à se plaindre. Il est bien plus vraisemblable, si la date est juste, que le musicien en question était ou le chef, ou quelque symphoniste de l'orchestre, qui s'était signalé dans la cabale contre le *Temple de la Gloire*. *Royer* ne devait être là pour rien. 4° Il est bien vrai que M. *de Voltaire* eut une querelle avec ce *Royer*, mais ce fut huit ans plus tard, et pour une autre cause. Ce compositeur peu célèbre, ayant voulu mettre le poème de *Pandore* en musique, l'avait fait changer et dénaturer, à l'insu de l'auteur, par un versificateur inconnu, nommé *Sireuil*, ce qui donna beaucoup d'humeur à M. *de Voltaire*, lorsqu'il en fut informé, ainsi qu'on le voit dans plusieurs de ses lettres datées de Colmar, en 1754, dont l'une (du 20 mars), toute ironique, est adressée à *Royer* lui-même.

Ainsi des choses distinctes se confondent ici, et s'obscurcissent sous la plume de *Longchamp*, et d'après lui, ont été répétées trop légèrement par l'abbé *Duvernet* dans sa seconde édition de la *Vie de Voltaire*.

porte-feuille et le remis entre ses mains. Il en tira un cahier qui contenait le commencement de son *Essai sur les mœurs et les arts des nations*, et me dit qu'après lui avoir cherché un laquais, je pourrais employer le reste de la journée à lui copier ce cahier sur du beau papier de Hollande, qu'il avait apporté pour cela. Il me demanda ensuite si je saurais accommoder sa perruque. Je lui répondis que oui. Alors il se leva, se chaussa, et se fit lui-même la barbe. Pendant ce temps-là je pris sa perruque, je l'arrangeai de mon mieux et la poudrai à blanc. Quand il voulut la mettre, il ne la trouva pas de son goût, se moqua de son nouveau perruquier, prit la perruque, la secoua fortement pour en faire tomber la poudre, et me dit de lui donner un peigne. Lui ayant présenté celui que j'avais en main, qui était petit, quoiqu'à deux fins, il le jeta par terre, disant que c'était un grand peigne qu'il lui fallait. Sur ce que je lui observai que je n'en avais pas d'autre pour le moment, il me dit de le ramasser; je le pris et le lui présentai de nouveau. Il le passa à plusieurs reprises dans sa perruque, et après l'avoir bien ébouriffée, il la jeta sur sa tête. Je l'aidai à mettre son habit; après quoi il sortit pour aller dejeûner avec madame *du Châtelet*. Ce début de mon service auprès de M. *de Voltaire* ne me parut pas d'un très-bon augure pour la suite, et je m'applaudissais de ne m'être engagé que pour le temps du voyage de Fontainebleau. Sa brusquerie m'avait déplu, et je la pris d'abord pour de la brutalité; mais je ne tardai pas à m'apercevoir que ce n'était en lui qu'une extrême vivacité de caractère, qui éclatait par occasion et se calmait presque au même instant. Je vis de plus en plus dans la suite qu'autant ses vivacités étaient passagères, et, pour ainsi dire, superficielles, autant son indulgence et sa bonté étaient des qualités solides et durables. On en verra maint exemple dans la suite de ces mémoires.

Je sortis de la maison un instant après pour lui chercher un domestique. Je parcourus la ville sans avoir pu trouver ce qui lui convenait. Après avoir dîné, je rentrai, et me mis à transcrire le manuscrit qu'il m'avait laissé. Ni madame *du Châtelet*, ni lui, ne vinrent dans la journée. Je les attendis jusqu'à une heure et demie du matin, me doutant qu'ils étaient au jeu de la reine, qui se prolongeait quelquefois fort avant dans la nuit. Je les vis alors rentrer ensemble, ayant tous deux l'air triste et inquiet. En arrivant, madame me dit de faire chercher ses gens et d'avertir son cocher de mettre promptement les chevaux à sa voiture, parce qu'elle voulait partir sur-le-champ. A l'heure qu'il était, au milieu de la nuit, l'embarras était de rassembler son monde qui était logé de côté et d'autre dans la ville. Il n'y avait près d'elle que sa femme-de-chambre et moi. J'allai aussitôt chercher les domestiques. Le cocher, que je réveillai le premier, se hâta de venir mettre les chevaux au carrosse. Quand tout fut prêt, madame *du Châtelet* et M. *de Voltaire* montèrent dans la voiture avec la femme-de-chambre, qui n'avait eu que le temps de faire deux ou trois paquets, qu'elle prit avec elle; et l'on partit de Fontainebleau bien avant le jour.

Cet ordre de madame *du Châtelet* m'avait beaucoup surpris, je ne devinais pas la vraie cause d'un départ si précipité. Je ne l'appris qu'à Paris, lorsque je fus rentré à la maison. En voici les principales circonstances. Cette nuit, le jeu chez la reine avait été très-orageux, et madame *du Châtelet* s'en était surtout mal trouvée. Avant de partir pour Fontainebleau, elle avait ramassé autant d'argent qu'elle l'avait pu. Le coffre de M. *de la Croix*, son intendant, était peu garni, et elle n'en avait pu tirer que quatre cents et quelques louis. M. *de Voltaire*, qui ne jouait pas, en avait deux cents dans sa bourse. Le premier jour de leur arrivée madame *du Châtelet* perdit ses quatre cents louis. Rentrée chez elle, elle dépêcha un laquais en courrier, avec des lettres pour son intendant et pour quelques amis, afin d'avoir de nouveaux fonds. En attendant son retour, M. *de Voltaire* donna à la marquise les deux cents louis qu'il avait apportés, et qui prirent, dans la seconde séance, la route des premiers avec une grande vélocité, mais non sans quelques remontrances de la part du prêteur. Le laquais revint le lendemain, apportant à madame *du Châ-*

telet deux cents autres louis, que M. *de la Croix* avait empruntés à gros intérêt, et cent quatre-vingts que mademoiselle *du Thil*, son amie, y avait joints. Avec cette somme madame *du Châtelet* retourna au jeu de la reine. Hélas! cet argent n'y fit que paraître et disparaître. Piquée d'un malheur si constant, elle crut le faire cesser à la fin, et, s'obstinant à vouloir réparer ses pertes, elle continua de plus belle, cava au plus fort sur sa parole, et perdit quatre-vingt-quatre mille francs avec une intrépidité inconcevable. Après le jeu, M. *de Voltaire*, qui était à côté d'elle, effrayé d'une perte si considérable, lui dit en anglais que les distractions qu'elle avait au jeu l'empêchaient de voir qu'elle jouait avec des fripons. Ces paroles, quoique prononcées à voix basse, furent entendues de quelqu'un et répétées. Madame le remarqua, et en avertit M. *de Voltaire*, pour qui cela pouvait avoir des suites fâcheuses. Ils se retirèrent sans bruit, et ayant pris la résolution de retourner de suite à Paris, ils partirent de Fontainebleau dans la même nuit.

J'y restai seul, chargé du soin de recueillir leurs effets, de faire les malles et de les conduire à Valvin, où je devais prendre le coche d'eau pour ramener le tout à Paris. La voiture de madame la marquise avait pris la grande route. En arrivant près d'Essonne, une roue de cette voiture vint à se briser, et par bonheur, ce fut presque vis-à-vis la demeure d'un charron. Cet ouvrier répara l'accident en substituant une autre roue à celle qui était hors de service. La besogne achevée, il fut question de payer ce charron, mais il se trouva que les maîtres et leurs gens n'avaient pas le sou. Cet homme ne les connaissant pas, refusait de les laisser partir avant qu'il ne fût payé. Par une autre circonstance heureuse, passa dans ce moment près d'eux une personne de leur connaissance, venant de Paris, et dont la chaise-de-poste s'était arrêtée. Madame *du Châtelet* s'en étant approchée, y vit avec une grande joie un ancien ami de sa maison. Elle lui fit part de son embarras, qu'il fit cesser aussitôt en remettant à madame *du Châtelet* de quoi pourvoir à la dette et aux frais de la route. On partit, grâces à cette rencontre favorable, et quand on fut près de Paris, M. *de Voltaire* mit pied à terre, et se rendit dans un village écarté de la route. Là, il écrivit une lettre à madame la duchesse *du Maine*, et la fit porter par un paysan qui devait attendre et rapporter la réponse. Dans cette lettre M. *de Voltaire* instruisait la princesse de son aventure, et la suppliait de lui donner, à Sceaux, où elle était alors, un asile où il pût être ignoré de ses ennemis. Madame *du Maine* accueillit très-bien sa demande. On lui renvoya son commissionnaire avec un billet par lequel on le prévenait qu'à son arrivée il trouverait à la grille du château M. *du Plessis*, officier de confiance, qui le conduirait dans un appartement particulier, qu'on allait disposer pour le recevoir de la manière qu'il le désirait. Il attendit l'entrée de la nuit pour se rendre à Sceaux, où il trouva M. *du Plessis*, qui le fit monter par un escalier dérobé dans cet appartement retiré, qui était précisément tout ce qu'il lui fallait. C'est du fond de cette retraite qu'il descendait toutes les nuits chez madame la duchesse *du Maine*, après qu'elle s'était mise au lit et que tous ses gens étaient retirés. Un seul valet-de-pied, qui était dans la confidence, dressait alors une petite table dans la ruelle du lit, et apportait à souper à M. *de Voltaire*. La princesse prenait grand plaisir à le voir et à causer avec lui. Il l'amusait par l'enjoûment de sa conversation, et elle l'instruisait en lui contant beaucoup d'anciennes anecdotes de cour qu'il ignorait. Quelquefois après le repas il lisait un conte ou un petit roman qu'il avait écrit exprès dans la journée pour la divertir. C'est ainsi que furent composés *Babouc*, *Memnon*, *Scarmentado*, *Micromegas*, *Zadig*, dont il faisait chaque jour quelques chapitres.

De son côté, madame la marquise *du Châtelet*, pendant près de six semaines, se tint renfermée chez elle, occupée à prendre des arrangemens pour acquitter sa dette du jeu. Elle trouva pour cela quelque ressource. Dans le renouvellement du bail des fermes elle avait obtenu, conjointement avec une dame de ses amies, un bon de fermier-général. La part de cette dame était la plus forte; madame *du Châtelet* ne laissa pas que de tirer un grand parti de la sienne : elle la vendit fort avantageusement, et en reçut le prix comptant, en se réservant en outre un intérêt de quatre mille francs, payable chaque année pendant toute la durée du bail. Celui qui avait gagné son argent sur parole, pressé de le toucher, entra en accommodement avec madame *du Châtelet*, et consentit à une réduction assez forte sur la somme pour en être payé de suite, ce qui fut effectué suivant son grand désir, car il craignait des lenteurs et des atermoiemens, sachant que madame *du Châtelet* n'était pas riche. Le fermier s'applaudit aussi de son acquisition ; moyennant quoi cette affaire se termina à la satisfaction des trois intéressés.

Alors madame la marquise chercha quelque moyen d'arranger celle de M. *de Voltaire*, qui ne paraissait plus à Paris, et qu'on soupçonnait être passé à la cour du roi de Prusse. Les recherches qu'on avait faites pour le découvrir furent inutiles. On n'en trouva aucun indice à la poste, parce que madame *du Châtelet* et M. *d'Argental*, qui seuls étaient instruits de sa retraite, ne lui écrivaient point par la poste et ne correspondaient avec lui et avec madame la duchesse *du Maine* que par un exprès. Deux mois se passèrent ainsi sans que M. *de Voltaire* osât se montrer ni sortir de jour de son appartement. Enfin madame *du Châtelet* avait, par ses démarches et celles de quelques amis, réussi à apaiser ceux des joueurs qui s'étaient formalisés du propos de M. *de Voltaire*. Elle leur fit sentir que ce propos, tenu en général, ne s'adressait à personne en particulier, et que celui qui s'en ferait l'application ne pourrait que se nuire dans l'opinion publique et se rendre suspect. Au reste, le joueur qui avait fait le gros gain, ayant touché l'argent, ne s'inquiétait plus guère de l'autre point. Ainsi tout se calma, et l'on convint qu'il ne serait plus question de cette affaire. Madame *du Châtelet* s'empressa d'aller porter elle-même cette nouvelle à Sceaux, où madame *du Maine* la retint. M. *de Voltaire* sortit alors de son asile mystérieux, et parut à la cour de la princesse, où se trouvaient toujours nombre de gens aimables et instruits. Dès ce moment on ne s'y occupa qu'à donner des fêtes et des divertissemens de tout genre à madame la duchesse *du Maine* ; chacun y prit part et voulut y contribuer de son mieux, comme on le verra dans la suite.

ARTICLE VI.

Je pars de Fontainebleau. Retraite de M. DE VOLTAIRE *à Sceaux.*

Après le départ si précipité de madame *du Châtelet* et de M. *de Voltaire*, je me dépêchai d'exécuter leurs ordres. Les malles furent bientôt faites. Je louai un chariot pour les transporter à Valvin, où je les fis mettre sur le coche d'eau, qui n'arriva à Paris que le soir, assez tard. Rentré au logis, je trouvai madame *du Châtelet*, et fus surpris de ne pas voir M. *de Voltaire*. Madame me dit qu'il n'était point à Paris, ce qui redoubla ma surprise. Elle me fit part alors de tout ce qui s'était passé, du parti qu'avait pris M. *de Voltaire* de ne se montrer de quelque temps, et de la retraite qu'il avait choisie. Elle ajouta que cela devait être tenu secret, qu'il n'y aurait dans la confidence que M. *d'Argental*, et qu'elle était persuadée que M. *de Voltaire*, comptant sur ma discrétion, ne tarderait pas à m'appeler auprès de lui. Effectivement, je reçus dès le lendemain un billet par lequel il me disait de venir le trouver à Sceaux, et de lui amener dans un fiacre le petit bureau portatif dans lequel il renfermait ordinairement ses manuscrits non encore achevés, et qui pour lors était dans son salon. Il me prévenait de ne point arriver avant onze heures du soir, parce que je trouverais alors quelqu'un à la grille du château qui m'introduirait chez lui, et se chargerait d'y faire porter le petit meuble dont il avait besoin. J'exécutai ses ordres à la lettre, et m'étant présenté à la grille à l'heure prescrite, j'y trouvai M. *du Plessis*, homme de confiance de madame *du Maine*, qui m'attendait, et qui me conduisit dans un appartement au second étage du château, où l'on monta par son ordre le petit meuble que j'avais apporté. Cet appartement prenait jour sur les jardins et sur une cour; mais pour qu'on ne se doutât pas qu'il fût habité, les volets en restaient fermés, même pendant le jour. C'est là où j'ai passé avec M. *de Voltaire* près de deux mois, sans presque voir le soleil, si ce n'est à la dérobée, ou lorsque je m'échappais furtivement pour aller faire quelque commission dans le bourg. Les premiers jours que je me trouvai enfermé dans cette prison de nouvelle espèce, où je n'avais presque rien à faire, je dormais une grande partie de la journée, car l'oisiveté était pour moi un supplice. Il ne fallait pas qu'on nous vît. Je me tenais coi de jour, et je ne descendais qu'à onze heures du soir pour aller souper chez un des suisses du château à qui j'avais été recommandé. Je poussais ordinairement ce repas jusqu'à une ou deux heures du matin, étant le seul que je prenais dans les vingt-quatre heures. M. *de Voltaire* ne descendait chez madame la duchesse que lorsque tout le monde était retiré, et ne remontait à son appartement qu'un peu avant le jour. Cet homme infatigable, à qui la vie oisive était encore plus insupportable qu'à moi, se fit donner une ample provision de bougies, à l'aide desquelles tout le temps de la journée que ne prenait pas son sommeil, qui n'était guère que de cinq à six heures au plus, était employé à écrire. Il me faisait mettre au net les contes dont il voulait régaler tous les soirs madame *du Maine.* De temps en temps il me donnait des commissions pour Paris. En ce cas, je sortais et rentrais de nuit, et il restait seul dans la journée. Cela devint pénible pour lui. Je vis bien que mon absence le gênait et lui dérobait du temps, par divers petits soins qu'il était alors obligé de prendre lui-même. Pour remédier à cet inconvénient, il me dit un jour de lui amener de Paris un petit Savoyard, qu'il chargerait de faire les commissions, afin que je pusse rester toujours auprès de lui; qu'il le ferait coucher dans un petit cabinet à côté de celui que j'occupais, et dans lequel se trouvait un lit de camp; que son but était aussi de me donner par là un auxiliaire qui ferait une partie de ma besogne, et me laisserait plus de temps pour ses copies. Je lui trouvai facilement un garçon tel qu'il le demandait, et je l'amenai avec moi. C'était un enfant de dix à onze ans, assez intelligent, plein de candeur, et dont M. *de Voltaire* fut fort content. Voici une preuve de son ingénuité. Un jour, j'avais rapporté de chez M. *de Laleu,* notaire à Paris, de l'argent que lui avait demandé M. *de Voltaire.* C'était une bourse contenant deux cents louis d'or. Celui-ci, en la recevant, en tire une partie de cet or, qu'il met dans une autre bourse qu'il avait en poche, referme la première et la dépose dans une petite armoire pratiquée dans le lambris de la chambre.

Là se trouvait aussi une paire de souliers neufs que M. *de Voltaire* avait apportés, mais qu'il n'avait pas encore mis, parce qu'il les trouvait trop étroits. Quelques jours après, au moment où j'étais sorti pour une commission, il lui prend fantaisie de mettre ces souliers. C'était vers le soir. Il appelle l'enfant, qui se nommait *Antoine*, lui dit de prendre dans l'armoire cette paire de souliers et de les porter de suite dans le bourg, chez un cordonnier, pour leur faire donner un coup de forme brisée. L'enfant prend les souliers, les met sous son bras, et part. Je lui avais donné un itinéraire pour sortir et rentrer sans qu'il fût aperçu, si ce n'est du suisse chez qui je soupais et dont il était connu. Il traverse le parc, qui était couvert d'un pied de neige, glisse, s'enfonce, fait des faux pas, mettant la paire de souliers tantôt sous un bras, tantôt sous l'autre. Il arrive enfin dans le bourg, et entre chez un cordonnier qui travaillait encore dans sa boutique. Il lui donne les souliers en disant que son maître désirait qu'ils fussent élargis. Le cordonnier prend sa forme et veut la faire entrer dans l'un des souliers, qu'il crut d'abord être garni de clous, tant il lui paraissait lourd. La forme trouve de la résistance, il secoue le soulier sur une table, et il en voit tomber une bourse pleine de louis d'or. *Antoine*, aussi surpris que lui, eut cependant la présence d'esprit de prendre la bourse, et dit, en pleurant, que c'était un tour qu'on lui jouait, et qu'on voulait éprouver sa fidélité. L'ouvrier le consola de son mieux, et sa besogne étant achevée, le petit lui paya son salaire, et revint. J'étais rentré dans l'appartement; *Antoine*, en me voyant, me dit, les larmes aux yeux, qu'il était un honnête garçon, incapable de faire le mal; qu'on avait tort de l'éprouver ainsi, et que c'était un grand bonheur pour lui que cet argent ne fût pas tombé dans la route. Je le consolai en louant sa probité et en l'assurant que ceci n'était qu'un pur effet de la distraction de M. *de Voltaire*, qui avait jeté, sans y regarder, cet argent dans l'armoire, et qui ne s'en était pas ressouvenu. Je le portai à M. *de Voltaire*, et lui contai l'aventure d'*Antoine*, ce qui le confirma dans la bonne opinion qu'il avait de lui. Il mit la bourse sur sa table, et me dit que je pouvais aller souper ainsi que le petit. Pour lui, il ne descendait guère chez madame *du Maine* qu'entre une et deux heures du matin. Quelquefois je rentrais avant qu'il en fût de retour. Nous n'étions point gênés là-dessus, ayant chacun notre clef de l'appartement. Cette fois, je rentrai plus tard qu'à l'ordinaire. Pendant que je soupais, M. *de Voltaire*, curieux de vérifier son argent, l'étala sur cette table, couverte d'un tapis vert; ensuite de quoi il partit oubliant de le serrer, et laissant deux bougies allumées sur la table et deux autres sur la cheminée, et la porte de l'appartement ouverte. En montant l'escalier je fus étonné d'apercevoir de la clarté dans le corridor, et plus encore de trouver toutes les portes ouvertes, de l'or étalé, et M. *de Voltaire* absent. Cela m'effraya, et un peu après l'idée me vint de compter la somme que je voyais, afin qu'il pût savoir si rien ne lui manquait. A son retour, je lui fis quelques représentations sur son imprudence à laisser ainsi tout à l'abandon, au risque de voir ses effets ou volés ou brûlés. Il est vrai que nous étions seuls logés dans ce corridor; mais il y avait dans la même aile du bâtiment d'autres étrangers, dont les domestiques, s'apercevant de quelque clarté au haut de l'escalier, auraient pu s'y porter pour en savoir la cause. J'ajoutai que pour mon propre apaisement, j'avais compté les espèces étalées sur la table, et qu'il y avait cent soixante-cinq louis. « C'est mon compte, » me dit-il. Alors je remis par son ordre cette somme dans la bourse. Je lui demandai s'il n'en avait pas besoin actuellement. Il me dit que non. Eh bien, lui dis-je, permettez que je sois le gardien de cet argent, pour m'assurer du moins qu'il ne courra pas dans la journée une troisième aventure. Il y consentit en riant. Je restai dépositaire de la bourse jusqu'après notre retour à Paris, où je la lui remis en main.

Cependant nous commencions à nous lasser de notre retraite. M. *de Voltaire* ne faisait point d'exercice, dormait peu, employait tout son temps à écrire, non pas à la triste lueur d'une lampe, mais à celle des bougies, ce qui ne lui échauffait pas moins le sang; de sorte que sa santé s'altérait sensiblement. Cette raison, et ce qui venait de se passer, me détermina à ne plus le laisser seul. J'envoyais *Antoine* souper avant moi, et je n'y allais que lorsqu'il était rentré. Il y avait à peu près deux mois que nous menions cette vie solitaire à Sceaux, lorsqu'un beau jour madame *du Châtelet* y arriva et instruisit madame la duchesse *du Maine* du succès de ses démarches, l'assurant qu'il ne restait aucun motif pour que M. *de Voltaire* ne se montrât point en public. Elle voulut lui annoncer elle-même cette nouvelle, et monta dans son appartement pour lui dire que la dette du jeu était entièrement payée, et que les personnages qui avaient d'abord paru disposés à lui susciter une affaire pour les propos tenus à Fontainebleau, avaient reconnu l'imprudence de leur projet et s'en étaient absolument désistés, en sorte que tout cela était comme non avenu, et qu'il n'en serait plus question.

Cela nous réjouit fort, mais ne nous permit pas de retourner encore à Paris. Madame *du Maine* exigea que madame *du Châtelet* et M. *de Voltaire* restassent à Sceaux, et y augmentassent la nombreuse et brillante compagnie qui s'y trouvait. Dès lors on ne s'occupa d'autre chose dans le château qu'à imaginer des fêtes pour madame la duchesse *du Maine*. Chacun était jaloux d'y prendre part, et de contribuer aux plaisirs de cette illustre protectrice des beaux-arts. On s'imagine bien que madame *du Châtelet* et M. *de Voltaire* ne furent pas les derniers à se distinguer dans ce concours. Les divertissemens furent variés chaque jour. C'était la comédie, l'opéra, les bals, les concerts. Entre autres comédies on y joua la *Prude*, que madame *du Maine* avait déjà vu représenter sur son théâtre d'Anet. Madame *du Châtelet*, madame *de Staal* et M. *de Voltaire* y prirent des rôles. Avant la représentation il vint sur la scène, et y prononça un nouveau prologue analogue à la circonstance (4). Pami les opéras on vit quelques actes détachés de M. *Rameau*, la pastorale d'*Issé* de M. *de la Mothe*, mise en musique par M. *Destouches*; l'acte de *Zélindor*, roi des Sylphes, paroles de M. *de Montcrif*, musique de MM. *Rébel* et *Francœur*. Des seigneurs et des dames de la cour de madame *du Maine* y remplissaient les principaux rôles. Madame *du Châtelet*, aussi bonne musicienne que bonne actrice, s'acquitta parfaitement du rôle d'Issé (5) et de celui de Zirphé dans *Zélindor*. Elle joua encore mieux, s'il est possible, le rôle de Fanchon, dans les *Originaux*, comédie de M. *de Voltaire*, faite et jouée précédemment à Cirey. Ce rôle semblait avoir été

---

(4) Il est imprimé au-devant de la pièce, tome VII des œuvres de *Voltaire*, édition de Kehl, in-8.

(5) On peut voir, tome XIV, page 308 et 309, de jolies pièces de vers que M. *de Voltaire*, au sortir de cette représentation, donna à

fait exprès pour elle; sa vivacité, son enjoûment, sa gaîté s'y montraient d'après nature. Ses talens dans toutes ces pièces étaient fort bien secondés par ceux de M. le vicomte *de Chabot*, de MM. le marquis *d'Asfeld*, le comte *de Croix*, le marquis *de Courtanvaux*, etc. D'autres seigneurs tenaient bien leur place dans l'orchestre avec quelques musiciens venus de Paris. Des ballets furent exécutés par les premiers sujets du théâtre de l'Opéra, et M. *de Courtanvaux*, excellent danseur, se faisait encore remarquer à côté d'eux. On y vit au nombre des danseuses mademoiselle *Guimard*, à peine âgée de treize ans, et qui commençait à faire parler de ses grâces et de ses talens.

Parmi tant de plaisirs variés que l'on goûtait alors à Sceaux, il faut compter la lecture de plusieurs nouveautés en vers et en prose, qui se faisait dans le salon lorsque la compagnie s'y rassemblait avant le dîné. Madame *du Maine* avait témoigné à M. *de Voltaire* son désir de le voir communiquer aux personnes qui composaient

madame *du Châtelet*, qui était, comme on sait, géomètre et philosophe. C'est dans une de ces pièces qu'il lui dit :

> Charmante Issé, vous nous faites entendre,
> Dans ces beaux lieux, les sons les plus flatteurs;
> Ils vont droit à nos cœurs:
> Leibnitz n'a point de monade plus tendre,
> Newton n'a point d'xx plus enchanteurs, etc.

Ces vers étaient parodiés et se chantaient sur la sarabande de l'opéra d'*Issé*.

alors sa petite cour, ces contes et romans qui l'avaient tant amusée lorsqu'il venait tous les soirs prendre son repas dans la ruelle de son lit, et que personne n'aurait soupçonnés d'être sortis de la même plume qui avait écrit la *Henriade, OEdipe, Brutus, Zaïre, Mahomet*, etc. M. *de Voltaire* lui obéit. Il savait aussi bien lire que bien composer (6). Ces petits ouvrages furent trouvés charmans, et chacun le pressa de n'en pas priver le public. Il remontra que ces opuscules de société s'éclipsaient d'ordinaire au grand jour, et ne mé-

(6) *Voltaire* lisait avec une grande perfection à l'âge de plus de quatre-vingts ans, quoiqu'il n'eût plus alors les mêmes moyens qu'au temps dont parle *Longchamp*; et, malgré la privation de ses dents, on prenait un grand plaisir à l'entendre. Nous n'avons connu qu'un seul homme qui eût pu comme lecteur lui disputer la palme et même l'emporter : c'était le comte *d'Argental*, dont le talent plus calme, plus également soutenu, nous semblait avoir quelque chose de supérieur. Cet amateur passionné du théâtre français, l'avait fréquenté assidûment pendant plus de soixante ans. L'avantage d'y voir, d'y comparer les talens des plus grands acteurs de l'un et de l'autre sexe, avait formé son goût, lui avait fait connaître ce qui, dans leur manière de s'énoncer, se rapprochait plus ou moins de l'expression de la belle nature. Il s'était en quelque sorte approprié ce qu'il avait remarqué de plus parfait dans leur diction, en en modifiant toutefois les accens, et les réduisant au ton moins élevé qui convient à la lecture. Ce n'est pas une chose aussi aisée ni aussi commune qu'on le pense que de savoir bien lire. Sans parler du ton trivial et de l'ampoulé, deux excès contraires qu'il faut bannir de toute lecture, il y a deux autres écueils plus difficiles à éviter, parce qu'ils sont moins apparens : le lecteur doit savoir tenir le juste milieu entre le simple débit et la déclamation proprement dite. Son organe doit se renfermer dans un certain diapason dont on ne peut franchir les limites sans donner lieu à des disparates aussi choquantes pour l'auditeur que l'est en

ritaient pas d'y paraître. On ne voulut point entendre ses raisons, et on insista tellement, que pour mettre fin aux sollicitations des personnes qui l'entouraient, il fut obligé de leur promettre qu'à son retour à Paris il songerait à les faire imprimer, mais que, voulant qu'elles en jouissent ainsi que ses amis, avant le public, il en garderait par-devers lui tous les exemplaires, et commencerait par en expédier une pacotille à madame la duchesse *du Maine*, qui voudrait bien se charger de leur en faire la distribution.

Ces amusemens duraient depuis près de trois

musique pour l'oreille délicate un ton faux ou une voix glapissante. Toutes ses inflexions, prises dans la nature, doivent être parfaitement justes; ses différens repos, indiqués par la ponctuation, observés dans leur exacte proportion; les nuances délicates qui différencient les sons exclamatifs, interrogans, suspensifs, facilement saisies. Sa prononciation doit être claire et bien accentuée, sans affectation. Le geste lui est inutile. Cet art enfin, avec une apparence d'uniformité ou de monotonie, a ses nuances comme les autres arts, et l'homme de goût sait les y discerner et en sentir le plus ou moins de justesse. Il faut pour y exceller, non-seulement une grande et prompte intelligence, mais des organes parfaitement disposés pour lui obéir spontanément. Aussi, bien lire à la première vue et bien chanter *à livre ouvert*, sont-ils des talens qu'on découvre peu souvent parmi les lecteurs et les chanteurs. Tous ces moyens si nécessaires dont nous venons de parler, le comte *d'Argental* les possédait au plus haut degré. *La Harpe* et l'abbé *de Lille* avaient aussi beaucoup de talent en ce genre; mais le premier nous semblait assez souvent, surtout dans les endroits passionnés, se rapprocher trop de la déclamation. Il lui fallait alors se contraindre pour n'y pas joindre le geste. Le second mettait dans ses lectures tant de vivacité et de chaleur, que son action quelquefois en devenait théâtrale. Tous deux avaient d'ailleurs les qualités essentielles qu'on exige dans un bon lecteur.

semaines, qui parurent s'écouler aussi vite qu'un songe de féerie. Madame *du Châtelet* et M. *de Voltaire* prirent alors congé de madame *du Maine*, la remercièrent de tout ce qu'elle avait fait pour eux, et revinrent à Paris.

ARTICLE VII.

Change rendu à des imprimeurs infidèles.

Rentré dans ses foyers après trois mois d'absence, M. *de Voltaire*, ne voulant point manquer à la parole qu'il avait donnée à Sceaux, résolut de faire imprimer quelques-uns des opuscules qu'on lui avait demandés. Il fit choix d'abord de *Zadig*, l'un des plus marquans; son dessein était de n'en pas laisser jouir le public avant que madame la duchesse *du Maine* et sa société n'en eussent eu les prémices, et qu'il n'en eût aussi distribué des exemplaires à tous ses amis; ce qui n'était pas sans difficulté, même en faisant imprimer l'ouvrage pour son compte. C'est sa propre expérience qui l'avait instruit sur ce point; il voulait cette fois n'être point dupe des libraires, et pour atteindre ce but, voici ce qu'il imagina : il fit appeler M. *Prault*, qui avait précédemment publié de jolies éditions de plusieurs de ses ouvrages. On avait cependant bien instruit M. *de Voltaire*, qu'en de semblables occasions ce libraire lui avait déjà joué des tours qu'il s'agissait d'éviter ; il lui parla néanmoins, comme s'il n'en savait rien, et sans lui laisser soupçonner qu'il allait à son tour lui en jouer un autre. Cette petite vengeance, assez innocente, lui semblait plus qu'autorisée par le droit de représaille. Il demanda à M. *Prault* combien il exigerait pour une édition du petit roman de *Zadig*, tirée à mille exemplaires ; le prix ne convenant pas à M. *de Voltaire*, il dit que cette impression serait remise à un autre temps. Le libraire, de retour chez lui, fit ses réflexions, craignit qu'on ne s'adressât à quelqu'un de ses confrères, et vit, par un calcul très-exact, qu'en modérant sa demande, il pourrait encore retrouver son compte au moyen d'un expédient qui lui avait réussi plus d'une fois, c'est-à-dire en tirant l'édition à plus gros nombre, et se réservant le surplus des exemplaires demandés. Assuré du succès de cette combinaison, il prend le parti de retourner le lendemain chez M. *de Voltaire*, et n'eut pas honte de réduire son prix de plus d'un tiers, sous prétexte qu'il pourrait économiser un peu sur la main-d'œuvre et sur le papier. M. *de Voltaire* dit qu'il n'entendait point cela, qu'il voulait que son ouvrage fût très-bien imprimé et sur beau papier, dont il lui fit voir le modèle ; il désigna en même temps le format et l'espèce de caractère qu'il voulait avoir. A l'égard de la correction, il dit qu'il reverrait lui-même la dernière épreuve, et il exigea que les feuilles lui seraient envoyées immédiatement après le tirage. M. *Prault*, après quelques légères observations, finit par consentir à tout; M. *de Voltaire* alors lui donna la première moitié du roman de *Zadig*, qui était écrit sur des cahiers détachés, dont le dernier se terminait avec la fin d'un chapitre, et dit que pendant que cette partie serait sous presse, il reverrait l'autre avec soin, et peut-être y ajouterait quelque chose. Le traité s'exécuta. M. *de Voltaire* ayant reçu la première feuille imprimée, au nombre convenu, vit, par un calcul très-simple, que le dernier chapitre de la partie qu'imprimait M. *Prault*, finirait au bas de telle page. Le lendemain il fit avertir un libraire de Rouen, nommé *Machuel*, qu'il connaissait et savait être alors à Paris, de venir lui parler : il lui proposa d'imprimer le roman de *Zadig* pour le compte de l'auteur; le libraire y consentit volontiers, et pour un prix moindre que celui de M. *Prault*. Les autres conditions furent les mêmes. M. *de Voltaire* lui observa qu'étant occupé à faire des changemens dans les premiers chapitres de l'ouvrage, l'impression pouvait se commencer par la dernière partie, qu'il lui mit en main, en lui démontrant géométriquement qu'il ne risquerait rien de commencer sa besogne par la feuille de telle signature et de telle page, ce qui correspondrait exactement avec la feuille qui précéderait. M. *Machuel* apporta à M. *de Voltaire* les feuilles imprimées à mesure qu'elles sortaient des presses d'un de ses associés de Paris, qu'il avait intéressé dans l'entreprise. Quand tout fut terminé et remis entre les mains de M. *de Voltaire*, il vit avec plaisir que les deux parties s'assortissaient parfaitement ensemble, et que les caractères et le papier en étaient très-conformes aux modèles qu'il avait donnés. Cependant les deux libraires n'ayant plus de matière, venaient, chacun de leur côté, presser l'auteur de leur délivrer celle qui devait servir à compléter l'ouvrage; il les remettait à quelques jours sous différens prétextes. Pendant ce temps-là M. *de Voltaire* m'avait chargé de lui chercher des femmes qui plient et brochent les livres, et d'acheter du papier élégamment peint, pour en couvrir les exemplaires. J'eus bientôt trouvé dans le quartier Saint-Jacques tout ce qu'il lui fallait, et j'amenai avec moi deux femmes, qui en moins de trois jours eurent plié, cousu et couvert avec beaucoup de soin et de propreté tous les exemplaires. Il m'ordonna d'en faire de suite un petit ballot de deux cents exemplaires pour madame la duchesse *du Maine*, et une infinité d'autres paquets sous enveloppe. Il me dicta les adresses, que j'écrivis sur les paquets : c'était pour tous ses amis et même des personnes de connaisance, tant à Paris qu'en province. Cela fait, tout fut expédié le même jour par exprès, par la poste et par les diligences. Le lendemain de la distribution on parla de *Zadig* dans tout Paris. Les deux libraires étonnés, comme on peut le croire, accoururent chez M. *de Voltaire*, se répandirent en plaintes, en reproches, et en même temps demandèrent le paiement du prix convenu : il leur dit qu'ayant eu le vent qu'ils avaient tiré des feuilles en plus grand nombre qu'il ne leur avait été prescrit, et craignant que l'ouvrage étant fini, ne se fût répandu dans le public, ce qui l'aurait frustré du plaisir de le faire connaître avant tout à ses amis, ainsi qu'il le leur avait promis, il n'avait rien trouvé de mieux pour prévenir un tel désagrément, que d'employer ce petit stratagème. Il leur paya leur salaire au prorata des feuilles qu'ils avaient imprimées ; il y joignit même une gratification, parce qu'ils avaient exécuté ce travail à son gré et parfaitement rempli ses vues. Il ajouta, pour achever de les consoler, qu'ils avaient encore un moyen de profiter, qui était d'imprimer respectivement les parties qui leur manquaient, et de compléter ainsi leurs exemplaires, ou même de faire une nouvelle édition de l'ouvrage entier, à frais et profits communs, à quoi il ne s'opposerait pas. Ces messieurs, un peu sots et confus de l'aventure, songeant que M. *de Voltaire* leur avait déjà fait gagner beaucoup d'argent, et qu'il pourrait leur être encore utile dans la suite, firent, comme on dit, à mauvais jeu belle mine, et se retirèrent en le suppliant de ne pas leur ôter sa protection. Je crois qu'ils profitèrent des avis que M. *de Voltaire* leur avait donnés, car on vit paraître quelque temps après de nouvelles éditions de *Zadig*, et on les contrefit chez l'étranger.

ARTICLE VIII.

Un grand seigneur, vivement poursuivi par ses créanciers, est tiré d'embarras par M. DE VOLTAIRE.

Vers ce temps-là les affaires de M. le comte *d'Estaing* s'étant fort dérangées, ce seigneur, loin de pouvoir penser à se libérer d'une partie de ses dettes, se vit enfin dans l'impossibilité de payer les intérêts des capitaux qu'il avait empruntés. Ses créanciers, pressés par le besoin de toucher leurs revenus, et alarmés de la gêne où se trouvait M. *d'Estaing*, qui ne pouvait plus les payer, vinrent tous, comme s'ils s'étaient donné le mot, pour exiger de lui leur remboursement. Dans cette fâcheuse circonstance, il lui était bien impossible de les satisfaire. Ils prirent alors le parti de faire saisir ses terres et d'en solliciter la vente juridique. Ces créanciers étaient très-nombreux, mais la plupart ne l'étaient que pour des sommes médiocres. Il n'en était pas de même de M. *de Voltaire* et d'un certain M. *le Roi* (7), qui avaient

(7) Il y a eu deux hommes de ce nom, dont l'un a écrit et l'autre prêchait contre *Voltaire*. Nous ne croyons pas que ce soit de l'un d'eux qu'il s'agit ici.

de gros capitaux chez M. *d'Estaing*; et ces deux principaux créanciers n'étaient guère amis l'un de l'autre; le dernier avait pour procureur le sieur P..... du C...., et avait engagé les autres créanciers à l'employer dans cette affaire comme procureur poursuivant. Cet homme allait grand train, et multipliait tellement les frais, que si on l'avait laissé aller ainsi pendant quelque temps, il aurait fini par avaler l'huître et ne laisser à ses cliens que les écailles : car il était notoire que, dans une autre affaire considérable, la justice lui avait fait regorger quarante mille francs qu'il avait pris de trop pour ses honoraires, qui d'ailleurs étaient encore surpayés. M. *de Voltaire*, convoqué pour se joindre à la masse des créanciers, ayant très à cœur de prévenir la ruine de M. le comte *d'Estaing*, plaida fortement sa cause, tâcha d'apaiser les criards et d'éteindre le feu qu'on avait mis sans nécessité dans les affaires de ce seigneur; il eut beau vouloir leur démontrer que son embarras ne serait que momentané, il n'en put venir à bout, parce que M. *le Roi* les animait tous par son entêtement, et que son procureur leur persuadait que la seule ressource qu'ils eussent, était dans la prompte saisie des terres qu'il fallait réaliser, lesquelles terres, à la longue, lui auraient peut-être été adjugées pour son état de frais, ce qui n'est pas sans exemple dans les annales de la justice. M. *de Voltaire*, de retour chez lui, se fit apporter une liste exacte des créanciers et des sommes qui leur étaient dues ; il les invita l'un après l'autre à venir lui parler, leur proposa de se charger de leurs créances et de les rembourser de suite. En les prenant ainsi en particulier, il leur fit plus aisément sentir qu'ils s'exposaient à tout perdre en laissant prolonger la procédure, qui achèverait d'écraser leur débiteur, et ne serait profitable qu'aux gens d'affaires. La plupart consentirent à transiger, même avec une réduction sur le total de ce qui leur était dû, tant en capital qu'en intérêts, moyennant la clause d'être payés comptant, ce qui fut effectué en moins d'un mois. M. *de Voltaire*, étant devenu par ce moyen possesseur d'environ les deux tiers de la créance générale, demanda au tribunal d'être nommé administrateur de la direction, ce qui lui fut accordé par sentence. Il rassembla de suite les créanciers qui n'avaient point transigé, leur proposa des tempéramens, comme de recevoir leurs capitaux en plusieurs fois, à des termes fixes peu reculés. Ils acquiescèrent tous, moyennant sa garantie personnelle ; il la donna sans hésiter, et toutes les oppositions furent aussitôt levées.

Sa première créance était de quarante mille francs ; elle était plus que triplée par toutes celles qu'il venait d'acquérir. Cette affaire étant consommée, il eut la satisfaction d'aller annoncer à M. le comte *d'Estaing* que tous ses créanciers étaient satisfaits et ses terres dégagées, et qu'il pouvait dès ce moment en toucher librement les revenus; il lui conta comment il s'y était pris pour amener ce résultat favorable. Sachant que M. *d'Estaing* était pour lors dans l'impossibilité de lui faire aucun remboursement, il lui proposa de constituer un ou plusieurs contrats du montant de ses nouvelles créances, non à leur taux primitif, mais à celui qu'il les avait acquises, c'est-à-dire avec une diminution sensible. M. *d'Estaing*, touché de ce procédé, ne savait comment lui témoigner sa reconnaissance : il accepta avec joie l'arrangement qui lui était offert, et voulut que ces mêmes terres qui lui étaient rendues, servissent de garantie à son exécution. C'est ainsi que M. *de Voltaire* tira d'une situation pénible un seigneur pour qui il avait depuis long-temps de l'estime et de l'attachement. Depuis, j'ai vu bien souvent M. *d'Estaing* chez M. *de Voltaire*, qu'il regardait comme son meilleur ami, et il disait ouvertement à ceux qui l'entretenaient de ses affaires, que s'il lui restait quelque chose de son ancienne fortune, c'était uniquement à M. *de Voltaire* qu'il en était redevable (8)

(8) Le comte *d'Estaing*, malgré la gloire qu'il s'était acquise en servant son roi et sa patrie, mourut victime des fureurs révolutionnaires. En lui périt le dernier rejeton d'une des plus anciennes et des plus illustres maisons de France. *Voltaire* a fait mention dans sa tragédie de Zaïre, de l'un des ancêtres du comte *d'Estaing*.

ARTICLE IX.

Mon premier voyage à Cirey. 1747.

A son retour de Sceaux, madame la marquise *du Châtelet* ne fit pas un très-long séjour à Paris; à peine y était-elle de deux mois qu'elle voulut en partir, soit pour mieux oublier les pertes qu'elle avait faites au jeu chez la reine, et n'être plus tentée d'y retourner encore, soit uniquement pour économiser. En conséquence elle prit la résolution d'aller avec M. *de Voltaire* passer le reste de l'hiver à sa terre de Cirey, en Champagne. C'était son goût de ne voyager que la nuit. On était au mois de janvier, la terre était couverte de neige et il gelait très-fort. Madame avait fait préparer tout l'attirail qui la suivait dans ses voyages. Sa vieille voiture était chargée comme un coche; on y attela des chevaux de poste. Après que madame *du Châtelet* et M. *de Voltaire* se furent bien empaquetés l'un à côté de l'autre dans ce carrosse, on y fit monter la femme-de-chambre, qui se plaça sur le devant avec des cartons et divers effets de sa maîtresse. Deux laquais se postèrent sur le derrière de la voiture, et l'on se mit en route vers les neuf heures du soir. Je partis en avant comme postillon, pour qu'ils trouvassent les chevaux prêts et n'attendissent pas aux relais. Ils devaient faire une halte et se reposer à la Chapelle, château à trois lieues au-dessus de Nangis, appartenant à M. *de Chauvelin*, où je devais arriver avant eux, pour leur faire préparer à souper et allumer du feu dans leurs appartemens. Je ne les attendais pas aux relais, et prenais toujours les devans, suivant leurs ordres. Il était une heure après minuit quand j'arrivai à la poste de Nangis; c'était la fête du lieu; les postillons, qui n'attendaient personne à cette heure, et par le temps qu'il faisait, étaient allés se divertir dans un bal à l'extrémité de la ville. Là, j'ai beau faire claquer mon fouet et crier pour faire ouvrir la porte, personne ne répond; je descends de cheval et cogne de toutes mes forces avec le talon de ma botte. Enfin, éveillé par ce bruit, un voisin mettant la tête à sa fenêtre, m'avertit qu'il n'y avait personne, et que tous les postillons étaient allés au bal; je lui demandai si je ne pourrais pas, en payant, trouver quelqu'un pour y courir et ramener de suite des postillons; il s'offrit de le faire lui-même; en effet, il s'habille à la hâte, part et revient en moins d'un quart d'heure avec deux postillons; c'était le nombre qu'il fallait pour la voiture. Le temps que j'avais perdu dans ces circonstances me paraissait suffisant pour qu'elle fût arrivée : j'étais surpris de ce retard, et même un peu inquiet, en sorte que je fus un moment incertain si je devais aller en avant ou retourner sur mes pas; mais, faisant réflexion que nos voyageurs seraient très-mécontens s'ils ne trouvaient pas, en arrivant à la Chapelle, leurs ordres exécutés ponctuellement, ainsi qu'ils me l'avaient recommandé, je me déterminai à suivre ma route, d'autant plus qu'il me restait encore trois grandes lieues à faire, et par un chemin de traverse que je ne connaissais pas. Ne pouvant avoir de guide avec moi, je me fis expliquer plusieurs fois le chemin que je devais tenir. On me dit qu'en sortant de la ville je n'avais qu'à suivre la grande route jusqu'au premier chemin que je rencontrerais à gauche; qu'alors le cheval blanc qu'on me donnait, et qui connaissait parfaitement ce chemin, me servirait de guide, et, la bride sur le cou, me conduirait tout droit à la Chapelle. Je me conformai à cet avis, et après une heure et demie de marche, je me trouvai vis-à-vis la grille d'un château, où le cheval s'arrêta de lui-même. Le concierge, qui n'attendait personne, était couché dans l'intérieur du château, séparé de la grille par une vaste cour; aussi eus-je beau appeler et crier, on ne répondit point. Alors, tenant mon cheval par la bride, j'essayai de faire à pied le tour du château, pour voir si je ne pourrais pas me faire entendre plus facilement par quelqu'autre endroit. J'arrivai enfin à une petite porte où était une sonnette, que je tirai à plusieurs reprises. Je vis avec plaisir qu'on m'avait entendu; un jardinier vint et me demanda qui j'étais et ce que je voulais : l'ayant instruit de quelle part je venais, il alla réveiller le concierge, qui ne tarda point à venir m'ouvrir la porte. Il fit aussitôt lever les servantes, allumer grand feu dans la cuisine et dans les chambres; on alla chercher des pigeons, une volaille, qui furent bientôt préparés et mis à la broche. On y joignit tout ce que l'on put trouver pour satisfaire des voyageurs dont l'appétit devait être bien disposé. Cependant, malgré tout le temps employé à cela, ils n'arrivaient point, ce qui me parut fort extraordinaire. Le jour allait bientôt paraître; mon inquiétude redoublant à chaque instant, je me décidai à retourner à Nangis, pour découvrir ce qui pouvait être survenu de contraire à leur marche. Après m'être réchauffé et restauré, je montai à cheval et partis du château vers les huit heures du matin. J'avais parcouru quelques centaines de pas, lorsque j'aperçus de loin une voiture qui venait en cheminant très-lentement; je me hâtai de la joindre : je reconnus bientôt l'équipage de madame *du Châtelet*, et l'ayant abordé, on me dit en peu de mots la cause qui le faisait arriver si tard. En voici les principales circonstances, que me raconta depuis la femme-de-chambre, et qui me furent confirmées par M. *de Voltaire*.

La voiture, en partant de la dernière poste avant d'arriver à Nangis, était à peu près à mi-chemin de cette ville, lorsque l'essieu de derrière vint à casser et la fit tomber sur le pavé, du côté de M. *de Voltaire*; madame *du Châtelet* et sa femme-de-chambre tombèrent sur lui avec tous les paquets et cartons, qui n'étaient point attachés sur le devant, mais seulement en pile sur le coussin, aux deux côtés de la femme-de-chambre, et qui, suivant les lois de l'équilibre et de la pesanteur des corps, s'étaient précipités vers l'angle où M. *de Voltaire* se trouvait comprimé. Sous tant de fardeaux qui l'étouffaient à moitié, il poussait des cris aigus, mais il était impossible de changer de position : il fallut la garder jusqu'à ce que les deux laquais, dont l'un était blessé de la chute, fussent venus avec les postillons pour désencombrer la voiture; ils en tirèrent d'abord tous les paquets, ensuite les femmes, et puis M. *de Voltaire*. On ne pouvait les ôter de là que par en haut, c'est-à-dire par la portière qui était en l'air; c'est pourquoi un des laquais et un postillon, grimpés sur la caisse de la voiture, les en tirèrent comme d'un puits, les saisissant par les premiers membres qui se présentaient, bras ou jambes, et ils les glissaient dans les mains de leurs camarades qui étaient en bas et qui les mettaient à terre, car il n'y avait là ni marchepied ni escabelle dont on pût s'aider pour descendre. Heureusement personne ne fut blessé, hors le laquais dont j'ai parlé, et il l'était peu dangereusement. Il fut alors question de relever la voiture et de voir ce qui avait occasioné sa chute, qu'on supposait provenir de la perte d'un écrou ou chapeau qui retient la roue sur l'essieu. Ces quatre hommes ne furent pas assez forts pour en venir à bout, tant l'impériale était surchargée de bagage : il fallut détacher un postillon à cheval pour aller chercher du secours dans le plus prochain village, qui était à une demi-lieue de là. En attendant son retour, M. *de Voltaire* et madame *du Châtelet* s'étaient assis à côté l'un de l'autre sur les coussins du carrosse, qu'on avait retirés et posés sur le chemin couvert de neige; là, presque transis de froid malgré leurs fourrures, ils admiraient la beauté du ciel; il est vrai qu'il était parfaitement serein, les étoiles brillaient du plus vif éclat, l'horizon était à découvert; aucune maison, aucun arbre n'en dérobait la moindre partie à leurs yeux. On sait que l'astronomie a toujours été une des études favorites de nos deux philosophes. Ravis du magnifique spectacle déployé au-dessus et autour d'eux, ils dissertaient, en grelottant, sur la nature et le cours des astres, sur la destination de tant de globes immenses répandus dans l'espace. Il ne leur manquait que des télescopes pour être parfaitement heureux. Leur esprit égaré dans la profondeur des cieux, ils ne s'apercevaient plus de leur triste position sur la terre, ou plutôt sur la neige et au milieu des glaçons. Leur contemplation et leurs entretiens scientifiques ne furent interrompus que par le retour du postillon qui amenait avec lui quatre hommes munis de cordes, d'outils et d'un faux essieu. La voiture redressée, on vit la vraie cause du mal; ils y remédièrent du mieux qu'ils purent au moyen des pièces qu'ils avaient apportées, et on leur donna douze francs quand leur besogne fut terminée; ils s'en retournèrent peu contens de cette somme, et en murmurant. La voiture se remit en marche, mais à peine eut-elle fait cinquante pas, que les cordes trop faibles s'étant relâchées et brisées en partie, la voiture tomba une seconde fois, mais en s'affaissant seulement sur elle-même; ce qui rendit cette nouvelle chute beaucoup moins fâcheuse pour nos voyageurs. On courut vite après ces ouvriers qui s'en allaient, ils ne voulaient plus revenir; on ne les ramena qu'à force de promesses qu'ils seraient mieux payés. Aidés des postillons, ils soulevèrent la caisse avec des leviers et la rattachèrent plus solidement, sans que rien eût été dérangé dans l'intérieur de la voiture. Pour surcroit de précautions, on proposa à ces ouvriers de la suivre jusqu'à Nangis, ce qu'ils firent, et l'on y arriva sans autre accident; on les paya largement cette fois, et ils s'en retournèrent fort satisfaits. L'essieu fut solidement réparé par un maréchal de cette ville; il examina la caisse, qu'il trouva en fort mauvais état; elle était vieille, et ses chutes en avaient ébranlé plusieurs parties. Cet ouvrier conseilla de n'aller qu'au pas jusqu'à la Chapelle, si l'on voulait prévenir les accidens; et c'est ainsi qu'on fit trois lieues pour y arriver enfin à bon port. Là, madame *du Châtelet* et M. *de Voltaire* se réchauffèrent amplement devant un grand feu, qui ne leur était pas moins nécessaire que la nourriture. Après avoir soupé, ou pour mieux dire, déjeuné, car il était jour, ils se retirèrent dans les appartemens, où de bons lits leur avaient été préparés, et ils y dormirent très-bien une grande partie de la journée. M. *de Voltaire* étant levé, m'ordonna de faire venir des ouvriers pour réparer la caisse de la voiture; elle était si malade, ainsi que les soupentes et les roues, qu'il fallut deux jours entiers pour remettre le tout en passable état. Nous partîmes de la Chapelle le troisième jour, et arrivâmes enfin, sans nouveau retard ni accident, à Cirey, terre de madame *du Châtelet*.

ARTICLE X.

Amusemens de Cirey.

Installés dans le château, M. *de Voltaire* et madame la marquise s'y trouvèrent seuls pendant les trois ou quatre premiers jours; les campagnards des environs de Cirey n'ayant point été instruits de leur arrivée. Ce temps fut employé à mettre toutes choses en ordre dans les appartemens, car le concierge n'avait rien préparé, n'ayant point reçu d'avis de notre retour, et ne s'attendant pas à nous voir arriver dans cette saison. Le matin, madame *du Châtelet* et M. *de Voltaire* s'occupaient, chacun de son côté, à écrire ou à lire. Celui-ci arrangeait la bibliothèque et le cabinet de physique; le soir ils lisaient ensemble ou faisaient une partie de trictrac. Cependant madame la marquise, en qui le goût de l'étude n'excluait pas celui des plaisirs et de la dissipation, ne pouvait s'accommoder long-temps d'une pareille solitude. Elle écrivit à une dame *de Champbonin*, autrefois son amie de couvent, qui s'était retirée dans une petite maison qui lui appartenait, proche de Bar-sur-Aube, à quatre ou cinq lieues de Cirey; elle la priait par sa lettre à venir passer quelque temps auprès d'elle. Cette dame y vint avec une nièce de douze à treize ans, dont elle soignait l'éducation; le bailli de Cirey et son fils venaient tous les jours au château; enfin le bruit de l'arrivée de madame *du Châtelet* s'étant répandu dans les villages voisins, on vit bientôt arriver des campagnards de divers côtés. Tous étaient bien reçus; c'étaient des amis de la maison; et ceux qui venaient de plus loin étaient retenus au château pendant quelques semaines : d'autres, plus voisins, arrivaient le matin et s'en retournaient le soir. Pour les amuser et s'amuser en même temps elle-même, madame *du Châtelet* se mit en tête de leur faire jouer la comédie. Elle composa des farces, des proverbes;

M. *de Voltaire* en fit autant de son côté, et ils en distribuaient les rôles à la compagnie. On avait construit au fond d'une galerie une espèce de théâtre, qui consistait en des tonneaux vides, debout, sur lesquels on avait établi un plancher; des coulisses de chaque côté étaient revêtues de vieilles tapisseries. Un lustre et des branches éclairaient la scène ainsi que la galerie; quelques violons jouaient dans les entr'actes; les soirées se passaient ainsi d'une manière fort gaie et fort amusante. Ce qui n'était pas le moins plaisant pour les spectateurs, c'est que les acteurs y jouaient quelquefois leurs propres ridicules sans s'en apercevoir. Madame *du Châtelet* arrangeait des rôles à ce dessein; elle ne s'épargnait pas elle-même, et se chargeait souvent de représenter les personnages les plus grotesques. Elle savait se prêter à tout, et réussissait toujours. Les gens de sa maison y étaient aussi employés, quand cela était nécessaire, et j'y ai quelquefois figuré comme les autres. Ce fut dans ces circonstances que furent jouées deux comédies bouffonnes de M. *de Voltaire*, qui étaient distinguées sous les noms de *grand* et *petit Boursoufle*. Tous les travers des hommes étaient peints en raccourci au théâtre de Cirey, comme ils le sont en grand sur les théâtres de Paris. Les abus, les excès de tout genre y prêtaient à rire. J'ai vu là se montrer tour à tour, chasseurs, médecins, joueurs, guerriers, marins, pédans en *us*, poètes, astronomes, etc. Chaque état en effet a sa manie qui offre une ample matière à la plaisanterie et au ridicule. Quatre mois s'étaient ainsi passés dans des occupations variées et agréables; on avait atteint le printemps; madame *du Châtelet* et M. *de Voltaire* prirent alors la résolution d'aller passer la belle saison à la cour du roi de Pologne *Stanislas*; ils y étaient désirés, et ce prince en avait averti madame *du Châtelet*, en la pressant de faire ce voyage. On profita des chevaux de M. le marquis *du Châtelet*, dont il avait renvoyé une partie pour passer l'hiver à sa terre, après la campagne précédente. Ils nous menèrent à Commerci, où la cour de *Stanislas* était pour lors. Après quelque séjour en ce lieu, le roi retourna à Lunéville et on le suivit. Là, M. *de Voltaire* employait presque toutes ses matinées à écrire les campagnes de *Louis XV* en Flandre (9), tandis que madame la marquise *du Châtelet* se livrait tout entière aux soins d'amuser le bon roi *Stanislas* par des concerts, des fêtes et des spectacles; elle en était elle-même un des principaux ornemens. On y redonna une partie des mêmes pièces où elle avait brillé à Sceaux, sur le théâtre de madame la duchesse *du Maine*. Le hasard avait amené à Lunéville quelques-uns des seigneurs avec lesquels elle avait joué plusieurs

(9) *Longchamp* parle sans doute ici de l'*Histoire de la guerre de* 1741, imprimée contre le gré de l'auteur en 1755, et dont il y a des extraits dans le *Précis du siècle de Louis XV*.

fois la comédie. Madame la marquise *de Boufflers* et madame *du Châtelet* étaient les principales actrices, tant dans les comédies que dans les opéras. Elles étaient secondées par des acteurs qui ne manquaient pas de talent; M. *de Chabot* et plusieurs autres remplissaient avec beaucoup de succès leurs différens rôles. M. *de Voltaire* jouait aussi dans les comédies. Chacun faisait de son mieux pour amuser le roi, qui paraissait prendre beaucoup d'intérêt à tous ces divertissemens; c'était à qui inventerait quelque chose de nouveau pour embellir les fêtes qu'on lui donnait. M. le marquis *du Châtelet*, en allant rejoindre l'armée, passa par Lunéville et alla faire sa cour au roi; il fut enchanté de l'accueil que ce monarque avait fait à sa femme et des applaudissemens qu'elle avait reçus de toute la cour.

Le temps de retourner à Paris étant arrivé, il fallut se disposer à partir, et l'on ne put quitter Lunéville sans promettre au roi d'y revenir dans la campagne suivante, où l'on se proposait de donner des fêtes encore plus brillantes. Ce fut dans ce séjour à Lunéville que madame *du Châtelet* vit pour la première fois M. *de Saint-Lambert*, que M. le prince *de Beauvau* avait reçu capitaine dans son régiment des gardes-lorraines. C'était un jeune homme aimable, de beaucoup d'esprit, et qui faisait très-bien des vers. Ses assiduités auprès de madame la marquise *de Boufflers* en avaient rendu le roi un peu jaloux, et par cette raison, *Stanislas* ne l'aimait pas.

ARTICLE XI.

Petite anecdote. Vivacité de M. DE VOLTAIRE.

Madame *du Châtelet* étant de retour à Paris, se replongea dans les sciences, avec d'autant plus d'ardeur, qu'elle en avait été assez long-temps distraite par ses derniers voyages et les plaisirs de la cour de Lunéville. *Le Commentaire sur Newton,* objet de son travail depuis plusieurs années, étant fini, elle voulut le faire imprimer; mais, pour ne rien hasarder légèrement devant un juge aussi sévère que le public, elle fit prier M. *Clairaut,* de l'Académie des sciences, et qui était depuis long-temps au nombre des amis de la maison, de venir examiner avec elle cet ouvrage et en vérifier les calculs. Cette opération exigeant assez de temps, M. *Clairaut* venait tous les jours, il montait avec elle dans un appartement au second, où ils se renfermaient pour n'être point interrompus. Ils passaient là une grande partie de la journée, et le soir, ils soupaient ordinairement chez M. *de Voltaire,* qui avait alors son ménage monté, et occupait l'appartement du premier étage. Depuis quelques jours il était souffrant, et se plaignait de son estomac qui était dérangé; en pareil cas, son remède ordinaire était de s'astreindre à une diète sévère et de boire abondamment d'un thé très-léger. Un jour où ses affaires lui avaient donné occasion de faire plusieurs courses dans Paris, il se trouva le soir avoir gagné un peu d'appétit, et demanda à souper de meilleure heure qu'à l'ordinaire; il me dit d'aller avertir les deux savans de descendre. Madame *du Châtelet*, qui était enfoncée dans un calcul qu'elle voulait finir, demanda un quart d'heure de répit; M. *de Voltaire* y consent et prend patience; une demi-heure se passe et personne ne bouge; il me fait remonter : je frappe à la porte et on me crie : *Nous descendons*. Sur cette réponse, M. *de Voltaire* fait servir le soupé et se met à table, attendant les convives. Cependant ils n'arrivent point, et les plats se refroidissent; alors il se lève furieux, franchit lestement l'escalier, et trouvant la porte fermée à clef, il la jette en dedans d'un coup de pied. A ce bruit il fallut bien quitter l'ouvrage; les géomètres se lèvent, et suivent, avec un peu de confusion, M. *de Voltaire*. En descendant il leur dit : *Vous êtes donc de concert pour me faire mourir ?* Ordinairement leur soupé était gai et très-long; ce jour-là il fut très-court, on ne mangea presque point; chacun d'eux, les yeux fixés sur son assiette, ne disait mot. M. *Clairaut* se retira de bonne heure, et ne revint point de quelque temps à la maison. On se raccommoda pourtant à la fin; madame *du Châtelet*, avec son adresse ordinaire, vint à bout de calmer les esprits de part et d'autre. M. *Clairaut* revint, on continua la révision du Commentaire newtonien, et on ne manqua plus de se trouver avec exactitude au rendez-vous du souper.

ARTICLE XII.

Autre vivacité de M. DE VOLTAIRE; *suite de la précédente.*

Après la scène que nous venons de raconter, M. *de Voltaire* alla se coucher, mais il ne put reposer de la nuit, tant il était encore ému de l'événement du soir. Le lendemain matin, madame la marquise envoya quelqu'un chez lui pour s'informer de l'état de sa santé, et lui demander en même temps s'il désirait qu'elle vînt prendre son déjeûner près de lui; il répondit que si elle voulait venir elle serait bien reçue. Un moment après madame *du Châtelet* descendit, tenant à la main un superbe déjeûner de porcelaine de Saxe, qu'il lui avait donné et dont elle aimait à se servir. C'était une très-grande tasse avec sa soucoupe, dont le dedans était doré en plein, et le dehors orné d'un paysage avec quantité de figures très-bien peintes, ce qui formait de charmans tableaux, tant pour l'élégance du dessin que pour la vivacité des couleurs. M. *de Voltaire* me dit d'y verser du café à la crême, ce qu'ayant fait, je me retirai. Madame la marquise, en déjeunant, commença à lui parler de ce qui s'était passé la veille, et lui fit quelques reproches sur sa vivacité, disant qu'il avait tort de s'être fâché mal-à-propos; que si elle ne s'était pas rendue plus tôt à sa demande, quand il l'avait fait appeler pour souper, c'est qu'un passage important de son Commentaire absorbait en ce moment toute son attention, ainsi que celle de M. *Clairaut*. M. *de Voltaire*, gardant un air sérieux, semblait l'écouter assez froidement. Elle était debout avec sa tasse à la main, et tout en déjeunant et en parlant, elle s'était approchée de très-près du fauteuil où il était assis. Tout-à-coup il se leva comme pour la faire asseoir aussi, et en se levant, il heurte de son épaule gauche madame *du Châtelet*. Elle veut reculer, et soit qu'elle n'ait pu le faire assez promptement, soit que le pied lui ait glissé, ce mouvement brusque fit échapper de ses mains la soucoupe et la tasse, qui tombèrent sur le parquet et se brisèrent en mille pièces. La porte était restée entr'ouverte, et de l'antichambre je pouvais apercevoir la table où l'on déjeunait et le fauteuil de M. *de Voltaire*; mais je n'avais pas les yeux tournés de ce côté au moment de l'accident. Frappé de ce bruit, je rentrai dans la chambre. Madame la marquise, fort attachée à ce petit meuble, et n'ayant pas moins de vivacité que M. *de Voltaire*, lui dit en anglais quelques paroles que je ne compris pas, et, sans attendre de réponse, remonta chez elle fort irritée, à ce qu'il me parut. A peine était-elle sortie, que M. *de Voltaire* m'appela, me dit de ramasser les débris de la porcelaine et de les mettre sur sa table; il les examine, en choisit un des plus grands morceaux, me le donne, et me dit d'aller sur-le-champ chez M. *la Frenaye*, marchand bijoutier au Palais, pour y acheter un déjeuner tout pareil à l'échantillon, s'il s'en trouvait de tel; en même temps il me donne un petit sac d'argent pour le payer. Je courus chez M. *la Frenaye*; mais parmi toutes les porcelaines qui garnissaient sa boutique, je ne trouvai pas un seul déjeuner de l'espèce que je demandais. En ayant choisi un de ceux qui me semblaient s'en approcher le plus, je lui en demandai le prix, qu'il me dit être de dix louis. Il s'en fallait de deux à trois louis que le sac ne contînt cette somme; ne pouvant acquitter ce marché, je priai M. *la Frenaye* d'envoyer de suite à la maison un de ses ouvriers avec trois ou quatre de ses plus beaux déjeuners, afin que M. *de Voltaire* pût choisir lui-même ce qui conviendrait le mieux. L'ouvrier en apporta six : après en avoir choisi le plus élégant et en même temps le plus riche, il le marchanda beaucoup; mais sur les protestations réitérées que M. *la Frenaye*, en le cédant au prix de dix louis, n'y gagnait rien, que c'était le prix coûtant, qu'il lui était impossible d'en rien rabattre, etc., etc., M. *de Voltaire* finit par compter à l'ouvrier les dix louis, non sans regretter cet argent, et disant entre ses dents que madame *du Châtelet* aurait bien dû prendre son déjeuner chez elle avant de descendre chez lui. Cependant il m'envoya lui faire des excuses de sa bouderie, et lui porter ce nouveau déjeuner, qu'elle reçut en souriant. La réconciliation fut prompte, et cette petite tracasserie n'eut pas de suite.

ARTICLE XIII.

Anecdote littéraire.

M. le duc *de Richelieu* ayant été nommé par l'Académie française pour aller complimenter le roi à l'occasion de la paix de 1748, écrivit un mot à M. *de Voltaire*, pour l'engager à lui faire un petit discours qu'il pût apprendre et débiter facilement, et sans grande préparation, attendu que d'autres affaires lui laissaient alors très-peu de loisir. M. *de Voltaire* écrivit sur-le-champ le compliment que le lecteur verra à la fin de cet article; mais avant de l'envoyer à M. *de Richelieu*, il lui prit fantaisie de le faire lire à madame *du Châtelet*, et de savoir ce qu'elle en pensait. Au moment qu'elle le reçut, madame la marquise *de Boufflers* se trouvait près d'elle. Madame *du Châtelet* achevait sa toilette avant l'heure de l'Opéra, où ces dames devaient aller ensemble. En attendant, la missive de M. *de Voltaire* fut donnée à lire à madame *de Boufflers*, qui, trouvant le petit discours fort à son gré, se pressa d'en tirer une copie sur la toilette même de madame *du Châtelet*, qui ne vit en cela aucune conséquence. Le lendemain madame *de Boufflers* le communiqua à plusieurs de ses amis; chacun voulut l'avoir, et les copies s'en multiplièrent sans que M. *de Richelieu* s'en doutât. Le jour même où il s'était rendu chez le roi pour prononcer son discours, il entendit des courtisans qui le récitaient près de lui. Aussi surpris que mécontent, il s'imagina que M. *de Voltaire* avait abusé de sa confiance, et l'avait joué, comme pour donner à entendre que M. *de Richelieu* n'était pas capable de faire de lui-même un compliment au roi, supposition assurément très-gratuite et très-fausse; mais, ignorant la vraie cause d'une pareille infidélité, M. *de Richelieu* fut très-courroucé contre M. *de Voltaire*. Après avoir prononcé le discours au roi, il devait en présenter une copie à ce monarque, et en même temps une polyglotte du Panégyrique de *Louis XV*, que M. *de Voltaire* avait composé et fait imprimer en français, anglais, espagnol, italien et latin (10). Les exemplaires en étaient reliés en maroquin bleu, aux armes du roi, et dorés sur tranches, avec dentelles, filets, et autres magnificences. M. *de Riche-*

---

(10) On le voit en français dans l'édition de Kehl, in-8°, tom. XLVII, page 23.

lieu, piqué au vif, ne fit aucun usage ni du discours ni des panégyriques. Cependant M. *de Voltaire*, ne doutant nullement que le tout n'eût été présenté le matin au roi, avait fait distribuer dans l'après-midi du même jour tous les exemplaires du panégyrique destiné à ses amis. Mais quel fut son mécontentement et sa colère, quand il reçut le lendemain par la poste un gros paquet contenant tous ses panégyriques que lui renvoyait M. *de Richelieu*, avec un mot d'avis par lequel il l'instruisait qu'on n'avait point voulu se servir de sa besogne! M. *de Voltaire* eût bien voulu ravoir les exemplaires qu'il avait fait distribuer de son côté, mais il était trop tard, et le mal était sans remède. Il se voyait compromis par M. *de Richelieu*, et privé de l'espoir qu'il avait eu que le roi aurait reçu avec quelque satisfaction l'hommage qu'il lui avait destiné; M. *de Richelieu* se croyait également compromis par M. *de Voltaire*; de sorte qu'ils avaient tous deux, en apparence, de graves et légitimes reproches à se faire réciproquement. Celui-ci, dans un premier moment de fureur, courut à un tableau qu'il avait dans son cabinet, et qui représentait une espèce d'apothéose du duc *de Richelieu*, peinte à la gouache par M. *Baudouin*, l'arracha du cadre où il était sous glace, le foula aux pieds et le jeta ensuite au feu, le regardant comme un hommage que ne méritait plus un indigne ami. A quelques jours de là, M. *de Richelieu* et M. *de Voltaire* se rencontrèrent par hasard dans une maison tierce ; ils entrèrent en explication et découvrirent bientôt que tout le mal était provenu de l'indiscrétion de madame *de Boufflers*, par suite de celle de madame *du Châtelet*. Ils se raccommodèrent, se pardonnèrent mutuellement leurs brusqueries, et ils ne se sont plus brouillés depuis.

DISCOURS AU ROI,

Qui devait être prononcé par M. le duc DE RICHELIEU *au nom de l'Académie française, à l'occasion de la paix de* 1748.

« SIRE,

» L'Académie, destinée à célébrer la véritable
» gloire, n'eut jamais un plus digne objet de ses
» soins que celui qui m'amène aujourd'hui au pied
» du trône de Votre Majesté. Je ne dois sans doute
» le choix que l'Académie a fait de moi pour ex-
» primer ses sentimens qu'au bonheur dont je
» jouis, de voir tous les jours de près cette grande
» âme, ce principe de tout ce que nous admirons.
» Témoin de vos actions héroïques et de cette
» simplicité qui les embellit, je vous ai vu préparer
» par des victoires cette paix qu'on s'obstinait à
» refuser, cette paix le fruit de votre modération,
» de la fidélité à vos promesses ; cette paix que l'a-

» mour du bien public a dictée et que la recon-
» naissance doit bénir à jamais.

» C'est à mes confrères, Sire, de transmettre à
» la postérité vos triomphes sur vos ennemis et sur
» vous-même, l'amour que vous avez pour vos
» peuples, le bien que vous faites aux nations, et
» l'exemple que vous donnez aux rois.

» Que l'Académie célèbre le monarque qu'on
» admire; je ne vois que le maître qui se fait
» aimer. Le récit des grandes choses veut de l'é-
» loquence, le cœur n'en a pas besoin; les bou-
» ches de la renommée diront ce que vous avez
» fait, la mienne ce que vous inspirez. »

ARTICLE XIV.

Du poème de la Pucelle. 1748.

Depuis plusieurs mois madame *du Châtelet* roulait dans sa tête un projet qu'elle espérait pouvoir réaliser à Cirey, dans le cours de l'été. Ce projet était relatif à l'un des principaux ouvrages de M. *de Voltaire*, ouvrage que peu de personnes connaissaient alors, et qui était encore en manuscrit dans le porte-feuille de l'auteur.

Dans un souper chez M. le duc *de Richelieu*, en 1730 ou 1731, l'un des convives, parmi lesquels était M. *de Voltaire*, parlait des exploits de

Jeanne d'Arc, dite *la Pucelle d'Orléans*. Cela devait amener naturellement la conversation sur le poète *Chapelain*, qui a entrepris de les célébrer. Son poème épique n'y fut guère plus ménagé qu'il ne l'avait été autrefois par *Boileau*; quelques personnes en citaient des vers qu'on avait retenus par l'excès même de leur ridicule : on riait surtout de ce que *Chapelain* avait fait une sainte de son héroïne. M. *de Richelieu*, adressant la parole à M. *de Voltaire*, lui dit : « Je gage que si vous aviez traité
» ce sujet, vous en auriez tiré un meilleur parti,
» et que pour agrandir votre principal person-
» nage, vous n'auriez pas eu besoin de la béatifier.
» — Je doute fort, répondit M. *de Voltaire*, que
» j'eusse pu jamais en faire un bon ouvrage sérieux.
» Il y a dans l'histoire de *Jeanne d'Arc* trop de
» circonstances triviales et qui avoisinent même
» le burlesque, et d'autres trop excessivement
» atroces. Comment inspirer un grand intérêt à
» des gens de goût, pour une fille travestie, qui
» commence par sortir du cabaret et qui finit par
» être brûlée vive ? *Boileau* lui-même n'y eût pas
» réussi. Je crois que sous plus d'un rapport, ce
» sujet, tiré de nos annales, se prêterait mieux au
» genre plaisant qu'au genre héroïque. — Je le
» crois aussi, dit M. *de Richelieu*, et personne ne
» serait plus capable que vous de le bien mettre
» en œuvre, si vous vouliez l'entreprendre. Vous
» devriez nous donner là-dessus quelque chose de

» votre façon. » Les convives applaudirent à la demande M. *de Richelieu*, et pressèrent M. *de Voltaire* de ne pas s'y refuser. Celui-ci s'en excusa d'abord, et allégua diverses raisons qui devaient l'éloigner d'un pareil travail. Il dit que le sujet considéré sous le rapport comique était trop opposé au genre de travail dont il était alors occupé; que des idées plaisantes s'accommoderaient mal dans sa tête avec les idées tragiques dont elle était pleine (11). On insista tellement, qu'il ne put apaiser les solliciteurs qu'en leur promettant qu'à son premier moment de loisir, il examinerait cet objet et tâcherait de les satisfaire. En effet, il ne tarda pas long-temps à s'en occuper; il interrompit d'autres ouvrages commencés, et en quelques semaines, les quatre premiers chants du poème de la *Pucelle* furent terminés. M. *de Richelieu* ayant informé tous les convives qui avaient été de son souper que M. *de Voltaire* leur avait tenu parole, on convint de prendre jour pour se rassembler de nouveau et entendre la lecture de ce qu'il avait composé. Elle se fit à l'hôtel de *Richelieu*; les applaudissemens qu'y reçut l'auteur, l'excitèrent à continuer cet ouvrage et à l'achever. Le poème n'avait d'abord que douze chants; il en eut ensuite quinze, et s'accrut successivement jusqu'à vingt-un; l'auteur ayant trouvé facilement le moyen

(11) Parmi ses travaux de cette époque, on remarque en effet les tragédies de *Brutus*, *Ériphyle*, *Adélaïde du Guesclin*.

d'y faire entrer plusieurs épisodes; quelques-uns renfermaient une satire ingénieuse, mais juste et forte, de divers événemens dont il avait été témoin; des plaisanteries un peu vives y étaient répandues sur les mœurs de ses contemporains et sur des objets depuis long-temps révérés; cela écartait de lui toute idée de rendre cet ouvrage public; il sentait qu'il n'eût pu le faire, même anonymement, sans exciter des soupçons capables de le compromettre, et même sans hasarder sa liberté; aussi avait-il bien l'intention que ce poème ne fût imprimé qu'après sa mort, et dans un temps assez éloigné pour que personne ne pût avoir un intérêt direct à s'en offenser. Il fut long-temps après trompé dans cette attente, car il parut, vers 1755, une petite édition furtive et falsifiée de la *Pucelle.* Elle fut faite, à ce qu'on croit, d'après une copie dérobée chez S. A. R. la margrave *de Bareith*, sœur du roi de Prusse. Cette princesse très-respectable, douée d'éminentes qualités, chérissait beaucoup M. *de Voltaire*, et en avait obtenu la communication de cet ouvrage. Cette édition en ayant fait naître plusieurs autres également mauvaises, il se détermina en 1762, pour remédier en partie à ce mal, d'en faire imprimer, chez les frères Cramer de Genève, une édition infiniment meilleure, où l'ouvrage présente des changemens et des augmentations importantes.

Madame *du Châtelet* avait depuis long-temps une

copie de ce poème, écrite de sa propre main. Ses amis, hommes ou femmes, l'importunaient souvent pour qu'elle leur en lût des fragmens. Cette gêne, dont elle voulait se débarrasser, lui suggéra une idée bizarre, qui était d'imprimer secrètement ce poème dans son château de Cirey, pendant le séjour qu'elle devait y faire l'année suivante, 1749. Son dessein était de n'en tirer qu'un très-petit nombre d'exemplaires, pour être distribués à ceux de ses amis dont elle connaissait la discrétion. Comptant par avance sur l'acquiescement de M. *de Voltaire*, elle commença dès l'hiver à tout préparer, sans bruit, pour l'exécution de son projet. Afin de mettre moins de personnes dans la confidence, elle résolut de prendre elle-même part à l'ouvrage, avec deux ouvriers affidés, dont l'un l'aurait instruite à composer les planches. Celui-ci était un compagnon imprimeur, adroit et intelligent, nommé *Lambert* (12), qui depuis nombre d'années jouissait de la confiance de madame *du Châtelet* et de M. *de Voltaire*; il la méritait à plu-

---

(12) Il a été depuis imprimeur-libraire à Paris, et nous l'avons connu dans la rue de la Harpe. On ne sait sur quel fondement quelques personnes ont soupçonné qu'il était un fils naturel de *Voltaire*; ce qui nous paraît destitué de toute vraisemblance. Un homme sensible et juste comme l'était cet écrivain, n'aurait pas méconnu son fils naturel, ni rougi de lui assurer dès le berceau un sort convenable. En recherchant la source de ce bruit, nous n'en avons pu découvrir le moindre indice. C'est une conjecture vague, tirée apparemment de la protection que le jeune *Lambert* avait trouvée dans la maison de *Voltaire*,

sieurs titres; il s'acquittait bien des commissions qu'ils lui donnaient, et il était devenu leur pourvoyeur ordinaire des livres prohibés. Madame *du Châtelet* le chargea donc de se choisir un camarade pour le printemps suivant. Les conditions de l'engagement furent stipulées à leur satisfaction. *Lambert* acheta deux caisses de caractères neufs, bien assortis, chez un fondeur de sa connaissance, qui lui accorda un assez long crédit et prit des billets à terme en paiement; il se procura également des formes et une presse, et les autres menus objets nécessaires. Le tout fut emballé et déposé chez un commissionnaire de roulage, qui devait, sur le premier avis, l'expédier par Bar-sur-Aube, d'où les gens de madame *du Châtelet* l'auraient transporté à Cirey. Suivant le projet, madame la marquise devait présider à la casse, c'est-à-dire, à la composition, avec l'aide de Lambert; celui-ci devait faire le service de la presse avec son compagnon, et l'on comptait sur M. *de Voltaire* comme prote et correcteur d'épreuves. Tout était ainsi fort bien

---

et dont *Longchamp* dénote ici la raison. La vente des ouvrages dont le payait son protecteur, a pu sans doute contribuer au succès de son établissement; mais combien de libraires en France et ailleurs n'ont-ils pas été favorisés par cet auteur célèbre? Combien d'autres, par des contrefaçons, ne lui ont-ils pas dû, quoique indirectement, une grande amélioration de fortune? Dans leur système, les inventeurs d'anecdotes, les faiseurs de conjectures n'auraient-ils pu également soupçonner que le père de la *Henriade* l'était aussi de presque tous les libraires et imprimeurs de l'Europe?

arrangé; il ne restait plus qu'une petite difficulté, que madame *du Châtelet* s'était flattée de lever aisément; il ne s'agissait que d'avoir le consentement de l'auteur. Il aurait dû être le premier informé du projet, il en fut instruit le dernier; on finissait par où l'on aurait dû commencer, car madame *du Châtelet* devait être convaincue que l'opération ne pourrait se faire dans le château sans que M. *de Voltaire* ne la découvrît. Elle se berçait de l'idée que, pour l'obliger, il consentirait à une chose qui devait rester secrète entre eux et un très-petit nombre d'amis sûrs. Son attente fut trompée; à peine lui en eut-elle dit un mot, qu'il rejeta cette idée; il avait cru d'abord que ce n'était qu'une plaisanterie, mais quand il vit que la chose était sérieuse, et que des préparatifs étaient déjà faits, il s'emporta et fit sentir avec énergie les conséquences d'une telle entreprise, entre autres le danger de voir tomber le livre entre des mains étrangères, soit par indiscrétion, soit par accident, se répandre ensuite dans le public, ce qui aurait exposé madame *du Châtelet* et lui-même à des inconvéniens graves et d'amers regrets. Elle ne put résister à la force de ces raisons, et avoua son étourderie. Il ne fut plus question d'imprimer la *Pucelle*; on s'expliqua de suite avec *Lambert*; les ustensiles, qui étaient encore à Paris chez le commissionnaire, furent rendus aux marchands, qui consentirent à les reprendre, moyennant une indemnité. *Lambert* fut récompensé de ses soins, et se chargea de satisfaire le compagnon qu'il avait retenu. Madame *du Châtelet*, en oubliant cette fantaisie, empêcha M. *de Voltaire* de perdre sa tranquillité, et elle conserva la sienne, du moins jusqu'à ce qu'une autre aventure d'un genre très-différent, et beaucoup plus périlleuse pour elle, vint l'en priver pour toujours, comme on le verra ci-après.

ARTICLE XV.

Autre anecdote littéraire. Prologue pour des religieuses. 1748.

Il y avait dans la ville de Beaune une communauté de religieuses instituée pour l'éducation des jeunes demoiselles qu'on y mettait en pension. Ces religieuses étaient dans l'usage d'y faire représenter tous les ans une pièce dramatique, soit tragédie, soit comédie, pour célébrer la fête de leur supérieure ou abbesse. Le directeur du couvent faisait plus ou moins adroitement des changemens et des élagûres à ces pièces, pour les mettre à la portée des actrices, et les approprier le mieux qu'il pouvait à la circonstance. Les pièces du genre tragique se choisissaient le plus souvent dans les théâtres de *Corneille*, *Racine* ou *Voltaire*. Cette année les religieuses ne furent point d'accord sur le choix de l'auteur et de la pièce qu'on prendrait, pour rendre la fête plus brillante. Après avoir disputé long-temps sur la préférence, on convint qu'il serait tenu un chapitre exprès, où la chose se déciderait à la pluralité des voix. Le chapitre s'assembla en règle, mais sans que la difficulté fût terminée. Plusieurs pièces y eurent un nombre égal de voix, les disputes recommençaient. Enfin, pour arrêter les débats, il fut convenu qu'on tirerait la pièce au sort. On fit entrer en concurrence toutes celles qui avaient eu des voix, sans égard à leur nombre, ce qui prévenait toute jalousie. Les titres furent écrits sur des billets; on les roula, pour les tirer à la loterie, et le premier sortant du cornet devait être celui de la pièce à représenter. Le sort tomba sur la *Mort de César* de M. *de Voltaire*; cette tragédie n'est qu'en trois actes et n'a pas un grand nombre d'acteurs; il n'y avait pas moyen de contenter toutes les demoiselles qui demandaient des rôles. Parmi les religieuses, était une proche parente de madame *du Châtelet*; elle donna l'idée à ses consœurs d'adresser une lettre à M. *de Voltaire* pour le supplier de leur envoyer quelque chose qui pût accompagner sa pièce, soit au commencement, soit à la fin de la représentation, ne fût-ce qu'un petit bouquet poétique de sa façon, en l'honneur de leur bonne mère. La lettre fut écrite en corps et munie de vingt-trois signatures; elle était fort plaisante. Ces religieuses flattaient tant qu'elles pouvaient l'amour-propre de

M. *de Voltaire*, et l'encensaient à tour de bras. Elles parlaient de la préférence qu'elles avaient toujours donnée à ses pièces ; enfin elles lui protestaient qu'elles se feraient toutes *pulvériser pour sa gloire*. M. *de Voltaire* reçut cette lettre au moment où nous allions partir pour notre second voyage de Lunéville. Après l'avoir lue vitement, il la remit à madame *du Châtelet*, ne songeant qu'au départ, et nullement à répondre aux nones : *C'est bien affaire à ces douces filles-là*, disait-il, *de vouloir s'amuser d'une conjuration de fiers républicains ! La prise d'assaut de leur couvent serait sans doute un spectacle qui les divertirait mieux*. Madame *du Châtelet* fit là-dessus quelques représentations à M. *de Voltaire*, l'assura que ces religieuses étaient d'excellentes personnes, et le pria de leur répondre à son premier moment de loisir, ne fût-ce qu'en faveur de sa parente qu'elle désirait d'obliger en cette occasion. Enfin elle l'amadoua tellement, qu'il ne put se refuser à faire quelque chose pour la contenter ; et sans vouloir différer davantage, quoique la voiture l'attendît à la porte, il me demande du papier et une plume, et se met à écrire debout sur le coin d'une cheminée. En moins de dix minutes, il fit le petit prologue qu'on va lire. Il le donna à madame *du Châtelet*, qui l'embrassa de joie, pour prix de sa complaisance. Elle n'eut que le temps d'en faire un paquet avec deux mots pour sa parente, et l'ayant laissé à l'un des gens de la maison qui devait le porter à la poste, nous partîmes immédiatement après.

PROLOGUE

Prononcé avant une représentation de la tragédie de la Mort de César, *dans un couvent de religieuses à Beaune.*

« Osons-nous retracer de féroces vertus
    » Devant des vertus si paisibles!
» Osons-nous présenter ces spectacles terribles
» A ces regards si doux, à nous plaire assidus!
» César, ce roi de Rome, et si digne de l'être,
» Tout héros qu'il était, fut un injuste maître,
» Et vous régnez sur nous par le plus saint des droits.
» On détestait son joug, nous adorons vos lois!
» Pour vous, et pour ces lieux, quelle scène étrangère,
» Que ces troubles, ces cris, ce sénat sanguinaire,
» Ce vainqueur de Pharsale, au temple assassiné,
» Ces meurtriers sanglans, ce peuple forcené!
» Toutefois des Romains on aime encor l'histoire;
» Leurs grandeurs, leurs forfaits vivent dans la mémoire:
» La jeunesse s'instruit dans ces faits éclatans:
» Dieu lui-même a conduit ces grands événemens.
» Adorons de sa main ces coups épouvantables,
» Et jouissons en paix de ces jours favorables
» Qu'il fait luire aujourd'hui sur des peuples soumis,
» Eclairés par sa grâce, et sauvés par son Fils.. »

ARTICLE XVI.

Second voyage en Lorraine. 1748. *Petite aventure à Châlons-sur-Marne.*

Madame la marquise *du Châtelet*, qui s'était beaucoup amusée au dernier voyage qu'elle avait fait à la cour du roi de Pologne, et qui avait promis à ce prince d'y retourner dans la campagne suivante, se garda bien de manquer à sa parole. Ayant appris qu'il s'était rendu à Commerci avec le dessein d'y séjourner quelque temps, elle prit avec M. *de Voltaire* la résolution de s'y rendre en droiture, tout d'une traite, sans s'arrêter en chemin, et en conséquence la voiture était munie de quelques vivres. Cependant, en arrivant à Châlons-sur-Marne, madame *du Châtelet* se sentit un peu indisposée, et fit arrêter le postillon vis-à-vis l'auberge de la Cloche. Là, pendant qu'on relayait, elle eut la fantaisie de prendre un bouillon, croyant que cela dissiperait son malaise, qui n'était autre chose que de la fatigue, augmentée par la chaleur du temps. J'allai par son ordre demander à l'hôtesse de la Cloche si elle avait du bouillon tout prêt; elle me dit qu'oui, et s'informa quelle était la dame qu'elle allait avoir l'honneur de servir; je répondis que c'était madame la marquise *du Châtelet*. Aussitôt elle se met à préparer un bouillon, et un instant après elle vient à la voiture, ayant une serviette sous le bras, une assiette de porcelaine à la main, avec un couvert d'argent et une écuelle du même métal, contenant le bouillon. Pendant qu'elle le prenait, les chevaux étaient déjà à la voiture et prêts à partir. Je me pressai de reporter l'assiette et le reste à l'hôtesse, et lui demandai ce qu'il fallait : « Un louis, » me dit-elle. Je fus presque renversé à ce mot ; puis, revenant de ma surprise, je me récriai sur l'énormité de ce prix, et lui dis que j'aurais cru la payer beaucoup trop en lui donnant un écu ou quatre francs ; elle prétendit qu'elle ne pouvait en rabattre un liard. Sur ce, j'allai rendre compte de ce différend à madame *du Châtelet*, qui fut de mon avis. L'hôtesse, qui m'avait suivi, s'approcha alors de la voiture, et sur ce que madame la marquise lui représentait combien sa demande était excessive, elle répondit qu'on ne marchandait jamais chez elle, et que c'était un prix fixe. Je pris la liberté de lui faire observer que pour un écu de viande j'aurais de quoi faire plusieurs bouillons, et que la viande me resterait encore par-dessus le marché, que par conséquent je croyais la bien payer en lui offrant cet écu. Elle persista, assurant que toutes les personnes qui lui faisaient l'honneur de descendre chez elle, n'y prissent-elles qu'un œuf frais, un bouillon ou un dîner, payaient toujours ce même prix. « Eh bien ! répliquai-je, on n'est pas *descendu* chez vous ; madame la marquise n'a pas quitté sa voiture, et n'a point mis le pied sur le seuil de votre porte. » M. *de Voltaire*, prenant alors la parole, dit à l'hôtesse : « Votre méthode, madame, me semble aussi neuve qu'étrange, et je la crois très-peu avantageuse pour votre maison; car enfin tous les voyageurs ne sont point en état de donner vingt-quatre francs pour un bouillon, et pour un ou deux qui tombent sans le savoir dans vos filets, vous en perdez peut-être plus de cent autres. » Là-dessus cette femme commença à se fâcher et à disputer à haute voix; au bruit qu'elle faisait, un, deux, trois, quatre voisins et plus, sortent de leurs boutiques, et viennent écouter ce qui se disait; en moins de cinq ou six minutes une populace nombreuse accourut de tous côtés et vint se grouper autour de la voiture, jetant des clameurs et voulant savoir de quoi il s'agissait. Tous se questionnaient et répondaient à la fois; il semblait qu'une sédition allait éclater dans la ville. Tout ce qu'on pouvait discerner à travers tant de voix glapissantes, c'est que l'hôtesse avait raison. M. *de Voltaire* vit bien qu'il n'y avait pas moyen de gagner le procès contre si forte partie. Il fut d'avis qu'il fallait l'abandonner, et de s'en tirer comme *Arlequin*, c'est-à-dire en payant: c'est ce que je fis, et nous partîmes, non sans prêter à rire à toute cette populace. Madame *du Châtelet* jura bien que, telle fatigue qu'elle eût à essuyer dans la suite, en voyageant sur la route de Paris en Lorraine, jamais elle ne s'arrêterait dans cette maudite ville, et le bouillon de Châlons-sur-Marne ne fut point oublié sur ses tablettes.

ARTICLE XVII.

Arrivée à Commerci. Aventures tragi-comiques.

Nos voyageurs, en arrivant à Commerci, allèrent directement au château, où ils présentèrent leur hommage au roi, qui les revit avec une grande satisfaction. Il leur avait fait préparer des appartemens commodes. Madame la marquise *du Châtelet* en occupait un composé de plusieurs pièces, au rez-de-chaussée du château, et dont les croisées donnaient sur la grande cour; M. *de Voltaire* avait un appartement plus petit, au second, d'où la vue s'étendait sur les jardins; ils étaient l'un et l'autre dans l'aile gauche du château. Madame la marquise *de Boufflers*, qui ne quittait pas le roi, occupait le petit appartement des bains, situé dans les jardins près de l'orangerie. Cette dame était chargée de faire les honneurs de la table des étrangers. Le roi ne soupait jamais; il se retirait et se couchait de très-bonne heure. M. *de Saint-Lambert,* qu'il n'aimait pas, parce qu'il en était un peu jaloux, comme nous l'avons dit, n'avait point été nommé pour le voyage de Commerci; cependant il y était venu *incognito*, et le curé le logeait dans le presbytère, qui était adossé à l'orangerie, sous la voûte de laquelle il avait une porte de communication; ce qui procurait à cet ecclésiastique l'agrément de pouvoir aller se promener à toute heure dans les jardins. Sous cette même voûte, à l'autre bout de l'orangerie, donnait une porte de dégagement du petit appartement des bains, et qui s'ouvrait dans un arrière-cabinet ou garde-robe. C'est par là que le roi venait, dans l'après-dînée, faire sa partie de jeu, assister à un concert ou fumer sa pipe chez madame la marquise *de Boufflers*. Quand il était retiré pour aller se coucher, et c'était ordinairement entre neuf et dix heures, M. *de Saint-Lambert* y arrivait par le même chemin; il était averti de la présence du roi par une lumière qui éclairait cette garde-robe, ce qu'on voyait de loin par une petite fenêtre pratiquée au-dessus de la porte, et qui tirait suffisamment de clarté de l'orangerie pendant le jour. Quand le roi était retiré, la lumière disparaissait; alors M. *de Saint-Lambert*, qui avait les clefs des deux portes, s'acheminait, une lanterne sourde à la main, et arrivait ainsi à petit bruit dans l'appartement de madame *de Boufflers*. Elle y tenait une espèce de cour et donnait des soupers très-agréables, où assistaient presque tous les jours ceux de leurs amis qui étaient dans la confidence. Ils y étaient servis par leurs propres gens, qui allaient prendre le souper dans les cuisines du roi, à l'heure prescrite. Ce fut pendant ce voyage que M. *de Saint-Lambert*, commençant peut-être à se lasser de la gêne qu'il éprouvait et des précautions qu'il devait prendre pour voir madame *de Boufflers*, chez laquelle il n'osait paraître que de nuit, forma ses premières liaisons avec madame la marquise *du Châtelet*; il venait passer toutes les soirées chez elle, en attendant le moment de se rassembler pour le souper chez madame *de Boufflers*. Un soir, M. *de Voltaire* étant descendu de son appartement avant qu'on l'eût averti pour venir souper, entra chez madame *du Châtelet* sans être annoncé, n'ayant trouvé aucun domestique dans l'antichambre; il traversa l'appartement sans rencontrer personne, et parvenant ainsi jusqu'à un cabinet qui était au fond, et qu'une faible lumière n'éclairait qu'à moitié, il y vit ou crut voir madame *du Châtelet* et M. *de Saint-Lambert* sur un sopha, conversant ensemble d'autre chose que de vers et de philosophie. A cette vue, frappé de surprise et d'indignation, ne pouvant contenir sa vivacité, il les apostrophe, éclate en reproches violens. M. *de Saint-Lambert*, sans se déconcerter, lui dit qu'il trouvait bien singulier qu'on se donnât des airs de censurer sa conduite; que celui à qui elle déplaisait n'avait qu'à sortir de l'appartement et du château, qu'on allait le suivre pour s'expliquer en lieu opportun. M. *de Voltaire* se retire furieux, remonte chez lui, et m'ordonne d'aller sur-le-champ lui chercher une chaise de poste à louer ou à vendre, la sienne étant restée à Paris; ajoutant qu'après l'avoir trouvée, j'y ferais mettre des chevaux de poste et l'amènerais à la grille du château; qu'il était résolu de retourner cette nuit même à Paris. Étonné d'un départ si précipité, dont je n'avais pas ouï dire un mot la veille, ne pouvant en deviner la cause, j'allai trouver madame *du Châtelet* pour l'informer de l'ordre que je venais de recevoir, et tâcher d'apprendre d'elle quel en était le motif. Elle me dit que M. *de Voltaire* était un visionnaire, qu'il s'était mis en colère pour avoir trouvé chez elle M. *de Saint-Lambert;* qu'il fallait l'empêcher de partir et de faire un éclat; que je me gardasse bien de faire la commission qu'il m'avait donnée dans un moment de fureur, et qu'elle saurait bien l'apaiser; qu'il fallait lui laisser jeter son premier feu, et tâcher seulement de le retenir chez lui le lendemain. Je ne rentrai dans l'appartement que vers les deux heures après minuit, et lui dis que dans tout Commerci je n'avais pu trouver de voiture à louer ni à vendre. Ses gens étaient logés dans la ville; je couchais seul dans un cabinet à proximité de sa chambre. Avant de se mettre au lit, il tira d'un secrétaire un petit sac d'argent, qu'il me donna, en me disant qu'après m'être reposé, j'irais, au lever du jour, prendre un cheval à la poste pour me rendre à Nanci, d'où je lui ramènerais une voiture convenable à son dessein. Voyant qu'il était toujours dans la même résolution, je voulus en aller prévenir madame *du Châtelet*. Avant de me retirer, je descendis furtivement chez elle, où elle était encore occupée à écrire. En me voyant, elle demanda d'abord si M. *de Voltaire* était un peu plus tranquille : je répondis qu'il paraissait être encore irrité, qu'il venait de se coucher, mais que probablement il ne dormirait guère de la nuit. Là-dessus elle me congédia, en disant qu'elle allait monter chez lui et lui parler. Je regagnai doucement mon cabinet. Quelques minutes après, on frappe à l'appartement : je cours avec de la lumière ouvrir la porte à madame *du Châtelet*, et vais l'annoncer à M. *de Voltaire*. Me voyant à moitié déshabillé, il ne se douta point que j'étais prévenu de cette visite de madame *du Châtelet*. Elle entra dans la chambre presque en même temps que moi, et alla s'asseoir sur le pied du lit de M. *de Voltaire*. Après avoir allumé deux bougies, je me retirai ; mais je pus entendre une partie de leur conversation à travers un mur très-mince qui me séparait de la chambre ; et depuis la mort de madame *du Châtelet*, on en a su quelques détails par mademoiselle *du Thil*, sa confidente intime. Pendant que j'étais encore près d'eux, cette dame adressa d'abord la parole à M. *de Voltaire* en anglais, répétant un nom d'amitié qu'elle lui donnait ordinairement dans cette langue. Après que je fus sorti, elle parla en fran-

çais, et fit ce qu'elle put pour l'adoucir et pour s'excuser : « Quoi ! lui dit-il, vous voulez que je
» vous croie après ce que j'ai vu ! J'ai épuisé ma
» santé, ma fortune ; j'ai tout sacrifié pour vous, et
» vous me trompez ! — Non, répondit-elle, je vous
» aime toujours, mais depuis long-temps vous vous
» plaignez que vous êtes malade, que les forces vous
» abandonnent, que vous n'en pouvez plus. J'en
» suis très-affligée ; je suis bien loin de vouloir votre
» mort, votre santé m'est très-chère, personne au
» monde n'y prend plus de part que moi. De votre
» côté, vous avez montré toujours beaucoup d'in-
» térêt pour la mienne ; vous avez connu et ap-
» prouvé le régime qui lui convient, vous l'avez
» même favorisé et partagé aussi long-temps qu'il
» a été en vous de le faire. Puisque vous convenez
» que vous ne pourriez continuer à en prendre
» soin qu'à votre grand dommage, devez-vous être
» fâché que ce soit un de vos amis qui vous sup-
» plée ? — Ah ! madame, dit-il, vous aurez tou-
» jours raison ; mais puisqu'il faut que les choses
» soient ainsi, du moins qu'elles ne se passent point
» devant mes yeux ! » Après une demi-heure d'entretien, madame *du Châtelet* voyant que M. *de Voltaire* était un peu plus calme, lui dit adieu en l'embrassant, l'exhorta à se livrer au repos et se retira.

D'un autre côté, cette dame s'était déjà donné bien de la peine pour apaiser M. *de Saint-Lam-*

bert, qui voulait toujours avoir raison de l'insulte qu'il prétendait lui avoir été faite par M. *de Voltaire*; cependant elle parvint aussi à l'adoucir, et elle le détermina même à faire quelques démarches pour leur raccommodement; elle lui persuada qu'il le devait, ne fût-ce que par déférence pour l'âge de M. *de Voltaire*. Celui-ci, après l'entrevue avec madame *du Châtelet*, dormit pendant quelques heures, et ne sortit point de son appartement ce jour-là. Vers le soir, M. *de Saint-Lambert* y vint, sous prétexte qu'il était inquiet de la santé de M. *de Voltaire*. Étonné de le voir, je vais l'annoncer à M. *de Voltaire*, qui le laisse entrer. Le jeune homme, en l'abordant d'un air modeste, commence par s'excuser au sujet des paroles un peu vives qui lui étaient échappées dans un moment de trouble et d'agitation. A peine sa phrase était-elle achevée, que M. *de Voltaire* le serre des deux mains, l'embrasse et lui dit: « Mon enfant, j'ai tout
» oublié, et c'est moi qui ai eu tort. Vous êtes
» dans l'âge heureux où l'on aime, où l'on plaît;
» jouissez de ces instans trop courts : un vieillard,
» un malade comme je suis, n'est plus fait pour
» les plaisirs. »

Le lendemain tous les trois soupèrent ensemble, comme à l'ordinaire, chez madame *de Boufflers*. On tâcha d'oublier des deux parts tout ce qui s'était fait, tout ce qui s'était dit. M. *de Voltaire* prit là-dessus son parti très-philosophiquement; il resta l'ami de madame *du Châtelet*, s'il n'en fut plus l'amant. Rien ne troubla plus cette union jusqu'à la mort de cette dame, arrivée un an après, comme nous le dirons bientôt. Il est vrai que depuis cette réconciliation, on prit plus de soin à laisser du moins un laquais dans les antichambres, et à mieux fermer les portes des cabinets. L'attachement réciproque de M. *de Voltaire* et de M. *de Saint-Lambert*, et leur correspondance, ont duré jusqu'à la mort du premier, arrivée en 1778.

Peu de jours après cette aventure, M. *de Voltaire* se mit à faire une comédie en un acte et en vers, où tout ce qui venait de se passer était fort bien retracé sous un voile allégorique : les caractères, les passions y étaient exprimées avec autant d'énergie que de vérité. L'auteur a depuis jugé à propos de supprimer le manuscrit de cette pièce (13). On en retrouve quelques vers isolés dans *Nanine*, autre comédie qui fut faite aussi à Commerci quelque temps après.

(13) Il est fâcheux que *Longchamp* n'ait point pu garder une copie de cette pièce, comme il a fait en d'autres circonstances. Une infidélité de plus n'aurait pas empêché les amateurs de pièces anecdotiques de l'absoudre aujourd'hui. Il aurait pu du moins nous en dire le titre. Il est assez probable que le manuscrit fut retiré avant qu'il ait eu le temps de le transcrire.

ARTICLE XVIII.

Retour du roi à Lunéville. M. DE VOLTAIRE *va à Paris pour la première représentation de sa tragédie de* SÉMIRAMIS.

Le roi *Stanislas*, après un assez long séjour à Commerci, s'en retourna à Lunéville; madame la marquise *du Châtelet* et M. *de Voltaire* le suivirent avec l'intention d'y passer l'automne. Quinze jours après leur arrivée, ils apprirent, par une lettre de M. *d'Argental*, que les comédiens français se disposaient à donner bientôt la première représentation de *Sémiramis*. Ils auraient bien voulu y assister tous deux; mais madame *du Châtelet*, dans la crainte de mécontenter le roi de Pologne, consentit à rester à Lunéville et à laisser partir seul M. *de Voltaire* pour Paris. Celui-ci eut bientôt fait ses dispositions pour ce voyage. Il ne prit que moi pour l'accompagner, et me fit mettre au-devant de lui dans la chaise de poste qu'on lui avait prêtée. Comme il avait plus de temps qu'il ne lui en fallait pour arriver avant la représentation de sa pièce, il résolut de faire visite dans la route à quelques personnes de sa connaissance, et de passer expressément par Reims, pour aller voir M. *de Pouilli*, son ancien ami de collége, qui l'en avait prié maintes fois. Nous partîmes, et notre première pause se fit à la maison de campagne de M. l'évêque de Châlons-sur-Marne, confrère de M. *de Voltaire* à l'Académie française et son ami (14). Il fut très-bien accueilli et y passa trois jours; et ce ne fut pas sans peine que ce prélat consentit à le laisser partir le quatrième, parce que le temps était sombre et lourd, et paraissait très-disposé à l'orage. En effet, au bout de quelques heures de route, le ciel se couvrit de nuages très-noirs et très-effrayans; des tourbillons de poussière qui s'élevaient de toutes parts, laissaient à peine discerner le chemin; on était ébloui et étourdi par les éclairs et le tonnerre. Nous étions à peu près à moitié chemin de Châlons à Reims, quand cet orage se termina par une pluie si abondante, que la chaussée et les fossés bordant le chemin en étaient également couverts. M. *de Voltaire*, dans la crainte d'être versé et noyé, fit arrêter la voiture au milieu du chemin, qui n'offrait plus pour lors avec les campagnes voisines qu'une nappe d'eau. Il considérait attentivement ce spectacle, et souffrait beaucoup de voir le postillon et ses chevaux inondés, tandis que lui et moi étions à couvert. Enfin, le temps devenu meilleur, et les eaux s'étant en partie écoulées, nous pûmes continuer notre route, et nous arrivâmes à l'entrée de

(14) Claude-Antoine *de Choiseul-Beaupré*, né le 1er novembre 1697, évêque de Châlons-sur-Marne depuis 1733, n'a jamais été membre de l'Académie française: *Longchamp* a, sans doute, voulu parler de l'académie de Châlons.

la nuit à Reims. M. *de Voltaire* y était attendu; il avait adressé de Châlons à M. *de Pouilli* (15), un billet par lequel il lui demandait l'hospitalité. Un grand repas était préparé, et l'on y avait invité plusieurs amis de M. *de Voltaire* et quelques dames, qui se faisaient une fête de voir cet homme célèbre. Le commencement du souper fut assez bruyant : chacun y parlait à la fois, et les questionneurs n'attendaient pas la réponse à leurs demandes pour en faire de nouvelles. Ils s'interrompaient l'un l'autre, et M. *de Voltaire* mangeait et ne disait mot. Enfin, le désir de l'entendre parler amena un moment de silence. M. *de Pouilli* s'entretenant alors des dangers que M. *de Voltaire* avait courus dans sa route, lui fit quelques questions à ce sujet. M. *de Voltaire*, en répondant, entra dans quelques détails, et retraça l'orage qu'il avait essuyé, d'une manière si pathétique, que tout le monde l'écouta avec le plus grand intérêt, sans oser presque respirer de peur de l'interrompre ou de perdre un mot de ce qu'il disait. Son récit cependant était tout naturel, sans emphase et presque sans geste. La vérité des images, la naïveté des expressions, la variété et la justesse des tons de sa voix, suffisaient pour porter l'é-

---

(15) *Lévesque de Pouilli*, lieutenant-général du bailliage de Reims, et homme de lettres connu par divers ouvrages estimables. Il était neveu de M. *de Burigni*, comme lui de l'académie des inscriptions et belles-lettres.

motion au plus haut degré; moi-même, qui avais été témoin de l'événement et qui l'écoutais raconter avec la même attention que les convives, je me crus pour un moment transporté de nouveau sur la grande route et au milieu de l'inondation. Après le souper, quand tout le monde se fut retiré, M. *de Voltaire*, avant d'aller prendre du repos, s'entretint encore un quart d'heure avec M. *de Pouilli*; celui-ci se félicitait d'avoir parlé de la pluie et du mauvais temps à souper, puisque cela avait été l'occasion d'une nouvelle et grande jouissance pour ceux qui s'y trouvaient. « Pour moi, ajoutait-il, je ne suis nullement étonné de l'impression que vous avez faite sur eux, car je vous assure que jamais description de tempête ne m'a causé plus d'effroi, et en même temps fait plus de plaisir. »

Nous restâmes le lendemain chez M. *de Pouilli*, et le jour suivant au matin, M. *de Voltaire* lui ayant fait ses adieux, nous prîmes la route de Paris, où nous arrivâmes le soir.

Les comédiens français avaient déjà fait une répétition de la tragédie de *Sémiramis*. Ils la répétèrent plusieurs fois en présence de M. *de Voltaire*, qui leur donna quelques avis utiles dont ils profitèrent. Quoiqu'il fût assez content de leurs talens, qu'il pût compter sur leur zèle, et qu'il eût mis beaucoup de soins à travailler sa tragédie, dont le sujet avait été déjà traité par lui sous d'autres noms (16), il était loin d'oser compter sur la réussite. Il n'ignorait point que *Piron*, qui se croyait fort supérieur à lui, et qui était jaloux de ses succès, avait ameuté une forte cabale contre *Sémiramis*; qu'à ce groupe venaient encore se rallier les *soldats de Corbulon*; c'est ainsi qu'il appelait quelquefois les partisans de *Crébillon*, par allusion à quelque passage de l'une de ses pièces. Ceux-ci, dans le fond, étaient bien moins admirateurs sincères de leur héros, qu'ennemis jaloux de M. *de Voltaire*; et comme M. *de Crébillon* avait fait aussi une *Sémiramis*, ils ne prétendaient pas qu'un autre osât en faire une meilleure.

Pour contrebalancer les forces de cette ligue, M. *de Voltaire* eut recours à un moyen, à la vérité peu digne de lui, mais dont il crut avoir besoin, et qui en effet ne lui fut pas inutile : ce fut de prendre au bureau un nombre de billets de parterre qu'il distribua, outre les siens, à des personnes de sa connaissance, qui en donnèrent à leurs amis. MM. *Thiriot, Dumolard, Lambert*, le chevalier *de La Morlière*, le chevalier *de Mouhi*, l'abbé *de La Mare*, etc., dont il connaissait le dévoûment, s'acquittèrent fort bien de cette commission. J'eus aussi pour ma part des billets à distribuer, et je les

---

(16) *Eriphyle*, représentée en 1732, et retirée par l'auteur après plusieurs représentations. Elle n'a été imprimée qu'après sa mort, et sur une mauvaise copie. Il en existe une beaucoup meilleure qui a été conservée par *Longchamp*.

mis en de bonnes mains, c'est-à-dire capables de bien claquer et à propos. Il fallait sans doute être armés et prêts à la défense contre des agresseurs connus et nombreux (17). Le jour de la première représentation arrivé (18), les champions de part et d'autre ne manquèrent pas de se trouver sur le champ de bataille, armés de pied en cap; j'y tenais de pied ferme mon rang de fantassin. Chaque parti se promettait bien la victoire; aussi fut-elle disputée et la lutte pénible. Dès la première scène, des mouvemens excités dans le parterre, des brouhahas, des murmures se manifestèrent; on crut même entendre quelques coups de sifflets obscurs et honteux; mais dès le commencement aussi les applaudissemens balancèrent au moins tous ces bruits, et ils finirent par les étouffer. La pièce se soutint, la représentation se termina très-bien, et le succès ne parut point équivoque. Les connaisseurs surent apprécier le mérite de *Sémiramis*, qui est demeurée au théâtre, et qu'on y a toujours revue depuis avec plaisir. Tout le monde sait combien les deux principaux rôles de cette pièce contribuèrent à la célébrité de deux grands acteurs tragiques, mademoiselle *Duménil* et M. *le Kain*. Les antago-

---

(17) De tous les auteurs dramatiques du dix-huitième siècle, *Voltaire* était, sans contredit, celui qui pouvait le mieux se passer d'un secours de cette espèce; mais il n'est pas moins vrai qu'en cette occasion, il ne lui était pas moins nécessaire pour déjouer les cabaleurs, qu'à des écrivains médiocres pour étayer leurs productions.

(18) Le 28 août 1748.

nistes de M. *de Voltaire* renouvelèrent leurs tentatives aux représentations suivantes, mais elles ne servirent qu'à mieux assurer son triomphe. *Piron*, pour se consoler de la défaite de son parti, usa de sa ressource ordinaire, en affublant *Sémiramis* de quelques méchantes épigrammes qui ne lui firent aucun mal.

Cependant M. *de Voltaire*, qui aimait toujours à corriger ses ouvrages et à les perfectionner, voulut connaître plus particulièrement et par lui-même ce qu'on disait de bien ou de mal de sa tragédie, et il crut qu'il ne pourrait nulle part le mieux savoir que dans le café de *Procope*, qu'on appelait aussi l'*Antre de Procope*, parce qu'il était fort obscur même en plein jour, et assez mal éclairé le soir, et parce qu'on y voyait souvent des poètes maigres et blêmes qui avaient l'air de revenans. C'est dans ce café, qui est en face de la comédie française, que se tenait, depuis plus de soixante ans, le tribunal des soi-disans *Aristarques*, qui s'imaginent juger en dernier ressort les pièces, les auteurs et les acteurs. M. *de Voltaire* voulut y comparaître, mais déguisé, et tout-à-fait *incognito*. C'était en sortant du spectacle que les juges allaient ouvrir là ce qu'ils appelaient leurs grandes séances. Le jour de la seconde représentation de *Sémiramis*, il emprunta les habits d'un ecclésiastique, se revêtit d'une soutane avec le manteau long; bas noirs, ceinture, rabat, et même le bréviaire, rien n'y manquait; il se mit sur la tête une ample perruque sans poudre, assez mal peignée, qui lui recouvrait plus que la moitié des joues, et ne laissait guère voir au dehors que le bout d'un long nez. Elle était surmontée d'un grand chapeau à trois cornes à demi rabattues. C'est dans cet équipage que l'auteur de *Sémiramis* alla à pied au café de *Procope*, où il se tapit dans un coin, et, en attendant la fin du spectacle, se fit apporter une bavaroise, un petit pain et la gazette. Il ne tarda pas long-temps à voir arriver les habitués du parterre de la comédie et les tenans du café. Il y en avait de tous les partis. Ils entrèrent bientôt en discussion sur la tragédie nouvelle. Ses partisans et ses adversaires plaidaient leur cause avec chaleur, et déduisaient leurs raisons. Des personnes impartiales disaient leur mot et répétaient quelques beaux vers de la pièce. Pendant ce temps, M. *de Voltaire*, les lunettes sur le nez, la tête penchée sur la gazette qu'il feignait de lire, écoutait les débats, profitait des observations raisonnables, souffrait beaucoup d'en entendre de fort absurdes sans pouvoir les relever, ce qui lui donnait de l'humeur. C'est ainsi que, pendant une heure et demie, il eut le courage et la patience d'entendre raisonner et bavarder sur *Sémiramis*, sans dire un mot. Enfin, tous ces prétendus arbitres de la renommée des auteurs s'étant retirés sans s'être convertis les uns les autres, M. *de Voltaire* sortit aussi, prit un fiacre dans la rue Mazarine, et rentra chez lui à onze heures. Quoique je fusse instruit de son déguisement, j'avoue que fus encore frappé et presque effrayé en le voyant accoutré comme il l'était. Je le pris pour un spectre ou l'ombre de Ninus qui m'apparaissait; ou tout au moins pour un de ces vieux argumentateurs hibernois arrivés au bout de leur carrière, après s'être épuisés en syllogismes dans les écoles. Je l'aidai à se débarrasser de tout cet attirail, que je reportai le lendemain à son véritable maître (19). Après avoir fait quelques corrections dans plusieurs rôles, et les avoir données aux acteurs, M. *de Voltaire* ne voulut point rester davantage à Paris, et, ne doutant plus du succès de sa pièce, il partit content et fort empressé d'aller rejoindre madame *du Châtelet* à Lunéville.

ARTICLE XIX.

Troisième voyage en Lorraine. M. DE VOLTAIRE *tombe malade en route.* 1748.

M. *de Voltaire* en arrivant à Paris ne jouissait pas d'une bonne santé. Une fièvre lente le minait sourdement. Le repos et son régime accoutumé auraient pu le calmer et même l'en délivrer, mais

(19) L'abbé *de Villevieille*, docteur de Sorbonne, oncle du marquis *de Villevieille*, qui vient de mourir. (Mai 1825.)

il lui était impossible d'y penser dans cette ville où il était toujours en agitation. De jour, c'étaient des visites, des courses continuelles; de nuit, c'étaient des écritures qui se prolongeaient presque jusqu'au matin; à peine donnait-il quelques heures au sommeil. Sa fièvre augmenta. Quoique très-fatigué et souffrant, il n'en persista pas moins dans sa résolution de partir; les observations de ses amis sur les dangers de son imprudence furent sans effet. Il me dit de tout disposer pour le départ, et il fallut lui obéir, quoique à regret. Ce n'était pas sans inquiétude que je le voyais s'exposer ainsi à une nouvelle fatigue dans l'état de faiblesse où il était. Il supporta assez bien le commencement de la route; mais, arrivé à Château-Thierry, sa fièvre devint plus forte et son abattement s'accrut; cependant il voulut poursuivre la course, que nous poussâmes jusqu'à Châlons, où nous nous arrêtâmes à la poste. Là, il fallut rester : il était impossible à M. *de Voltaire* d'aller plus loin; il n'avait plus la force de se soutenir ni de parler. Je fus obligé de le porter de sa voiture dans un lit. Craignant que ce ne fût le commencement d'une maladie dangereuse, je crus devoir faire avertir de son arrivée et de sa situation monseigneur l'évêque et monsieur l'intendant de Châlons, qui lui avaient toujours témoigné beaucoup d'attachement. L'un et l'autre vinrent le voir dans la même journée, et le pressèrent à l'envi de se laisser transporter chez l'un d'eux, afin qu'il pût être mieux soigné. M. *de Voltaire*, très-sensible à leurs offres, n'en profita point, et s'excusa de les accepter sur ce qu'il était assez bien à la poste, et qu'il se sentait déjà beaucoup mieux depuis qu'il avait pris quelque repos dans le lit. M. l'intendant voulut à toute force lui envoyer son médecin. Celui-ci vint effectivement le soir, examina le malade, et lui prescrivit pour le lendemain la saignée et divers médicamens. M. *de Voltaire* l'écouta avec beaucoup de patience et répondit le plus laconiquement possible à ses questions; mais, le docteur parti, il me dit qu'il ne ferait rien de ses ordonnances, qu'il savait se gouverner en maladie comme en santé, et continuerait d'être son propre médecin comme il l'avait toujours été. Le prélat et l'intendant n'ayant pu le déterminer à quitter l'hôtel de la poste, avaient insisté pour qu'il permît du moins que quelques-uns de leurs gens vinssent le soigner; il les en avait également remerciés, en disant qu'une femme était déjà retenue pour le garder et faire ses bouillons; que je lui servirais d'aide, et suffirais pour les commissions au dehors. M. *de Voltaire* n'avait encore rien pris depuis que nous avions quitté Paris. A l'entrée de la nuit je lui proposai de prendre un bouillon. Il y consentit. Je fis chauffer le bouillon et le lui présentai, en l'aidant à le porter à la bouche; mais à peine eut-il touché ses lèvres, qu'il le repoussa en me fai-

sant signe de la tête qu'il n'en voulait pas; et alors, d'une voix presque éteinte, il me dit *de ne le point abandonner, et de rester près de lui pour jeter un peu de terre sur son corps quand il serait expiré.* Je fus surpris et encore plus effrayé de ses paroles, et ce n'était pas sans raison, car il fallait qu'il se sentît bien mal pour tenir ce langage. En effet, la nuit fut des plus mauvaises : il avait une fièvre brûlante accompagnée de transport, et quand l'accès était passé, il tombait dans un accablement total. Dans la matinée suivante, il eut de nouveau la visite de monseigneur l'évêque, de monsieur l'intendant et du médecin. A peine ces messieurs purent-ils avoir une parole de lui, et ils le virent repousser toujours les drogues que le médecin essayait de lui faire avaler. En le quittant, ils ne me cachèrent pas leur crainte de le voir périr, et accélérer lui-même sa fin par son obstination à ne vouloir point se prêter à ce qu'on exigeait de lui pour le sauver. Quand ils furent sortis, il me fit approcher de son lit, et mettant dans ma main une bourse pleine d'or, qui était dans le tiroir de sa table de nuit, il me dit « que s'il succombait à sa maladie, son
» intention était que je gardasse cette somme, que
» c'était tout le bien qu'il me pouvait faire en ce
» moment; que si, au contraire, il échappait au
» danger qui le menaçait, je lui remettrais la bourse,
» vu l'utilité immédiate dont elle lui serait en ce
» moment, et qu'il y suppléerait par une récom-

» pense dont je serais plus satisfait; qu'il me priait
» de ne le pas abandonner dans la situation où il
» se trouvait, et de rester jusqu'à la fin près de lui
» pour lui fermer les yeux. » Je lui répondis, les
larmes aux yeux, que je ne le quitterais jamais;
que ses ordres m'étaient sacrés; que je conservais
l'espérance de le revoir encore en santé, et que
c'était là tout mon désir. Il put compter sur la
sincérité de mes paroles, car je l'aimais et lui étais
bien véritablement attaché.

En arrivant à Châlons, après l'avoir transporté
dans une chambre de la poste, et mis dans le lit
où il reposa un peu, j'avais, à son insu, écrit
quelques lignes à madame *Denis*, sa nièce, et à
madame *du Châtelet*, pour leur annoncer la maladie de M. *de Voltaire*, et l'endroit où il était.
Cependant, quand il fut sorti de son assoupissement, je lui demandai s'il ne jugeait pas à propos
que j'écrivisse à madame sa nièce pour la faire
venir et lui tenir compagnie. Il était alors brouillé
avec elle, et ne la voyait pas depuis quelque temps.
Il me défendit absolument de lui écrire. Néanmoins je recevais tous les jours des lettres de
madame *Denis*, et je lui mandais l'état de la santé
de son oncle par tous les courriers qui partaient
pour Paris, ainsi que je le faisais pour madame *du
Châtelet*, par ceux qui allaient à Strasbourg par
Lunéville. Comme il continuait à ne vouloir prendre aucun aliment solide de quelque nature que

ce fût, et se bornait à quelques boissons, telles que du thé léger, de l'eau panée et une tisane rafraîchissante et apéritive, il devint si faible qu'il ne s'aidait plus en rien et pouvait à peine remuer ses membres. Enfin, le soir du sixième jour depuis notre arrivée à Châlons, il me causa un grand étonnement en me disant de faire tout préparer pour son départ, de payer ce qu'il devait, d'arranger sa malle, de faire en sorte qu'il pût le lendemain de grand matin sortir de Châlons, où il ne voulait point mourir. Il ajouta que, si au point du jour il était encore vivant, quel que fût d'ailleurs son état, je n'avais qu'à le porter dans sa chaise de poste et le conduire à Lunéville. Il me dicta quelques lignes pour prévenir M. l'évêque et M. l'intendant de sa résolution soudaine, et les remercier de leurs bontés. Le maître de la poste fut chargé de leur faire parvenir ces billets après notre départ. Alors il se reposa, et je m'occupai de l'exécution de ses ordres. Le lendemain, tout étant prêt et les chevaux attelés, je le portai dans la chaise de poste, enveloppé de sa robe de chambre et d'une couverture par-dessus. Je m'assis devant lui et de côté, pour ne le pas perdre de vue et le soutenir s'il retombait en avant; j'ajoutai à cette précaution celle d'attacher ensemble les poignées des côtés, ce qui formait une sorte de barrière pour le retenir en place. C'est ainsi que je le conduisis de Châlons à Saint-Dizier, sans qu'il proférât une seule parole. Je le voyais si faible, si pâle, que je tremblais de ne pouvoir le mener vivant jusqu'à Lunéville. Pendant qu'on relayait à la poste de Saint-Dizier, il parut s'éveiller comme en sursaut, et me demanda où nous étions, et quelle heure il était. Ayant répondu à ses questions, je lui en fis à mon tour quelques-unes, mais il ne répondit rien, et parut s'assoupir de nouveau. Nous continuâmes notre chemin. Entre Saint-Dizier et Bar-le-Duc nous rencontrâmes un laquais que madame la marquise *du Châtelet* envoyait en poste à Châlons, pour s'assurer plus particulièrement de l'état du malade, et voir s'il était susceptible d'être transporté jusqu'à Lunéville. Je fis part de cette rencontre à M. *de Voltaire*; cela parut lui faire plaisir et le ranimer un peu. Ce laquais retourna sur ses pas, et nous servit de courrier pour faire préparer les chevaux sur la route, ce qui nous fit perdre moins de temps, et nous permit d'arriver à Nanci dans la soirée, avant la fermeture des portes. Nous descendîmes à la poste, où le laquais nous attendait pour savoir si l'on n'aurait point quelque ordre à lui donner. M. *de Voltaire* me chargea de lui dire de poursuivre sa route jusqu'à Lunéville, afin que madame *du Châtelet* eût plus tôt de ses nouvelles. Quant à lui, il ne pouvait aller plus avant sans beaucoup de risques. Exténué de fatigue et d'inanition, il lui fallait nécessairement s'arrêter pour prendre du repos et quelque nourriture. Je le mis dans un bon lit en arrivant, où je lui fis apporter un bouillon. Il le but tout entier et avec plaisir. Moi-même ayant presque autant besoin que lui de me restaurer, car j'étais à peu près à jeun de la journée, je me fis apporter à souper dans sa chambre, où j'avais fait mettre aussi un lit de camp. La nuit comme le jour je restais près de lui. Voyant avec quelle avidité je dévorais ce qu'on m'avait servi : *Que vous êtes heureux!* me dit-il, *d'avoir un estomac et de digérer!* Il avait vu disparaître la moitié d'une éclanche de mouton et une entrée. On m'apporta ensuite deux grives rôties et une douzaine de rouge-gorges, qui sont les ortolans du pays. C'était alors leur saison. Je demandai à M. *de Voltaire* s'il n'était pas tenté de sucer un de ces petits oiseaux : *Oui*, me dit-il, *je veux essayer.* Je lui en choisis deux des plus gras, et les portai, avec un morceau de mie de pain, sur son lit, où s'étant à moitié redressé, il en mangea une bonne partie et avec goût; il demanda ensuite un verre de vin coupé d'un tiers d'eau, qu'il avala assez lestement. Après cela il me dit qu'il se sentait quelque disposition au sommeil; qu'après que j'aurais fini de souper, je n'avais qu'à me coucher; que le lendemain matin, à son réveil, nous partirions pour Lunéville. Alors se remettant la tête sur l'oreiller, il ne tarda guère à s'assoupir. De mon côté, je dormis très-bien jusqu'après cinq heures du matin.

A six heures toutes les petites dispositions pour le départ étaient faites; je n'attendais plus que le réveil de M. *de Voltaire*. Je le voyais dormir d'un si profond sommeil, que rien n'aurait pu me déterminer à l'interrompre. J'allais de temps en temps jeter un coup d'œil sur lui, bien résolu de le laisser se réveiller de lui-même. Je ne m'attendais pas que ce moment n'arriverait qu'à trois heures après-midi. Il tira alors ses rideaux en me disant qu'il avait bien reposé; il l'avait fait mieux et plus longtemps qu'il ne le croyait. Je l'aidai à se lever et à s'habiller; ce sommeil l'avait rafraîchi, et je le trouvai beaucoup plus dispos. Après qu'il eut pris un bouillon avec du pain trempé, nous partîmes à cinq heures pour Lunéville, où nous arrivâmes aisément le même soir. M. *de Voltaire* se trouvait alors beaucoup mieux. La présence de madame *du Châtelet* acheva de le ranimer. En peu de jours elle lui fit reprendre toute sa gaîté et oublier les tribulations qu'il avait essuyées dans son voyage de Paris.

C'est ainsi que M. *de Voltaire* se délivra d'une maladie qui probablement aurait eu des suites plus graves s'il s'était livré à l'*Esculape* de Châlons. Il avait pour principe que notre santé dépend souvent de nous-mêmes; que ses trois pivots sont la sobriété, la tempérance en toutes choses, et l'exercice modéré; que dans presque toutes les maladies qui ne sont pas la suite d'accidens très-graves ou de vices majeurs dans les parties internes, il suffit d'aider la nature qui tend à nous en débarrasser; qu'il faut, en ce cas, s'astreindre à une diète plus ou moins sévère et plus ou moins prolongée, à des boissons délayantes, et à l'entretien régulier des évacuations naturelles, à quoi l'on peut aider, au besoin, par des moyens faciles et simples. Je l'ai toujours vu se conduire en conséquence pendant le temps que je demeurai avec lui. Cette dernière maladie provenait évidemment du grand échauffement qu'il s'était donné à Paris, par un travail outré, une agitation excessive, et le chagrin de s'y voir en butte à des tracasseries injustes, qu'il fallait sans cesse déjouer. A mesure qu'il recouvrait de la tranquillité d'esprit et du sommeil, la cause de la maladie s'affaiblissait, et son extinction fut accélérée par la règle de conduite qu'il se prescrivait en pareil cas (20).

(20) C'est très-probablement à l'exacte observation du régime qu'il s'était fait, qu'on doit attribuer la longue vie de *Voltaire*, qui, né avec une constitution très-faible en apparence, et n'ayant jamais cessé de se plaindre d'être malingre et souffrant, est néanmoins parvenu à l'âge de plus de quatre-vingt-quatre ans. Et il n'est pas moins probable que sa carrière se serait encore prolongée de plusieurs années, s'il n'avait point quitté Ferney pour venir à Paris, où son régime fut dérangé de toutes les manières, et où il ne lui fut plus possible de recouvrer la moindre tranquillité.

ARTICLE XX.

Occupations de M. DE VOLTAIRE *à Lunéville. Son retour à Paris, en février* 1749. *Accident que j'essuie en route.*

Notre voyage n'avait pas été long, mais il avait été pénible, surtout dans le retour. La fin du moins en fut très-favorable, puisque l'arrivée de M. *de Voltaire* à Lunéville parut avoir achevé sa guérison. Il y retrouva madame *du Châtelet* partageant toujours son temps entre l'étude et les plaisirs, et trouvant de plus en plus de l'agrément à la cour du roi de Pologne. De son côté, il n'y resta pas oisif. Il continua l'ouvrage qu'il avait commencé sur les événemens du règne de *Louis XV*; il en était à la guerre de 1741. Quand il avait terminé quelques nouveaux chapitres, il allait en faire lecture devant le roi et une compagnie choisie qui se trouvait alors à sa cour. Le chapitre concernant les malheurs de la maison de *Stuart* venait d'être achevé. Ce morceau était extrêmement pathétique et touchant. M. *de Voltaire* le lut avec une profonde sensibilité; et quand il en vint aux détails relatifs à l'infortune du Prétendant, il arracha des larmes à toute l'assemblée. Cette lecture était à peine finie, qu'on apporta au roi des lettres arrivant de Paris. On lui annonçait que le Prétendant avait été arrêté en sortant de l'Opéra, par M. *de Vaudreuil*, sur l'ordre du roi, et d'après la demande des Anglais, qui avaient mis dans les conditions de la paix que ce prince devrait sortir de France. Le malheureux *Stuart* n'ayant point voulu renoncer à ses droits, ni quitter l'asile qui lui avait été accordé par le roi de France, le ministère avait été chargé de le faire arrêter et conduire hors des limites du royaume. C'est ainsi qu'il s'en vit expulser, malgré toutes les promesses qui lui avaient été faites. *Stanislas* ayant fait part de cette nouvelle aux personnes qui étaient près de lui : *O ciel!* s'écria aussitôt M. *de Voltaire*, *est-il possible que le roi souffre cet affront, et que sa gloire subisse une tache que toute l'eau de la Seine ne saurait laver!* La compagnie entière parut affectée d'une profonde douleur. M. *de Voltaire*, en rentrant chez lui, jeta de dépit ses cahiers dans un coin, renonçant à continuer cette histoire. Je l'ai vu rarement affecté d'une impression aussi forte qu'en ce moment. Il oublia ce travail pendant plusieurs années, et ne le reprit qu'à Berlin, à la demande du roi de Prusse; et ce fut plus tard encore, quand il se fut établi à Ferney, qu'il en fit entrer une partie dans le *Précis du siècle de Louis XV*.

On touchait à la fin de l'automne. Madame *du Châtelet* et M. *de Voltaire* avaient projeté d'aller passer une partie de l'hiver à Paris, où l'on se disposait à représenter la tragédie d'*Oreste*. Avant de s'y rendre, madame *du Châtelet* désira de terminer quelque affaire avec un de ses fermiers, dans les environs de Châlons, d'où elle se proposait d'aller régler, à Cirey, les comptes de ceux qui avaient la manutention de ses forges et de ses bois. Ayant pris tous deux congé du roi, ils partirent de Lunéville vers la mi-décembre. On arriva près de Châlons à huit heures du matin. Madame la marquise se garda bien de s'arrêter dans cette ville et d'aller prendre un bouillon à la Cloche. Elle se fit conduire à la maison de plaisance de l'évêque, qu'elle savait y être alors. Il revit avec plaisir nos voyageurs, et leur fit servir un bon déjeuner. Le fermier de madame, averti par l'un des postillons, vint la trouver, et le règlement de son compte ne fut ni long ni difficile. En même temps, l'autre postillon avait été chargé de faire amener les relais à neuf heures et demie au plus tard. Le fermier étant parti, il prit fantaisie à madame *du Châtelet*, en attendant les chevaux, de proposer à des messieurs qui se trouvaient là, de faire une partie de comète ou de cavagnole, jeux alors à la mode. Ils se prêtèrent à son désir, et la partie fut commencée. Elle se prolongeait. Cependant les chevaux étaient à la porte, et les postillons, impatientés d'attendre, firent dire que si l'on ne partait pas, ils allaient reconduire les chevaux à l'écurie; on leur répondit que ce serait très-bien fait, attendu qu'on ne partirait qu'après le dîné, et qu'ils n'avaient qu'à revenir à deux heures. Ils exécutèrent ponctuellement ces ordres; mais le dîné étant fini, on avait commencé une nouvelle partie de comète. Elle fut longue; il pleuvait; les postillons, désespérés de se morfondre ainsi à la pluie, ne cessaient de faire claquer leurs fouets, et l'on n'avait pas l'air d'y prendre garde. Après cette partie, madame *du Châtelet*, qui était en perte, demanda sa revanche. Une autre partie s'entame. Alors les postillons perdant patience, juraient comme des charretiers embourbés, et s'ils en avaient été les maîtres, ils auraient abandonné leurs chevaux. On leur dit, pour les apaiser, de les mettre dans les écuries du château, et que le temps perdu serait amplement payé. Enfin la journée entière s'écoula. Il était huit heures du soir. Alors M. *de Voltaire*, pour qui ce retard n'était point plaisant, et madame *du Châtelet*, qui s'accommodait de tout, firent leurs adieux et des remercîmens au très-complaisant prélat, et se remirent en route.

Il avait plu toute la journée, le temps était encore mauvais et la nuit très-obscure. J'étais monté sur un grand cheval blanc, et courais en avant pour faire préparer les relais. Il m'était impossible de rien voir à deux pas de moi; et par malheur, dirigeant mon cheval de travers, je m'écarte du milieu du chemin, et vais me jeter dans un fossé. Désarçonné, précipité par-dessus la tête de l'animal, je me trouve étendu au fond du fossé, où étant tombé avec moi, je restai comprimé sous le poids d'une partie de son corps. Je ne pouvais me dégager ni remuer, le cheval ne faisant aucun mouvement pour se relever. Cette position, selon toute apparence, lui semblait commode pour dormir. Heureusement la voiture n'était pas à une grande distance. Quand elle arriva près de l'endroit où j'étais si mal à mon aise, le claquement du fouet des postillons réveilla l'animal, qui, se relevant en sursaut, non sans un nouveau danger pour moi, alla rejoindre ses camarades. Les postillons, étonnés de le voir sans moi, s'arrêtèrent pour rechercher ce que j'étais devenu. Dégagé du fardeau qui m'accablait, j'étais parvenu à me relever et à faire quelques pas vers l'endroit où j'entendais du bruit. Je criais de mon côté autant que je le pouvais, malgré le crachement de sang qui m'était survenu. Un postillon, envoyé pour me découvrir, ayant entendu ma voix, accourut, et m'ayant rejoint, il m'aida à regagner la voiture. On m'y fit placer à côté de la femme-de-chambre. J'étais froissé, et il ne m'était plus possible de remonter à cheval. J'arrivai à Cirey fort souffrant et dans un misérable état; mais le repos et les soins qu'on me prodigua m'en tirèrent, et prévinrent les suites graves que pouvait avoir cet accident, dont je me suis ressenti pendant plusieurs années.

ARTICLE XXI.

Découverte que fait madame DU CHATELET *à Cirey, et ce qui s'y passe.*

Deux ou trois jours suffirent à madame *du Châtelet* pour régler les affaires qui l'avaient déterminée à aller à Cirey avant de se rendre à Paris, où elle devait passer l'hiver. Hors de l'étude, elle était toujours vive, agissante et de bonne humeur. Au milieu des préparatifs de son départ, elle parut tout-à-coup rêveuse, triste, inquiète. Elle venait de s'apercevoir, par divers symptômes, d'une chose à laquelle elle ne s'attendait pas et qui devait l'alarmer : c'est que malheureusement les assiduités de M. *de Saint-Lambert* auprès d'elle l'avaient mise dans le cas d'être mère à l'âge de quarante-quatre ans, et lorsque depuis long-temps elle avait cessé d'habiter le même appartement que son mari. Cet accident était la véritable et seule cause de sa taciturnité et de ses inquiétudes. Elle s'en effrayait. Comment en effet cacher son état et ses suites, et surtout à M. *du Châtelet?* M. *de Voltaire*, frappé de ce changement si prompt et si extraordinaire, lui demanda avec intérêt quelle était la raison qui l'occasionait. Elle lui fit part sans hésiter de sa découverte. Il n'en fut pas très-étonné ; elle ne devait pas lui faire plaisir, mais en l'apprenant, il ne songea qu'à tranquilliser madame *du Châtelet*, à l'empêcher de s'affecter de son état au point d'en tomber malade. Il lui dit qu'il n'y avait pas de quoi se désespérer, ni rien de surnaturel dans son fait; qu'il convenait seulement d'examiner de sang-froid, avec sagesse et prudence, quel serait le meilleur parti à prendre en cette circonstance. Il fut d'abord d'avis d'écrire à M. *de Saint-Lambert*, et de l'inviter à venir de suite à Cirey, pour en délibérer entre eux trois. Celui-ci, informé par M. *de Voltaire* de quoi il s'agissait, s'empressa d'accourir. Il était à Cirey le surlendemain de l'avis qu'il avait reçu. On tint aussitôt conseil. Un cas fortuit qui semblait être de nature à fâcher également les trois personnages, comme parties intéressées, et à les diviser pour jamais, ne servit au contraire qu'à les unir davantage. Cet événement si sérieux fut même tourné en plaisanterie par eux. Cependant ils examinèrent d'abord s'il y aurait moyen de tenir cachés aux yeux du public, et principalement à ceux de M. *du Châtelet*, la grossesse et l'accouchement. Il fut décidé que madame *du Châtelet* ne pourrait, ni par caractère, ni par des raisons de convenance, s'astreindre aux longues et indispensables précautions qu'entraînerait l'exécution de ce plan; que, fût-elle capable de les observer, le succès serait encore incertain; que la moindre indiscrétion, un pur hasard, le pourrait faire manquer. Il fallut renoncer à cette idée. Il s'agissait alors de savoir comment on déclarerait la grossesse, et à quel père on donnerait l'enfant; ce qui paraissait fort embarrassant à M. *de Saint-Lambert* et à madame *du Châtelet*: *Qu'à cela ne tienne*, dit M. *de Voltaire, nous le mettrons au nombre des œuvres mêlées de madame du Châtelet.* En discutant la chose plus gravement, on convint qu'il ne fallait pas faire mentir l'axiome *pater est quem nuptiæ demonstrant*, et que l'enfant devait appartenir de droit à M. *du Châtelet*. Il fut donc résolu qu'il lui serait donné; mais la difficulté était de le lui faire accepter. Tout bien pesé et délibéré, on tomba d'accord de ce qui suit: il fut arrêté que madame *du Châtelet* écrirait sur-le-champ à son mari, qui était alors à Dijon, et l'inviterait à se rendre promptement à Cirey pour arranger une affaire de famille, et prévenir un procès dont elle se croyait menacée; elle le pressait en même temps de venir prendre les fonds qu'elle venait d'y recueillir pour subvenir aux frais de sa campagne prochaine à l'armée, où, si la guerre se continuait, il devait avoir un commandement supérieur qu'elle avait aidé à lui faire obtenir par son crédit. M. le marquis *du Châtelet* accourut au plus vite à Cirey; il y fut accueilli avec de vives démonstrations d'amitié et de tendresse de la part de son épouse, de respect et de joie de la part de ses vassaux. Il y retrouva avec plaisir M. *de Voltaire* et M. *de Saint-Lambert*, qui ne négligèrent rien pour lui faire trouver le séjour de sa terre agréable, malgré la saison où l'on était. Il fut flatté de tant d'empressement et en parut très-joyeux. Il y répondit par des marques non équivoques d'amitié et toutes sortes de prévenances. Madame *du Châtelet* invita plusieurs seigneurs des environs à venir passer quelques jours au château pour augmenter la satisfaction de son mari. On lui donna de petites fêtes, et même la comédie. Dans les premiers jours elle employait une grande partie de la matinée à régler avec lui les affaires de sa maison. Pendant ce temps-là les étrangers allaient à la chasse. A dîné l'on faisait grande chère. M. le marquis *du Châtelet* y faisait très-bien ses fonctions, ayant auparavant gagné de l'appétit en allant voir ses fermiers, en visitant ses forges ou ses bois. Après le dîné, c'était le jeu ou d'autres amusemens; mais rien ne surpassait le soupé pour le plaisir et la gaîté. Celui du second jour fut remarquable. Quelques seigneurs des environs s'y trouvaient. Tous les convives étaient de très-bonne humeur et témoignaient leur joie de revoir M. *du Châtelet*. Chacun parlait avec la plus grande liberté de ce qui l'intéressait. M. le marquis racontait divers faits d'armes de la dernière campagne en Flandre. On paraissait l'écouter avec beaucoup d'intérêt, et il en était flatté. On le laissait parler et boire tant qu'il voulait. Quand il cessait, les convives débitaient des historiettes plaisantes, disaient des bons mots, rapportaient des anecdotes curieuses. M. *de Voltaire* enchérissait sur tous les autres, et augmentait la gaîté générale par les contes les plus drôles et les plus divertissans. Madame *du Châtelet*, qui ce jour-là avait fait une toilette très-élégante, était placée à côté de son mari et lui disait des choses agréables et spirituelles, lui faisait, sans affectation, de petites agaceries qu'il prenait très-bien, et auxquelles il répondait en adressant de son côté des complimens flatteurs à son épouse. M. *de Voltaire* et M. *de Saint-Lambert* se faisaient des signes, et se réjouissaient secrètement de voir que tout allait à merveille, et que le but qu'ils s'étaient proposé serait atteint. En effet, au dessert, M. le marquis *du Châtelet* se mit de belle humeur et devint tout-à-fait galant. Sa femme parut à ses yeux telle qu'il l'avait vue à l'âge de vingt ans. Lui-même se crut reporté au même âge, et fit le jeune homme. Au milieu de ces agaceries réciproques, il lui vint en réminiscence qu'il y avait bien long-temps qu'il n'avait point rempli près d'elle ses devoirs d'époux. Et en effet, depuis une quinzaine d'années ces devoirs avaient été très-négligés, pour ne pas dire oubliés, de part et d'autre. Il se hasarda néanmoins, dans l'un de ses transports amoureux, à lui demander la permission d'user de ses droits. Sur cette proposition, on affecta d'abord de l'étonnement et de la réserve; on fit des façons pour la forme, on vit bien que le désir de M. *du Châtelet* n'en devenait que plus vif; enfin, après une assez longue résistance, on se laissa fléchir, et l'objet de sa demande lui fut octroyé, ce qui le mit au comble de la joie. Pendant ce petit colloque conjugal, les autres convives, animés par le vin de Champagne, s'entretenaient à grand bruit de chasse, de pêche, de chevaux et de chiens. Mais M. *de Voltaire* et M. *de Saint-Lambert*, attentifs à autre chose, lisaient avec grand plaisir sur le visage de M. *du Châtelet*, et encore mieux dans les yeux de son épouse, que le projet par eux prémédité s'accomplirait suivant leur intention. En effet, dès cette nuit même les deux époux occupèrent le même appartement. On ne négligea rien pour entretenir l'illusion pendant les jours suivans. On tint le marquis en haleine. Des plaisirs variés se succédèrent, et sa belle humeur se prolongea au milieu de la gaîté générale qu'il voyait régner autour de lui. Trois semaines et plus s'étaient ainsi écoulées dans une sorte d'enchantement, lorsque madame *du Châtelet* déclara à son mari que, d'après certains signes, elle avait lieu de se croire enceinte. A cette nouvelle, M. *du Châtelet* pensa s'évanouir de joie; puis se ranimant, il saute au cou de son épouse, l'embrasse, et va conter ce qu'il vient d'apprendre, à tous ses amis qui étaient dans le château. Chacun l'en félicita, et alla faire part à madame la marquise de l'intérêt qu'il prenait à leur satisfaction mutuelle. La nouvelle se répandit bientôt dans les villages circonvoisins. Des gentilshommes, des gens de loi, de gros fermiers, vinrent en faire compliment à M. *du Châtelet.* Il les recevait tous à merveille. Peut-être était-il flatté en secret de leur faire voir qu'il pouvait être encore de service ailleurs qu'à la guerre. Cela donna lieu à de nouvelles réjouissances à Cirey. Enfin, le temps de retourner à son poste étant arrivé, M. *du Châtelet* s'y rendit. M. *de Saint-Lambert* retourna à Lunéville. De leur côté, madame la marquise et M. *de Voltaire* firent de suite leurs dispositions pour venir passer le reste de l'hiver à Paris. Tous les quatre partirent de Cirey fort contens, et chacun suivant le degré d'intérêt qu'il prenait à ce qui s'y était passé.

ARTICLE XXII.

Occupations de M. DE VOLTAIRE *à Paris. Un abbé le prie de lui composer un sermon.* 1749.

De retour à Paris, M. *de Voltaire* reprit son travail favori, qui était de composer des pièces de théâtre. Le succès de sa tragédie de *Sémiramis*, qui avait toujours été en augmentant, malgré la cabale, l'encourageait à faire des pièces nouvelles. Le premier sujet auquel il s'arrêta fut celui d'*Oreste*. Il n'avait pas eu de peine à surpasser une tragédie de *Sémiramis*, de *Crébillon*, oubliée depuis long-temps. La sienne, dont le mérite était encore mieux senti depuis qu'on la lisait, avait achevé la condamnation de l'autre. Il voulut prouver qu'il pourrait aussi faire mieux que *Crébillon* dans un sujet qui avait fourni à celui-ci une de ses meilleures pièces, c'est-à-dire son *Électre*, qui était restée au théâtre. Il composa dans ce dessein la tragédie d'*Oreste*. Ce travail l'occupa pendant quelques mois, depuis la fin de l'hiver jusque vers le mois de juin. J'en avais copié les rôles, et il voulait les distribuer aux acteurs avant d'aller passer l'été à Cirey, afin que la pièce pût être jouée dans l'hiver suivant.

Vers la fin du mois de juin de cette année 1749, au moment où M. *de Voltaire* et madame la marquise *du Châtelet* s'apprêtaient à partir pour Cirey, ils reçurent la visite de M. l'abbé *d'Arty*, accompagné de sa tante, madame la comtesse de ***, qui était fort connue de madame *du Châtelet*. Il avait été nommé pour prononcer le panégyrique de *saint Louis*, le 25 août suivant, dans la chapelle du Louvre, devant messieurs de l'Académie française, et probablement ensuite devant le roi, à Versailles. Depuis près de trois mois M. *d'Arty* n'avait été occupé que de la composition de ce panégyrique; après y avoir mis enfin la dernière main, il avait été consulter plusieurs gens de lettres de sa connaissance sur le mérite de son discours. Peu satisfait du jugement qu'ils en avaient porté, et se méfiant un peu de leur goût, il fit part à sa tante de son inquiétude sur le succès de cet ouvrage. Elle lui répondit que pour savoir à quoi s'en tenir, rien ne lui serait plus utile que l'avis de M. *de Voltaire;* qu'elle connaissait et voyait quelquefois madame *du Châtelet;* qu'elle pourrait lui en parler, et se flattait que cette dame ne se refuserait pas à solliciter M. *de Voltaire* de lire ce discours, et même de le corriger, service qu'il avait rendu quelquefois à de jeunes écrivains qui l'avaient consulté sur leurs ouvrages. L'abbé saisit avidement cette ouverture et en profita. Tel était le motif de la visite que la tante et le neveu faisaient en ce moment à M. *de Voltaire,* après en avoir prévenu madame *du Châtelet,* qui leur avait promis son appui. Ils présentèrent donc le discours à M. *de Voltaire,* en le suppliant de vouloir bien en prendre lecture à son loisir, et de leur faire connaître ensuite sans déguisement ce qu'il en penserait. Il s'en défendit en leur observant qu'étant fort étranger à ce genre d'ouvrages, il ne pouvait pertinemment s'en faire juge, et qu'on ferait mieux pour cela de s'adresser à quelque docteur de Sorbonne. Il ajouta qu'étant prêt à partir pour la Champagne, il lui restait à peine assez de temps pour mettre en ordre différentes choses dont il était encore occupé. Importuné de nouveau par madame la comtesse, il lui dit enfin, pour se débarrasser de ses pressantes sollicitations, qu'il tâcherait de trouver un moment pour lire ce panégyrique avant son départ, et leur en communiquerait son avis avec franchise. L'abbé *d'Arty* ne savait assez remercier d'avance M. *de Voltaire* de ses bontés, et il l'assura, en le quittant, que s'il avait la complaisance de les pousser jusqu'à corriger son ouvrage, il lui en témoignerait toute sa vie la plus vive reconnaissance. Dès le soir même M. *de Voltaire* prit le cahier, avec l'intention de le lire, et même de le corriger, s'il en valait la peine. Dans les premières lignes, il changea et supprima plusieurs mots; mais il vit bientôt qu'il aurait trop à faire s'il voulait continuer. En parcourant ce discours d'un bout à l'autre, il vit que ce n'était qu'un ramassis de lieux communs et de capucinades tout au plus dignes d'un écolier. De dépit il prend sa plume, et raye et barbouille toutes les pages du cahier, depuis la première jusqu'à la dernière, et le jette en cet état dans un coin de sa cheminée. Le lendemain après-midi il voit arriver chez lui l'abbé *d'Arty* avec sa tante et madame *du Châtelet*. Après les premières civilités, M. *de Voltaire* ramassa l'ouvrage, et le rendant à l'auteur, lui dit qu'on ne pouvait point débiter ce sermon tel qu'il était, qu'il ne le trouvait nullement convenable, et lui conseillait d'en composer un autre. L'abbé, en ouvrant son cahier, tomba presque évanoui, et des larmes lui tombèrent des yeux. Sa tante fut désespérée; elle représenta à M. *de Voltaire* qu'il perdait son neveu, l'exposait au déshonneur, et lui faisait manquer l'occasion de sa fortune; qu'il allait nécessairement encourir la disgrâce de toute sa famille; enfin qu'il ne restait point à son neveu assez de temps pour faire et pour apprendre par cœur un nouvel ouvrage; que d'ailleurs il n'était pas sûr d'y réussir mieux la seconde fois que la première. L'abbé se jeta alors aux genoux de M. *de Voltaire*, en le conjurant de ne pas le laisser dans l'embarras. Madame *du Châtelet* se mit de la partie, et dit que, puisque c'était M. *de Voltaire* qui jetait M. l'abbé *d'Arty* dans cette extrémité, c'était aussi lui qui était obligé en conscience de l'en tirer. M. *de Voltaire* ne résista point à tant de sollicitations : il en sentait la justice. La douleur de l'abbé l'avait sensiblement touché; il l'embrassa et tâcha de le consoler en lui disant que le mal n'était pas sans remède; qu'il réparerait tout, non pas en ce moment, attendu qu'il devait partir la nuit suivante pour Cirey avec madame *du Châtelet*, mais que lorsqu'il y serait arrivé, il penserait à lui, tracerait le plan d'un nouveau discours, propre à la circonstance, et le ferait expédier aussitôt à son adresse. Madame *du Châtelet* dit et répéta à la tante et au neveu qu'ils pouvaient se rassurer, qu'elle se chargeait de faire ressouvenir M. *de Voltaire* de sa promesse s'il l'oubliait, et de ne pas le laisser en repos qu'il ne l'ait remplie. Enfin, tranquillisés par ces paroles, M. l'abbé *d'Arty* et madame sa tante se retirèrent en remerciant et comblant de bénédictions madame *du Châtelet* et M. *de Voltaire.*

Celui-ci ayant employé une partie de cette journée à relire les rôles de sa tragédie d'*Oreste*, et à y faire encore quelques légères corrections, me chargea de les mettre séparément sous enveloppe, à cachet volant, à l'adresse des acteurs auxquels il les avait destinés, et de les porter tous à M. *d'Argental*, qui devait les lire, et s'était chargé de les distribuer aux comédiens.

ARTICLE XXIII.

Arrivée à Cirey. Sermon de VOLTAIRE, *prêché dans la chapelle du Louvre.*

Nous partîmes de Paris vers dix heures du soir, suivant la coutume de madame la marquise *du Châtelet*, qui préférait de voyager de nuit, surtout l'été, par deux raisons. Premièrement, disait-elle, il y a moins de temps perdu pour le travail qui se fait dans le jour, et puisqu'il en faut perdre, il vaut mieux en dérober une portion au sommeil qu'au travail, et même qu'aux plaisirs. Et puis, ajoutait-elle, ce sommeil n'est pas tout-à-fait perdu dans les voyages nocturnes; on peut encore dormir assez bien en courant la poste, au lieu qu'on ne saurait écrire en voyageant de jour, ni même lire, sans beaucoup de fatigue et sans préjudice pour la vue, le plus précieux des sens pour les personnes qui aiment l'étude, et qu'elles doivent se conserver le plus long-temps qu'il est possible. Secondement, en voyageant de nuit on n'a point à essuyer la grande chaleur du jour, inconvénient dont on ne peut se garantir, au lieu qu'on peut le faire jusqu'à un certain point, du grand froid des nuits d'hiver, dans une bonne voiture bien fermée. Tel était le système de madame *du Châtelet*, et elle le pratiquait constamment. Au reste, le prix du temps lui semblait d'une si grande importance, que, pour en perdre moins, elle voyageait ordinairement, de jour comme de nuit, sans s'arrêter, excepté quelquefois dans les temps de la canicule, lorsque les chaleurs étaient excessives. C'est ainsi que nous arrivâmes très-lestement de Paris à Cirey. J'allais en avant comme courrier ; la poste fut très-bien servie, et le voyage se fit cette fois sans le moindre accident.

Madame *du Châtelet* portait toujours beaucoup d'effets à sa suite. Le premier jour fut employé à les déballer, ainsi que les livres de M. *de Voltaire*, et à les arranger dans leurs appartemens. Deux malles, l'une devant, l'autre derrière la voiture, et une vache au-dessus, suffisaient à peine pour contenir tout cela; sans compter les boîtes et cartons qui encombraient l'intérieur. Le lendemain les deux voyageurs, délassés de leur fatigue, commencèrent à reprendre leur train de vie ordinaire, à se livrer à leurs habitudes, c'est-à-dire qu'ils travaillaient, chacun de leur côté, pendant une grande partie de la matinée; souvent ils ne se retrouvaient ensemble qu'à l'heure du dîné. Il était assez rare que l'un allât déjeuner chez l'autre. Au bout de deux jours, madame *du Châtelet* fit ressouvenir M. *de Voltaire* de la promesse qu'il avait faite à M. l'abbé *d'Arty*. Un sermon, ou le panégyrique d'un saint, devait être pour lui un ouvrage sans attraits; et il avait commencé d'autres travaux plus analogues à son goût. Cependant il les interrompit, ne pouvant se refuser à tenir parole à l'abbé *d'Arty*, et à donner cette satisfaction à madame *du Châtelet*, qui plaidait sa cause. Il entreprit donc cette besogne, qui ne fut pas longue, car l'ayant commencée le matin, il me donna le lendemain son manuscrit, en descendant pour dîner, et me chargea de le mettre de suite au net, d'insérer la copie dans un paquet à l'adresse de M. *d'Arty*, et de l'expédier par la poste sous le couvert de M. *de La Reinière*, fermier-général. Ce travail m'occupa jusqu'à la nuit, et dans la matinée du lendemain, ayant passé à peu près autant de temps à copier le sermon que l'auteur en avait mis à le composer. Le paquet fut porté le même jour à la poste de Bar-sur-Aube, par un homme à cheval; en sorte qu'avant l'expiration de la huitaine, depuis notre départ de Paris, l'abbé *d'Arty* avait reçu ce qu'il demandait, sans même débourser de port de lettre. M. *de Voltaire* y avait joint un billet, par lequel il lui disait que cette esquisse de discours qui lui était adressée, n'était probablement pas dans la forme qu'il fallait ; qu'il était libre de lui donner la tournure convenable, ce qui serait aisé, et même d'y supprimer ou changer ce qui lui déplairait ; qu'il l'invitait seulement à conserver le fond, et à ne pas trop changer la diction, parce qu'il les croyait propres à la chose, quoique l'un et l'autre ressemblassent assez peu à ce qu'on voit dans la plupart des discours oratoires et des oraisons funèbres. En effet, ce panégyrique offrait dans sa composition une manière nouvelle. Le sujet y était exposé et développé avec sagesse. L'auteur avait eu le secret de le rendre tout à la fois édifiant et philosophique. Le style noble et simple était différent de ce pompeux étalage de paroles qui souvent frappe plus l'oreille qu'il ne touche le cœur et ne satisfait le jugement et le goût. M. *de Voltaire* disait encore dans ce billet, que si M. *d'Arty* avait quelque doute sur la convenance de l'ouvrage, il pouvait le communiquer à quelque orateur connu de la chaire, et que s'il en recevait de bons avis, il serait encore temps d'en profiter et de les mettre en œuvre.

M. l'abbé *d'Arty*, ayant lu ce panégyrique de *saint Louis*, le trouva très-bon, très-convenable, et se garda bien d'aller consulter la Sorbonne sur l'usage qu'il devrait en faire. Il se contenta de l'apprendre par cœur, et de s'étudier à le prononcer d'une manière noble, éloquente et pathétique. Dès l'abord, une chose l'arrêta : c'est que M. *de Voltaire* n'avait point observé les divisions ordinaires aux discours de ce genre. M. *d'Arty* n'y vit rien qui distinguât l'exorde, les premier et second points, et la péroraison. C'était un texte continu. Il crut qu'il ne lui serait pas difficile d'établir ces divisions, et il ne consulta personne pour cela. Il n'eut que la peine de choisir, à distance convenable, des phrases ou périodes dont le sens indiquait assez naturellement le point de repos. Il y fit des marques, écrivit à l'un de ces endroits : *Ave Maria;* et c'est là, avec l'*Ainsi soit-il* de la fin, tout ce qu'il a mis du sien dans ce sermon ou panégyrique qui lui a valu quelque temps après un évêché.

Le jour de la cérémonie arrivé, il le prononça en présence de l'Académie française avec une aisance et une grâce particulières; il en reçut de la plupart des membres beaucoup de complimens très-flatteurs. M. l'abbé *d'Arty*, tout glorieux de ce succès, qu'il n'aurait osé espérer de son propre ouvrage, fit imprimer celui qu'il avait prononcé. Il a passé constamment pour en être l'auteur, le public à cet égard n'ayant jamais été désabusé ni par lui, ni par M. *de Voltaire*. Ceux qui étaient dans la confidence ont eu la même discrétion. M. *d'Arty* fit passer quelques exemplaires du discours imprimé à M. *de Voltaire*, en lui réitérant ses remercîmens. Celui-ci m'a permis d'en garder un. Trente ans après, je l'ai donné, avec d'autres papiers, à l'un des gens de lettres qui, depuis la mort de M. *de Voltaire*, se disposent à publier une nouvelle édition de ses œuvres. Je ne sais s'ils jugeront à propos d'y insérer cet ouvrage, jusqu'ici pseudonyme (21).

ARTICLE XXIV.

Quatrième et dernier voyage en Lorraine. Mort de madame DU CHATELET. 1749.

Notre séjour à Cirey fut très-court cette fois : à peine y étions-nous de quinze jours qu'il fallut songer à remplir l'attente de *Stanislas*, roi de Pologne, duc de Lorraine et de Bar, qui voulait que madame *du Châtelet* et M. *de Voltaire* vinssent tous les ans passer quelque temps à sa cour pendant la belle saison. La grossesse assez avancée de madame *du Châtelet* n'était point pour elle un obstacle à ce voyage. Au contraire, elle s'était proposée d'aller faire ses couches à Lunéville, où elle serait à portée des secours de toute espèce dont on peut avoir besoin en pareille circonstance, et qu'elle

---

(21) On le trouve dans l'édition de Kehl, in-8°, tome XLVIII, page 417.

n'eût pas eus aussi facilement à Cirey. Le roi était alors à Commerci, et c'est là que se rendirent madame *du Châtelet* et M. *de Voltaire*; ils furent reçus à merveille. Le temps s'y passait, comme les autres années, dans la joie et les plaisirs. Tout ce qui était au château ne s'occupait qu'à procurer des amusemens au roi, qui, de son côté, aimait à voir tout le monde content chez lui. Un des principaux plaisirs de ce prince était d'embellir les lieux de sa résidence et les villes de ses duchés. Aussi dans la matinée il ne s'occupait guère que de ses bâtimens. On le voyait entouré d'architectes, de peintres, de sculpteurs, et autres artistes et ouvriers; il aimait à raisonner avec eux de leur art, et à suivre leurs travaux. Dans l'après-midi, on l'amusait par le jeu, les concerts, la comédie et l'opéra; une partie de la troupe des comédiens de Lunéville le suivait ordinairement à Commerci. On y joua alors, entre autres pièces, deux comédies de M. *de Voltaire*, *Nanine*, qu'il avait faite depuis plusieurs mois, et la *Femme qui a raison*, qu'il venait de composer pour une petite fête donnée au roi. *Stanislas* ne faisait qu'un repas par jour : c'était le dîné, où les dames étaient admises à sa table, ainsi que les officiers des grades supérieurs.

Après les amusemens de l'après-dînée, qui étaient variés comme je viens de le dire, le roi se retirait et se couchait régulièrement à dix heures. Le soir, c'était madame la marquise *de Boufflers* qui tenait la table des étrangers et des personnes logées dans le château. Jouissant de la confiance intime du monarque, elle faisait très-bien les honneurs de sa petite cour. Ces soupés étaient fort agréables par la gaîté et la franchise qui s'y déployaient librement. Madame *du Châtelet*, M. *de Voltaire*, M. *de Saint-Lambert* en étaient tous les jours. Madame *du Châtelet*, quoique naturellement très-gaie, y laissait cependant apercevoir, de moment à autre, des symptômes de tristesse. Cela provenait de l'idée dont elle s'était frappée, qu'elle mourrait en couche. Elle n'avait qu'un fils, alors presque majeur, et n'avait point eu d'autres enfans depuis. Peut-être cette circonstance, jointe à son âge de quarante-quatre ans, contribuait-elle à la rendre inquiète et craintive.

Après quelques semaines de séjour à Commerci, la cour retourna à Lunéville, et nous la suivîmes. Là, madame *du Châtelet*, encore plus frappée de son idée sinistre, écrivit à une demoiselle *du Thil*, qui lui avait été autrefois attachée, et pour qui elle conservait de l'amitié. Elle l'invitait à lui venir tenir compagnie pendant ses couches. Cette demoiselle demeurait à Paris. Au reçu de la lettre, elle partit, et vint à Lunéville, où elle resta constamment auprès de madame *du Châtelet*, qui la vit arriver avec plaisir, mais qui n'en parut pas plus rassurée. Soit pressentiment, soit trouble de son esprit, elle s'était si fortement persuadée qu'elle périrait, qu'elle voulut prendre d'avance la précaution de mettre ordre à toutes ses affaires. Ayant fait des paquets de ses différens papiers, et après les avoir mis sous des enveloppes cachetées, sur lesquelles étaient des adresses, elle me fit appeler, et, après m'avoir fait promettre d'exécuter ponctuellement les ordres qu'elle allait me donner, elle me remit en mains ces paquets, en disant que si elle ne survivait pas aux dangers qu'elle allait courir, je n'aurais qu'à les porter à leurs adresses respectives. Il y en avait pour ses amis, que je connaissais tous, pour son mari, et pour quelques autres personnes.

Enfin le moment fatal des couches arriva. Madame *du Châtelet* mit au monde, sans accident, une fille, qui fut portée à l'église de la paroisse et mise ensuite en nourrice. Dans les trois ou quatre premiers jours après l'accouchement, la santé de la mère ne paraissait pas dérangée et ne dénotait que la faiblesse inséparable de sa situation. Le temps était fort chaud. La fièvre de lait survint, ce qui accrut l'incommodité de la chaleur dont elle se plaignait. Elle voulut, pour se rafraîchir, boire de l'orgeat à la glace; et malgré toutes les représentations qu'on put lui faire, elle força sa femme-de-chambre à lui en donner. Elle en but un grand verre. Quelques instans après elle sentit un grand mal de tête; d'autres symptômes fâcheux prouvaient un dérangement subit dans les fonctions naturelles, ce qui mit obstacle au reste des évacuations nécessaires pour l'entière délivrance. Dans cet état de choses, qui devenait alarmant, on courut chercher M. *Regnault*, médecin du roi, qui ordonna les remèdes usités en pareille occasion, pour rétablir les évacuations; et le lendemain il croyait y être parvenu, mais dans la journée, des étouffemens et des suffocations faisant craindre pour la vie de madame *du Châtelet*, M. *Regnault* ne voulant point prendre sur lui seul l'issue de la maladie, demanda que d'autres médecins fussent consultés. On envoya aussitôt une voiture en poste à Nanci, pour avoir MM. *Bayard* et *Salmon*, médecins les plus accrédités de cette ville. Étant arrivés, ils examinèrent l'état de la malade et en conférèrent avec M. *Regnault*. A l'issue de la consultation, ils firent prendre quelques drogues à madame *du Châtelet*. Elles semblèrent d'abord avoir produit un bon effet. Les suffocations cessèrent, la malade fut plus tranquille et parut disposée à dormir. Les personnes qui devaient souper chez madame *de Boufflers*, et qui, par attachement pour madame *du Châtelet*, étaient venues pour la voir et s'informer de son état, prirent ce moment, ainsi que M. *du Châtelet*, pour aller souper. Il ne resta auprès d'elle que M. *de Saint-Lambert*, mademoiselle *du Thil*, une des femmes-de-chambre et moi. Quand les étrangers furent sortis, M. *de Saint-Lambert* s'approcha du lit, et s'entretint quelques momens avec elle. Voyant qu'elle commençait à s'assoupir, il la laissa reposer, et vint causer avec la femme-de-chambre et moi. Huit à dix minutes après, nous entendons une sorte de râlement entremêlé de hoquets; nous courons au plus vite au lit de la malade et la trouvons sans connaissance. Nous nous empressons de la mettre sur son séant, et lui faisons respirer du vinaigre, croyant qu'elle n'éprouvait qu'une syncope. Voyant que cela ne produisait aucun effet, nous essayâmes de la tirer de cette espèce de léthargie en lui agitant les pieds et en frappant dans ses mains; mais tout cela fut inutile, elle n'était plus. On envoya la femme-de-chambre chez madame *de Boufflers*, pour informer la compagnie que madame *du Châtelet* se trouvait plus mal. Aussitôt chacun se leva de table; M. *du Châtelet*, M. *de Voltaire* et les autres convives accoururent dans la chambre. Dès qu'ils surent la vérité, ce fut une consternation profonde; aux pleurs, aux cris succéda un morne silence. On emmena le mari; les autres personnes sortirent successivement en exprimant les plus vifs regrets. M. *de Voltaire* et M. *de Saint-Lambert* restèrent les derniers auprès du lit, dont on ne pouvait les arracher. Enfin le premier, pénétré d'une extrême douleur, sort de la chambre, et gagne avec peine la porte du château, sans savoir où il allait. Arrivé là, il tombe au pied de l'escalier extérieur, et près de la guérite d'une sentinelle, où il se frappait la tête contre le pavé. Son laquais, qui descendait après lui, l'ayant vu tomber et s'agiter par terre, le joignit et s'efforça de le relever. Au même moment, arrive M. *de Saint-Lambert* qui se retirait aussi par le même chemin, et qui, voyant M. *de Voltaire* dans cette situation, se hâta d'aider le laquais à le relever. M. *de Voltaire* à peine debout, ouvrant les yeux obscurcis par ses larmes, et reconnaissant M. *de Saint-Lambert*, lui dit en sanglottant et avec l'accent le plus pathétique : *Ah! mon ami, c'est vous qui me l'avez tuée!* Puis, tout-à-coup, comme s'il s'éveillait en sursaut d'un profond sommeil, il s'écrie avec le ton du reproche et du désespoir : *Eh! mon Dieu! monsieur, de quoi vous avisiez-vous de lui faire un enfant!* Ils se quittèrent là-dessus sans ajouter une seule parole, et rentrèrent chacun chez eux absorbés et presque anéantis dans l'excès de leur tristesse. Quelques jours après, lorsque M. *de Voltaire* eut recouvré un peu de tranquillité d'âme, les premiers vers où il déplora ce funeste événement sont les suivans, qu'il écrivit au bas d'un portrait gravé de madame *du Châtelet*.

L'univers a perdu la sublime Émilie.
Elle aima les plaisirs, les arts, la vérité :
Les dieux, en lui donnant leur âme et leur génie,
N'avaient gardé pour eux que l'immortalité!

ARTICLE XXV.

Suites de la mort de madame du Chatelet.

C'est le 10 de septembre 1749, sixième jour après son accouchement, que mourut madame la marquise *du Châtelet*. J'ai été témoin de ses derniers momens, ainsi que de ses obsèques, qui furent dignes de son rang. Le roi y envoya ses principaux officiers, et toutes les personnes distinguées de Lunéville y assistèrent. Son caractère aimable et gai lui attachait tous ceux qui étaient à portée de la connaître, et elle en fut vivement regrettée.

Lorsqu'elle expira, madame la marquise *de Boufflers* était accourue dans la chambre avec les autres personnes de sa maison. En se retirant, elle m'appela à l'écart, et me dit à l'oreille de voir si madame *du Châtelet* n'avait point encore au doigt une bague, de cornaline entourée de petits brillans; que si elle y était encore, je n'avais qu'à la prendre et à la garder jusqu'à nouvel ordre. Je trouvai la bague et la mis dans une petite boîte que j'avais en poche, en instruisant la première femme-de-chambre, qui était présente, de ce que m'avait prescrit madame *de Boufflers*. Le lendemain cette dame me fit appeler; je me rendis aussitôt chez elle, et lui remis la petite boîte où était la bague : M. *de Saint-Lambert* se trouvait là. Elle ouvrit la boîte en sa présence, et, en lui montrant la bague, qu'il connaissait bien, elle en souleva le chaton qui était à secret, et tira de dessous, avec une épingle, le portrait de M. *de Saint-Lambert*, qu'elle lui donna; et me rendant la bague, elle me chargea de la remettre, avec d'autres effets, à M. le marquis *du Châtelet*. Je m'acquittai de cette commission le lendemain matin. Deux ou trois jours après, M. *de Voltaire* ayant retrouvé un peu de calme, se ressouvint que son portrait avait été autrefois renfermé sous le chaton de cette même bague, et il supposait qu'il y était encore. Il me dit de m'informer si la bague n'était point restée entre les mains de la première femme-de-chambre; que si elle me la montrait, je n'aurais qu'à l'ouvrir par un moyen qu'il m'indiqua, en ôter le portrait et le lui rapporter. Je lui dis alors que la bague dont il parlait avait été remise par moi-même entre les mains de M. le marquis *du Châtelet*, l'ayant pour cet effet tiré du doigt de madame son épouse, immédiatement après sa mort, d'après l'ordre que j'en avais reçu de madame *de Boufflers*; mais que son portrait n'était plus sous le chaton. *Eh! comment savez-vous cela?* me dit-il. Je lui racontai ingénûment ce qui s'était passé chez madame *de Boufflers*, en présence de M. *de Saint-Lambert. O ciel!* dit-il, en levant et joignant les deux mains, *voilà bien les femmes ! j'en avais ôté Richelieu, Saint-Lambert m'en a expulsé ; cela est dans l'ordre, un clou chasse l'autre : ainsi vont les choses de ce monde !*

Je n'avais pas manqué aussi d'exécuter les ordres de madame *du Châtelet*, et j'avais remis à leurs adresses les différens paquets qu'elle avait préparés avant son accouchement. Je finis par les objets qui devaient être remis à M. le marquis *du Châtelet*. Ils consistaient en une cassette assez grande qu'elle portait toujours avec elle, et un paquet de papiers sous enveloppe et cacheté en cinq ou six endroits. La clef de la cassette était renfermée dans un papier cacheté, et attachée à l'une des anses. Sur la couverture de la cassette étaient ces mots écrits de la main de madame *du Châtelet* : « Je prie monsieur *du Châtelet* de vou-
» loir bien brûler tous ces papiers, sans y regar-
» der ; ils ne peuvent lui être d'aucune utilité, et
» n'ont nul rapport à ses affaires. » Quand je remis ces objets à M. le marquis *du Châtelet*, M. le comte *de Lomont*, son frère, était avec lui. Ils décachetèrent d'abord le paquet ; ils n'y trouvèrent que des papiers relatifs aux affaires de leur famille et à leurs propriétés. M. *du Châtelet* les ayant mis de côté, ouvrit la cassette et voulait examiner ce qu'elle contenait ; son frère s'y opposa en lui observant qu'il devait respecter les volontés de sa femme, qu'il n'avait jamais contrariée en rien ; que

s'il y avait eu dans la cassette quelque chose qui pût lui être utile, elle n'aurait pas manqué de l'indiquer ou de le mettre à part, ainsi qu'elle avait fait pour les titres de propriété et autres; que c'était une marque de confiance qu'elle lui avait donnée, et dont il ne fallait pas abuser; qu'il était évident que le contenu de la cassette ne pouvait avoir d'intérêt que pour elle; que ce n'était probablement que des choses futiles dont elle s'amusait, et qu'elle eût aimé de retrouver si elle avait vécu, sans quoi elle aurait brûlé le tout elle-même. Malgré ces remontrances, M. le marquis *du Châtelet* lisait les premiers papiers qui lui étaient tombés sous la main. C'étaient des lettres, et probablement elles ne lui plaisaient guère, car je lui voyais faire la grimace et secouer les oreilles. Son frère, qui s'en aperçut, lui dit que c'était bien fait, et qu'il était payé de sa curiosité. Sur cela, M. *de Lomont* me demanda une bougie allumée. Pendant que je l'apportais, il avait lui-même vidé la cassette dans le foyer de la cheminée. Il mit le feu aux papiers, et me dit de prendre des pincettes pour l'attiser; j'étais obligé de retourner de temps en temps ces papiers, et il me rendait ainsi, malgré moi, l'instrument et le complice de cette fatale exécution. J'y travaillais, à la vérité, assez nonchalamment. Je gémissais en moi-même d'être forcé de participer à ce qui était à mes yeux une œuvre de barbarie et de vandalisme; car j'étais certain que cette caisse renfermait quantité de poésies et de choses précieuses de M. *de Voltaire.* L'opération tirait en longueur, parce que ces papiers, qui étaient serrés et entassés, et entremêlés de plusieurs cahiers brochés, brûlaient difficilement. J'étais las de me baisser; pour vaquer plus commodément à ma besogne, je m'étais mis à genoux devant le foyer. En retournant cette masse, qui jetait plus de fumée que de flamme, je parvins à faire glisser entre mes genoux quelques papiers qui, se trouvant au centre, n'avaient pas encore été atteints du feu, et ils furent ainsi soustraits à la vue de ces messieurs, dans un moment où elle n'était pas tournée sur moi. Après ce déplorable incendie, étant sorti de l'appartement, je n'eus rien de plus pressé que de savoir ce que j'avais fait entrer furtivement dans ma poche : c'était un cahier de papier à lettres, qui contenait, en écriture fort menue, un *Traité de Métaphysique* (22); et le reste consistait en plusieurs lettres détachées. Je vis que, dans quelques-unes de celles-ci, on parlait de M. *de Voltaire* avec fort peu de ménagement. Je les conservai avec soin, et elles me servirent dans la suite, comme on le verra ci-après, à calmer l'extrême douleur qu'a-

---

(22) C'est une des pièces fournies par *Longchamp* aux éditeurs des œuvres de M. *de Voltaire.* Elle est imprimée, tome XXXVII, page 13, de l'édition de Kehl, in-8.

vait causée à M. *de Voltaire* la mort prématurée de madame *du Châtelet* (23).

ARTICLE XXVI.

M. DE VOLTAIRE *retourne à Cirey, et de là à Paris.*

La fille de madame *du Châtelet*, qu'on avait mise en nourrice, ne survécut pas long-temps à sa mère. La perte de cette enfant devait être indifférente à M. *de Voltaire* ; mais la mort d'*Émilie* l'accablait d'une manière étrange. Accoutumé depuis si long-temps à vivre dans sa société, inconsolable de ne la plus retrouver, il fuyait toute compagnie, restait seul dans sa chambre, rêveur, triste, souffrant, s'abandonnant aux plus douloureuses réflexions. Quand il fut un peu revenu de l'extrême stupeur où l'avait jeté cette perte, son premier dessein fut de se retirer auprès de *dom Calmet*, dans l'abbaye de Sénones, ayant eu déjà des relations avec ce savant et laborieux écrivain,

(23) Nous nous permettrons aussi quelques observations sur ce que dira *Longchamp* à ce sujet.

NOTA. L'auteur des *Mémoires* avait transcrit à la suite de cet article une pièce de *vers sur la mort de madame du Châtelet*, qu'on a attribuée à *Voltaire*. Pour ne pas interrompre la narration, nous avons cru que ce morceau assez singulier et un peu long serait mieux placé avec d'autres poésies à la suite du XXXVIe article des *Mémoires* de *Longchamp*.

qui en était abbé (24). Mais, après quelques réflexions, craignant que cette retraite chez des moines, et le nouveau genre de vie auquel il aurait dû s'y astreindre, ne lui fussent pas long-temps supportables, il changea d'avis et prit la résolution d'écrire à *milord Bolingbroke*, son ami depuis nombre d'années. Il lui adressa en effet une lettre, où, lui annonçant la perte qu'il venait de faire, il le prévenait en même temps qu'il se disposait à aller chercher de la consolation près de

---

(24) *Dom Calmet* était très-considéré de monsieur et madame *du Châtelet*, et toujours bien accueilli à Cirey, où il avait vu plusieurs fois *Voltaire*. C'est lui qui publia la *Généalogie de la maison du Châtelet*, grand ouvrage *in-folio*, très-bien exécuté, et qui ne le cède en rien à ceux du même genre publiés par *André Duchesne*. Il fut imprimé à Nanci, en 1741. *Voltaire* ne persista point alors dans le projet dont parle *Longchamp*, mais quelques années après, à son retour de Prusse, il alla passer en effet quelque temps à l'abbaye de Sénones. C'est là que le grand poëte, alors infidèle aux Muses, s'enfonça dans la lecture des saints Pères, passa les jours et les nuits à faire des extraits, compulsa des monumens rares et précieux, se livra à des recherches historiques et littéraires, en un mot, fit le métier d'un vrai bénédictin. Les nouvelles lumières qu'il acquit par ce travail furent utilement employées dans la suite, lorsqu'il s'occupa de divers ouvrages sérieux, sur des matières importantes. Elles lui servirent beaucoup à perfectionner son beau tableau *Des mœurs et de l'esprit des nations depuis Charlemagne*, dont il donna une nouvelle édition à Genève, considérablement augmentée, et précédée d'une savante introduction (*La philosophie de l'histoire*), où il passe en revue les temps qui ont précédé cette époque, et sonde, autant qu'il le peut, mais avec doute et circonspection, les épaisses ténèbres qui enveloppent l'antiquité. C'est à cette occasion qu'il écrivait à l'un de ses amis :
« J'avais crayonné le portrait du genre humain de profil, vous le verrez
» ici peint aux trois quarts. »

lui. Deux ou trois jours après il quitta Lunéville et se rendit à Cirey pour en retirer sa bibliothèque, ainsi que les meubles et effets dont il avait garni son appartement, dans une des ailes du château, que lui-même y avait ajoutée et fait construire à ses frais. Plusieurs jours furent employés à faire des ballots dont la quantité était considérable. Parmi ses effets se trouvaient des statues et des bustes de marbre de différentes grandeurs, qui ornaient la galerie contiguë à son appartement. Ces pièces furent nichées et fortement assujéties dans de grandes futailles vides. Le cabinet de physique, les instrumens d'astronomie, les livres, des meubles de toute espèce, remplirent un grand nombre de caisses. Quand tout cet attirail fut prêt et disposé avec assez de précautions pour craindre peu la casse et les autres dangers de la route, nous le fîmes charger sur plusieurs chariots, que nous expédiâmes pour Paris, en leur faisant prendre les devans. M. le marquis *du Châtelet*, et son frère M. le comte *de Lomont*, arrivés à Cirey deux jours après nous, virent ce déménagement avec assez de tranquillité. Ils étaient encore étourdis de cette mort inattendue, et ce ne fut que plusieurs jours après qu'il leur prit fantaisie d'aller visiter l'aile du château où était l'appartement de M. *de Voltaire*. Ils virent avec peine que les différentes pièces dont il était composé se trouvaient dégarnies de presque tous les objets qui en faisaient l'ornement. M. le marquis *du Châtelet* parut regretter beaucoup de n'avoir pas proposé à M. *de Voltaire* un arrangement par lequel celui-ci aurait pu consentir à laisser en place dans l'appartement une partie de ces objets, et principalement les tableaux et les marbres. Je ne doute point que M. *de Voltaire* n'eût donné cette satisfaction à M. *du Châtelet*, s'il en avait connu les intentions avant le déménagement. Il en fut parlé beaucoup trop tard : les voitures étaient déjà arrivées à Paris, et déchargées dans la maison même de M. *de Voltaire*, sans avoir été visitées aux barrières. Il eût été trop frayeux de faire retourner à Cirey une grande partie de ces objets, qui d'ailleurs auraient pu n'y pas arriver sans accident; car malgré toutes nos précautions, nous en trouvâmes quelques-uns d'endommagés. M. *du Châtelet*, à qui ces considérations n'étaient point échappées, prit facilement son parti à cet égard, et dès ce moment il n'en fut plus question.

Avant le départ des voitures, M. *de Voltaire* avait adressé de Cirey une lettre à M. *de la Reynière*, fermier-général, à Paris, qui aimait à l'obliger. Il l'informait de l'expédition de ses effets, et le priait de faire en sorte qu'ils pussent arriver directement chez lui, sans être arrêtés aux portes, afin que le déballement se fît du moins avec précaution; observant que la visite se faisant dans sa maison, les droits de la ferme générale n'en seraient pas moins acquittés, s'il en était dû. Cette maison était celle que M. *de Voltaire* occupait par moitié avec M. et madame *du Châtelet*, lorsqu'ils venaient passer quelque temps à Paris pour leurs affaires. Le rez-de-chaussée et le premier étage étaient à M. *du Châtelet*, tout le reste à M. *de Voltaire*; les domestiques avaient les mansardes. Cette maison, qui existe encore rue Traversière, près celle de Richelieu, n'était, à proprement parler, que leur pied-à-terre; car Cirey était leur domicile habituel de toute l'année. Tout le bagage y arriva sans difficulté, en conséquence des ordres qu'avait donnés M. *de la Reynière*, et on se dispensa même de venir le visiter. Ainsi la bibliothèque ne passa point à la chambre syndicale, où messieurs les syndics auraient sans doute froncé le sourcil à la vue de plus d'un livre hétérodoxe.

Cette affluence de meubles, de tableaux, de livres, d'objets de tout genre, purent à peine entrer dans les appartemens de M. *de Voltaire*, et les encombrèrent. Les tables, les chaises, les parquets en étaient couverts, et l'on ne pouvait sans difficulté passer d'une pièce dans une autre, car les portes même en étaient obstruées. Tout resta ainsi pêle-mêle durant quelque temps: le débrouillement de ce chaos en exigeait, ainsi que de la patience. Il ne pouvait se faire subitement; avant d'y travailler, il fallait trouver place convenable à chaque objet, ce qui n'était point facile. Tout s'arrangea pourtant à la fin assez passablemement, et avec autant d'ordre que la disposition du local le put permettre.

A son arrivée à Paris, M. *de Voltaire* était malade; sa faiblesse ne diminuait point; il était toujours sombre, triste, rêveur. Il ne voulait voir personne, ne sortait point de chez lui, et ne pouvait se consoler de la mort de madame *du Châtelet*. Pendant les nuits, il se relevait plein d'agitation; son esprit frappé croyait voir cette dame, il l'appelait et se traînait avec peine de chambre en chambre comme pour la chercher. C'était à la fin du mois d'octobre, et le froid se faisait déjà sentir d'une manière assez rude. Au milieu d'une certaine nuit où il n'avait pu trouver le sommeil, il était sorti de son lit, et après avoir fait quelques pas à tâtons dans sa chambre, il se sentit si faible, qu'il dut s'appuyer contre une console pour ne pas tomber. Il resta là debout assez long-temps, souffrant du froid et craignant de me réveiller en m'appelant. Il s'efforça ensuite de passer dans la salle voisine, où presque tous ses livres se trouvaient encore amoncelés sur le parquet; mais il était loin de s'en ressouvenir, et, la tête toujours remplie du même objet, il croyait traverser cette salle, lorsque, s'étant heurté contre une pile d'*in-folios*, il trébucha, et ne pouvant se relever, il m'appela alors à plusieurs reprises; mais il avait la voix si faible, que les premières fois je ne l'entendis point, quoique je fusse couché assez près de là. M'étant enfin éveillé, je l'entendis gémir, et répéter faiblement mon nom. Je sautai aussitôt de mon lit et me portai en hâte vers le lieu d'où partait sa voix. J'étais sans lumière, et, marchant avec précipitation, mes pieds s'embarrassèrent dans les siens, et je tombai sur lui. M'étant relevé, je le trouvai sans parole et presque glacé. Je me hâtai de l'enlever, et le reportai dans son lit à travers l'obscurité, mais avec toute la précaution que la circonstance exigeait. Je m'eus bientôt procuré de la lumière, et après avoir fait un grand feu, je tâchai de réchauffer M. *de Voltaire* en lui enveloppant de temps en temps le corps et les membres de serviettes bien chaudes. Cela produisit un bon effet. Je le vis se ranimer peu à peu; il ouvrit les yeux, et me reconnaissant, il me dit qu'il se sentait très-fatigué, et avait besoin de repos; je le couvris bien, et ayant fermé ses rideaux, je restai dans la chambre le reste de la nuit; il ne tarda pas à s'endormir, et le sommeil ne le quitta que vers onze heures du matin.

Cependant son chagrin ne diminuait pas: la cause subsistait toujours. J'étais moi-même désolé de voir mon cher maître dépérir de plus en plus. Lui étant attaché comme je l'étais, et ne craignant rien tant que de le perdre, je voulus essayer de le guérir, et je crus que je pourrais en venir à bout au moyen de quelques papiers que je conservais.

On se souvient que j'avais aidé, par ordre de M. le marquis *du Châtelet*, à brûler tout ce que contenait une certaine cassette de madame son épouse. Étant à genoux devant la cheminée, occupé à attiser le feu, quelquefois des bouffées de vent écartaient du foyer des papiers qu'il me fallait bon gré mal gré y remettre. Quelques-uns cependant ayant été portés entre mes genoux, qui étaient écartés, sans que M. *du Châtelet* et son frère s'en aperçussent, étant alors l'un et l'autre fort animés à faire d'autres paquets, je rapprochai vite mes genoux l'un de l'autre, en y laissant les papiers qui se trouvaient dessous, et profitant ensuite d'un autre moment favorable, je les ramassai avec mon mouchoir que j'avais laissé tomber exprès, et les fis entrer adroitement avec lui dans une de mes poches. Parmi eux se trouvaient des lettres écrites de la main de madame *du Châtelet*, dans lesquelles M. *de Voltaire* était assez maltraité. Fort de ces pièces concluantes, je me hasardai de lui dire qu'il avait grand tort de se chagriner ainsi de la mort d'une personne qui ne l'aimait point. Malgré sa faiblesse, à ces mots, il fit un bond, et s'écria vivement et avec force : *Comment, mordieu! elle ne m'aimait pas?* « Non, lui dis-je, j'en ai la preuve en main, et la voilà. » Je lui donnai en même temps trois lettres de madame *du Châtelet*. La lecture qu'il en fit aussitôt le rendit muet pendant quelques momens. Il pâlissait et frémissait de colère et de dépit d'avoir été si long-temps trompé par une personne qu'il n'en croyait point capable. Enfin il prit son parti et il se calma ; alors, revenu à lui-même, il dit en soupirant : *Elle me trompait ! Ah ! qui l'aurait cru ?* Depuis ce moment, je ne l'entendis plus dans la nuit prononcer le nom de madame *du Châtelet*, et je le vis reprendre insensiblement sa santé et son train de vie ordinaire, ce qui fit grand plaisir à tous ses amis (25).

(25) Voilà une métamorphose bien subite et bien étrange dans *Voltaire*, et racontée bien lestement, en quelques lignes, par l'historien, dont le témoignage sur cet événement n'est appuyé par aucun autre. Nous sommes fort tentés de croire que s'il y a quelque chose de vrai dans l'anecdote, elle est tout au moins dénaturée, exagérée et inexacte. Nous croyons apercevoir un peu de jactance dans le récit de *Longchamp*. En nous faisant entendre qu'il avait seul pu tirer *Voltaire* de la profonde douleur où il était plongé, et par suite, sauver la vie à cet homme célèbre, c'est, à notre avis, se donner un peu les violons, comme dit le proverbe. Quelques réflexions se présentent assez naturellement sur ce que rapporte ici *Longchamp*. C'est dans la cassette de madame *du Châtelet* que se trouvent ses propres lettres ; cela est-il naturel ? Si c'étaient les lettres originales, comment et pourquoi sont-elles retournées dans les mains de cette dame ? Qui empêchait d'en dire les adresses dans des mémoires que l'auteur ne voulait pas divulguer de son vivant ? Quant à de simples minutes, à quoi bon les garder ? et principalement les minutes de lettres injurieuses pour un ami de vingt ans, auquel on affectait d'ailleurs de montrer toujours la plus grande confiance ? Il serait plus croyable que l'on eût trouvé chez une dame capable encore de sentir et d'allumer les passions, des lettres d'un officier jeune et brillant, tel, par exemple, que M. *de Saint-Lambert,* lettres dans lesquelles on eût cru se faire mieux valoir en jetant quelque ridicule sur l'âge, les infirmités, la faiblesse d'un compétiteur. Encore, dans cette supposition, est-il présumable qu'une femme douée de tant de pénétration et qui savait si bien calculer, eût conservé avec soin de tels papiers, qui d'un moment

ARTICLE XXVII.

Établissement et séjour à Paris.

M. le marquis *du Châtelet* venait fort rarement occuper son appartement dans la maison qu'il tenait en location rue Traversière, et dont il avait cédé la moitié à M. *de Voltaire.* Lorsqu'il n'était point à l'armée ou employé ailleurs par le gouvernement, il préférait le séjour de Cirey et de ses autres terres à celui de Paris. Il trouvait plus facilement le moyen de s'amuser à la campagne, parce qu'il s'y faisait des occupations analogues à ses goûts. Cette maison de ville, qui n'était pour lui qu'un pied-à-terre, lui servait beaucoup moins

à l'autre pouvaient tomber dans les mains de son mari ou dans celles de *Voltaire,* ou d'autres, vu les chances fâcheuses qu'elle avait à courir dans une grossesse pénible à l'âge de quarante-trois ans? *Elle ne m'aimait pas!* Ces mots sont ici équivoques. *Longchamp* les rapporte-t-il à l'amour? Ce serait une erreur contredite par lui-même, car d'après ce qu'il a rapporté précédemment, le lecteur doit sentir que ces lettres n'eussent rien appris de nouveau à *Voltaire,* et qu'à cet égard, il avait même passé par une épreuve plus forte. Les entend-il de l'amitié? C'est une erreur encore plus grande: il est incontestable que, sous ce rapport, l'intimité de *Voltaire* et de madame *du Châtelet* dura sans altération jusqu'à la mort de cette dame; et depuis il n'a jamais parlé de sa perte, soit dans ses discours, soit dans ses écrits, sans un profond sentiment de douleur et de regret. Il s'en faut de beaucoup qu'il en ait perdu le souvenir aussi vite et aussi facilement que le dit l'auteur des Mémoires. Ce qui a fait supporter ce malheur à *Voltaire,* c'est une cause puissante qui agit sur tout le genre humain; c'est le temps, qui affaiblit tout à la longue, et par degrés insensibles. A cette cause générale s'en joignait chez lui une autre, peut-être aussi forte : la passion de l'étude et du travail, qui ne l'aban-

qu'à madame *du Châtelet*, qui aimait à faire de temps en temps quelques apparitions à la cour. Alors elle venait passer une quinzaine de jours dans sa maison, d'où elle pouvait facilement se rendre à Versailles après son dîné, et en revenir dans la nuit, après le jeu de la reine. Après sa mort, son mari informa M. *de Voltaire* que son intention était de rendre la maison au propriétaire, ou du moins de renoncer à l'appartement qu'occupait sa femme, et de le sous-louer, s'il le fallait. Il le prévenait en même temps que, par suite de cette résolution, il avait chargé son intendant de faire vendre les meubles qui garnissaient cet appartement, et les autres effets qui lui appartenaient dans la maison, desquels on avait dressé l'inven-

donna jamais totalement. Leurs effets ne pouvaient-ils pas être encore accélérés par quelque impulsion secrète de la gloire? Enfin, sa philosophie, la force de sa raison, devaient les seconder efficacement, et contribuer à rétablir le calme dans son âme.

On s'aperçoit ici que *Longchamp* écrivant long-temps après les événemens, sa mémoire a pu quelquefois ne lui être pas fidèle. Nous avons déjà remarqué des erreurs dans l'article où il parle des opéras de *Voltaire*. Nous en relèverons encore quelques autres dans les articles suivans. Elles n'ont pas dû nous étonner. Quarante ans et plus s'étaient écoulés depuis son entrée chez madame *du Châtelet*, lorsque l'idée lui vint de composer ses Mémoires; c'est ce que nous sûmes de lui-même en les recevant. Ils se formèrent de la réunion des notes détachées qu'il avait tenues sur des faits passés sous ses yeux, et il y ajouta de mémoire ceux dont il n'eut connaissance que par d'autres personnes. Si des rapports inexacts, et même de petits accès d'amour-propre, l'ont en effet entraîné dans quelques erreurs, blâmables en elles-mêmes, qui ne serait pas tenté de l'en absoudre, en faveur des richesses littéraires qu'il nous a conservées?

taire. M. *de Voltaire* se détermina aussitôt à garder la maison entière pour son compte et à entretenir le bail. Il en instruisit M. *du Châtelet*, dont le mobilier ne tarda pas à être vendu publiquement dans la forme ordinaire. M. *de Voltaire* en fit racheter une partie par un tapissier à qui il avait donné la note des objets qui lui convenaient. Après la vente, le local étant entièrement libre, il fit tout arranger et remeubler proprement. Beaucoup d'effets rapportés de Cirey vinrent fort à point en cette occasion, et furent mis en place convenable, en dégageant à la fois l'appartement de M. *de Voltaire*, qu'ils embarrassaient par leur accumulation. Cet appartement continua d'être occupé par lui, et tout ce que tenaient M. et madame *du Châtelet* fut destiné à l'une de ses nièces, veuve de M. *Denis*, commissaire ordonnateur des guerres. Après quelque brouillerie, il s'était raccommodé avec elle, et lui avait proposé de venir lui tenir compagnie, de prendre soin de son ménage, et de faire les honneurs de sa maison. Cela fut accepté très-volontiers par madame *Denis*, qui a toujours montré du goût pour la représentation, la grande compagnie et tous les plaisirs du monde. Elle eut bientôt fait ses dispositions, et elle ne tarda pas à venir s'installer dans la maison, suivant les désirs de son oncle.

On a vu que M. *de Voltaire*, après son arrivée à Paris, demeura assez long-temps absorbé dans une grande tristesse. Dans le commencement, presque personne ne pouvait lui parler. Il n'y avait guère que l'abbé *Mignot,* son neveu, et M. *Delaleu,* son notaire, qui pussent entrer librement chez lui; et de tous ses amis, M. *de Richelieu* et M. *d'Argental* étaient en quelque sorte les seuls privilégiés. Il les voyait avec plaisir, et semblait ne pouvoir trouver qu'en eux la consolation et le soutien dont il avait besoin. Il est vrai qu'ils avaient bien des droits sur lui par l'ancienneté de leur amitié et la confiance réciproque qui avait toujours régné entre eux trois. Chaque jour, l'un ou l'autre, et souvent tous les deux, venaient passer une partie de la soirée près de lui, et s'entretenaient, au coin de son feu, des nouvelles de la cour et de la ville. Ils tâchaient à l'envi de le distraire de ses pensées lugubres, et pour y réussir plus facilement, il paraît qu'ils s'étaient concertés pour réveiller en lui, bon gré mal gré, le goût du théâtre. C'était le prendre en même temps par son faible et par son fort. Ce stratagème leur réussit à la fin, et il n'est pas douteux qu'ils n'aient par là contribué à consolider la guérison de la maladie morale de M. *de Voltaire,* et peut-être à le préserver des rechutes. Dès qu'ils se furent aperçus qu'il commençait à se laisser aller vers l'amorce, leurs sollicitations devinrent plus vives et plus pressantes. Ils le forcèrent en quelque sorte à voir du monde, et lui amenèrent plusieurs gens de lettres de sa connaissance; de belles dames les suivirent bientôt, et tous de concert le pressaient d'ouvrir son porte-feuille, et de ne point priver le public de quelques pièces nouvelles que l'on savait y être. Mais il y avait un obstacle puissant à surmonter, et qui subsista encore plusieurs mois dans toute sa force. M. *de Voltaire*, peu satisfait des comédiens français, avait résolu depuis quelque temps de ne plus leur donner ses pièces à représenter. Ce qui avait excité son humeur contre eux, c'est, d'un côté, qu'ils n'avaient fait nul cas et s'étaient même moqués de ses reproches réitérés sur leur extrême négligence, qu'on avait remarquée à la remise au théâtre de plusieurs de ses anciennes pièces; de l'autre côté, c'était la manière hautaine dont ces messieurs avaient reçu les avis que M. *de Voltaire* avait pris la liberté de leur donner sur les derniers rôles qui leur avaient été distribués; et ceci les choquait plus que tout le reste. Il est assez probable que c'étaient ceux qui avaient le plus besoin de ces avis qui s'en fâchaient le plus. Quoi qu'il en soit, ce furent les sieurs *Granval*, *la Noue*, *Paulin* et *Dubois* qui, dans cette circonstance, manifestèrent davantage leur mauvaise volonté envers un auteur qui, depuis plus de trente ans, n'avait pas laissé que de faire quelque bien à leur théâtre (26). M. *de Voltaire*,

(26) Croirait-on que long-temps après, en 1778, *Voltaire* éprouvait encore à Paris un désagrément de ce genre? Ce fut à la ré-

ferme dans sa résolution, ne voulut point entendre parler de la comédie française; mais, pour ne pas se refuser entièrement aux désirs de ses plus intimes amis, il leur dit qu'il ferait représenter devant eux quelques-unes de ses pièces, mais que ce serait par des amateurs, sur un théâtre particulier, et dans sa propre maison. Voilà ce qui l'avait déterminé à transformer une partie du second étage de la maison en salle de spectacle, dans laquelle il pouvait se rendre de plain-pied en sortant de son appartement. Lorsqu'il vit que le local était presque entièrement disposé et décoré comme il convenait, il me chargea de lui trouver des acteurs non récalcitrans, mais dociles, disposés à écouter ses conseils, et qui voulussent bien jouer ses pièces, comme il désirait qu'elles le fussent. On lui avait dit que, dans plusieurs maisons particulières, des sociétés de jeunes gens s'amusaient à jouer la comédie. Il m'ordonna de prendre à ce sujet des informations exactes, de tâcher de m'introduire à ces spectacles, et de bien remarquer la

---

pétition de sa tragédie d'*Irène*. Il donnait un conseil à *Brizard* sur quelque endroit du rôle de Léonce. On dit que cet acteur médiocre et très-inférieur à *Sarrazin*, son devancier, loin d'écouter l'avis de l'auteur, lui répondit par un propos insolent. Ce n'est pas ainsi qu'en usaient deux sujets véritablement transcendans, *le Kain* et mademoiselle *Clairon*. Ceux-ci s'honoraient de recevoir des avis de *Voltaire*, et savaient en profiter. Ils lui en témoignaient leur reconnaissance en toute occasion, et on la voit consignée dans les Mémoires qu'ils ont écrits, et qu'on a publiés après leur mort.

troupe qui me paraîtrait la meilleure. Je parvins, en assez peu de temps, à voir trois de ces différens spectacles d'amateurs, et je n'en fus guère satisfait. Je m'y connaissais un peu, et les pièces que j'avais vues parfaitement jouées par des gens du monde, à Cirey, à Lunéville, à Sceaux, etc., m'avaient rendu difficile sur ce point. De ces associations de jeunes gens, que je pus connaître, celle qui me parut réunir le plus de talens, était celle qui jouait la comédie chez un tapissier, à l'entrée de la Vieille rue du Temple. Cet homme avait parmi ses ouvriers un nommé *Mandron*, qui était le chef ou le directeur de la petite troupe. Il avait arrangé et orné assez passablement une espèce de salle avec un théâtre dans un vaste grenier, et c'est là que se donnaient les représentations. *Mandron* ne jouait pas mal les rôles de père et de rois; sa taille et sa figure le favorisaient dans cet emploi. Il avait pour second acteur un nommé *le Kain*, dont l'extérieur n'offrait rien de fort avantageux, mais qui me parut, quoique jeune, doué d'une grande intelligence, et savait déployer à propos de la force ou de la sensibilité. Le troisième acteur était un autre jeune homme nommé *Heurtaux*, qui n'était pas non plus favorisé d'une belle figure, et dont la taille était petite; mais il montrait beaucoup de dispositions et n'était pas dépourvu de moyens. C'est lui que M. *de Voltaire* a fait entrer depuis dans la troupe des comédiens français de madame la margrave de *Bareith*, d'où il passa dans la troupe du roi de Prusse pendant le séjour de M. *de Voltaire* à Berlin. Tout le reste, hommes et femmes, était, selon moi, au-dessous du médiocre, excepté cependant mademoiselle *Baton*, qui avait de la figure, du zèle, et qui semblait annoncer du talent; mais sa grande jeunesse ne lui permettait pas de développer encore tout ce que ses dispositions naturelles promettaient. J'eus soin de prendre des renseignemens sur ces différentes personnes, et de tenir note de leurs demeures.

Ayant rendu compte à M. *de Voltaire* de toutes mes découvertes, il m'envoya chez les jeunes gens que je viens de nommer pour inviter chacun d'eux à venir le voir, et leur dire de sa part qu'il avait à leur communiquer quelque chose qui probablement ne leur serait point désagréable. Il m'avait autorisé à entrer dans quelques détails, si l'on m'interrogeait. J'appris à ces jeunes gens que M. *de Voltaire*, ayant entendu parler de leurs amusemens et du goût qu'ils avaient pour les spectacles dramatiques, ainsi que de leurs talens, il avait jeté les yeux sur eux pour l'essai de quelques-unes de ses pièces nouvelles, dont il désirait voir l'effet au théâtre avant de les donner à la Comédie française. On peut juger combien leur amour-propre fut flatté de ce que je leur apprenais; mon message fut reçu de tous avec autant de joie que de surprise. Ils promirent de se rendre chez M. *de Vol-*

taire, et il fut convenu que ce serait le surlendemain à dix heures du matin. Je leur dis, en les quittant, d'amener avec eux ceux de leurs compagnons qui voudraient les accompagner, les assurant que tous seraient bien reçus. Au jour fixé, la troupe entière, y compris même le souffleur, ne manqua pas de se trouver ponctuellement au rendez-vous. Personne, ce jour-là, n'avait négligé sa toilette; tous ces jeunes gens étaient mis fort proprement. Je les introduisis dans le salon. Un instant après M. *de Voltaire* parut; il commença par les remercier de leur bonne volonté, et de ce qu'ils se rendaient si promptement à ses désirs. Adressant ensuite la parole à la plupart d'entre eux particulièrement, il s'informait du genre de leur rôle, des pièces qu'ils jouaient avec le plus de succès, etc. Il interrogea beaucoup *le Kain*, que je lui avais désigné comme le meilleur acteur de la troupe. Alors il invita les cinq ou six principaux acteurs à lui déclamer quelque tirade prise indifféremment de l'un ou de l'autre de leurs rôles; ce qu'ils firent tour à tour. Il parut en général assez content; il les encouragea, et leur promit des instructions dont leur talent pourrait profiter, s'ils voulaient les recevoir avec docilité. Enfin, pour juger encore mieux de leur savoir-faire et apprécier en même temps l'accord et l'ensemble de ces acteurs sur la scène, il les engagea à venir le jour suivant, vers six heures du soir, pour représenter sur son théâtre la tragédie qu'ils savaient le mieux. Ils acquiescèrent de suite à sa demande, et plusieurs voix dirent que la tragédie qu'ils jouaient le plus volontiers, et qu'ils rendaient le mieux, était *Mahomet le Prophète*. Le désir de faire leur cour à l'auteur de cette pièce entrait peut-être pour quelque chose dans ce choix. Quoi qu'il en soit, la chose fut ainsi arrêtée, et le lendemain on joua la tragédie de *Mahomet* dans la salle que nous avions préparée. Cette première représentation se fit à huis clos : il n'y avait pour spectateurs que M. *de Voltaire*, madame *Denis*, sa nièce, M. et madame *d'Argental*, M. le duc *de Richelieu* et M. *de Pont-de-Veyle*, frère de M. *d'Argental*. Je fus aussi présent à cette représentation, ainsi que me l'avait enjoint M. *de Voltaire*. Deux ou trois personnes attachées à la maison purent aussi en être témoins. *Mandron*, le fondateur et le chef de la petite troupe, montra assez de noblesse et de sensibilité dans le rôle de *Zopire*; *le Kain* rendit avec de la force et de l'intelligence, mais surtout avec beaucoup de zèle, le rôle de *Mahomet*, qu'il a depuis joué avec tant de supériorité sur le Théâtre-Français; *Heurtaux* s'acquitta d'une manière assez satisfaisante du rôle de *Seïde*; et mademoiselle *Baton* un peu faiblement, et avec timidité, de celui de *Palmire*; mais on apercevait dans son jeu et dans sa diction du naturel, sans nul défaut choquant. On pouvait s'en promettre pour la suite une bonne actrice. Les autres rôles furent aussi joués très-passablement. M. *de Voltaire* vit avec plaisir l'union de ces jeunes gens, leur zèle, leur mémoire, et l'ensemble qu'ils surent mettre dans l'exécution de sa pièce, quoiqu'ils y fussent quelquefois interrompus. Cette représentation ne fut, à parler exactement, qu'une répétition générale. L'auteur arrêtait de temps en temps les acteurs et leur faisait recommencer une scène, en montrant à chacun le geste et donnant le ton convenable à son rôle et à la situation. Au total, il fut assez content de cette première séance. Il retint à souper acteurs et spectateurs, et à la fin du repas, il alla chercher les rôles de sa *Rome sauvée*, et les distribua à ces jeunes gens, les invitant à les apprendre aussitôt qu'ils le pourraient. Celui de *Cicéron* fut donné à *Mandron*, *César* à *le Kain*, *Catilina* à *Heurtaux*, et *Aurélie* à mademoiselle *Baton*. Les conjurés et les confidens se partagèrent entre les autres acteurs. Dans la suite il leur donna encore les rôles de *Zulime* et ceux du *Duc de Foix*. Il s'attacha de plus en plus la petite troupe, qui donnait régulièrement deux représentations par semaine dans sa maison. C'étaient des tragédies ou des comédies de différens auteurs, alternativement avec des pièces de M. *de Voltaire*. Il engagea *le Kain*, en qui il découvrait le germe d'un talent supérieur, à venir demeurer chez lui, ce qui fut accepté avec ardeur par ce jeune homme qui, étant devenu libre de suivre son inclination, avait déclaré à M. *de Voltaire* qu'il était résolu de renoncer à sa profession d'orfèvre, pour prendre l'état de comédien.

Quand les rôles de *Rome sauvée* furent bien appris, on fit à huis clos plusieurs répétitions de cette tragédie, qui n'était pas encore connue du public. C'était en 1750, et elle ne fut jouée à la Comédie française qu'en 1752. M. *de Voltaire* se donna beaucoup de peine pour diriger les acteurs, les bien remplir de l'esprit de leurs rôles, et les faire agir et parler comme il le désirait. Tout enfin allant à peu près à son gré, il voulut que la pièce fût représentée devant une compagnie de personnes éclairées et de connaisseurs, et savoir le jugement qu'ils en porteraient. Pour compléter l'illusion, il prétendit que tous les accessoires répondissent parfaitement au sujet, et que le vrai costume fût observé dans tous ses détails. Il fallait pour cela des habits nouveaux à la romaine, bien conditionnés et en assez grand nombre. Il n'eût pu les faire confectionner comme il l'entendait sans beaucoup de temps, et encore plus de dépense. Il imagina de se servir des superbes habillemens et de tout le magnifique attirail que la cour avait fait établir pour le *Catilina* de *Crébillon*, représenté quelque temps auparavant avec une grande pompe, tant à la cour qu'à la ville. Tout cela était conservé avec soin au magasin de la Comédie française, où l'on comptait s'en servir encore bientôt pour ce même *Catilina*, qu'il s'agissait de remettre au théâtre, quoiqu'il eût déjà eu trente ou quarante représentations. C'était la suite de la haute protection accordée alors à *Crébillon*, préparée et obtenue par les intrigues d'une cabale acharnée contre M. *de Voltaire*, qu'on croyait abaisser et anéantir en relevant *Crébillon*. L'auteur de *Rome sauvée* aurait pu demander ces habits à quelques acteurs de la Comédie française desquels il n'avait jamais eu à se plaindre, et ils auraient sans doute acquiescé à sa demande, si cela avait dépendu d'eux. Ils eussent pu s'y faire autoriser; mais il était plus court de s'adresser à M. le duc *de Richelieu*, qui, en sa qualité de premier gentilhomme de la chambre, alors en exercice, avait la haute juridiction sur tout ce qui tient aux spectacles. M. *de Voltaire* le pria de lui accorder pour un seul jour les costumes qui avaient été faits pour le *Catilina*. M. *de Richelieu* y consentit sans peine. Tout ce que l'on désira d'avoir fut envoyé rue Traversière; et plus rien ne retarda la représentation de *Rome sauvée*.

Le jour où elle eut lieu, toute la salle se trouva remplie de bonne heure. Les dames n'y étaient qu'en très-petit nombre. L'assemblée était principalement composée de gens de lettres : on voyait parmi eux MM. *d'Alembert*, *Diderot*, *Marmontel*, le président *Hénault*, les abbés *de Voisenon* et *Raynal*, et plusieurs académiciens, tels que l'abbé *d'Olivet*, etc. Les ducs *de Richelieu* et *de la Vallière* y étaient, et quelques amis particuliers de l'auteur que j'avais été y inviter de sa part. On y remarqua surtout le père *de la Tour*, principal du collége des jésuites et son compagnon. Ces pères n'assistaient jamais à d'autres spectacles profanes que ceux qu'ils faisaient donner dans les colléges par leurs écoliers; mais M. *de Voltaire*, qui avait fait lire sa tragédie au père *de la Tour*, et en avait reçu force complimens, le pressa tellement de la venir voir représenter, qu'il l'y détermina. Les acteurs, animés par la présence de tant de juges éclairés, mirent dans l'exécution de leurs rôles tout le zèle dont ils étaient capables. L'auditoire, en général, en parut très-content, mais il le fut encore plus de la pièce. On admira la beauté de la poésie, la force et la vérité des caractères; et les connaisseurs convinrent que, sous ce rapport, *Rome sauvée* égalait ce que M. *de Voltaire* avait fait de mieux. L'abbé *d'Olivet*, surtout, fut enchanté, et il témoigna hautement sa joie et sa reconnaissance de ce que l'auteur de cette tragédie avait enfin vengé son *cher Cicéron* du rôle plat et ridicule que le vieux *Crébillon* lui avait fait jouer dans la sienne. Après le spectacle, M. *de Voltaire* ne dut pas douter de la satisfaction générale; chacun s'empressait à la lui témoigner, et l'invitait à ne pas frustrer le public d'un si bel ouvrage; mais il ne céda point alors aux instances de ses amis, et *Rome sauvée* resta encore assez long-temps dans son porte-feuille avant de paraître au théâtre de la Comédie française.

ARTICLE XXVIII.

Suite du séjour à Paris. Le Kain débute à la Comédie française. Septembre 1750.

Le bruit que faisait le petit spectacle de la rue Traversière se répandit bientôt dans tout Paris. Institué d'abord par M. *de Voltaire* dans la seule vue d'essayer ses pièces nouvelles, d'encourager des jeunes gens qui faisaient tout leur plaisir de jouer la comédie, et enfin de n'admettre à ces représentations qu'un petit nombre de ses amis, il devint en peu de temps un théâtre presque public. Ces amis sollicitèrent la même faveur pour d'autres. Des personnes de considération, des étrangers de marque, qui ne connaissaient M. *de Voltaire* que de réputation, faisaient solliciter pour eux l'entrée de son spectacle, et il n'avait pas la force de refuser. J'y ai vu plus d'un ministre et d'un ambassadeur. Il fallut prendre le parti de faire des billets, dont les porteurs seuls étaient admis. On n'en distribuait qu'à proportion de la capacité de la salle, qui n'était pas fort vaste. Au moyen de quelques gradins établis sur les côtés, et que M. *de*

Voltaire appelait ses loges, cent personnes environ y pouvaient être assises, et une vingtaine d'autres au moins, debout dans une espèce de vestibule ou antichambre, pouvaient encore jouir du spectacle.

Ce que l'on avait dit de la tragédie de *Rome sauvée* avait inspiré à beaucoup de monde le désir de la voir. On en donna une seconde représentation, qui fut plus remarquable que la première et produisit une plus vive sensation. Sans que les spectateurs en fussent prévenus, à l'exception de trois ou quatre, M. *de Voltaire* y parut dans le rôle de Cicéron, comme il l'avait fait une fois chez madame la duchesse *du Maine*, à Sceaux, quelques semaines auparavant. Il excita le même enthousiasme à Paris, où l'on s'en souvint bien long-temps. Des personnes que je vis trente ans après cette représentation, et qui en avaient été témoins comme moi, m'en parlaient avec autant d'intérêt que si elle eût eu lieu la veille. Quelque temps après M. *de Voltaire* fit essayer la tragédie intitulée : *le Duc de Foix*. Il y avait remis en œuvre, avec des changemens et sous d'autres noms, le sujet d'*Adélaïde du Guesclin*, pièce qu'il avait donnée quinze ou seize ans auparavant au Théâtre-Français, où elle fut représentée avec peu de succès, et qui ne fut pas alors imprimée, de sorte qu'on ne s'en souvenait plus guère en 1750, et que le sujet même de la tragédie, qui est très-beau, dut paraître neuf à beaucoup de spectateurs. Je vis jouer aussi par la petite troupe d'amateurs, *Zulime*, pièce qui avait été représentée autrefois, qui n'était guère plus connue que la précédente, et que M. *de Voltaire* avait également refaite. On y vit paraître ensemble les deux nièces de l'auteur, madame *Denis*, dans le rôle de Zulime, et madame *de Fontaine*, dans celui d'Atide. Elles s'en tirèrent assez bien, et elles durent être flattées de l'accueil que leur fit l'assemblée (27).

Les comédiens français ne pouvaient ignorer la vogue du théâtre de la rue Traversière. Ce qu'ils en entendaient raconter tous les jours, l'empressement avec lequel ils voyaient des gens d'esprit, des hommes distingués de tout rang, des connaisseurs enfin, chercher les moyens d'être admis à ce spectacle, durent sans doute exciter leur curiosité. Quelques-uns d'entre eux, dont M. *de Voltaire* n'avait point eu à se plaindre, hasardèrent de lui aller demander la faveur de pouvoir venir à son spectacle. Ils ne furent pas mal reçus, car, avant qu'ils ne sortissent, M. *de Voltaire* m'appela, et me dit de leur donner deux billets d'entrée pour chacune des quatre représentations suivantes. Ceux des co-

---

(27) Madame *Denis*, dans la suite, a joué souvent la comédie aux Délices et à Ferney. *Voltaire* en avait fait la première actrice de son théâtre. On le voit, dans sa correspondance, vanter à ses amis le talent de sa nièce, et même quelquefois en parler d'une manière évidemment hyperbolique.

médiens à qui ces billets servirent, rendirent compte à leurs camarades des pièces de M. *de Voltaire* qu'ils virent représenter. Ils sentirent qu'elles auraient été fort utiles à leur théâtre, qui languissait faute de nouveautés intéressantes. Ils commencèrent à ouvrir les yeux sur leur imprudence, et à sentir le tort qu'ils s'étaient fait en donnant à M. *de Voltaire* des sujets de mécontement, et bientôt après ils ne dissimulèrent plus leur désir de le réparer. Sur ces entrefaites, M. *d'Argental* et M. *de Pont-de-Veyle,* son frère, ayant eu connaissance de cette disposition des comédiens, entreprirent de les réconcilier avec M. *de Voltaire,* et d'accélérer par là les plaisirs du public, qui désirait vivement de voir jouer ses pièces nouvelles dont il entendait parler. Ce sont ces deux frères que M. *de Voltaire* appelait tantôt *ses anges gardiens*, tantôt *Castor et Pollux*, par allusion à ces divinités tutélaires qui venaient rendre l'espoir et le courage aux matelots battus de la tempête. Leur amitié, commencée presque dès l'enfance, avait toujours été extrêmement précieuse et utile à M. *de Voltaire* dans toutes les circonstances de sa vie, et leur méritait bien ces noms qu'il se plaisait à leur donner. Dans l'occasion dont il s'agit ici, ces messieurs parlèrent à ceux des comédiens qui avaient le plus d'influence sur les autres, leur firent sentir le besoin qu'ils avaient de M. *de Voltaire*, et la convenance de lui envoyer, au nom du corps, une députation pour le solliciter de leur ouvrir son porte-feuille. La chose fut proposée et acceptée en comité général. La députation se fit, ayant à sa tête pour orateur le sieur *Granval*. Sa harangue tendait à calmer M. *de Voltaire*, à obtenir l'oubli des torts passés, à promettre qu'ils seraient dorénavant entièrement effacés par la plus grande exactitude à se conformer en tout à ses intentions; il terminait la péroraison par supplier le poète auteur de tant de chefs-d'œuvre, de rendre enfin aux comédiens français ses bonnes grâces et ses ouvrages. M. *de Voltaire* ne sut jamais garder de rancune quand on revenait à lui de bonne foi; et en effet, je l'ai vu en d'autres circonstances pardonner et oublier des torts plus graves quand on venait lui en faire l'aveu et qu'on en marquait du repentir. Il ne fut pas insensible à la démarche des comédiens, fit un bon accueil à la députation, et promit qu'il allait s'occuper de la demande qui lui était faite, qu'il y satisferait le plus tôt qu'il pourrait, et que pour rendre plus dignes d'être présentés au public les ouvrages qu'on lui demandait, il voulait les revoir encore une fois avec soin.

Le différend fut ainsi terminé. Les premières pièces que M. *de Voltaire*, au bout d'un certain temps, remit aux comédiens furent *Zulime* et *le Duc de Foix*; ensuite *Rome sauvée*, qui ne fut représentée par eux qu'en 1752, lorsque l'auteur était en Prusse. Ensuite succédèrent, à quelques années d'intervalle, l'*Orphelin de la Chine* et *Tancrède*. Les comédiens tinrent parole, et montrèrent, touchant la représentation de ces pièces, toute la déférence possible pour les conseils et les observations que leur faisait communiquer l'auteur. Il y eut seulement quelques légères altercations pour les premiers rôles entre les demoiselles *Duménil* et *Clairon*. M. *de Voltaire*, qui en avait déjà vu quelque chose avant son départ de Paris, et qui ne doutait pas que de nouvelles querelles ne s'élevassent dans la suite pour la même cause, chercha à les prévenir. Il savait que mademoiselle *Duménil* était en possession des premiers rôles; mais il avait une haute opinion du talent de mademoiselle *Clairon*, qu'il voyait se perfectionner de jour en jour. Il la considérait comme une rivale digne de mademoiselle *Duménil*, et qui pouvait l'égaler et peut-être la surpasser aux yeux des vrais connaisseurs, parce que, avec une intelligence égale et presque autant de force, elle montrait plus de noblesse, et se maintenait à la hauteur du genre sans en tomber jamais, comme sa rivale le faisait quelquefois. Il jugeait par conséquent qu'elle pouvait aussi remplir avec succès les premiers rôles. Pour s'entendre à cet égard, et écarter tout sujet de contestation, il rassembla chez lui dans un souper ces demoiselles et les principaux acteurs. Là, il les prévint qu'il entendait rester toujours libre de distribuer les rôles de ses pièces comme il le trouverait convenir; que mademoiselle *Duménil* conserverait exclusivement tous les premiers rôles dont elle était en possession, tels que Jocaste, Mérope, Sémiramis, etc.; que les premiers rôles des pièces nouvelles qu'il donnerait se partageraient entre elle et mademoiselle *Clairon;* qu'elles resteraient néanmoins maîtresses de se les céder mutuellement, si cela leur convenait. C'est ainsi que dans l'*Orphelin de la Chine*, le rôle d'Idamé, destiné à mademoiselle *Duménil*, et joué d'abord par elle avec beaucoup d'applaudissemens, le fut ensuite avec non moins d'éclat par mademoiselle *Clairon*. Quelques années après, le talent de celle-ci parut avoir atteint son plus haut degré de perfection, et il s'y maintint jusqu'au moment de sa retraite, occasionée prématurément par un événement malheureux et bizarre (28), dans le temps des représentations du

(28) Un acteur employé dans les rôles de confidens, nommé *Dubois*, soutenait un procès scandaleux contre le chirurgien qui venait de le guérir de certaine maladie, et lui disputait son salaire. Les acteurs et actrices qui avaient quelques sentimens d'honneur, scandalisés de sa conduite, refusèrent de paraître au théâtre à côté de lui, et demandèrent son exclusion de la troupe. Mais ce *Dubois* était père d'une jeune et très-belle actrice, reçue à l'essai pour l'emploi des *jeunes premières*. Elle s'en acquittait faiblement, n'ayant qu'un talent fort médiocre. Protégée par le premier gentilhomme de la chambre en exercice, elle plaida près de lui la cause de son père, qui ne pouvait en cette occasion avoir de meilleur avocat. Aussi fut-il maintenu, et ses scrupuleux camarades enfermés au Fort-l'Évêque. Mademoiselle *Clairon*, *le Kain*, *Molé* et d'autres étaient de ce nombre. Remis en liberté successivement après un séjour plus ou moins prolongé dans

Siége de Calais, tragédie de *Dubelloy*, dernière pièce dans laquelle elle parut. Quant à mademoiselle *Duménil*, qui avançait en âge, elle avait depuis quelque temps laissé tous les premiers rôles des pièces nouvelles à mademoiselle *Clairon*, et elle se bornait à ses anciens rôles, dans lesquels elle n'a cessé de briller jusqu'au moment où elle se retira du théâtre.

Pendant les représentations données chez M. *de Voltaire*, ce qui dut fixer particulièrement l'attention des comédiens qui en furent témoins, ce fut le jeu de *leKain*, de ce jeune acteur qui, sans qu'ils s'en doutassent alors, devait peu de temps après se trouver au milieu d'eux et les éclipser. Il persistait toujours dans son projet de devenir comédien, continuait de solliciter M. *de Voltaire*, et le pressait de lui en faciliter les moyens. Celui-ci, qui avait aperçu dès l'abord le fond d'un grand

---

cette prison, on les vit tous reprendre leurs emplois, excepté mademoiselle *Clairon*, qui, profondément blessée d'un affront qu'elle croyait injuste, refusa constamment de reprendre son état, quoiqu'elle eût pu y briller encore long-temps, son talent étant alors dans toute sa force. C'est ainsi que le public en fut privé. On a vu, après elle, des actrices qui avaient beaucoup de mérite, telles que les deux demoiselles *Sainval*, mademoiselle *Duranci*, madame *Vestris*, et quelques-unes plus modernes; mais mademoiselle *Clairon* n'eut point et n'aura peut-être jamais d'égale. Les scènes entre elle et *le Kain* paraissaient aux connaisseurs le vrai type de ce que l'art de la déclamation théâtrale peut produire de plus grand et de plus beau; un assemblage parfait, au-dessus duquel il semblait impossible d'avoir rien à désirer.

talent dans *le Kain*, qui l'avait vu de jour en jour faire des progrès rapides, témoin de l'ardeur qu'il ne cessait de montrer pour embrasser cet état, résolut de solliciter pour lui un ordre de début à la Comédie française, le jugeant très-digne d'y paraître et capable d'y réussir. Messieurs les premiers gentilshommes de la chambre, de qui cela dépendait, n'accédèrent pas de suite à sa demande; il fallut retourner plus d'une fois à la charge; enfin, l'ordre de début fut accordé très-peu de temps avant qu'il ne partît pour la Prusse, où différens motifs, dont je parlerai ci-après, l'avaient déterminé à se rendre. Il ne put être témoin du début de *le Kain* au Théâtre-Français. Ce ne fut qu'après son départ, au mois de septembre 1750, que cet acteur débuta. Il fut très-bien reçu du public, mais il rencontra bien des obstacles, élevés contre lui par les comédiens. Ne pouvant méconnaître en lui un talent supérieur, et moins étonnés qu'effrayés des applaudissemens qu'on lui donna, une secrète jalousie les porta à faire les plus grands efforts pour l'écarter. Ils ne réussirent que trop long-temps à faire retarder son admission dans leur troupe, car malgré l'accueil favorable qu'il recevait assez généralement des spectateurs, et surtout du parterre, qui fut constamment très-prononcé pour lui, on fit si bien, que son début se prolongea pendant près d'une année et demie, sans qu'il perdît courage. A la fin, les comédiens, voyant l'affluence des spectateurs attirés sans interruption par le débutant, commencèrent à réfléchir et à sentir combien un tel sujet serait profitable à leur caisse, et chez eux une sorte d'intérêt vint en combattre une autre; leurs oppositions s'affaiblirent ou cessèrent tout-à-fait. Cette cause, jointe aux applaudissemens soutenus du parterre, à l'opinion prononcée de quelques personnes en crédit à la cour, et enfin aux lettres de M. *de Voltaire* écrites au duc *de Richelieu* et à ses collègues, tout cela dis-je, réuni fit recevoir *le Kain* au nombre des comédiens du roi. Il ne cessa depuis lors de remplir à la Comédie française les premiers rôles tragiques avec un succès toujours croissant. Il y remplit ses devoirs avec un zèle extrême, et chez lui l'amour de son art et le désir de s'y distinguer furent toujours de vraies passions.

Il y a quelque temps que j'ai ouï dire que le tapissier qui avait établi chez lui, Vieille rue du Temple, une salle pour le petit spectacle dirigé par *Mandron*, se vantait que c'était lui qui avait procuré M. *le Kain* à M. *de Voltaire*, et qu'il avait été cause de sa fortune, de sa réputation et de sa gloire. Je ne sais pas même s'il n'a point eu l'audace de faire imprimer cette assertion dans un petit ouvrage sur les théâtres. Je peux lui prouver la fausseté de ce qu'il a avancé. M. *le Kain* ne doit qu'à moi la connaissance personnelle de M. *de Voltaire*, qu'il ne connaissait auparavant que par son nom et ses ouvrages. J'ai été le premier qui l'ai introduit dans sa maison; c'est moi qui l'ai installé dans le petit appartement que M. *de Voltaire* lui avait fait préparer; et comme il restait encore quelque chose à y faire quand il vint dans la maison, on lui donna provisoirement ma chambre, qu'il occupa huit ou dix jours, pendant lequel temps je couchai dans une mansarde immédiatement au-dessus de lui. Il m'appelait souvent, et se plaisait à répéter ses rôles avec moi; une partie de ma journée se passait dans cette occupation, qui m'amusait aussi. Quand il eut été reçu à la Comédie française, il ne m'oublia pas, et vint souvent me voir. Nous causions de différentes choses; de M. *de Voltaire* et de ses ouvrages; des défauts et des bonnes qualités des acteurs que nous connaissions; de la petite troupe d'amateurs de la Vieille rue du Temple, où je l'avais vu pour la première fois, etc. Il m'a dit plusieurs fois qu'il me regardait comme la première cause de sa fortune. Tant qu'il a vécu j'ai été son ami, et il m'a toujours reçu comme tel, soit chez lui à Paris, soit à sa maison de campagne à Fontenai, près Vincennes (29).

(29) *Longchamp*, dans cet article, reprend un particulier de s'être vanté à tort d'avoir procuré à *le Kain* la connaissance de *Voltaire*, et de les avoir mis en rapport ensemble; mais n'aurait-il pas aussi quelque chose de semblable à se reprocher dans ce qu'il dit à ce sujet? C'est à lui-même qu'il attribue l'origine de cette liaison du grand poète

ARTICLE XXIX.

Mécontentement de M. DE VOLTAIRE. *Son départ pour la Prusse.*

Au commencement de la faveur de madame la marquise *de Pompadour,* elle montra du goût pour les arts et la littérature, et parut vouloir protéger efficacement ceux qui les cultivaient avec succès. Parmi les gens de lettres, elle distingua d'abord M. *de Voltaire;* elle le voyait avec plaisir et lui faisait chez elle le meilleur accueil. Il n'en fallait pas davantage pour être bienvenu à la cour, recherché des courtisans, et même pour s'attirer quelques regards favorables du maître. On peut croire que c'est principalement à la protection de madame *de Pompadour* qu'il dut les bienfaits de *Louis XV.* Ce monarque lui donna alors la charge de gentilhomme ordinaire de sa chambre, et celle d'histo-

---

avec le grand acteur, de laquelle devait naturellement résulter beaucoup d'avantages et pour l'art dramatique et pour le public. Mais cet article est un de ceux ajoutés aux autres après un long intervalle de temps, puisqu'il est postérieur à la mort de ces deux hommes célèbres, et que trente ans s'étaient écoulés depuis l'événement dont il parle. Il est donc possible que trop de confiance dans sa mémoire, ou de complaisance pour son amour-propre, l'ait égaré dans son récit. Ce qui le ferait croire, c'est que *le Kain* rapporte d'une manière toute différente comment il a été connu de *Voltaire.* Ce fut l'effet d'un pur hasard, ainsi qu'on le voit dans un écrit de cet acteur, qui est imprimé avec d'autres pièces justificatives, au tome LXX, pag. 242, des OEuvres de *Voltaire,* in-8º.

riographe de France. Et comme le service de la première l'aurait astreint à passer une partie de son temps à la cour, et détourné par conséquent de ses travaux favoris, quelques mois après en avoir été pourvu, il sollicita, et obtint, par la même protection, de s'en démettre en faveur de M. le comte *Dufour*. Cela valut à M. *de Voltaire* une somme de trente mille francs, et ce qui, dans cette affaire dut le toucher davantage, c'est que le roi lui conserva le titre et les honneurs de la charge (30).

Toutes ces grâces répandues sur M. *de Voltaire* ne firent qu'aiguillonner la haine de ses ennemis, qui, s'apercevant de quelles sources elles pouvaient provenir, résolurent de le noircir et de le perdre dans l'esprit de sa protectrice. Ils ne négligèrent rien pour en venir à bout, et leurs efforts réitérés ne furent pas sans effets. Un an s'était à peine écoulé qu'il s'aperçut que son crédit baissait de jour en jour, et qu'il ne tarderait pas à se perdre tout-à-fait. On avait eu l'art et la perfidie de le dépeindre aux yeux de la marquise *de Pompadour* comme un auteur envieux et qui déclarait la guerre à tous ceux qui voulaient courir la même carrière

---

(30) Il ne peut être ici question que des priviléges honorifiques, et non des émolumens qui appartiennent naturellement à celui qui fait le service. Il est probable que c'est par inadvertance que *Longchamp* en parlait ici, les confondant peut-être avec une pension de 2000 francs que reçut *Voltaire*, en même temps que la charge d'historiographe de France, et qui lui resta lorsque cette charge passa à *Marmontel*.

que lui. On s'efforçait de persuader à cette dame qu'il cherchait toutes les occasions de les déprimer, en prenant à tâche de faire tomber leurs pièces. On attribuait au seul dessein de les avilir son affectation à traiter les mêmes sujets que les autres poètes. On la sollicitait en faveur d'un homme de lettres respectable par son grand âge, et célèbre par ses anciens succès, mais qui depuis long-temps était malheureusement négligé. On le louait devant elle à outrance : enfin on réussit à faire tourner sur le poète octogénaire toute la protection accordée d'abord à M. *de Voltaire*. On immola ce dernier à M. *de Crébillon*, qu'on citait comme le principal objet de la jalousie de son rival. On faisait remarquer que si l'un a fait les tragédies d'*Atrée et Thyeste*, d'*Électre*, de *Sémiramis* et de *Catilina*, l'autre n'a pu sans perfidie donner au théâtre *les Frères ennemis*, ou *le Duc de Foix*, *Oreste*, *Sémiramis* et *Rome sauvée*; que ce dernier enfin, en choisissant ces sujets, n'avait cherché à lutter contre M. *de Crébillon* que dans l'espérance de le rabaisser en faisant mieux que lui (31).

M. *de Voltaire* s'apercevant à la fin qu'on avait complétement réussi à le desservir auprès de ma-

(31) Ces propos, dans la circonstance où ils étaient tenus, faisaient d'autant plus d'effet qu'ils n'étaient pas dénués de vraisemblance, ni même de toute vérité. On ne peut guère douter que les applaudissemens excessifs donnés par une cabale à des ouvrages très-médiocres, dont le succès avait été concerté et soutenu par elle, dans l'unique dessein de nuire à *Voltaire*, n'aient donné de l'humeur à

dame *de Pompadour*, mais espérant encore qu'elle ne lui refuserait pas quelques mots d'éclaircissement à ce sujet, écrivit deux ou trois lettres à cette dame, dont les réponses étaient vagues et insignifiantes. N'obtenant d'elle rien de ce qu'il désirait, il prit alors, pour s'en consoler, le parti d'aller passer quelque temps auprès du roi de Prusse. Ce monarque le pressait depuis long-temps de faire ce voyage, et lui répétait qu'on n'avait plus pour le différer le prétexte de tenir compagnie à madame *du Châtelet*, qu'on lui avait allégué tant de fois. Cependant M. *de Voltaire* ne pouvait quitter le royaume sans la permission du roi, et la cour était pour lors à Compiègne. Il résolut de s'y rendre en personne pour demander cette permission. Peut-être se flattait-il que la confiance dont l'honorait le roi de Prusse étant connue à la cour de France, on le verrait partir d'autant plus volontiers, qu'on pourrait, dans l'occasion, se servir utilement de lui pendant son séjour à Berlin; d'autant plus que, n'étant revêtu d'aucun caractère public, il y paraîtrait sans conséquence et ne donnerait nul ombrage aux ministres étrangers.

Le projet de son voyage étant venu à la con-

---

celui-ci, et que le désir de venger à la fois le bon goût et lui-même, ne l'ait décidé à traiter les sujets déjà employés par *Crébillon*. Peut-on se plaindre que l'auteur de *Rome sauvée* ait voulu convaincre le public qu'on pouvait surpasser celui de *Catilina*, et prouver que ce dernier n'était pas (comme on s'efforçait de le prétendre alors) le seul homme capable de faire une bonne tragédie?

naissance de ses ennemis, ils ne manquèrent pas de faire insinuer à madame *de Pompadour* que M. *de Voltaire* avait l'ambition d'être un personnage diplomatique, et se vantait d'avance de rendre de grands services à *Louis XV*. Que madame la marquise *de Pompadour* ait ajouté foi ou non à de si sots bruits, ils n'en étaient pas moins capables d'indisposer beaucoup de personnes contre lui. Aussi, quand il se présenta au roi pour prendre congé et recevoir les ordres de Sa Majesté, ce prince, dit-on, se borna à lui dire qu'il pouvait partir quand il voudrait, et lui tourna le dos. Quant à madame *de Pompadour*, dans une courte entrevue et de froids adieux, elle chargea le voyageur de ses respectueux complimens pour le roi de Prusse. M. *de Voltaire*, sensible, comme on peut le croire, à cet affront, revint à Paris pour se préparer au voyage. Trois ou quatre jours après il partit pour Berlin, après m'avoir fait mettre à la poste une lettre à l'adresse de madame *de Pompadour*. Il l'avait cachetée lui-même, et je n'en ai point vu le contenu. Je pense qu'elle était plus remplie de vifs reproches adroitement tournés que de jolis vers, pleins de galanterie, tels qu'il lui en adressait quelquefois, et dont elle paraissait alors si flattée. Quoique j'eusse bien désiré de le suivre et que je m'y fusse attendu, il me fallut rester à Paris, où, me dit-il, je lui serais plus utile qu'à Berlin. Il me promit cependant que si son séjour en Prusse se prolongeait au-delà de trois à quatre mois, et si, dans ce temps, ses principales affaires à Paris étaient achevées, il me donnerait des ordres pour venir le rejoindre. Il me prescrivit alors ce que j'aurais à faire : c'était de solliciter et de presser les gens de loi qui le servaient dans un procès dont le jugement se retardait trop à son gré; de suivre quelques autres affaires non terminées; de recouvrer ce qui restait à toucher de ses revenus de l'année précédente; de pourvoir à la dépense de sa maison, dont je tiendrais registre exact, ainsi que de la recette, afin d'être en état de lui en donner le compte lorsqu'il le demanderait; enfin de mettre à la disposition de sa nièce, madame *Denis*, cent louis par mois pour les frais du ménage et ses dépenses personnelles, ajoutant que si cela était jugé insuffisant je n'aurais qu'à l'en informer, et qu'il pourrait en ce cas m'autoriser à fournir un supplément raisonnable. Il se défiait un peu du goût de sa nièce pour la dépense et l'ostentation. Elle était encore jeune, et il ne voulait pas la laisser maîtresse absolue dans sa maison et de ses revenus.

Ayant reçu de M. *de Voltaire* toutes ces instructions, ainsi que les titres et papiers nécessaires pour l'exécution de ses ordres, et les clefs de son cabinet et de sa bibliothèque, à l'effet de lui envoyer les manuscrits ou livres qu'il me demanderait, je me vis pourvu, en quelque sorte, de la suprême intendance de ses biens et du gouvernement de sa maison. Madame *Denis* en avait été prévenue par son oncle, à qui pour lors elle ne fit aucune observation sur cet arrangement.

M. *de Voltaire* était arrivé à Berlin au commencement du mois d'auguste 1750. Son absence, suivant ce qu'il disait, ne devait être que de trois ou quatre mois ; du moins c'est ce qu'il assurait à sa nièce en partant. Il lui recommandait cependant de bien observer l'effet que son voyage produirait sur les esprits ; de recueillir ce qu'on en dirait à Paris, et surtout à la cour ; de lui mander ce qu'elle en apprendrait par ses amis, et que d'après cela il pourrait se déterminer à revenir plus tôt ou plus tard en France. Peut-être en effet son dessein n'était-il pas de quitter pour toujours sa patrie ; peut-être croyait-il que le temps et l'absence finiraient par calmer l'envie, mettre un terme à l'acharnement de ses ennemis, et dissiper la cabale.

Mais le roi de Prusse, qui tenait enfin M. *de Voltaire* dans ses États, n'était pas disposé à le relâcher sitôt, et même espérait bien de le fixer près de lui. Il n'est sorte de moyens qu'il n'employât, ni de cajoleries qu'il ne lui fît, pour le déterminer à y consentir. M. *de Voltaire* en fut ébranlé, et n'ayant pu le dissimuler dans une lettre écrite à madame *Denis*, celle-ci aussitôt fit tout ce qu'elle put pour raffermir son oncle contre la tentation, et lui faire renoncer au parti qu'il semblait être sur le point de prendre, en cédant aux désirs du roi. Il faut que les objections contenues dans la réponse qu'elle lui adressa ne manquassent pas de force, à en juger par l'impression qu'elles firent sur l'esprit de *Frédéric*. Cette réponse de madame *Denis* lui ayant été montrée, il voulut la réfuter par écrit, et il le fit dans une lettre très-remarquable qu'il envoya de son cabinet à l'appartement de M. *de Voltaire*. Celui-ci n'y résista pas : elle acheva de l'enivrer. Pour se justifier aux yeux de sa nièce, il inséra dans le premier paquet qu'il lui adressa la lettre écrite de la main du roi. Madame *Denis* me l'ayant fait transcrire, j'en gardai une copie. Je crois que le lecteur ne sera pas fâché de connaître ce morceau curieux. Le voici (32).......

M. *de Voltaire* avait écrit par apostille au bas de la lettre du roi : « Conservez, ma chère enfant, ce » monument précieux; n'en laissez pas tirer de » copie. Montrez-la seulement à M. *d'Argental* et » à quelques vrais amis. Peu de familles auront » dans leurs archives un titre aussi singulier.

» Je vous embrasse.   VOLTAIRE. »

Ce n'est pas sans de vifs regrets que j'avais vu partir M. *de Voltaire*. Si quelque chose pouvait être capable de me consoler de son éloignement,

(32) Cette lettre ayant été insérée par *Voltaire*, en 1776, dans le *Commentaire historique*, etc., qui est dans ses œuvres, tome XLVIII, pag. 147, édition de Kehl, in-8°, nous ne la répétons pas ici.

ce devait être sans doute l'entière confiance dont il m'honorait en cette occasion. Mais j'aurais préféré de ne le point quitter. Je tâchai du moins de répondre à sa confiance en exécutant ponctuellement ses ordres.

ARTICLE XXX.

Conduite de madame Denis *en l'absence de son oncle.*

Douze ou quinze jours après le départ de M. *de Voltaire* je commençai à m'apercevoir que sa nièce était fort mécontente de ce qu'il ne se fût pas reposé sur elle seule de la gouverne de sa maison. Je sentis dès lors que ma présence lui devenait de jour en jour plus importune; et cela n'a rien d'étonnant. C'est à moi que son oncle avait remis ses clefs et laissé la manutention de ses finances. Il m'avait prescrit de ne laisser entrer personne dans son appartement pendant son absence; de ne donner que deux ou trois volumes à la fois de sa bibliothèque à madame *Denis,* si elle m'en demandait, et de ne pas lui en remettre d'autres sans que les premiers ne me fussent rendus. Comme j'étais seul au fait de l'arrangement de son cabinet, et que je l'avais aidé, au retour de Cirey, à mettre en ordre ses papiers, et à les classer dans les cartons et porte-feuilles, je pouvais plus facilement que personne lui envoyer ce qu'il voudrait à Berlin, et il m'avait bien ordonné de n'y laisser toucher à qui que ce fût. Ces raisons n'étaient rien pour madame *Denis;* son amour-propre n'en était pas moins blessé de ce que son oncle avait mis en moi sa confiance plutôt qu'en elle. Elle me le faisait sentir assez fréquemment, quoiqu'elle ne dût pas avoir encore oublié les services que je lui avais rendus. Cela n'était pas fort ancien. Il y avait plusieurs années qu'elle était dans la disgrâce de M. *de Voltaire,* pour quelque sujet de mécontentement qu'elle lui avait donné; et depuis la mort de madame *du Châtelet*, j'étais parvenu, par mes soins, à raccommoder la nièce avec l'oncle; et l'état agréable dont elle jouissait à Paris en avait été la suite. Quand elle connut le projet formé par M. *de Voltaire* de se rendre en Prusse, elle croyait bien que je le suivrais, comme je l'avais fait dans ses autres voyages, et qu'il la laisserait disposer de tout dans son absence. Dès lors elle parut redoubler de soins et d'attention pour son oncle, croyant s'assurer mieux par là son entière confiance. Pour avoir l'air de la mériter, elle fit un grand sacrifice; ce fut de renvoyer son musicien allemand, M. *Griff,* homme d'une stature colossale, et qui déplaisait fort à M. *de Voltaire.* Elle croyait se perfectionner dans la musique avec lui, et elle le faisait venir souvent pour prendre de ses leçons sur le clavecin. Cela ne servit à rien : l'attente de madame *Denis* n'en fut pas moins trompée quand elle vit qu'on me laissait dans la maison, et même avec une certaine inspection qui la contrariait un peu. Il fallut qu'elle prît son parti. Elle dissimula pendant quelques jours, après le départ de son oncle, la mauvaise humeur qui devait retomber principalement sur moi. En attendant, elle commença, pour se distraire, à faire beaucoup de visites, à recevoir du monde chez elle, à faire grande dépense. Elle allait souvent aux spectacles. Celui qui se donnait à la maison était fini : *le Kain* s'était retiré pour débuter à la Comédie française ; les autres jeunes gens se réunissaient ailleurs pour continuer leurs amusemens. Quelques remontrances que je pris la liberté de faire à madame *Denis* sur le train qu'elle commençait à mener furent très-mal reçues. Elle n'en tint aucun compte : les dînés, les soupés continuèrent de plus belle, et je vis reparaître sur la scène ce M. *Griff*, dont l'éclipse n'avait pas été longue. Je revis aussi presque en même temps un noble Génois, amateur des lettres, qui était venu chez M. *de Voltaire* quelques jours avant le départ de celui-ci pour Berlin. Il avait passé la soirée à la maison, et, sur l'invitation de madame *Denis*, il y était resté à souper; ce qui n'avait pas déplu à M. *de Voltaire*. Ce personnage, dont le nom m'est échappé, et qui se qualifiait du titre de marquis, s'exprimait fort bien dans notre langue, et avait l'esprit cultivé quoiqu'il fût encore jeune; de plus, il était gai et amusant. La société de madame *Denis*, où se trouvaient souvent des gens de lettres, lui plaisait beaucoup, et on l'y voyait aussi très-volontiers, parce qu'il en augmentait l'agrément. Ses visites devinrent très-fréquentes; enfin il parut s'être attiré exclusivement toute l'attention de madame *Denis*. Souvent ils soupaient ensemble tête à tête; la confiance était réciproque, et la meilleure intelligence régnait entre eux. Ce bon accord dura quelque temps. Mais pendant le calme se préparait un orage affreux qui devait bientôt après tout déranger. Un soir où cet étranger avait soupé seul avec elle, le dessert étant servi et les laquais retirés, j'entendis d'une pièce voisine (où j'allais chercher une clef que je croyais y avoir laissée) un bruit extraordinaire dans la salle à manger. Je me portai de ce côté. A travers les menaces et les injures que proférait le marquis en courroux, ces paroles entre autres frappèrent distinctement mon oreille : *Je veux ravoir mes cent louis*. Madame *Denis* faisait à peine entendre quelques mots entrecoupés. Craignant que ce vacarme qui redoublait n'eût pour elle des suites funestes, il me vint dans l'idée de l'interrompre par quelque stratagème. Je regagne doucement l'antichambre, je tire la sonnette en dehors de l'appartement, j'ouvre et referme avec bruit la porte d'entrée, et courant à celle de la salle à manger, j'appelle à haute voix M. le marquis; il répond, me disant d'entrer. Je l'avertis qu'une personne l'attendait dans l'antichambre et désirait lui parler. Il prend alors brusquement son épée et son chapeau, et sort sans dire un mot à madame *Denis* et sans la regarder. Je le suivis, et l'ayant prié d'excuser ce que je venais de faire, je lui avouai que j'étais la personne qui le demandait, dans la seule vue de lui donner toute satisfaction; j'ajoutai qu'ayant entendu que, dans sa dispute avec madame *Denis*, il s'agissait d'argent et de restitution, il me serait facile de l'apaiser entièrement sur ce point. Je lui appris que j'étais seul chargé par M. *de Voltaire* de pourvoir à toutes les dépenses ordinaires et extraordinaires de sa maison, et l'assurai que je ne tarderais pas à remplir les engagemens que madame *Denis* pouvait avoir pris avec lui, ne demandant pour cet effet qu'une quinzaine de jours, ayant à toucher au bout de ce terme des fonds assez considérables. Je le suppliai de ne pas refuser ce délai, par lequel on préviendrait toute contestation ultérieure, et les suites désagréables qui pourraient en résulter pour lui-même et pour la nièce de M. *de Voltaire*. *Eh bien!* me dit-il, *à la bonne heure : je compte sur votre promesse; sans quoi son oncle sera instruit de tout.* Il sortit à ces mots, et je l'accompagnai jusqu'à la porte de la rue.

Je n'avais demandé ce délai que pour écrire moi-même à M. *de Voltaire*, et avoir le temps de rececevoir sa réponse. Elle me parvint en effet avant l'expiration des quinze jours. Il me marquait son mécontentement sur ce qui s'était passé dans sa maison, et je ne doute pas qu'il n'ait fait une remontrance sévère à sa nièce dans la lettre qu'elle reçut de lui le surlendemain. Cependant il m'ordonnait de ne point laisser ébruiter cette querelle, et de la terminer promptement en satisfaisant le marquis. Je me hâtai d'aller chez lui, et six heures après la lettre reçue il avait touché son argent, qu'il revit avec grand plaisir. On se doute bien que depuis lors il ne fut plus tenté de reparaître à la maison. Nous apprîmes quelque temps après qu'il était retourné dans son pays sans beaucoup regretter le nôtre, ni surtout les soupés de madame *Denis*.

Je n'ai point su ce qui avait donné lieu à cette dette, et ne me suis pas soucié de le savoir. J'aurais d'ailleurs été mal reçu des deux personnages qu'elle divisait, si j'avais osé leur en demander la cause. Je m'imagine que madame *Denis*, qui dépensait beaucoup d'argent pour satisfaire ses goûts et ses caprices, trouvant que le peu de bien qu'elle avait en propre, et le mince douaire de feu son mari, joints à ce qu'elle recevait de son oncle, étaient insuffisans à son gré, aura mieux aimé profiter de la confiance d'un jeune seigneur opulent qu'elle avait su gagner pour en tirer ce qu'elle désirait, que de recourir à cet oncle qui eût pu demander des explications sur l'emploi de ce qu'il lui donnait. En effet, je m'aperçus bien que M. *de Voltaire* lui avait écrit quelque chose sur cet article, car depuis lors les dînés ne furent plus si fréquens, ni les convives si nombreux. Je vis également que madame *Denis*, désespérée que j'eusse été témoin de ce qui était arrivé, et que j'eusse entendu les grosses injures qu'on lui avait dites, ne pouvait plus souffrir ma présence, et que depuis ce temps sa mauvaise humeur contre moi se manifestait à chaque instant. C'est moi pourtant qui l'avais tirée d'embarras en interrompant une scène dans laquelle elle courait grand risque d'être encore plus maltraitée. En apaisant le marquis, j'avais aussi tâché de sauver la réputation de madame *Denis* aux yeux des gens de la maison, en leur faisant accroire que ce qui venait de se passer n'était qu'une petite tracasserie ordinaire qui était finie. Ils n'en surent pas davantage. J'ose dire qu'au lieu de me persécuter, madame *Denis* me devait de la reconnaissance. Je n'en ai éprouvé au contraire que de l'ingratitude; car j'attribue à cet événement la principale cause qui a porté cette dame à me desservir auprès de M. *de Voltaire;* en quoi elle n'a que trop réussi, comme on le verra dans la suite.

Environ un mois après l'aventure dont je viens de parler, je reçus une lettre datée de Potsdam, par laquelle M. *de Voltaire* m'ordonnait de faire préparer son appartement pour y recevoir M. *d'A-*

mont et sa suite, ce chambellan du roi de Prusse ayant accepté l'offre qui lui en avait été faite pour le temps de sa mission à Paris, qui ne devait pas être longue. Il me prescrivait de tirer seulement la clef de sa bibliothèque, après y avoir transporté ses papiers et quelques autres objets placés dans son cabinet. Tout fut ainsi disposé. M. *d'Amont* arriva huit jours après cette lettre d'avis. Madame *Denis*, à qui son oncle avait recommandé de recevoir de son mieux cet officier de Sa Majesté Prussienne, lui avait fait préparer un excellent soupé. Il trouva l'appartement très-bien pour sa personne, mais la partie de la maison destinée à ses gens n'en put contenir qu'une partie; le reste fut placé en hôtel garni. Madame *Denis*, suivant les intentions de son oncle, faisait tout son possible pour satisfaire son nouvel hôte, en lui procurant tous les agrémens que les étrangers s'attendent à goûter à Paris. Elle y mit un zèle très-marqué. M. *d'Amont* l'accompagnait aux spectacles, aux promenades. Elle lui donnait chaque jour quelques nouveaux convives, et c'étaient des gens choisis. Il y avait, dans le nombre, des hommes de lettres et des artistes distingués. Le soir, il y avait quelquefois un petit concert dans lequel elle chantait en s'accompagnant au clavecin. Il est très-probable que madame *Denis* avait imaginé que le chambellan prussien était seul capable de lui faire oublier le marquis génois, et qu'elle n'aurait rien perdu au change si elle parvenait à s'en faire un courtisan assidu. Il est vrai que c'était aussi un jeune homme aimable et bien fait; mais les gens du nord sont plus flegmatiques et plus froids que ceux du midi : ils ne s'émeuvent pas facilement. Toutes ces prévenances, ces attentions continuelles et empressées de madame *Denis*, loin de flatter M. *d'A-mont*, parurent bientôt lui être importunes; et quinze jours n'étaient pas encore écoulés, que, sous prétexte qu'il lui était fort incommode de n'avoir point tous ses gens près de lui, il se détermina à louer un hôtel près le Palais-Royal. Il préféra d'être logé un peu chèrement et libre, que d'occuper gratuitement, mais avec gêne, la maison de M. *de Voltaire*. Il en sortit donc, au grand regret de madame *Denis*, chez laquelle il ne revint depuis que pour lui faire quelques visites de bienséance (33).

(33) *Longchamp* dit, au commencement de cet article, qu'après la mort de madame *du Châtelet*, il avait réussi par ses soins à réconcilier madame *Denis* avec *Voltaire*, sans nous apprendre quel avait été le sujet de leur mésintelligence. Si notre mémoire ne nous trompe pas, nous croyons avoir vu que, dans une de ses lettres, *Voltaire* témoigne des regrets de ce que sa nièce n'avait point épousé un gentilhomme de Champagne, possesseur d'une terre peu éloignée de Cirey. Ne pourrait-on pas inférer de là qu'elle se serait mariée à M. *Denis* sans l'aveu de son oncle? On ne voit nulle trace de correspondance entre *Voltaire* et son neveu M. *Denis*; à peine est-il nommé dans ses écrits; on ne trouve même point de lettres adressées à sa nièce antérieurement à son veuvage, arrivé peu de temps avant la mort de madame *du Châtelet*; ce qui dénote au moins une grande froideur entre eux. Peut-être y en avait-il une autre cause; et celle qu'on peut induire de notre remarque n'est qu'une simple conjecture.

ARTICLE XXXI.

M. DE VOLTAIRE, *à Berlin, soutient un procès contre un Juif* (34).

Un jour, vers le temps de la nouvelle année, M. *de Voltaire* ayant eu l'intention d'envoyer des étrennes à ses deux nièces qui étaient en France, s'adressa à un marchand bijoutier, juif de nation, et connu à Berlin par le commerce de pierreries qu'il y faisait depuis plusieurs années. Cet homme étala tous ses bijoux et ses diamans aux yeux de M. *de Voltaire*, qui lui en acheta pour dix mille francs. Le prix en fut payé en une lettre de change de pareille somme, tirée sur un banquier de Paris, et que le marchand prit sans difficulté moyennant l'escompte. Comme l'acheteur se connaissait beaucoup mieux en vers qu'en diamans, il s'avisa, un peu tardivement, de les faire examiner par des appréciateurs plus habiles que lui en ces sortes d'objets. Ils l'assurèrent que ce qu'il avait acheté valait tout au plus mille écus. Furieux d'avoir été la dupe de cet enfant d'*Abraham*, il le donnait de bon cœur à tous les diables. Mais ce bruit ne remédiait à rien. Après quelques réflexions, il songea aux

(34) Il convient d'observer que, dans cet article et le suivant, *Longchamp* ne parle des faits que sur le rapport d'autrui, ou d'après des gazettes et des brochures qui en faisaient mention.

moyens de ne pas perdre son argent s'il en était encore temps. Le premier fut d'écrire au banquier de Paris, pour le prévenir de refuser le paiement de la lettre de change tirée sur lui, lorsqu'elle lui serait présentée, attendu que le porteur ne l'avait que par suite d'une insigne escroquerie opérée à Berlin par un certain Allemand juif et fripon. L'avis fut reçu juste à temps, car ce fut le lendemain que le correspondant de l'Israélite présenta la lettre de change, croyant en toucher le montant : mais sur le refus de paiement, il la remporta pour la faire protester, et bientôt après elle fut renvoyée à Berlin, avec le protêt. Le Juif, au moyen de ces pièces, intenta sur-le-champ un procès à M. *de Voltaire,* pour l'obliger au remboursement de l'effet qu'il en avait reçu pour le prix des bijoux vendus. Le roi de Prusse en fut instruit, et voulut s'amuser pendant quelques jours de l'inquiétude et de l'embarras de M. *de Voltaire.* Le bruit de ce procès s'étant répandu dans toute la ville et même plus loin, le roi voulut enfin y mettre un terme, et juger lui-même le différend. Après s'en être fait rendre un compte exact, il fit appeler le Juif, l'interrogea, et s'étant fait ensuite représenter les diamans vendus à M. *de Voltaire,* il ordonna qu'ils seraient estimés par plusieurs des principaux bijoutiers de Berlin séparément, et parmi lesquels il s'en trouvait de la même religion que le vendeur. Leur estimation moyenne approcha de fort près celle qu'on avait dite à M. *de Voltaire*. Le roi, reconnaissant qu'il y avait dans ce marché une lésion manifeste d'à peu près les deux tiers pour l'acheteur, obligea le Juif à reprendre ses diamans et à rendre la lettre de change à M. *de Voltaire*, qui en fut quitte pour quelques menus frais de correspondance et de plaidoierie qu'il dédaigna de réclamer. Il n'eut à regretter en cette circonstance que les momens dérobés à son travail par une tracasserie qui a pu lui donner de l'humeur sans l'inquiéter sérieusement. Il est à croire que depuis lors il ne fut plus tenté d'acheter des bijoux, surtout chez un Juif, sans les faire bien contrôler auparavant par gens experts en telle marchandise (35).

(35) Ce petit événement a été raconté de diverses manières. L'abbé *Duvernet*, dans sa *Vie de Voltaire*, et *Luchet*, dans son *Histoire littéraire* de cet homme célèbre, en ont parlé avec plus de détail et d'autres circonstances. Il ne parut point assez important à *Condorcet*, pour qu'il en fît mention dans la *Vie de Voltaire*, ouvrage moins étendu, mais fort supérieur aux deux précédens par l'exactitude des faits, la justesse et la profondeur des réflexions, ainsi que par l'élégance et la noblesse du style. Par la même raison, sans doute, *Collini*, secrétaire de *Voltaire* en Prusse, n'a dit dans ses Mémoires qu'un mot de ce procès. Mais lorsque la nouvelle en vint à Paris, les ennemis de *Voltaire* la saisirent avidement pour la défigurer dans les libelles qu'ils répandaient contre lui en France. Comme ils s'égayèrent, en disant qu'un poète *plus juif que les Juifs mêmes* avait su duper le plus rusé et le plus fripon d'entre eux! Il avait, disaient les uns, substitué d'autres diamans à ceux qu'il avait achetés; il les avait payés en mauvais papier, disaient les autres. Ils ne tarissaient point en absurdités de toute espèce. Nous rapporterons ici une pièce peu connue, d'un caractère plus respectable, et qui confirme ce que les gens impartiaux ont pensé et dit de cette affaire. C'est une lettre de *Mars-*

ARTICLE XXXII.

Différend entre M. DE VOLTAIRE *et* M. DE MAUPERTUIS, *à Berlin.*

Un événement plus considérable par ses suites, et dont on m'a rapporté diverses particularités, eut lieu à Berlin en 1752. C'est la grande querelle qui s'éleva entre MM. *de Voltaire* et *de Maupertuis*.

chall, conseiller privé du roi de Prusse, à l'abbé *Danès*, docteur en droit à Paris. La voici :

« De Berlin, le 23 février 1751.

» Vous me mandiez, monsieur, au sujet de l'affaire de M. *de Vol-*
» *taire,* que vous étiez persuadé qu'il était incapable de ce dont on
» l'accusait. Ce qui vient de se passer ici justifie la bonne opinion
» que vous avez de lui et que toute notre cour a eue. Son procès a
» été jugé jeudi dernier, à son honneur et gloire, et le Juif joaillier
» condamné dans toutes les formes. M. *de Voltaire* avait acheté pour
» trois mille écus de bijoux qui n'en valaient pas mille, et comme la
» lésion est au-dessus de la moitié, le contrat a été regardé comme
» nul. Voilà le premier point du procès. Le second avait pour objet
» une lettre de change de dix mille francs, dont M. *de Voltaire* a cru
» devoir arrêter le paiement. Cette affaire, simple en elle-même, a
» été embrouillée par tout ce que la chicane emploie ordinairement
» pour éloigner sa condamnation. Le grand-chancelier et nos premiers
» magistrats ont été nommés commissaires dans cette cause, et leur
» jugement a été attendu avec d'autant plus d'impatience, que les hon-
» nêtes gens étaient persuadés qu'il serait dicté par l'équité même. Je
» suis charmé de vous apprendre cette nouvelle, qui vous fera autant
» de plaisir qu'elle m'en a fait, par l'intérêt que je sais que vous pre-
» nez à tout ce qui regarde ce grand homme, etc. »

Signé MARSCHALL.

Le géomètre avait été autrefois l'ami du poète philosophe et de madame la marquise *du Châtelet*, qui était aussi géomètre, femme de lettres et philosophe. Ce M. *de Maupertuis* était un homme d'un esprit ardent, inquiet, ambitieux, qui, ayant imaginé que son mérite était trop peu senti en France, avait pris le parti de s'en retirer et de se rendre en Prusse, où le roi Frédéric II le fit président de son académie de Berlin. Quelques années après, M. *de Voltaire* prit la même route, ainsi que nous l'avons dit précédemment. Ces deux hommes se retrouvant ensemble, parurent d'abord se voir assez amicalement; mais M. *de Maupertuis* ne tarda pas à laisser paraître l'ombrage que lui donnait la faveur du nouveau venu auprès du roi, et il craignit que ce ne fût au détriment de la sienne. Une grande froideur se manifesta bientôt entre eux; le roi s'en aperçut et ne continua pas moins à les rassembler de temps en temps à son souper avec *Algarotti*, *Chazot*, *La Mettrie*, *d'Arget*, et d'autres gens de lettres, la plupart étrangers, qui fréquentaient sa cour. Son plaisir était de les entendre disserter sur toutes sortes de matières; il les agaçait même en mettant en avant une proposition quelconque, sur laquelle ils débattaient leurs opinions en toute liberté. Quelquefois M. *de Maupertuis* avançait des idées fort étranges, défendait avec opiniâtreté des systèmes dépourvus de raison et même de toute vraisemblance. Cela donnait lieu à M. *de Voltaire* de se livrer à des plaisanteries agréables. Au lieu d'en rire comme le roi et les convives, M. *de Maupertuis* les entendait avec un grand sérieux. Il avait l'air de s'en fâcher; on voyait qu'il prenait les choses de travers, non-seulement par sa contenance, mais par quelques paroles dures ou grossières qui lui échappaient. M. *de Voltaire* répliquait toujours en riant, et en homme qui possédait infiniment mieux que son adversaire le ton de la bonne compagnie et celui des cours. M. *de Maupertuis* s'irritait davantage; la querelle s'échauffait, et quand l'animosité était portée trop loin, le roi, qui s'était d'abord amusé de ces disputes, changeait d'un mot la conversation, ou par un air de mécontentement prononcé ramenait le silence.

M. *de Maupertuis* ayant consigné dans quelques-uns de ses ouvrages récemment imprimés une partie de ces étranges systèmes dont on avait ri chez le roi, M. *de Voltaire*, de son côté, prit la liberté de s'en moquer un peu dans une brochure intitulée: *Diatribe du docteur Akakia, médecin du pape*. Il la montra au roi, qui la trouva fort plaisante. *Frédéric*, comme écrivain satirique et malin lui-même, put rire de cette petite pièce, mais comme monarque il défendit à l'auteur de la publier et d'en laisser prendre des copies, ne voulant pas qu'on cherchât à mortifier davantage le président de son académie. Il craignait de le perdre; car la Prusse semblait être devenue plus indifférente à *Maupertuis* depuis que M. *de Voltaire* y était arrivé, et il menaçait de la quitter. Le roi ne se contenta point de cette défense, il fit venir tous les imprimeurs de Berlin, et leur enjoignit de n'imprimer aucun ouvrage, de quelque espèce qu'il fût, volumineux ou non, sans son attache ou permission particulière signée de sa main. Quelques jours après, M. *de Voltaire* fit appeler un imprimeur, et lui donna un manuscrit à mettre sous presse; c'était l'*Akakia*. L'imprimeur n'y voyant pas la permission du roi, informa l'auteur de l'ordre qu'il avait reçu à ce sujet, et ajouta qu'il se chargerait volontiers d'aller demander cette permission au roi. Ce n'était point là l'intention de M. *de Voltaire*, qui, reprenant son manuscrit des mains de l'imprimeur, lui dit qu'il allait revoir l'ouvrage et le corriger encore pour le soumettre au roi et en obtenir l'attache pour l'impression, ce qu'il demanderait lui-même à S. M. Cet homme fut congédié et prévenu qu'on le rappellerait quand l'autorisation nécessaire serait obtenue.

M. *de Voltaire* avait dans son porte-feuille quelques autres petits ouvrages qui n'étaient point encore connus du roi de Prusse. En ayant fait copier un proprement, il le porta à *Frédéric*, qui le lendemain lui dit qu'il l'avait lu avec un grand plaisir, et qu'il était surpris qu'on ne lui eût point encore parlé de cet ouvrage qui lui paraissait très-philosophique et très-amusant (36). L'auteur s'excusa en disant qu'il n'avait pas osé jusqu'à ce moment lui présenter cette bagatelle, la jugeant peu digne des regards de S. M. ; que puisqu'elle avait trouvé grâce à ses yeux, elle pourrait plaire sans doute aux gens de goût, et qu'il la ferait imprimer, s'il en obtenait la permission. Le roi l'accorda sur-le-champ et l'écrivit sur le dernier feuillet du manuscrit. M. *de Voltaire*, muni de cette permission, ne tarda point à faire revenir le libraire, lui donna le manuscrit à imprimer, lui recommandant de faire diligence et de rapporter chaque feuille à mesure qu'elle serait tirée. A la troisième feuille, il redemanda le manuscrit, sous prétexte de quelques additions et corrections qu'il voulait y faire. Le manuscrit fut rapporté, et le libraire vint pour le reprendre deux jours après; mais, au lieu de cela, M. *de Voltaire* lui donna, par portions, le manuscrit de l'*Akakia*. Quand il en eut reçu la dernière feuille imprimée, il donna au libraire la suite du premier ouvrage approuvé par le roi, comme si c'était le complément de l'autre. Le tout achevé, il assortit les feuilles de chaque ouvrage, en fit brocher des exemplaires, puis

(36) Il pourrait être ici question du *Micromégas*, supposé que toute cette anecdote soit vraie. Ce petit roman, composé précédemment chez madame la duchesse *du Maine*, ne fut imprimé que dans cette année 1752. Mais presque tous ces détails racontés à *Longchamp* manquent de vraisemblance. Voyez la note à la fin de cet article.

adressa par la poste l'*Akakia* à plusieurs savans étrangers, et en donna des exemplaires à ses amis de Berlin, qui le reçurent tous le même jour. Le roi fut d'abord informé que cet ouvrage paraissait, malgré toutes les précautions qu'il avait prises, et la défense qu'il avait faite. Il envoya chercher l'imprimeur par des grenadiers. Celui-ci arriva en tremblant, connaissant la sévérité de *Frédéric*, et ne sachant point encore de quoi on l'accusait. Le roi lui demanda pourquoi il avait imprimé la brochure qu'il lui montra, et bravé les ordres qu'il lui avait donnés. L'imprimeur répondit qu'il ne se croyait point en faute, puisque le manuscrit qu'il avait mis sous presse était revêtu d'une permission écrite de la main de S. M. Il le tira alors de sa poche et le présenta au roi, qui, l'ayant examiné, devina la supercherie. Il fit beaucoup de questions, auxquelles le libraire répondit exactement, avouant qu'ayant eu d'abord en main le manuscrit entier, l'auteur l'avait ensuite retiré pour le corriger, et ne le lui avait renvoyé que par cahiers détachés, qu'il rendait au fur et à mesure avec les feuilles imprimées. Le roi, reconnaissant que cet homme ne cherchait point à en imposer, qu'on avait abusé de sa simplicité, que sa faute était moins la sienne que celle de l'écrivain qui l'avait trompé, se contenta de lui faire une réprimande sur la précipitation qu'il avait mise à cette besogne, et de lui enjoindre d'être plus sur ses gardes à l'avenir; après quoi il lui dit qu'il pouvait retourner chez lui; ce que l'imprimeur ne se fit pas redire. Il partit, et se félicita sans doute d'en être quitte à si bon marché.

Ce fut contre M. *de Voltaire* que se tourna toute l'indignation du roi. Il fut mis aux arrêts dans son appartement par ordre de ce monarque. Une sentinelle était à sa porte avec la consigne de n'y laisser entrer d'autres personnes que ses domestiques. M. *de Maupertuis* triomphait alors ; il était singulièrement flatté de la protection que le roi lui accordait en cette occasion, et aussi fier que joyeux de voir que c'était pour le venger qu'on avait humilié et puni son adversaire. Pendant huit jours que dura cette réclusion forcée, M. *de Voltaire*, qui, en d'autres temps, serait resté quinze jours dans son appartement, sans songer à en sortir et sans y éprouver un instant d'ennui, ne souffrait point sans dépit la contrainte qu'on lui imposait; et il est à croire qu'il se proposa dès lors de s'éloigner de la Prusse aussitôt qu'il le pourrait. Enfin, au bout de la huitaine, le roi lui rendit la liberté, et le lendemain l'invita à son soupé, ainsi que les autres académiciens, voulant essayer de rétablir la paix entre eux tous. Ils se trouvèrent en effet rassemblés le soir chez le roi. Le soupé ne fut pas très-gai pour tous les convives. Les deux antagonistes étaient en face l'un de l'autre, et se faisaient de singulières mines. Leurs amis en riaient sous cape, et le roi plus qu'eux tous. Au dessert, S. M. fit un beau discours sur la concorde entre les gens de lettres, et pour conclusion entreprit de raccommoder les deux adversaires, les obligea de s'embrasser, et crut avoir rétabli la paix entre eux; mais cette paix ne fut sincère de part ni d'autre : elle ne pouvait l'être après ce qui s'était passé. M. *de Maupertuis* surtout était d'un caractère hargneux et opiniâtre, qui interdisait toute espèce de retour à des sentimens modérés, et il aurait certainement quitté la Prusse si M. *de Voltaire* ne l'eût prévenu en prenant la même résolution avant lui (37).

(37) En répétant tous ces détails d'après des oui-dire, *Longchamp* ne s'aperçoit pas qu'il fait à peu près des imbéciles des trois personnages mis en scène dans cet article, où on les voit auteurs et dupes d'une supercherie grossière qui ne pouvait rester long-temps cachée. De telles particularités eussent été trop suspectes aux yeux de tout écrivain qui respecte les vraisemblances. En général, presque tout ce qui se disait et s'écrivait à Paris sur *Voltaire*, pendant son séjour en Prusse, était plus ou moins erroné. Que de sottises les pamphlets satiriques et les gazettes n'ont-ils pas répandues à ce sujet! Ce qui surprend davantage, c'est d'en trouver encore de nouvelles dans une compilation récente, dont le titre pourrait en imposer aux gens crédules. Le voici : *Mes souvenirs de vingt ans de séjour en Prusse*, livre imprimé depuis quelques années à Paris, en cinq tomes in-8°. Rien de plus fastidieux que ce prolixe et pédantesque écrit où l'auteur, s'imaginant devenir le rival des historiens de l'antiquité, met ridiculement des déclamations directes dans la bouche de ses personnages modernes, et, à l'instar de ces anciens, répète aussi trop souvent, sans critique et sans examen, tous les contes populaires et les absurdités qui sont venus à sa connaissance. On peut s'en convaincre par un seul trait. Cet homme n'est arrivé en Prusse que douze ans après

ARTICLE XXXIII.

Par quelle circonstance je cesse d'être au service de
M. DE VOLTAIRE.

M. *de Voltaire*, en partant de Paris, m'avait dit que son absence, à ce qu'il croyait, ne s'étendrait

que *Voltaire* en fut parti, et cependant c'est lui qui nous apprend le premier que cet auteur, qui jouissait dès lors d'une grande considération dans toute l'Europe, ce favori du roi de Prusse, son chambellan, reçu à demeure et défrayé de tout dans son palais, recevant en outre une pension de 20,000 francs de ce prince, possédant en France un revenu de 70 à 80 mille francs, comme on le voit dans un des articles suivans; que *Voltaire*, en un mot, gentilhomme de la chambre du roi de France, volait dans celle du roi de Prusse des bouts de bougie qu'il soufflait et emportait dans ses poches, comme si on le laissait manquer de quelque chose, et surtout d'un objet indispensable à un homme qui consacrait souvent des nuits au travail. Il faut avouer que c'est là une précieuse anecdote que la postérité courait risque de perdre sans l'auteur de *Mes souvenirs*, supposé que cette œuvre y parvienne. Ce n'est sans doute que dans les rues ou les tavernes de Berlin qu'on a pu recueillir ces choses et autres semblables, de la bouche de quelque vieux adhérent de *La Beaumelle* ou de *Maupertuis*. Ajoutons, et en connaissance de cause, que tout ce que dit l'auteur de l'offre intéressée, prétendûment faite par *Beaumarchais* au roi de Prusse, d'un manuscrit de *Voltaire* qui pouvait intéresser ce monarque, ainsi que du refus de ce prince, et de la vengeance qu'en tira l'homme de lettres, par l'impression du manuscrit; que tout cela, disons-nous, est de la plus insigne fausseté. Qu'on juge, par ces traits, de la confiance que méritent la plupart des autres, entassés avec eux dans cinq gros tomes qu'un meilleur écrivain aurait aisément réduits à un petit volume, en se bornant à ce que l'on pourrait démêler peut-être de vrai ou de curieux dans tout l'ouvrage.

pas au-delà de trois ou quatre mois, et que si son séjour en Prusse devait se prolonger davantage, il me ferait venir auprès de lui. Le sixième mois depuis ce départ était près d'expirer, et j'attendais encore vainement ses ordres pour aller le rejoindre. Cependant, dès le milieu du cinquième mois, je lui avais mandé que plus rien ne s'opposait à ce voyage, relativement à ses intérêts, puisque toutes les affaires qu'il m'avait chargé de suivre étaient terminées, et assez heureusement; qu'il ne restait que peu de chose à recevoir, ayant touché tous les articles principaux. Je lui disais enfin que mes recettes étaient en règle, et que je pouvais lui en rendre compte à son apaisement, ainsi que de la dépense de sa maison. Dans sa réponse, il louait mon exactitude, m'exhortait à continuer de veiller à ses intérêts, à ne pas abandonner sa maison, attendu qu'il était encore incertain s'il n'y reviendrait pas ou s'il resterait en Prusse. Je lui écrivis plusieurs fois pour connaître sa détermination. Ses réponses toujours vagues commencèrent à me faire soupçonner qu'il jugeait que mes services ne lui seraient plus utiles. Après la confiance qu'il m'avait accordée jusque là, cette réserve à mon égard me parut extraordinaire. Je cherchai à en découvrir la cause; je me doutais bien que sa nièce, que ma présence gênait un peu, ne se louait pas de moi dans ses lettres; mais je le croyais fort en garde contre ce qu'elle pouvait lui écrire contre moi, surtout après la connaissance qu'il avait prise de la vie dissipée de madame *Denis*, et après quelques leçons qu'il lui avait données et que je n'ignorais pas. Plusieurs fois il m'avait demandé des éclaircissemens sur certains objets qu'elle lui exposait à sa manière quand elle lui écrivait, et toujours il s'en était tenu à ce que je lui en disais, parce qu'il s'était convaincu que mes observations étaient fondées sur l'exactitude et la vérité. Le changement que je crus apercevoir à cet égard, et la position nouvelle où j'allais me trouver, m'inquiétaient et me laissaient dans une grande incertitude sur les intentions de M. *de Voltaire.* Pour savoir à quoi m'en tenir, je m'adressai à quelques-uns de ses anciens amis qui continuaient avec lui une correspondance assez suivie, entre autres, M. *Thiriot*, que je connaissais pour un homme aimant beaucoup ses plaisirs et le bon vin, assez léger de caractère et peu mystérieux. Il m'apprit en grande partie ce que je désirais savoir, et même des choses que je ne lui demandais pas. Il me confirma, par exemple, ce que m'avait dit M. *de Voltaire,* qu'*il comptait ne s'absenter que trois ou quatre mois;* et comme je remarquais que depuis quelque temps j'avais douté de la sincérité de ces paroles, M. *Thiriot* m'assura que je me trompais en cela; que M. *de Voltaire,* en partant de Paris, avait l'intention d'y revenir, espérant qu'un éloignement de quelques mois suffirait pour calmer la fureur de ses ennemis, dissiper les cabales, effacer ou affaiblir les préventions de la cour contre lui, et peut-être faire désirer son retour dans sa patrie. Mais le roi de Prusse, ajouta M. *Thiriot*, informé de cette intention de M. *de Voltaire*, mit tout en œuvre pour la rendre inutile, et le déterminer à se fixer près de lui. Les promesses, les bienfaits, les avantages de tout genre furent prodigués. Après quelque temporisation, l'homme de lettres ne résista plus aux puissantes séductions du monarque, et consentit à tout ce qu'il voulut. Il ne pouvait cependant s'établir en pays étranger sans une permission expresse du roi de France, étant encore attaché à sa maison par le titre de gentilhomme ordinaire de la chambre. Il en eut infiniment coûté à M. *de Voltaire* de solliciter lui-même cette permission. Le roi de Prusse se chargea de la demander, et Louis XV ne la refusa point à *Frédéric*, avec lequel il était alors en bonne intelligence. Tout fut bientôt réglé avec M. *de Voltaire*, à l'entière satisfaction du roi de Prusse, qui se félicitait d'avoir fixé dans sa cour cet homme célèbre, qu'il honorait du nom d'*ami*, et qu'il comptait ne plus voir s'éloigner de lui. Cependant M. *de Voltaire* apprit bientôt par M. le duc *de Richelieu* qu'on avait été fort piqué à Versailles de sa détermination à rester en Prusse. Madame *de Pompadour* l'avait apprise avec une sorte de chagrin, et le roi en fut très-mécontent. Peut-être on s'y douta d'abord de l'étonnement des cours étrangères, quand elles apprendraient que l'homme de lettres qui faisait le plus d'honneur à la France, avait été en quelque sorte forcé de s'en bannir; peut-être s'aperçut-on qu'on avait cédé trop facilement aux instigations de ses ennemis, et laissa-t-on même apercevoir quelque regret de n'avoir pas été juste à son égard. Mais il avait pris son parti, et il est assez probable que M. *de Richelieu* ne le désapprouva pas. Peut-être ne fut-ce que de ce moment qu'il prit la résolution de ne plus remettre le pied à Paris, quelque chose qui arrivât. Il la tint, comme on sait, pendant près de trente ans, puisqu'il ne revint à Paris qu'en 1778, pour y paraître un moment avec éclat et y mourir.

Je sus beaucoup de gré à M. *Thiriot* de m'avoir appris plusieurs choses qu'il m'importait de savoir; mais il ne me dit rien de ce qui me regardait personnellement; il était sur ce point aussi peu instruit que moi. Je l'interrogeai vainement à plusieurs reprises pour savoir si je serais appelé en Prusse par M. *de Voltaire*, ou s'il me laisserait chargé de quelque emploi pour son service en France. Pour ne pas rester dans mon incertitude à cet égard, il me fallut chercher un autre moyen d'en sortir. Il me vint dans l'idée de m'adresser au seul valet-de-chambre qui avait suivi M. *de Voltaire* à Berlin : je lui écrivis, et il répondit à toutes mes questions de manière à ne me laisser aucun doute sur le parti que j'aurais à prendre pour fixer mon sort. Je sus par lui que son maître, décidé à ne plus quitter la Prusse, projetait d'y faire venir auprès de lui, du consentement du roi, madame *Denis* sa nièce, avec une femme-de-chambre; qu'en sa qualité de seul domestique français, il devait, lui, être particulièrement attaché au service de cette dame; qu'enfin son maître, satisfait de cet arrangement, ne demanderait aucune autre personne de France. Il ne lui fallait ni cuisinier, ni cocher; le roi pourvoyait à tout. M. *de Voltaire* n'eut besoin d'engager pour son service personnel qu'un valet-de-chambre et un laquais, tous deux demi-allemands et demi-français, parlant assez bien les deux langues pour lui servir d'interprètes auprès des gens qui ne savaient pas le français. A l'égard du secrétaire, deux jeunes gens en remplissaient déjà chez lui les fonctions. C'était un M. *Tinois,* qu'il avait vu quand nous passâmes à Reims, en revenant de Lorraine, et, qui, à ce que je présume, lui avait été recommandé par M. *de Pouilli;* le second, nommé M. *de Francheville*, était fils d'un Français établi en Prusse; et un troisième se présentait encore pour remplir le même emploi : c'était M. *Collini*, que le hasard lui avait fait rencontrer à Berlin. Ce dernier était de Florence, et savait le français comme sa langue maternelle (38). Tous les trois étaient fort oc-

(38) *Tinois* avait de l'esprit : c'est de lui que *Voltaire* reçut les jolis

cupés, soit à écrire sous sa dictée les réponses aux lettres qu'il recevait en grand nombre de ses amis, ou des savans de divers pays, soit à transcrire et mettre au net ses ouvrages, qu'il corrigeait à diverses reprises avant de les livrer à l'impression; ce qui souvent donnait lieu aux copistes de recommencer plusieurs fois la même besogne.

Je n'eus pas besoin d'en apprendre davantage pour être convaincu que madame *Denis*, pour qui ma présence chez son oncle n'avait cessé d'être importune, surtout depuis son algarade avec le marquis génois, avait enfin réussi à me noircir tout-à-fait dans l'esprit de M. *de Voltaire*. J'ignore

vers sur la tragédie de *Rome sauvée*, qu'on voit tome LIV, page 210 de l'édition de Kehl, in-8°. Appelé à Berlin pour être secrétaire de *Voltaire*, il n'en remplit pas long-temps les fonctions, parce qu'on découvrit, après quelques mois, qu'il avait eu la faiblesse de se laisser gagner par un imprimeur qui lui avait demandé une copie de tout ce qu'il aurait à transcrire. *Francheville* était fils de l'homme de lettres à qui *Voltaire* confia le soin de la première édition de son *Siècle de Louis XIV*, donnée à Berlin en 1751. Il travailla avec autant d'honneur que de zèle chez *Voltaire*, jusqu'au moment où celui-ci quitta la Prusse. L'Italien *Collini*, qui remplaça *Tinois*, était un homme recommandable, qui mérita et obtint la confiance de *Voltaire*. Il ne l'eût probablement jamais quitté, sans madame *Denis*, qui fut cause aussi de leur séparation, comme on le voit dans les Mémoires de *Collini*, publiés à Paris en 1807, par son fils, sous le titre de: *Mon séjour auprès de Voltaire*. Cet ouvrage intéressant est le guide le plus digne de confiance, pour savoir exactement tout ce qui a rapport à ce grand homme dans les années 1750 à 1756; ce qui forme une des époques les plus marquantes de sa vie. Rien n'altéra jamais l'estime et l'amitié qu'il eut pour *Collini*, et il contribua beaucoup au sort honorable qu'obtint ce jeune homme chez l'électeur palatin *Charles-Théodore*.

quel genre de médisance et de calomnie elle employa pour atteindre son but, et je ne cherchai point à m'en enquérir, bien persuadé par tout ce que je venais de savoir, que cela ne changerait rien à la résolution de son oncle. Je fis dès lors mes préparatifs pour quitter la maison et me placer ailleurs, aussitôt que j'aurais rendu mes comptes à M. *de Voltaire.* Je lui écrivis pour lui annoncer que les soupçons que m'avaient donnés ses dernières lettres se trouvant confirmés et justifiés par les détails dont on m'avait informé depuis, j'étais certain que je ne serais point appelé à Berlin, et que mes services lui seraient désormais inutiles; que voyant bien que ce malheur était pour moi une chose inévitable, je m'étais déterminé par nécessité, mais à regret, à chercher une autre occupation à Paris, où je désirais me former un petit établissement dans un commerce analogue à mes facultés et à mes connaissances. Je le priais en même temps de m'adresser une autorisation pour la reddition de mes comptes et la remise de ses titres et de son argent, à la personne qu'il me désignerait, ne sachant pas si ce devait être à sa nièce ou à son notaire. Il me répondit que le roi de Prusse l'ayant en effet décidé à rester dans ses états et même dans son palais, ce qui le dispensait de former une maison, il n'avait eu besoin dans cette nouvelle patrie adoptive que d'un serviteur ou deux pour son entretien personnel et faire ses commissions particulières, et qu'il avait dû nécessairement les choisir parmi ceux à qui les deux langues française et allemande étaient également familières, pour lui servir de truchemens avec les habitans du pays. Il ajoutait qu'il était satisfait de tous les services que je lui avais rendus, et qu'il ne les oublierait jamais. Il approuvait au surplus mon dessein de faire quelque commerce à Paris; et, me donnant une nouvelle preuve de cette générosité que je lui connaissais, il disait que s'il me fallait quelque secours pour mon premier établissement, je n'aurais qu'à m'adresser à M. *de Laleu*, qu'il préviendrait à ce sujet; que c'était entre les mains de ce notaire que je devais remettre mes comptes, ainsi que les titres de créance et les fonds que j'avais reçus. Quant aux clefs de sa bibliothèque et des autres pièces ou armoires de son appartement, je devais les donner à madame *Denis*, lorsque je sortirais de la maison. En moins de huit à dix jours tout cela fut terminé. Je pris congé de madame *Denis*, qui me dit *adieu* avec une grande satisfaction, en recevant les clefs que je lui présentai. Tout fut trouvé en règle par M. *de Laleu* qui, en me donnant ce qui m'était dû pour mes salaires depuis dix-huit mois, y ajouta une somme qui les surpassait, me disant que c'était à titre de gratification et de la part de M. *de Voltaire*. Je fus pénétré de cette nouvelle bonté de celui que je regrettais de ne pouvoir plus appeler mon maître. Je lui adressai une dernière lettre pour lui témoigner toute ma reconnaissance, et lui faire en gémissant mes adieux, persuadé que je ne le reverrais plus de ma vie. J'étais loin de m'attendre et d'espérer qu'après un très-grand nombre d'années, j'aurais encore une fois cette consolation avant de mourir.

ARTICLE XXXIV.

Détails sur la fortune de M. DE VOLTAIRE.

Dans le temps que j'étais à Cirey au service de M. *de Voltaire*, il m'envoyait quelquefois passer un jour ou deux à Paris, non-seulement pour faire des emplètes ou rapporter celles qu'on y avait déjà faites par son ordre ou celui de madame *du Châtelet*; mais encore pour toucher une partie de ses revenus, soit directement chez plusieurs de ses débiteurs, soit chez des notaires et chez un chanoine de Saint-Méri, nommé l'abbé *Moussinot*, qui était son receveur ordinaire depuis quelques années. L'inconvénient de faire venir de très-loin des effets précieux et fragiles, des meubles délicats et de l'argent, par les coches ou les rouliers, s'était fait sentir plus d'une fois à M. *de Voltaire*. Pour ne plus s'exposer aux dommages qu'il en avait éprouvés, il me chargeait, quand les objets en valaient la peine, de les aller chercher, de les arranger moi-même dans les caisses, et de les escorter de Paris à Cirey. Il fut convaincu par l'expérience que cette méthode était préférable à toute autre. Les expéditions étaient plus promptes et plus sûres. Ayant toujours été satisfait de la manière dont ses commissions étaient faites par moi, et de l'exactitude qu'il trouvait dans les comptes que je lui rendais ; m'ayant muni depuis long-temps d'instructions pour le maniement de ses affaires particulières, il n'est pas étonnant qu'il m'ait laissé la direction de sa maison, quand il partit pour Berlin. Il me montra, en cette occasion, plus de confiance qu'à sa nièce, qui n'était près de lui que depuis peu de temps, qui était encore assez jeune, quoique veuve, et dont il connaissait l'esprit dissipé. En faisant une assez bonne part à madame *Denis*, il me chargea seul de sa recette générale, de pourvoir à toutes les dépenses auxquelles il pouvait être tenu, ainsi qu'à la pension qu'il avait réglée pour sa nièce, et de faire honneur aux lettres de change qu'il tirerait sur moi. Après avoir exercé ces fonctions pendant six mois, j'ai dû connaître à peu près quelles étaient les facultés de M. *de Voltaire* au temps dont je parle. Les notions que j'en vais donner sont d'autant plus précises qu'elles s'étayent sur une pièce probante que j'ai retrouvée dernièrement sous de vieux papiers, par un pur hasard, et sans que je susse qu'elle fût restée chez moi. C'est le bordereau qu'il me donna pour recevoir ce qui lui restait dû de ses revenus échus dans l'année 1749, et les trois premiers mois de 1750. Avant de le transcrire, il convient de dire un mot de ce que j'ai pu apprendre de l'origine de la fortune de M. *de Voltaire*, et de ce qui a contribué à l'accroître et à la porter successivement jusqu'au point où elle était à l'époque où j'ai pu en prendre par moi-même une connaissance plus positive.

J'ai ouï dire que M. *Arouet*, ancien notaire de Paris et trésorier de la chambre des comptes, n'avait laissé à ses trois enfans qu'une fortune médiocre. Ces deux charges, qu'il avait exercées avec une scrupuleuse probité, ne l'avaient point enrichi, quoiqu'elles fussent assez lucratives. Il ne jouissait, dit-on, que d'environ vingt-quatre mille francs de revenu. A sa mort, M. *de Voltaire* eut donc pour premier patrimoine huit mille francs de rente. La part de son frère aîné, mort célibataire, vint ensuite accroître de moitié la sienne et celle de sa sœur. Dès lors, répandu et chéri dans le grand monde, il passait une partie de l'année chez les plus grands seigneurs; c'était à qui l'aurait en été dans son château. Les princes *de Vendôme* le comblaient de bienfaits, ainsi que les princes *de Conti* et *de Clermont*. Le duc *d'Orléans*, régent, lui donnait une pension; le succès extraordinaire de la tragédie d'*Œdipe* lui avait rapporté beaucoup, ainsi que celui de *Mariamne*, en 1726; mais ce qui lui valut bien davantage, ce fut la souscription faite à Londres en 1727 pour l'édition de *la Henriade* (39). Il se vit dès lors dans une assez grande aisance, qui ne cessa depuis cet instant de s'augmenter. C'est à son retour d'Angleterre que deux plus vastes portes vers la fortune s'ouvrirent devant lui : d'une part, ce fut sa liaison avec les frères *Pâris*, ces fameux financiers, qui trouvèrent le secret peu commun de se créer une opulence considérable sans exciter l'envie, et en se faisant à la fois chérir de leurs concitoyens et du gouvernement, par les services réels qu'ils leur rendirent en plusieurs circonstances; d'autre part, ce fut le commerce de Cadix, où M. *de Voltaire* sut employer utilement une partie de ses fonds.

L'avantage qu'il retira de la connaissance de MM. *Pâris*, c'est l'intérêt qu'il obtint dans la fourniture des vivres aux armées. Pendant la première guerre d'Italie, avant que je ne fusse entré à son service, cet objet lui avait procuré chaque année de fortes sommes; et je sais qu'à la paix, en réglant le compte définitif, il reçut pour solde

---

(39) C'est la première édition avouée par l'auteur. Celles qui avaient été faites en France sous le titre de *la Ligue*, n'offraient qu'une esquisse très-incomplète, et qu'on falsifia encore à l'impression. Il est prouvé que *Voltaire* avait eu le dessein de faire paraître son ouvrage à Paris, et qu'on lui opposa des obstacles sous différens prétextes. Quoi qu'il en soit, il paraîtra toujours surprenant que *la Henriade*, ce poème admirable entièrement consacré à la gloire de l'illustre chef de la famille aujourd'hui régnante, n'ait pu être publié par l'auteur lui-même, sous les yeux et les auspices du successeur de ce grand roi.

chez M. *Pâris Duvernei*, directeur de l'entreprise, une somme de six cent mille francs. De mon temps, il eut aussi un intérêt dans les vivres de l'armée de Flandre, et les résultats en furent également fructueux pour lui.

Quant au commerce de Cadix, il lui fut aussi très-favorable. Les expéditions pour l'Amérique et les retours donnèrent également un grand profit, et par une circonstance heureuse et rare, il arriva que sur un bon nombre de vaisseaux dans lesquels il était intéressé pendant la guerre de 1746, un seul fut pris par les Anglais. L'argent qui provenait de ces sources fécondes, dans les mains de M. *de Voltaire* n'y restait pas long-temps oisif; l'esprit de cet homme était partout, suffisait à tout. On a peine à concevoir comment, avec l'attention et l'inquiétude continuelles qu'entraînaient à sa suite l'emploi de tant de fonds; au milieu de persécutions sérieuses et de tracasseries littéraires; malgré tant de voyages, de vicissitudes, et une correspondance si étendue, tant d'ouvrages excellens ont pu sortir de sa tête. Il savait mettre à profit les circonstances favorables pour affermir et accroître sa fortune, et tirait parti des besoins de l'État, qui, pour sortir de quelque situation difficile pendant la guerre, avait recours aux emprunts, aux loteries. Il prit dans une de ces dernières six cents billets à la fois, dont les chances furent heureuses; et quelques années après il se défit avec bénéfice de tout ce qui lui en restait. On peut croire qu'auprès de si grands moyens, ce qu'il aurait pu retirer de l'impression et de la représentation de ses ouvrages était à peine sensible, et qu'il l'abandonnait sans effort à ses élèves, aux libraires et aux comédiens. Ce que je viens de dire relativement à l'origine de ses facultés pécuniaires et à leurs progrès, je l'ai su en interrogeant plusieurs personnes qui avaient connu M. *de Voltaire* depuis sa jeunesse. Je le trouvai donc, en arrivant chez lui, jouissant déjà d'une très-grande opulence. C'est de quoi je pus alors me convaincre d'une manière positive; et le lecteur en jugera de même par le bordereau dont j'ai parlé, et que je vais transcrire. Il faut observer que les sommes qui s'y trouvent reprises composaient le reste de ce qui était à recevoir de ses débiteurs pour intérêts échus dans l'année 1749 et le commencement de 1750; et qu'il avait déjà touché par lui-même divers autres articles qu'il ne porta point sur sa note. Cette note écrite de sa main fut jointe aux titres et rendue avec eux à son notaire; c'est la copie que j'en avais faite que j'ai retrouvée: la voici, avec l'indication que j'y avais ajoutée dans le haut de la page.

État des rentes, pensions et revenus de M. DE VOLTAIRE, que j'ai été recevoir sur ses quittances et mandats, et pour la plus grande partie échus pendant l'année 1749.

	livres.
Les contrats sur la ville	14,023
Contrat sur M. le duc *de Richelieu*	4,000
Idem sur M. le duc *de Bouillon*	3,250
Pension de M. le duc *d'Orléans*	1,200
Contrat sur M. le duc *de Villars*	2,100
Idem sur M. le marquis *de Lezeau*	2,300
2ᵉ contrat sur M. le comte *d'Estaing*	2,000
Celui sur M. le prince *de Guise*	2,500
Idem sur M. le président *d'Auneuil*	2,000
Idem sur M. *Fontaine*	2,600
Idem sur M. *Marchand*	2,400
Idem sur la compagnie des Indes	605
Appointemens d'historiographe de France	2,000
Idem de gentilhomme de la chambre	1,620
Contrat sur M. le comte *de Goesbriant*	540
Idem sur M. *de Bourdeille*	1,000
Loterie royale	2,000
2ᵉ contrat sur M. *Marchand*	1,000
Contrat sur les 2 s. pour livre	9,900
Vivres de l'armée de Flandre	17,000
	74,038

Tout ce que possédait M. *de Voltaire* n'était pas compris dans cet état; on peut en inférer que tous les objets de sa fortune réunis ne lui rapportaient guère moins de quatre-vingt mille livres par an, et cela dut encore beaucoup s'augmenter dans la suite. On m'a dit que, pendant son séjour en Prusse, il prit part à l'établissement d'une espèce de compagnie des Indes que le roi formait au port d'Emden, et qu'il mit deux millions dans cette entreprise (40), mais qu'au bout de deux ou trois ans, la compagnie s'étant dissoute, faute de succès, il retira ses fonds et les plaça chez plusieurs princes d'Allemagne. Beaucoup de gens pourront s'étonner de ce que M. *de Voltaire*, avec de si gros revenus, ne cherchât point à consolider sa fortune par l'acquisition de bonnes terres, et qu'il se plût au contraire à l'éparpiller dans toute l'Europe. Elle reposait en effet tout entière sur des feuilles de papier ou de parchemin; ses porte-feuilles étaient pleins de contrats, de lettres de change, de billets à terme, de reconnaissances, d'effets du gouvernement, etc. Il eût été difficile, sans doute, de trouver dans le porte-feuille d'aucun autre homme de lettres autant de manuscrits de cette espèce, et les poètes surtout voient rarement couler chez eux le Pactole avec l'Hippocrène. Le système de M. *de Voltaire*, de s'en tenir à une fortune portative, peut toutefois s'expliquer; diverses considérations pourraient même le justifier aux yeux de beaucoup de monde. Il était célibataire; né à Paris, il n'y passa qu'un très-petit nombre d'années, et dans ce peu d'années combien n'essuya-t-il pas d'injustices, de persécutions? Objet continuel de l'envie, elle ne cessa de susciter contre

(40) L'abbé *Duvernet* dit un million.

lui des critiques injustes et des satires personnelles. Pour s'épargner tant de désagrémens de tout genre, il avait dès sa jeunesse adopté un genre de vie ambulatoire. Il n'eut jamais, jusqu'à l'âge de plus de soixante ans, un domicile en propriété dans sa patrie. Le temps le plus long qu'il passa en France, ce fut chez M. *du Châtelet*, au château de Cirey, et encore le vis-je plus d'une fois s'en absenter par de petits voyages, quand il apprenait que son repos était menacé, même dans cet asile. C'est ainsi qu'il se rendait quelquefois dans une province voisine ou chez l'étranger, et en revenait après un séjour plus ou moins prolongé, suivant les circonstances. En 1750, lorsqu'il partit pour la Prusse, il n'avait peut-être point encore pensé au pays où il aurait pu un jour aller établir ses pénates et mourir tranquillement. Tant que les circonstances ne l'obligeraient pas à prendre un parti à cet égard, il croyait agir avec prudence, en ne sortant pas d'une position qui lui permettrait, au besoin, de dire comme *Bias*, mais dans un autre sens : *Omnia mecum porto* (41).

(41) Lorsque *Voltaire* eut trouvé dans les environs de Genève une retraite telle qu'il la désirait, il s'y fixa; et dès lors le système de ses finances dut changer avec sa position. Il devint propriétaire foncier; il acquit des maisons et des terres; il bâtit, défricha, établit des manufactures, devint en quelque sorte fondateur d'une colonie. Son domaine se composait des terres seigneuriales de Ferney, Tournai, Pregny, Chambesy, etc. Sa demeure fut d'abord aux Délices, ensuite à Ferney, où il fit construire un château; mais toujours en garde contre la vicissitude des événemens, il avait en même temps un domicile

ARTICLE XXXV.

Mon établissement à Paris.

Sorti de la maison de M. *de Voltaire*, je ne balançai pas long-temps sur le quartier où j'irais me loger. Je me décidai pour celui de Saint-Jacques, par trois raisons : la première, c'est que je voulais n'être plus dans le cas de rencontrer madame *Denis,* l'unique cause de ma disgrâce ; et qu'en mettant la Seine entre elle et moi, je ne croyais pas en être encore assez éloigné ; la seconde, c'est l'économie, qui me prescrivait de choisir un quartier où je pusse me loger aussi commodément que dans celui de Saint-Honoré, avec un loyer moindre de deux tiers ; la troisième, c'est que j'avais des connaissances dans ce qu'on appelle à Paris le pays latin, entre autres, M. *Desnos,* l'ingénieur-géographe, que j'allais voir de temps en temps. Il y avait huit à neuf ans que j'avais eu occasion de le connaître pendant mes voyages de Champagne ou de Lorraine à Paris ; c'est chez lui que j'allais chercher pour M. *de Voltaire* et madame la mar-

---

sur les territoires de France, de Genève et de Suisse. Le dernier était un château nommé Mourion, près Lausanne. Ces divers établissemens et le grand état qu'il tint, durent sans doute empêcher sa fortune de s'accroître avec la même progression qu'elle l'avait fait jusqu'alors. Cependant quand il mourut, elle était encore fort considérable, comme on l'a vu dans un des écrits de *Wagnière*.

quise *du Châtelet*, les cartes géographiques, les sphères et autres objets dépendans des sciences qu'ils cultivaient. Il me voyait toujours volontiers, et fut charmé d'apprendre que j'allais être son voisin. Je devins dans la suite son ami et son élève, comme on va le voir.

Dans ma jeunesse je n'avais jamais eu beaucoup de goût pour la dissipation; et lorsque je me fus mis en service, parce que j'étais né de parens sans fortune, et que c'était la ressource la plus facile et le moyen le plus prompt de n'être plus à leur charge, je ne partageai point le penchant de plusieurs de mes camarades soit pour la fainéantise, soit pour le libertinage. J'employais autrement qu'eux les momens de loisir que me laissait mon travail ordinaire, que j'avais toujours achevé plus tôt qu'un autre. Je tâchais de mettre à profit ce que l'on m'avait enseigné dans les premières écoles. Je m'appliquais à perfectionner mon écriture, et je parvins, avec le temps, à la rendre assez prompte et nette. D'autres fois, je lisais des livres empruntés aux personnes de ma connaissance; je leur demandais surtout des relations de voyages, qui m'amusaient plus que toute autre chose. J'étudiais les cartes insérées dans ces livres; je m'appliquais à suivre de l'œil et du doigt sur ces cartes les différentes routes des voyageurs; j'allais ensuite reconnaître les pays qu'ils avaient parcourus sur une très-grande mappemonde qui tapissait un vestibule; je les y trouvais tous réunis sous mes yeux, et dans leur vraie situation relativement les uns aux autres. Cet exercice me devint familier, et à force de le répéter, je me fis une idée nette de la forme et de la position des principales contrées de notre globe terrestre, et tout en m'amusant, je devins géographe sans le savoir. Une semblable occupation me fut utile de plus d'une manière : tandis que mes camarades allaient perdre leur temps et dépenser leur argent en choses frivoles ou nuisibles, je ne dissipais pas l'un et l'autre, comme eux, sans nécessité, et souvent à leur grand dommage. L'emploi du premier servit à mon instruction ; en conservant le second, je pus, au bout de quelques années, m'en former de petites rentes qui s'augmentèrent dans la suite. J'ai fait beaucoup de voyages en ma vie. Ce ne fut pas, à la vérité, des voyages *de long cours* : je n'ai parcouru qu'une petite partie de l'Europe, et si cela n'ajouta presque rien à mes connaissances géographiques, j'en recueillis du moins des notions topographiques, et je pus voir par moi-même la singulière différence d'esprit, de mœurs, de lois et de langage qui distinguent des peuples contigus ou séparés seulement par des intervalles peu considérables. Les différentes positions où je me suis trouvé ne me firent point oublier ce que j'avais appris ; mon séjour à Cirey servit au contraire, non-seulement à entretenir ma petite science, mais à me donner bien des lumières nouvelles. Il y était souvent question de géographie; mais on y pratiquait aussi d'autres sciences où je ne connaissais rien. C'était chaque jour un objet nouveau qui me frappait; c'étaient des termes baroques, qu'il fallait m'expliquer. Je m'y accoutumai avec le temps, et je devins apprenti physicien, chimiste, arpenteur, astronome, etc. : cela m'était d'autant plus nécessaire, que M. *de Voltaire* ne voulait être servi que par moi dans son cabinet de physique; et ce n'était pas uniquement pour y entretenir la propreté : il m'avait appris à en manier avec adresse tous les instrumens et à les préparer. Je l'aidais quand il faisait des expériences, soit seul, soit en présence de madame *du Châtelet*, et quelquefois devant des étrangers. Si c'étaient des observations astronomiques, j'arrangeais les grandes lunettes ou les télescopes, les quarts de cercle, les pendules. Il voulait que je dirigeasse moi-même les tubes jusqu'à ce que j'eusse trouvé l'astre qu'il voulait observer. Quand j'y étais parvenu, il permettait, pour récompenser mon adresse, que j'examinasse l'objet pendant une ou deux minutes. C'est un spectacle bien imposant et curieux, que de voir ainsi les corps célestes dans des instrumens qui les grossissent prodigieusement. La lune, à la simple vue, me paraissait ressembler à une moitié de cette grande mappemonde dont j'ai parlé; mais, dans le télescope, elle est très-différente, et montre une foule de détails bizarres et singuliers (42). D'autres fois il s'agissait d'expériences sur le feu, sur la lumière, sur les métaux et d'autres substances. M. *de Voltaire* me faisait préparer un foyer, des creusets; il faisait rougir ou fondre différentes sortes de métaux, les comparait, les pesait, et me dictait le résultat de ses observations. Si dans ces momens on nous eût vus, lui, avec une spatule, agitant le métal en fusion, moi, animant le feu le soufflet à la main, on n'eût pas manqué de nous prendre pour des chercheurs de pierre philosophale. Enfin, il nivelait des terrains, dessinait des parterres, devenait architecte, maçon et piqueur pour agrandir le château de Cirey, et me faisait mettre tous ses

(42) On a dit que ses parties blanchâtres sont des terres et ses parties obscures des mers; on parle de ses continens, promontoires, îles, mers et lacs. N'est-on pas tenté de croire l'inverse? La lumière rejaillit plus vivement de la surface des eaux que de celle des terres. Les rayons du soleil ne pourraient-ils pas nous être renvoyés comme d'un miroir, par les eaux de la lune, mais très-affaiblis par les atmosphères lunaires et terrestres?. Cependant une forte raison contrarie cette hypothèse; c'est que l'une et l'autre partie de la lune présentent des surfaces inégales et des teintes différentes. Les uns ont dit que ce globe était glacé, d'autres qu'il avait un feu central, qui se manifeste par des volcans. Ce qui paraît plus évident, c'est qu'il a des aspérités plus considérables que nos montagnes, et qu'on les reconnaît par le mouvement des ombres qu'elles projettent, et par les échancrures sur le bord intérieur du disque dans les quadratures, ce qui fait voir que le sommet de ces hauteurs s'éclaire ou s'obscurcit alternativement avant ou après leur base. Du reste, il faut attendre que quelques successeurs d'Herschell aient ajouté encore de nouveaux degrés de force à son admirable télescope, pour connaître mieux la nature de cet astre, si toutefois il a été donné à l'homme d'atteindre un jour à de tels objets.

plans au net. Je continuai quelques-unes des mêmes besognes sous un savant hollandais, qui passa deux ans au château de Cirey, et y fut chargé pendant ce temps de la direction du cabinet de physique et de la bibliothèque.

Mes conversations avec M. *Desnos* roulaient souvent sur des détails relatifs à ces sciences. Il était surpris que j'eusse appris et retenu tant de choses. Il m'interrogeait principalement sur la géographie, et ne tarda pas à juger que j'étais plus instruit sur cette partie que sur toutes les autres. Il connaissait mon projet de m'établir à Paris. En causant avec lui sur les avantages ou les inconvéniens de divers genres de commerce, je le priai un jour avec instance de me donner un conseil sur ce que je devrais entreprendre. Il me dit qu'il serait dangereux et absurde de choisir un état ou un commerce sur lequel on n'aurait point encore, à l'âge où j'étais, acquis des notions préliminaires; qu'il fallait, pour réussir, m'arrêter à quelque profession qui eût un grand rapport aux connaissances que j'avais acquises; que puisque j'étais géographe, il fallait fonder mon état sur la géographie. Il poussa la complaisance jusqu'à me dire que je serais bientôt en état de prendre le sien; qu'il ne me fallait pour cela que le vouloir. Son conseil me flattait beaucoup sans doute, mais j'avais peine à croire qu'il fût sincère. Je lui observai que j'ignorais la pratique du commerce. Il répondit que si je voulais venir chez lui, il me mettrait au fait, et qu'en moins d'un an ou deux, il se faisait fort de m'y rendre cette pratique aussi familière qu'à lui-même; qu'en même temps, je poursuivrais l'étude de la science, et trouverais chez lui tous les secours nécessaires pour l'approfondir. Je ne pus résister à des avis qui étaient si bien d'accord avec mon penchant et mon intérêt. Je lui dis que je profiterais avec reconnaissance des bontés qu'il me témoignait, et que j'étais prêt à suivre en tout ses conseils. J'allai en effet travailler chez lui. Il m'ouvrit son magasin, ses portefeuilles; je connus bientôt tout ce qu'ils contenaient. Je vis comment se faisaient ses ventes, ses achats. Le détail du commerce n'était pas la chose la plus importante. J'en eus bientôt pris une connaissance suffisante. Plusieurs personnes en étaient chargées. M. *Desnos* se plaisait davantage à me faire étudier les œuvres des plus savans géographes, et copier leurs cartes; il m'en faisait dessiner de nouvelles. Je m'appliquais à bien posséder les différentes parties de la science. Un jour, il me dit qu'il me trouvait assez instruit pour entreprendre d'enseigner les autres; qu'on s'adressait souvent à lui pour avoir un maître de géographie; que si je voulais donner quelques heures de la journée à cette occupation, il m'aurait bientôt procuré des écoliers. Je fus sensible à cette nouvelle marque d'intérêt. J'acceptai sa proposition, et ce fut pour moi une source d'agrément et d'utilité. Plusieurs années employées dans cette occupation me furent très-avantageuses. Je crus alors que je pouvais songer à me former un état analogue à celui de M. *Desnos,* et en même temps à me marier. Ces deux points s'accomplirent en se favorisant réciproquement. Je crus devoir en donner avis à M. *de Voltaire,* qui était alors près de Genève, et qui, à cette occasion, daigna me donner encore une marque de ses bontés. Je suivis mon état, et avec quelque succès, pendant vingt et quelques années. Alors les infirmités de la vieillesse m'avertirent qu'il était temps que je songeasse au repos. J'étais devenu veuf, avec un fils capable de me remplacer. Je lui laissai mon état, et me retirai dans un petit logement à part, sans quitter le quartier (43). C'est là que j'ai ajouté quelques articles à ce que j'ai anciennement écrit sur les événemens qui m'ont le plus affecté dans le cours de ma vie, sans autre dessein que de pouvoir, au besoin, m'en rappeler les circonstances; et c'est aussi dans cette retraite assez éloignée du grand fracas de la ville, que j'espère achever, sans trouble, le reste de ma carrière (44).

(43) Il avait pris un appartement à l'Estrapade, en face de la nouvelle église de Sainte-Geneviève; c'est là que nous l'avons connu, et qu'il est mort en 1793. Le fils continua quelque temps l'état de son père; mais un malheureux penchant à la boisson dérangea totalement ses affaires et sa santé, et il périt à la fleur de son âge.

(44) En reparlant dans cet article de sa sortie de la maison de

Voltaire, *Longchamp* en attribue encore la cause à madame *Denis*, mais sans nous faire part de ses conjectures sur le genre de médisances ou de calomnies dont elle s'était servie efficacement pour le perdre dans l'esprit de son oncle. Il veut nous faire entendre qu'elle ne le haïssait que par jalousie, à cause de la surveillance et de l'espèce d'autorité qu'il exerçait dans la maison, et qu'à force d'insister dans ses lettres sur la gêne qu'elle en éprouvait, et sur la manière prétendûment abusive dont il usait de cette autorité, elle était parvenue à jeter de la défiance et des soupçons dans l'esprit *de Voltaire*; que dès lors l'ayant engagé à ne pas se presser d'appeler *Longchamp* en Prusse, elle l'avait ensuite excité à le congédier tout-à-fait. Par malheur pour *Longchamp*, cela manque un peu de vraisemblance, et ne s'accorde nullement avec le caractère de *Voltaire*. Des allégations frivoles ou des accusations sans preuves n'eussent pas été capables de lui faire renvoyer un ancien serviteur, qui, depuis nombre d'années, avait toute sa confiance. Il faut que madame *Denis* ait touché une corde bien sensible pour avoir pu amener son oncle à une semblable détermination, et il est à croire que *Longchamp*, en cette occasion, a jeté un voile officieux sur quelque vérité fâcheuse à dire, et que plusieurs motifs ne lui permettent pas d'avouer. Quel était ce grief si puissant allégué contre lui, et qu'il a laissé ici dans le silence? Il va nous l'apprendre lui-même, non dans ses Mémoires, mais dans une pièce qu'il ne croyait pas devoir lui survivre. Il est probable que d'après une simple suspicion, ou d'après quelques indices, madame *Denis* accusa *Longchamp* de s'être fait des copies de plusieurs manuscrits de *Voltaire* qui étaient restés dans son cabinet ou sa bibliothèque, dont *Longchamp* avait les clefs. *Voltaire*, incrédule d'abord, temporisa, fit prendre des informations, dissimula jusqu'à ce qu'il se fût assuré que différentes affaires laissées entre les mains de *Longchamp* étaient terminées et ses comptes rendus; et enfin il se contenta de le renvoyer sans bruit de sa maison. Quelque temps après, de nouvelles recherches, ou le hasard peut-être, amenèrent d'autres découvertes. Une personne soupçonnée d'avoir eu quelque part au délit, chercha à s'en disculper en le rejetant totalement sur *Longchamp*. *Voltaire* fit alors connaître à celui-ci toute son indignation. On va voir comment *Longchamp*, réduit à convenir de sa faute, fait tous ses efforts pour l'atténuer, pour s'excuser et obtenir sa grâce. De ses aveux, il résulte sans doute que dans le narré des événemens de sa vie, il s'est permis en cet endroit une réticence, ou plutôt qu'il y a commis sciemment un péché d'omission. Or, un historien convaincu d'en avoir imposé sur un fait essentiel, ou de l'avoir dissimulé, peut faire douter de la vérité de tous ceux qu'il rapporte; et nous n'oserions, d'après cet exemple, garantir l'entière exactitude des récits de *Longchamp*. Mais, parce qu'il est tombé dans une faute grave en un point, faudrait-il en conclure que tout ce qu'il dit est faux ou déguisé ? cela serait injuste. Quoique dans une circonstance très-importante pour lui, la voix de son amour-propre l'ait égaré et entraîné loin de la vérité, nous n'en croyons pas moins que partout où cet amour-propre se trouve évidemment sans intérêt, il a été de bonne foi, en ne rapportant que ce qu'il jugeait être vrai. Si, dans cette disposition même, il lui est échappé des erreurs, on ne doit alors les imputer qu'au défaut de sa mémoire, ou à sa confiance trop grande en des rapports étrangers. Nous en avons précédemment relevé quelques-unes de ces deux genres. Rapportons maintenant cette pièce dont nous avons parlé, et qui suppléera aux omissions de *Longchamp*. C'est une lettre par lui adressée au maître dont il avait eu toute la confiance, et qui, dans son indignation, venait de lui reprocher avec force d'en avoir abusé. En voici la copie transcrite sur l'original, trouvé dans les papiers de *Voltaire*.

A Monsieur de Voltaire, au Palais du roi de Prusse, à Potsdam.

A Paris, ce 30 mars 1752.

« Monsieur,

» Je viens de recevoir la lettre que vous m'avez fait écrire par
» M. *de Francheville*. Je l'ai ouverte en tremblant, dans la crainte
» où j'étais de vous trouver irrité contre moi, autant que mon im-
» prudence le mérite. Mais j'y ai trouvé une bonté à laquelle je n'a-
» vais pas droit de m'attendre. Je reconnais le tort que j'ai eu et la
» faute que j'ai faite. Vous me promettez un pardon qui fait l'objet
» de mes désirs, et que je crois avoir mérité par mon repentir, si,
» par le regret qu'on a de ses fautes, on peut les effacer. Vous me
» donnez des avis salutaires (dont je veux profiter) pour rentrer dans

» le chemin de la vertu, dont, jusqu'à présent, je ne me suis écarté
» qu'une seule fois. Vous connaissez l'auteur de mon égarement. J'ai
» ouvert les yeux, mais trop tard; j'ai vu le précipice où ses conseils
» pernicieux m'entraînaient. J'ai réparé ma faute autant qu'il était
» possible de le faire, en brûlant toutes les copies que j'avais tirées
» de vos ouvrages, et dont je n'avais fait aucun usage. Alors j'ai brisé
» les liens qui me retenaient, et j'ai cessé totalement de voir une
» personne qui m'a fait perdre mon innocence et votre estime. Je
» veux la recouvrer, et faire tout ce qui dépendra de moi pour mé-
» riter la grâce que vous m'offrez si généreusement, et vos bienfaits.
» Je ne vous rappellerai point tout ce que je vous ai dit autrefois, ou
» écrit depuis votre départ. Je vous ai toujours accusé le vrai, je vais
» encore vous dire la vérité, telle que je la sais, sur tous les articles
» contenus dans la lettre que j'ai reçue de votre part.

» De tous vos livres, tant de votre bibliothèque que d'ailleurs, je
» n'en ai soustrait aucun, j'avais seulement porté chez *Lafond* un
» manuscrit contenant un recueil de lettres du roi de Prusse, que nous
» lisions ensemble, dont on n'a point tiré de copie, ni fait aucun
» usage, et qui a été remis à madame votre nièce après la visite qu'on
» a faite chez lui et chez moi; de même qu'un livre intitulé le *Vol-
» teriana*, qui s'est trouvé chez moi avec une copie informe de *Rome
» sauvée*. Tout cela est exactement vrai.

» A l'égard du manuscrit *in-folio* dont vous parlez, épais de trois
» doigts, écrit de votre main, et qui est une suite de votre histoire
» générale, je n'en ai jamais connu d'autres que celui que je vous ai
» envoyé par le canal de M. le comte *de Raesfeld*, mais celui-là
» n'est point écrit de votre main. Il se trouve encore un manuscrit
» dans votre bibliothèque de Paris, où il n'y a que peu de pages écrites
» par vous-même; et c'est aussi une suite de la même histoire. Voilà
» tout ce que j'ai jamais vu chez vous sur ce sujet, hors les deux
» volumes *in-quarto* que vous m'avez donnés à transcrire à votre dé-
» part. Croyez que cet article est encore la pure vérité.

» Quant aux lettres de madame la marquise *du Châtelet* et autres
» manuscrits de sa main, je n'en ai jamais eu ni originaux ni copies.
» Il est vrai qu'au premier voyage que j'ai fait en Lorraine avec vous,
» et étant pour lors à Cirey, je trouvai un jour sa femme-de-chambre
» (c'était la nommée *Chevalier*) qui lisait dans un manuscrit intitulé
» *Emiliana*, et qui m'en fit lire plusieurs pages en différentes fois;

» de même que dans deux autres livres manuscrits contenant une
» collection de lettres de différentes personnes; mais ces mêmes ma-
» nuscrits n'ont pu sortir des mains de madame *du Châtelet* qu'à sa
» mort : elle les avait toujours avec elle dans sa cassette.

» Je puis, monsieur, vous assurer avec vérité que madame *Lafond*
» ni son mari (*) ne les ont point; je leur dois rendre cette justice
» malgré mes griefs contre eux. J'ai été assez dans leur confidence
» pour qu'ils ne m'en aient pas fait mystère. C'est moi-même qui ai
» fait généralement toutes les malles, paquets et ballots, en partant
» de Lunéville, et je n'y ai aperçu aucun vestige de ces volumes. Il est
» pourtant certain que madame la marquise *du Châtelet* les avait à
» Lunéville : je les y ai vus et tenus, de même que l'histoire de sa vie,
» qu'elle avait poussée jusqu'au jour qu'elle est tombée malade. Il n'est
» pas douteux que madame *du Châtelet* n'en ait disposé de son vivant.
» Je n'ai jamais soupçonné que mademoiselle *du Thil* (**), à qui elle
» ait pu les confier, de même qu'elle a fait pour sa traduction de
» Newton. Si cette demoiselle ne les a pas, peut-être sont-ils chez
» M. *de Saint-Lambert*; mais il n'y a pas d'apparence; ce qui me le
» fait croire ainsi, c'est que je lui ai remis un paquet le jour de la
» mort de madame *du Châtelet*, qu'elle avait recommandé à madame
» *Lafond* de lui remettre, en cas qu'elle vînt à mourir. Ce paquet
» n'était pas considérable, et ne pouvait contenir aucun ouvrage
» étendu, mais plutôt quelques lettres qu'on avait roulées ensemble
» et cachetées, avec cette adresse : *Pour remettre à M. de Saint-*
» *Lambert, après ma mort*; et au-dessous, la date de deux jours au-
» paravant. En lui remettant ce paquet, il me pria de lui avoir son
» portrait qui était dans une bague que madame portait au doigt, et
» me donna le secret pour l'ouvrir. Je détachai le portrait que je lui
» remis chez madame *de Boufflers*, et donnai en même temps la bague
» à M. le marquis *du Châtelet*. Voilà tout ce que je sais touchant cet
» article, et c'est la plus exacte vérité.

» Pour ce qui est de vos ouvrages, je n'ai jamais soustrait aucun
» manuscrit ni aucun livre. J'avais copié et fait copier par le portier,
» l'*Histoire générale*, et quelques lambeaux des campagnes du roi, et
» quelques autres fragmens. Avec ces papiers, se trouvait aussi *la*

(*) Ces deux personnes étaient au service de madame *du Châtelet.*
(**) Autre personne qui avait aussi été attachée à madame *du Châtelet.*

» *Pucelle*, que j'avais copiée à Cirey, sur le manuscrit de madame *du*
» *Châtelet*, dans le temps que je ne vous en savais pas l'auteur. J'ai
» tout représenté à madame votre nièce, et tout a été brûlé. Tout le
» temps que je les ai eus, rien n'est sorti de mes mains; je n'ai rien
» fait voir à personne. J'en ai fait le sacrifice en entier, et n'ai gardé
» aucune chose. Vous pouvez m'en croire sur ma parole, et être
» tranquille à cet égard. Tout cela est exactement vrai. Je vous ai
» fait un aveu sincère; j'ose, monsieur, compter sur votre parole,
» et attends ma grâce et mon pardon. Quant à vos bienfaits, je sais
» que je m'en suis rendu indigne, et que je n'en mérite point, après
» ce que j'ai fait. Cependant la bonté de votre cœur me rassure, et me
» fait espérer que, malgré la malheureuse faiblesse que j'ai eue de
» trahir votre confiance, vous ne me refuserez pas quelques marques
» de cette bienveillance dont vous m'avez flatté autrefois; et que par
» un pur effet de votre générosité, vous me mettrez en situation de
» pouvoir me former un établissement, par quelque secours, et de
» ne devoir qu'à vous seul mon bonheur et ma fortune. J'attends
» avec confiance l'effet de vos promesses, et suis avec vénération et
» avec le plus profond respect,

» Monsieur,
» Votre très-humble et très-obéissant
» serviteur,
» LONGCHAMP. »

Cette lettre confirme quelques particularités que le lecteur a vues dans ses Mémoires, et nous en apprend quelques autres que nous ignorions. En faisant ici mention de la vie de madame *du Châtelet*, écrite par elle-même, *Longchamp* fait regretter que cet ouvrage n'ait pas été confié quelque temps à sa garde. Si cette dame l'eût chargé de le copier, peut-être, nonobstant une première destruction, eût-on vu ressusciter tout-à-coup de nos jours ce monument littéraire, qui devait être curieux et intéressant, sous tous les rapports. Sans doute madame *du Châtelet*, qui aimait tant la poésie, n'avait pas manqué d'orner son histoire de quantité de pièces en vers, telles qu'en savaient produire les *Voltaire* et les *Saint-Lambert*; et d'y semer encore d'autres fleurs agréables que tout le Parnasse alors s'empressait d'offrir à la femme la plus savante de son siècle. On découvre dans cette lettre la vraie cause qui fit perdre à *Longchamp* la confiance de *Voltaire*: c'est qu'il en avait abusé; et ce qui achève de le démontrer, c'est que plusieurs ouvrages de cet écrivain célèbre ne sont parvenus jusqu'à nous que par ce secrétaire. Enfin, on trouve encore ici une nouvelle preuve de la bonté et de l'indulgence de *Voltaire*. La moindre marque d'un repentir sincère suffisait pour le désarmer. C'est l'effet que produisit cette lettre, puisque *Longchamp* nous apprend qu'après cette époque, il retrouva, en formant son établissement à Paris, un bienfaiteur dans *Voltaire*. Celui-ci se contenta de cette espèce de confession d'un ancien serviteur dont il avait été satisfait sur d'autres points; et il en usa avec lui comme il avait fait avec les *Jore*, les *Demoulin*, les *Thiriot*, et d'autres qui, après l'avoir grièvement offensé, redevinrent encore, par leur repentir, les objets de sa bienveillance. Il ajoute pleinement foi à la réponse de *Longchamp*, et nous croyons aussi que ce dernier s'y explique avec sincérité sur toutes les questions qui lui furent faites, et que tout ce qu'il allègue est vrai. Mais *Voltaire* ignorait sans doute, ainsi que les accusateurs de *Longchamp*, que celui-ci avait d'autres manuscrits plus anciens, sur lesquels il ne fut point interrogé, et dont il ne crut pas devoir se charger gratuitement dans sa confession, à cela près, générale. Ces manuscrits sont ceux-là mêmes qu'il nous a conservés. Au reste, puisque l'unique offensé a daigné pardonner à *Longchamp* ses fautes, quelque grandes qu'elles fussent, à plus forte raison la postérité en doit-elle donner absolution pleine et entière, car elle seule en recueillera tout le fruit. Ne pourrions-nous pas même, sans trop de scrupule, désirer que la coulpe du pauvre secrétaire eût été plus étendue? Ses réticences plus ou moins nombreuses n'eussent point empêché les événemens d'être ce qu'ils ont été. *Voltaire* ne se fût pas conduit envers le coupable autrement qu'il l'a fait; vivant, il ne lui eût pas montré plus de courroux; mort, encore moins; et les amis des lettres et des arts en eussent eu dans tous les temps un plus grand nombre d'intéressantes et douces jouissances.

Tout le fond de la lettre qu'on vient de lire est bien de *Longchamp*, nous n'en doutons point; mais la conséquence dont elle était pour lui dans la position où il se trouvait, nous persuade qu'avant de l'expédier, il engagea quelque homme de lettres de sa connaissance à la revoir et même à la rédiger. Le style en est clair et simple. S'il l'avait été de même dans ses Mémoires; s'il y avait classé les faits sans

ARTICLE XXXVI ET DERNIER.

Arrivée de M. DE VOLTAIRE *à Paris. Honneurs extraordinaires qu'il y reçoit. Sa mort et ses suites* (45).

Le 11 février 1778, dans la matinée, je vis de ma fenêtre un de mes anciens voisins entrer dans la maison. Il monta chez moi, et à peine m'eut-il vu, qu'il me dit : « Savez-vous ce qui s'est passé de remarquable hier à Paris ? — Non, lui répondis-je, je n'ai pu l'apprendre au dehors, n'étant pas sorti depuis deux jours de mon logis; et personne n'y est venu m'instruire d'aucune nouvelle. —Eh bien, ce sera donc moi, ajouta-t-il, qui vous apprendrai deux choses qui doivent avoir pour vous quelque intérêt. La première, c'est que le célèbre acteur *le*

---

confusion, il n'eût pas été nécessaire de réviser avec beaucoup d'exactitude et de soin cet ouvrage, qui par le sujet seul pouvait s'attirer l'attention du public.

(45) On remarquera sans doute qu'entre cet article et les précédens, il y a un vide d'un quart de siècle au moins, et le lecteur n'en doit pas être surpris. *Longchamp*, établi et marié à Paris, n'eut plus de relation avec *Voltaire*. Uniquement occupé de ses affaires domestiques et de son commerce, il vit les jours et les ans s'écouler pour lui d'une manière uniforme et paisible, mit de côté ses Mémoires ou ses notes, faute de matière assez intéressante à ses yeux pour les continuer, et les oublia en quelque sorte durant ce long intervalle de temps. Il ne fallut pas moins qu'un événement tel que l'arrivée de *Voltaire* à Paris, pour les rappeler dans son souvenir. Il les reprit alors et y ajouta cet article qui les termine.

Kain, dont vous m'avez souvent parlé, n'existe plus, et qu'il a été inhumé hier ; la seconde, c'est que dans la même journée, et presque dans le même moment, entrait dans Paris, plein de vie et de santé, M. *de Voltaire.* » Rien n'égale l'étonnement dont je fus frappé à ces nouvelles. La mort de *le Kain* me causa une vive affliction. Depuis l'année 1749, où je l'avais connu pour la première fois, il n'avait cessé de me témoigner de la bienveillance, lorsque je l'allais voir de temps en temps ; sa mort fut presque subite, et j'ignorais qu'il eût été malade. L'autre nouvelle ne me causa pas moins de surprise, mais elle me remplit en même temps d'une foule d'autres sentimens si divers et si confus, qu'il me serait impossible de les dépeindre. J'avais sans doute beaucoup plus de motifs que mon voisin pour être touché de ces événemens. Ils n'avaient guère produit chez lui d'autre sensation que l'étonnement lorsqu'il en fut informé. Au reste, ce n'était pas comme témoin qu'il me les rapportait, mais seulement sur des ouï-dire, et je pouvais me défier un peu de leur entière exactitude. Aussi voulus-je, dans la journée même, éclaircir les doutes où il m'avait laissé, et connaître ce qu'il y avait de vrai ou de faux dans ses nouvelles. A peine fut-il sorti que je m'habillai en hâte pour aller aux enquêtes. Plusieurs personnes de connaissance que je rencontrai me dirent qu'elles avaient appris les mêmes choses. J'entrai à dessein au café *Procope,* où ces nouvelles étaient l'objet de l'entretien de quelques politiques ou gens de lettres qui en parlaient avec chaleur. Pour m'assurer encore davantage de ce qui avait rapport à M. *de Voltaire*, je m'acheminai de là vers le quai des Théatins, où il était descendu la veille, et avait pris, disait-on, son logement dans un hôtel près de l'église. En débouchant de la rue de Seine, j'aperçus de loin beaucoup de monde rassemblé sur le quai, près le Pont-Royal. En m'approchant je reconnus que ce groupe était formé devant l'hôtel du marquis *de Villette*, au coin de la rue de Beaune. Je demandai aux curieux ce qu'il y avait d'extraordinaire. On me répondit que M. *de Voltaire* était logé dans cette maison, et qu'on attendait pour le voir passer quand il en sortirait. On n'était cependant pas sûr qu'il dût sortir de la journée, car on pouvait supposer que la fatigue d'une longue route rendrait nécessaire un jour ou deux de repos à un vieillard de quatre-vingt-quatre ans. De ce moment je ne doutai plus de l'arrivée de M. *de Voltaire* à Paris, et toute la ville en fut bientôt informée. Satisfait d'être sorti de mon incertitude sur un fait si étrange à mes yeux, je m'en retournai chez moi, en faisant beaucoup de réflexions sur ce voyage inattendu de mon ancien maître.

Je n'ai pas besoin de répéter tout ce qui s'est passé pendant les trois mois et demi où la capitale a eu la satisfaction de posséder dans son sein l'homme célèbre qui depuis plus de soixante ans lui avait procuré tant et de si nobles plaisirs. Les papiers publics en ont rendu compte, et en ont assez instruit la France et l'Europe. Ces événemens sont d'ailleurs si récens, que chacun les a encore, pour ainsi dire, sous les yeux. On sait quels honneurs extraordinaires et de tout genre lui furent décernés à Paris par des corps respectables, et les hommages qu'il reçut des particuliers de toutes les classes (46). Aux témoignages flatteurs d'estime, d'admiration et presque d'amour dont il fut alors comblé par les Français ses compatriotes, il semble n'avoir manqué qu'une seule chose, et sans doute il pouvait et devait même la désirer. Le public parut étonné que M. *de Voltaire* n'allât point à Versailles présenter son hommage au roi; et les gens de lettres surtout furent douloureusement affectés de cette circonstance. J'en ai entendu plusieurs raisonner beaucoup sur la cause qui empêcha de paraître à la cour l'homme qui avait célébré avec tant de succès la gloire de ses souverains. Il ne m'appartient pas de chercher à découvrir les vrais motifs de cet événement; encore moins à les expliquer, et je m'abstiendrai même de répéter au-

---

(46) Le lecteur a pu voir plusieurs détails à ce sujet dans les écrits de *Wagnière* qui précèdent celui-ci; dans l'éloge de *Voltaire*, par *La Harpe*; dans la *Notice* de celui-ci, insérée au tome XIV, page 393, des OEuvres de *Voltaire*, édition de Kehl, in-8°; dans la Vie de *Voltaire*, par *Condorcet*, *ibid.*, tome LXX; dans celle de l'abbé *Duvernet*, etc., etc.

jourd'hui les diverses conjectures de ces messieurs (47).

Je me bornerai à parler en peu de mots de ce qui m'intéressait plus particulièrement dans cette

(47) Il dut en effet paraître surprenant, surtout aux étrangers, qu'un homme si célèbre, avec lequel la plupart des souverains de l'Europe avaient eu des relations, et qui même avait entretenu avec les plus illustres d'entre eux une correspondance intime et suivie, n'en ait eu aucune avec les souverains de son propre pays. Il paraît même assez douteux que *Louis XV* ait jamais parlé à l'auteur de tant de beaux ouvrages, ornemens de son règne. On ne voit nulle part d'indice qu'ils aient eu ensemble quelque conversation. Si *Voltaire* avait joui de cet avantage, ne l'eût-il pas laissé entrevoir en quelque endroit de ses œuvres, ne fût-ce que pour en imposer un peu à tous ces libellistes qui le décriaient et le calomniaient sans cesse? C'eût été pour lui un bouclier utile contre leurs traits empoisonnés. Mais il n'y en a point de traces, même dans ses lettres. Le doute que nous exprimons ici acquiert encore de la vraisemblance par l'anecdote au sujet du *Temple de la Gloire*, opéra où le poète a célébré allégoriquement *Louis XV*, sous le nom de *Trajan*. On venait de représenter cet ouvrage à Versailles avec beaucoup de pompe et de succès. Le monarque, au sortir du spectacle, se retirait, suivi du duc *de Richelieu* et d'autres seigneurs, par une galerie où était *Voltaire*, auteur de la pièce. Celui-ci s'approchant de *Richelieu*, lui dit à demi-voix : *Trajan est-il content?* Le roi qui l'entendit, croyant peut-être que ces mots lui étaient adressés, se retourne, jette un regard sévère sur l'interrogateur, et passe sans proférer une parole: apparemment *moins flatté du parallèle*, dit *Condorcet*, *que blessé de la familiarité d'un sujet*. Jadis le vrai *Trajan* eût sans doute montré moins de rigueur à *Pline* le jeune, qui, dans un panégyrique, n'avait pas loué plus noblement cet empereur, que *Louis XV* ne l'avait été dans la prose et les vers d'un homme infiniment supérieur à *Pline* pour le génie et le talent. Il nous paraît impossible que *Louis XVI*, né avec d'heureuses dispositions, aimant les sciences et les arts, cherchant l'instruction, n'ait pas désiré de voir le Français qui avait élevé au père des *Bourbons*, au grand *Henri IV*, un monument plus durable que le marbre et l'airain, célébré si dignement le règne mer-

apparition de M. *de Voltaire* à Paris. Du premier moment que je fus certain de son arrivée, je conçus le désir et l'espoir de me présenter à lui, dans la persuasion où j'étais qu'il ne s'opposerait point

veilleux de *Louis XIV*; la gloire et les vertus pacifiques du vainqueur de Fontenoi, et qui enfin avait loué et encouragé si délicatement le jeune *Sésostris*. Mais le jeune *Sésostris* avait près de lui des gens qui, par différens motifs, étaient excités à éteindre en lui un pareil désir, et il n'eut pas la force de leur résister. Les prétextes ne leur manquent jamais en ces occasions, et ils en couvrent adroitement leur vrai motif, qui n'est autre que l'intérêt personnel. Il ne convient pas toujours aux personnages appelés autour du trône, que le monarque acquière trop de connaissances, et qu'il ait d'assez bons yeux pour tout voir, et voir bien par lui-même, sans être obligé de s'en rapporter aux leurs. En outre ils peuvent craindre que l'éclat d'un homme transcendant, vu de plus près, et à côté d'eux, ne ternisse leur médiocre lumière. Dans la circonstance dont il s'agit, n'est-il pas à croire que le Français qui connaissait si bien l'histoire de son pays et le caractère de sa nation; qui avait tant réfléchi sur les vraies sources du bonheur ou du malheur des peuples, eût pu, en conversant avec un prince encore sans expérience, donner plus d'étendue aux lumières de son esprit et plus de fermeté à son caractère; eût contribué par là à sa prospérité; à maintenir près de lui, malgré les intrigues de la cabale, des ministres éclairés et vertueux; à écarter des erreurs, à prévenir des fautes, telles, par exemple, que cette fatale guerre américaine, aussi immorale qu'impolitique, dans laquelle il fut entraîné malgré son penchant naturellement juste et pacifique : qui sait enfin si, ayant alors acquis plus de force et de prudence, il n'eût pas réprimé efficacement les premières tentatives des factieux qui ont bouleversé le monde; si, secondé de l'influence de tous les hommes véritablement instruits, il n'eût pas neutralisé les poisons dont une poignée d'intrigans aussi rapaces qu'ambitieux infecta l'esprit de son peuple; préservé tous les autres de la contagion et de leur ruine; sauvé de la mort plusieurs millions d'hommes; s'il n'eût pas épargné à la France le plus effroyable des crimes?.... C'est aux esprits supérieurs qu'appartient l'examen et la solution d'une question si importante.

à ce qu'un vieux serviteur vînt lui renouveler le témoignage de sa reconnaissance pour ses anciennes bontés. Son caractère m'avait été assez connu autrefois pour que je n'eusse rien à craindre de ce côté ; mais j'avais d'autres inquiétudes. Madame *Denis*, sa nièce, était venue avec lui de Ferney. J'aurais été très-fâché de la rencontrer, et sans doute elle ne l'eût pas moins été de me voir. J'étais même persuadé que si elle eût soupçonné mon dessein, elle se serait intriguée pour me faire interdire l'entrée de la maison. Il me fallait donc chercher d'abord un moyen de pouvoir parler à l'oncle à l'insu de la nièce. D'un autre côté, depuis un très-grand nombre d'années je n'avais plus eu de relations d'aucune espèce avec M. *de Voltaire*. Il devait m'avoir entièrement oublié, et me croyait peut-être mort. Il y aurait eu une grande témérité à moi d'aller de but-en-blanc me présenter chez lui, et je sentis qu'il ne me convenait pas de tenter aucune démarche pour cela, sans m'être auparavant assuré qu'il ne la désapprouverait pas. Je ne me souciais pas de courir, comme tant d'autres, sur son passage, pour l'entrevoir seulement de loin, et non sans difficulté et perte de temps. Je désirais le voir de près, de lui parler, et de me remettre en son souvenir. Plusieurs semaines s'écoulèrent avant que j'eusse pu m'arrêter sur le moyen d'arriver à ce but. Enfin, je pris le parti d'aller trouver un homme de lettres que je connaissais, parce qu'il était venu plusieurs fois chercher chez moi des cartes géographiques. Je savais qu'il avait été anciennement lié d'amitié avec M. *de Voltaire*. Je ne doutais pas qu'il n'eût depuis entretenu quelque correspondance avec lui, et je présumais qu'il l'avait déjà été voir chez le marquis *de Villette*. En effet, je sus qu'il avait un facile accès dans la maison. Il n'ignorait pas que j'avais été autrefois attaché à M. *de Voltaire*. Je lui témoignai le désir que j'avais d'aller rendre mes devoirs à mon ancien maître, et le priai de vouloir bien me servir de patron en cette circonstance. Il y consentit, et ajouta qu'avant de m'accompagner chez M. *de Voltaire*, il voulait s'assurer si ma démarche ne lui déplairait pas. « J'ose croire que non, lui dis-je, et je me fonde sur la bonté du cœur de ce grand homme, dont j'ai vu tant de preuves ; mais il n'en serait pas de même sans doute de madame *Denis*. » Ces derniers mots ne l'étonnèrent pas : je lui avais dit plusieurs fois que je n'attribuais ma sortie de chez M. *de Voltaire*, qu'à cette dame. C'est pourquoi, en désirant d'aller voir l'oncle, il m'importait beaucoup de ne pas rencontrer la nièce, qui était logée dans la même habitation. Notre entretien se termina par la promesse que me fit mon patron de solliciter la permission que j'aspirais d'obtenir, et de s'informer du moment où je pourrais le mieux en profiter, sans l'inconvénient que je craignais. Il me congédia alors, en me disant d'attendre sans impatience ce qu'il aurait à me faire savoir sur tout cela. Douze jours après, j'en reçus un billet par lequel il m'invitait à venir chez lui le lendemain à dix heures du matin. Je ne manquai pas de m'y rendre au temps précis. Il m'apprit qu'il allait me conduire chez M. *de Voltaire*, et qu'il en avait obtenu sans peine l'autorisation; que l'heure était convenable, parce qu'il s'était assuré que madame *Denis* se levait fort tard, déjeunait dans sa chambre, faisait ensuite une longue toilette comme une petite maîtresse, quoiqu'elle ne fût ni jeune ni belle, et que ce n'était qu'un peu avant l'heure du dîner qu'elle allait ordinairement joindre son oncle. A dix heures et demie, nous étions à l'hôtel du marquis *de Villette*. Nous vîmes dans la cour des chevaux qu'on attelait à un carrosse. Nous en augurâmes que c'était pour l'usage de M. *de Voltaire*, et que notre visite serait courte. Mon guide se fit annoncer, et nous fûmes introduits. De la porte du salon j'aperçus M. *de Voltaire*, debout, tout habillé, une canne à la main et le chapeau sous le bras, causant avec deux hommes qui m'étaient inconnus.

J'avançais vers lui en tremblant. Dès l'instant qu'il eut tourné les yeux, il me reconnut, et prononça mon nom, quoiqu'il ne m'eût pas vu depuis vingt-huit ans. Cela me rassura, et je marchai plus vite, avec l'intention de me jeter à ses pieds; mais il m'en empêcha en me retenant par la main, et me faisant aussitôt quelques questions sur mon état, sur ma famille. J'y répondis le plus brièvement que je pus, et je l'assurai que si j'avais eu un peu de succès dans mes travaux, je reconnaissais ne le devoir qu'aux premières instructions que j'avais reçues près de lui, tant à Paris qu'à Cirey, et à ses anciens bienfaits. Il parut entendre avec intérêt le peu de détails que je pus lui donner. Il adressa alors la parole à mon guide, et lui dit des choses fort obligeantes. Dix minutes s'étaient à peine écoulées qu'on vint avertir M. *de Voltaire* que sa voiture était prête. Nous prîmes aussitôt congé. Il nous dit qu'il allait voir plusieurs de ses anciens amis, que si nous revenions un autre jour il nous recevrait avec plaisir.

En descendant l'escalier, j'étais si ému de ce que je venais de voir et d'entendre, que des larmes tombèrent de mes yeux. M. *de Voltaire* me parut extrêmement cassé, quoiqu'il parût d'ailleurs jouir encore de la plénitude de ses sens, et eût la voix très-forte. A la satisfaction dont j'étais plein en cet instant se mêla je ne sais quel pressentiment que je ne le verrais plus. Ce pressentiment n'était malheureusement que trop fondé. J'appris au bout de quinze jours qu'il s'était cassé un vaisseau dans la poitrine, en déclamant avec beaucoup de feu, à l'une des répétitions de sa tragédie d'*Irène*, ce qui lui fit perdre du sang en abondance. On parvint, il est vrai, à calmer ce premier accident; mais son âme toujours active, ne pouvant souffrir le repos, l'excitait jour et nuit au travail. Les fatigues de divers genres, l'échauffement, la privation de sommeil, etc., amenèrent des rechutes et l'affaiblirent excessivement. Les remèdes qu'on voulut opposer à ses maux, pris, dit-on, à trop forte dose, achevèrent d'accabler tous ses organes, et il succomba enfin le 30 mai 1778, à l'âge de quatre-vingt-quatre ans et trois mois (48).

Cet homme qui a tant fait honneur à son siècle et à sa patrie, *Voltaire* qui dans ses écrits n'a cessé de rendre hommage à l'Être Suprême et d'at-

---

(48) Il se plaignait depuis long-temps d'une strangurie, et cette incommodité devenue beaucoup plus grave à Paris, fut, suivant l'opinion de M. *d'Argental*, la véritable cause de la mort de *Voltaire*. Sa vie réglée et tranquille à Ferney, et un régime analogue à son tempérament et à sa situation, en rendaient les accès rares et supportables. Nous le vîmes en 1777, jouissant encore d'une santé assez robuste. Ses facultés morales étaient entières, et l'activité de ses sens peu affaiblie. Les fatigues d'une longue route, et celles qu'il eut à essuyer dans le tourbillon de Paris, durent irriter son ancienne incommodité; mais ce qui la rendit plus funeste, c'est l'excès de travail auquel il se livrait jour et nuit. Ce sont ces efforts qui causèrent d'abord des hémorragies, et l'inflammation de son sang, à quoi l'on voulut remédier par des calmans qui, selon un bruit assez répandu, mais peu fondé, pris à trop forte dose, causèrent la mort du malade. Nous ne doutons point que sans ce voyage la vie de M. de *Voltaire* ne se fût prolongée encore de plusieurs années. Ce n'était donc pas sans quelque vérité qu'il dit un jour au milieu des honneurs dont on l'accablait : *Ils m'étoufferont sous des roses.* Ainsi son triomphe qui excita parmi nous une joie si vive et si générale, devait lui coûter cher, et à nous aussi.

tester sa puissance; cet éloquent et redoutable ennemi des athées, devait-il, en mourant, ne trouver dans les ministres des autels qu'une odieuse réprobation? C'est le sort qu'ils réservaient à ses mânes, comme toute l'Europe l'a vu avec autant de pitié que d'étonnement. Quelques hommes aussi injustes que maladroits, dans l'intérêt même de leur cause, lui ont refusé la sépulture, qu'on ne refuse pas même aux plus vils scélérats morts en blasphémant. Dans leur opiniâtreté et leur aveuglement, ces gens, emportés par un faux zèle, n'ont pas craint de laisser éclater une animosité qui ne pouvait nuire qu'à eux-mêmes dans l'opinion des hommes sensés, et nullement à celui dont ils outrageaient la mémoire. Que penser en effet de ceux qui ont pu donner un pareil scandale dans un siècle si éclairé, dans la capitale d'un royaume où l'on se pique d'honorer les sciences et les arts! Toute nation chez qui la raison et le bon sens ont quelque empire, gémirait, si un grand homme avait subi chez elle un pareil affront; et, à l'exemple d'Athènes, repentante de l'affreuse injustice faite à *Socrate*, elle n'aurait jamais cru pouvoir assez l'expier. Et cependant c'est dans sa patrie, au sein de la France, que M. *de Voltaire* a pendant soixante ans éclairée et charmée par ses ouvrages; c'est dans Paris même qu'une portion de ses compatriotes, peu nombreuse, il est vrai, n'a pas rougi de se conduire à son égard avec cette indignité.

Heureusement son neveu, M. l'abbé *Mignot*, conseiller-clerc au grand conseil, et abbé de Scellières, voyant que, malgré ses instances, le curé de la paroisse de Saint-Sulpice, sur laquelle M. *de Voltaire* est décédé, s'obstinait à lui refuser la sépulture, prit aussitôt une résolution différente, que la circonstance semblait rendre indispensable : ce fut d'emporter le corps embaumé de son oncle hors de Paris, et de le conduire à son abbaye, voisine de celle du Paraclet, en Champagne. Les moines de Scellières rendirent les derniers devoirs à M. *de Voltaire* avec les cérémonies accoutumées, célébrèrent un service, et remplirent avec zèle toutes les fonctions ecclésiastiques en l'honneur de l'oncle de leur abbé. Les curés des environs et plusieurs citoyens distingués s'empressèrent d'y assister. Ainsi, à une lieue de distance, reposent les cendres de deux hommes très-illustres, *Abeilard* au Paraclet, et *Voltaire* à Scellières. Sur la tombe de l'auteur de la *Henriade* fut inscrit ce vers de madame *du Châtelet* :

Postgenitis hic carus erit, nunc carus amicis (49).

(49) Il serait bien difficile de renfermer cette pensée dans un seul vers français. *Autant il est cher aujourd'hui à ses amis, autant il le sera un jour à tous les hommes.*

L'amour qu'à ses amis il inspire aujourd'hui
Dans tous les cœurs un jour éclatera pour lui.

Voilà à peu près la pensée, mais cela est bien long et languissant en comparaison du latin. Au reste, il est évident que ce n'est point là

Cependant il fallait que ces lieux fussent aussi témoins d'un événement presque aussi déraisonnable que celui dont nous venons de parler. A peine l'évêque diocésain eut-il été informé de ce qui s'était fait à Scellières, qu'il fit tomber le poids de sa disgrâce sur les pauvres moines de cette abbaye. Ils se virent par lui sévèrement réprimandés, punis, mis en pénitence. Leur crime était à ses yeux d'avoir rempli un pieux devoir envers le personnage illustre que la France venait de perdre, et d'avoir déféré, en accomplissant ces actes religieux, aux ordres de leur abbé. Cependant ces foudres épiscopales éclatèrent heureusement trop tard : tout était accompli, au gré de l'abbé, et rien ne fut dérangé de ce qui avait été fait. La tombe subsista et devint l'objet de la curiosité et de la

---

une épitaphe. Aussi *Wagnière*, ni d'autres qui sont entrés dans plus de détails sur la mort de *Voltaire*, n'en ont rien dit. Sur un marbre funéraire, le sens du vers deviendrait absurde. *Longchamp* peut avoir été mal informé. Ce vers de madame *du Châtelet* est une inscription mise par elle au-dessous du portrait de *Voltaire* peint par *La Tour* en 1736, et gravé, avec l'inscription, par le célèbre *Balechou*, pour l'édition des œuvres de *Voltaire* donnée à Dresde en 1748. Il a été gravé une seconde fois par le même artiste en 1756, pour l'édition publiée à Genève par les frères *Cramer*. Le buste de l'auteur, dans cette dernière gravure, est représenté dans un ovale que soutient un génie, et qui est entouré de divers ornemens emblématiques dessinés par *Liotard*. Cette planche, après la mort de *Balechou*, étant un peu usée, fut retouchée délicatement par *Ficquet*, autre graveur très-habile dans le genre du portrait en petit. Les bonnes épreuves de ces deux gravures sont estimées et recherchées des connaisseurs. Le même portrait a été encore très-bien gravé en 1784 par *P.-G. Langlois*, pour l'édition de Kehl, où on le voit en tête du tome XVI in-8º.

vénération des habitans du pays et des voyageurs qui traversent la Champagne. On ne craint pas même de se détourner de sa route et de l'allonger, pour aller déposer un tribut de regrets et de reconnaissance dans ce lieu respectable, qui est devenu l'asile de la dépouille mortelle d'un grand homme (50).

Pouvons-nous passer sous silence ce qui se faisait alors à Paris? On y interdisait la représentation des pièces dramatiques de l'illustre défunt, et on défendait aux journalistes de parler de lui, de quelque manière que ce fût. L'Académie française, qui depuis long-temps était dans l'usage d'assister

(50) La démarche tardive de M. *de Barral*, évêque de Troyes, peut avoir été faite naturellement ou à dessein. On pourrait inférer de ce qu'en disent *Condorcet* et l'abbé *Duvernet*, qu'il ne s'y était porté qu'à regret, et par déférence pour quelques dames accréditées de Paris. On a vu plus d'une fois de vieilles douairières, jadis belles et galantes, qui, venant à cesser de l'être, prennent le parti de se faire dévotes, *de peur de n'être rien*. Elles nuisent plus qu'elles ne pensent à leur prochain, en devenant les échos d'hommes fourbes ou fanatiques, qui leur persuadent que rien n'est plus efficace pour effacer les petits péchés de leur jeunesse, que de médire des philosophes, d'exciter contre eux la persécution quand ils vivent, et d'attaquer encore leur mémoire quand ils ne sont plus. C'en était ici une occasion remarquable : on ne manqua point d'en profiter; et le bon évêque de Troyes, par bienséance ou par politique, réprimanda les moines de Scellières. Il alla même jusqu'à destituer le prieur, que son abbé, de concert avec l'évêque, n'aura pas tardé à consoler et à dédommager de sa prétendue disgrâce. A ces conjectures assez plausibles et à tout ce qui a été dit et imprimé sur la mort et les obsèques de M. *de Voltaire*, nous ajouterons une remarque. Si des circonstances singulières avaient réservé à l'abbaye de Scellières l'honneur de donner

en corps à un service funèbre qu'elle faisait célébrer pour chacun des membres qui lui étaient enlevés par la mort, dut cette fois manquer, malgré elle, aux devoirs d'une institution qui l'honore. Les académiciens en cette circonstance ne purent accorder une messe aux mânes du vénérable confrère qu'ils avaient quelques jours auparavant comblé des plus éclatans honneurs.

Nous terminerons ici nos *Mémoires* en transcrivant quelques pièces de vers relatives à M. *de Voltaire*, d'après des copies qui se répandirent à Paris, avant et après sa mort, en 1778 et 1779.

la sépulture au chantre de *Henri IV*, une autre circonstance plus récente et non moins étrange, en a fait enlever le corps, pour être installé avec la plus grande pompe au Panthéon français, monument splendide, il est vrai, mais alors plus païen que chrétien; et depuis, par un autre événement plus merveilleux et plus édifiant, ce temple profane, par une éclatante métamorphose, redevient une vénérable église; et les Parisiens ont la satisfaction de voir ce magnifique édifice rendu à sa première destination; exemple mémorable des vicissitudes de ce monde! Ainsi les cendres du plus illustre écrivain du dix-huitième siècle, après avoir été promenées du profane au sacré, et du sacré au profane, se retrouvent enfin dans le lieu le plus respectable et le plus digne de les conserver. Espérons qu'elles y reposeront en paix, et y seront honorées dans l'immense cours des siècles, sous la protection méritée de la puissante et douce patronne de Paris, à laquelle le jeune *Arouet* consacra, il y a plus de cent ans, les prémices de sa muse naissante. Son ode à *sainte Geneviève* est le premier de ses ouvrages qui ait été connu et imprimé. Comme cette pièce se trouve dans presque toutes les éditions des œuvres de Voltaire publiées depuis 1817, nous croyons inutile de la mettre ici sous les yeux du lecteur.

Peut-être ne seront-elles pas toutes imprimées. Nous n'eûmes pas l'occasion ni la facilité de recueillir toutes celles dont nous entendîmes parler. Voici seulement un petit nombre de ces vers consacrés par les poètes du temps au plus illustre favori des Muses; au grand homme à qui ils avaient rendu si long-temps hommage, comme à leur chef et à leur modèle.

VERS

Faits à l'occasion de l'arrivée de M. DE VOLTAIRE *à Paris, des honneurs qu'il y reçut, et de sa mort.*

I.

COUPLETS

De M. l'abbé DE LATTAIGNANT *à* M. DE VOLTAIRE.

Sur l'air ....

J'ai vu le célèbre Voltaire :
Il compose à son ordinaire ;
Et quoique plus qu'octogénaire,
Il sait charmer comme à trente ans.
C'est toujours le même art de plaire,
Et son hiver est un printemps.

Ce favori de Melpomène,
Ce digne héros de la scène,

Revient sur les bords de la Seine
Enchanter encor tout Paris.
Par les nouveaux fruits de sa veine
Il étonne nos beaux esprits.

Disciple charmant d'Epicure,
Il semble qu'en lui la nature
Se perfectionne et s'épure
Quand en nous elle se détruit;
Et qu'une lumière plus pure
L'éclaire quand elle nous fuit.

Grand dès sa plus tendre jeunesse,
Respectable dans sa vieillesse,
Et ménageant avec adresse
Et l'erreur et la vérité,
Du chantre immortel de la Grèce
Il aura la célébrité.

Du temps que sa belle Emilie,
Aussi savante que jolie,
Et digne d'être son amie,
Passait avec lui ses beaux jours,
Au sein de la philosophie
Il charmait et plaisait toujours.

En tout genre c'est un grand maître.
Les dieux semblaient l'avoir fait naître
Pour nous apprendre à les connaître,
Comme pour l'immortalité.
Quel dommage de ne plus être
Lorsque l'on a si bien été !

Déjà ce sublime génie
A reçu de l'Académie

Ainsi que de la Comédie
Les complimens, les tendres vœux.
Honoré par leur compagnie,
Il s'honore d'être avec eux.

Modèle de la bienfaisance,
Sans espoir de reconnaissance,
Avec tendresse et complaisance,
Son cœur sensible et libéral
Tire du sein de l'indigence
La famille de son rival.

Que ce mortel s'acquit de gloire !
Sa tête est un vrai répertoire
Des hauts faits tirés de l'histoire,
De rares exploits et de traits
Qu'il a gravés dans sa mémoire
Pour ne les oublier jamais.

Qu'il est étonnant qu'à son âge
Il fasse encor plus d'un ouvrage
Où l'esprit brille à chaque page,
Aussi bien en prose qu'en vers !
De Paris le juste suffrage
Est celui de tout l'univers.

Le voilà donc dans sa patrie,
Malgré la critique et l'envie.
Son monarque le justifie
Lorsqu'il approuve son retour ;
Et tout, jusqu'à l'Académie,
S'empresse à lui faire la cour.

M. *de Voltaire* répondit à ces vers par le billet que voici :

« Lattaignant chanta les belles ;
Il trouva peu de cruelles,
Car il sut plaire comme elles.
Aujourd'hui, plus généreux,
Il fait des chansons nouvelles
Pour un vieillard malheureux.

» Je supporte avec constance
Ma longue et triste souffrance
Sans l'erreur de l'espérance ;
Mais vos vers m'ont consolé :
C'est la seule jouissance
De mon esprit accablé.

» Je ne peux aller plus loin, monsieur ; M. *Tronchin*, témoin du triste état où je suis, trouverait trop étrange que je répondisse en mauvais vers à vos charmans couplets. L'esprit, d'ailleurs, se ressent trop des tourmens du corps ; mais le cœur du vieux *Voltaire* est plein de vos bontés (51). »

(51) L'abbé *de Lattaignant* était à peu près du même âge que *Voltaire*. Auteur d'un grand nombre de chansons pleines d'esprit, de grâce et de facilité, il s'était fait une réputation dans ce genre. Cela suppose qu'il était un peu mondain ; mais depuis peu, un certain abbé *Gauthier*, ex-jésuite, chapelain de l'hospice des Incurables, se vantait de l'avoir guéri de son penchant pour les plaisirs terrestres et les vanités du monde. Ce médecin des âmes était un de ces hommes qui espèrent se donner du relief aux yeux de leurs supérieurs, et obtenir en même temps de la réputation et une bonne place, en se vantant

II.

INSCRIPTION

Pour un portrait de M. de Voltaire; *par M.* Cardonne, *premier commis de la maison de S. A. R.* Madame.

Il se moqua des sots, il chanta les guerriers,
Il régna sur la scène, il charma dans l'histoire;
Fameux dans chaque genre, il eut tous les lauriers :
Un seul aurait suffi pour assurer sa gloire.

III.

IMPROMPTU

*Sur le succès de la tragédie d'*Irène.

Que ce vieillard, rival des demi-dieux d'Athène,
D'Alzire et de Brutus l'auteur noble et touchant,
D'un chef-d'œuvre nouveau vienne enrichir la scène,
J'admire sans surprise un pareil phénomène :
L'astre du jour est beau jusque dans son couchant.

---

de la prétendue conversion de quelque illustre personnage; comme l'avait fait autrefois avec impudence le jésuite *Routh* à l'égard de *Montesquieu.* L'ex-jésuite *Gauthier* aspirait à une gloire plus grande par la conquête de *Voltaire,* chez lequel il s'était présenté sans qu'on l'eût appelé. On connaît assez le résultat de ses démarches. Elles ont donné lieu à l'épigramme qu'on a lue, tome Ier, page 461.

IV.

VERS PRÉSENTÉS A M. DE VOLTAIRE

Par une jeune paysanne de la vallée de Montmorenci, qui apportait des œufs à l'hôtel de M. DE VILLETTE.

> Je n'ai pour tout bien qu'une poule.
> Un assez beau coq, son voisin,
> Tous les matins lui jette en moule
> Un œuf, dont je fais le larcin.
> La pauvrette se laisse faire.
> Si cette poule, mon trésor,
> Conserve les jours de Voltaire,
> Ce sera la poule aux œufs d'or.

V.

VERS DE MADAME LA COMTESSE DE BUSSY A M. DE VOLTAIRE.

> O chantre du meilleur des rois,
> Vous qu'un heureux destin ramène,
> Pour la gloire de notre scène,
> Vous souviendrait-il qu'autrefois,
> Sur vos genoux, sur ceux de cette belle (52)

---

(52) Madame *du Châtelet.* Quoique depuis le temps où *Longchamp* nous a remis ses Mémoires, nous ayons vu cette pièce et plusieurs de celles qui l'accompagnent, imprimées dans des journaux ou divers recueils de poésies, nous ne les retranchons point, parce qu'elles tiennent ici peu de place, et que nous sommes persuadés que les personnes qui chérissent la mémoire de *Voltaire* les reliront encore avec plaisir.

Que vous sûtes initier
Dans l'art de se rendre immortelle,
Vous m'écoutiez balbutier
Les vers que vous faisiez pour elle?
Votre regard étincelant
Fit naître le feu dans ma veine,
Et j'eus la soif de l'Hippocrène
Bien avant l'espoir du talent.
Oh! que ne suis-je encore enfant!
J'irais, dans mon tendre délire,
Embrasser l'auteur de Zaïre,
Et me croirais Zaïre embrassant Lusignan.

VI.

VERS DE M. MASSON DE MORVILLIERS.

Quand la nature, en ses heureux instans,
Veut bien parfois nous produire un grand homme,
N'espérons plus ses faveurs de long-temps,
Elle a besoin de dormir un long somme.
Est-ce fatigue, humeur? Nous l'ignorons,
Car son défaut fut toujours de se taire.
Elle nous fait coup sur coup des Frérons,
Et dans mille ans forme à peine un Voltaire.

VII.

VERS DE M. DE LA HARPE A M. DE VOLTAIRE,

Chez lequel se trouvaient ensemble madame la comtesse Amélie de Boufflers, *madame la duchesse* de Lauzun, *et madame la marquise* de Villette.

Quels sont ces objets ravissans
Que je vois du génie orner le sanctuaire?

Trois divinités chez Voltaire
Viennent lui porter cet encens
Que brûle à leurs genoux le reste de la terre.
Que ce prix qu'il reçoit doit charmer ses vieux ans !
Ses lauriers que leur main caresse
Lui deviennent plus chers et semblent plus brillans.
Venez voir la beauté sourire à la vieillesse,
Les grâces à la gloire et l'amour aux talens.
Rendez à la nature un hommage équitable,
Et jouissez, en admirant
Ce qu'elle a fait de plus aimable,
Ce qu'elle a produit de plus grand (53).

VIII.

VERS MIS AU BAS D'UNE STATUE DE M. DE VOLTAIRE,

Par M. Dallet *l'aîné, gouverneur du fils de M. le comte* de Buffon.

Dans ce marbre animé le dieu du goût respire :
C'est Voltaire chantant l'amour et les héros ;
Les échos attentifs répètent aux échos
Les sons touchans de sa brillante lyre,
Et le plaisir qu'il nous inspire
Est le fruit précieux de ses vastes travaux.

(53) *La Harpe* a signalé son zèle pour la gloire de *Voltaire* par plusieurs ouvrages remarquables qui se succédèrent de près. Le *Dithyrambe* couronné à l'Académie française, la comédie des *Muses rivales*, l'*Éloge*, en prose, de *Voltaire*. On peut y joindre la *Notice du couronnement de Voltaire* au Théâtre Français. Ces deux derniers écrits sont dans l'édition de Kehl, tomes LXIX et XIV.

IX.

INSCRIPTION POUR UNE STATUE DE VOLTAIRE,

Par M. FRANÇOIS, *de plusieurs académies.*

Nunc te marmoreum pro tempore fecimus; at si
Phœbus opes habeat Plutusve animum, aureus esto (54).

AUTRE *sur la statue faite par* PIGALE.

Plaudite, numen adest vobis, jam plaudite, Galli;
Vivit in æternum marmore Voltarius (55).

X.

VERS D'UNE DAME

Sur le couronnement de VOLTAIRE *au Théâtre-Français,*
le 5 avril 1778.

D'un triomphe si mérité
La mémoire est insigne et doit être éternelle :
La gloire, qui n'eut point d'amant plus digne d'elle,
N'en aura pas de mieux traité (56).

(54) Imitation :

> Plutus est sans génie, Apollon sans trésor.
> Sans quoi nous t'eussions fait, non de marbre, mais d'or.

(55) Imitation de cette inscription anonyme :

> Jouissez à jamais de son aspect si doux,
> Français, le dieu des vers revit ici pour vous.

Ou bien :

> Français, le dieu des vers, au front brillant et doux,
> Sous ces traits adorés s'est fixé parmi vous.

(56) Voyez, dans le tome XIV de l'édition de Kehl, les vers du marquis *de Saint-Marc* sur le même événement.

XI.

VERS SUR LE RETOUR DE VOLTAIRE A PARIS,

Par M. DE LA DIXMERIE.

Toujours aux dieux nous devons quelque offrande;
    Mais dans le temple du Seigneur
    Je suis un simple enfant de chœur,
Et j'attache à l'autel ma chétive guirlande.
    En vain j'essayai quelquefois
    De joindre ma débile voix
A celles qui pour vous entonnaient des cantiques :
Dans ce nombreux concours, dans ce bruyant concert,
    Mon faible fausset fut couvert,
    Par des accens plus énergiques.

Ne sait-on pas aussi que du docte Pigal,
    Pour vous le ciseau s'évertue ?
    Que déjà sur son piédestal
    On couronne votre statue ?

Mais d'un ciseau divin les efforts triomphans
    Le sont bien moins que vos ouvrages;
    Vous êtes l'émule du temps,
    Vous survivrez à vos images.

Vous faites mieux encor, vous revoyez ces lieux,
De vous avoir vu naître à jamais orgueilleux;
Ces lieux qu'ont illustrés vos chants et votre gloire;
Ces lieux qui sont pour vous le champ de la victoire;
Vous revoyez ce peuple affable et médisant,
    Si perfide, si caressant,

Qui sans raison prodigue et reprend son suffrage ;
Mais à qui toutefois vos sublimes talens
    Ravissent depuis soixante ans
    Le doux plaisir d'être volage.

O Voltaire, venez recueillir son encens ;
   C'est à vos pieds qu'il doit fumer sans cesse.
   Vous nous rendez, pour de froids complimens,
       Pour de vains applaudissemens,
       Esprit, goût, génie et sagesse.

Vous soutenez encor les frêles fondemens
    De notre Parnasse débile.
    Ah ! vivez pour nous être utile,
    Nous n'existons qu'à vos dépens !

XII.

A M. DE VOLTAIRE,

Arrivé à Paris le même jour que le Kain *fut inhumé;
par M.* IMBERT.

Le même jour qu'on vit le célèbre le Kain
    S'acheminer vers l'infernale rive,
O Voltaire, Paris t'a reçu dans son sein :
    Roscius s'en va le matin,
    Sophocle, le soir, nous arrive.
Quelle double leçon pour l'homme observateur !
    Que le hasard est un grand moraliste !
Le trépas imprévu de ce sublime acteur
Afflige notre orgueil autant qu'il nous attriste.
    L'aspect de son lugubre deuil
Nous dit qu'on voit périr tout ce qu'on a vu naître,

Et que le plus grand homme est promis au cercueil.
Mais s'il nous humilie en nous faisant connaître
   Ce que l'homme doit devenir,
   Tu sais bien nous enorgueillir
   En nous montrant ce qu'il peut être.
C'est offrir tour à tour, sous diverses couleurs,
De l'humaine nature un portrait qui ressemble ;
   Vous nous rappelez tout ensemble,
   Lui, son néant, toi, sa grandeur.

XIII.

VERS D'UN ANONYME

Sur l'arrivée de M. DE VOLTAIRE *à Paris.*

Oui, j'ai vu ce grand homme, et mes regards surpris,
   Avec respect contemplant son visage,
   Du phénomène de notre âge
Ont encore admiré les glorieux débris.
Son aspect imposant va dans la nuit obscure
Plonger les détracteurs de ses divins écrits,
   Et le concert de toute la nature
De ces tristes oiseaux étouffera les cris.
Ainsi, quand du soleil la clarté triomphante
Aux erreurs de la nuit revient nous arracher,
On n'entend que la voix du rossignol qui chante,
   Et les hiboux vont se cacher.

XIV.

VERS DU MARQUIS DE VILLETTE A M. DE VOLTAIRE,

Qui était en convalescence, après une dangereuse hémorragie.

Le dernier souffle de la vie
Etait prêt à vous échapper;
Mais, respectant votre génie,
La mort a craint de vous frapper.
Quatre-vingts ans ont vu l'histoire
Compter vos jours par vos succès;
Vous vivrez encor pour la gloire
Et pour l'honneur du nom français.
Vous avez dès votre jeune âge
Conquis le sceptre des talens,
Et vous y joindrez l'avantage
De le garder jusqu'à cent ans.

XV.

SUR LA MORT DE VOLTAIRE.

O Parnasse, frémis de douleur et d'effroi!
Pleurez, Muses, brisez vos lyres immortelles!
Toi, dont il fatigua les cent voix et les ailes,
Dis que Voltaire est mort, pleure, et repose-toi (57)!

(57) Ces vers sont de *Le Brun*. Le premier avait été mal retenu par *Longchamp*; il avait écrit : *O Pinde! sois en deuil et pleure sur ton roi.* Nous avons cru devoir rétablir la bonne leçon.

XVI.

VERS

Pour être mis au bas de la représentation d'un mausolée érigé par madame de *** à la gloire de M. DE VOLTAIRE; *par* THOMAS.

Le plus grand de son siècle en fut le plus aimable.
    Sur ses écrits, sur ses discours,
La grâce répandit ce charme inexprimable
Qui sans nous fatiguer nous attache toujours.
Il épuisa la gloire, il tourmenta l'envie.
Chacun de ses travaux éternisa sa vie,
Et ses bienfaits encore ont embelli ses jours.
Les beaux Arts éperdus, l'Amitié désolée,
    Voudraient lui dresser un autel.
    Cherchant un jour son mausolée,
L'univers doutera s'il eût rien de mortel.

XVII.

VERS SUR M. DE VOLTAIRE,

Mort à Paris en 1778.

Dans la carrière de l'épique
Il suivit Homère et Milton,
Et baissant sa lyre d'un ton
Embellit la scène tragique.
Enfin, cet amant des neuf sœurs,
Quelquefois d'une voix légère,
Se délassant sur la fougère,
Chantait sous des berceaux de fleurs;

Mais, toujours suivi par l'envie,
Il passa sur le sombre bord,
Persécuté pendant sa vie,
L'honneur du Pinde après sa mort.

XVIII.

STANCES

Sur la mort de M. de Voltaire.

Ce que Dieu fait est bien : La Fontaine le dit.
Cependant si j'avais produit un si grand œuvre,
Voltaire aurait encor ses sens et son esprit :
Je me serais gardé de briser mon chef-d'œuvre.

Celui que dans Athène eût adoré la Grèce,
Que dans Rome à sa table Auguste eût fait asseoir,
Nos Césars d'aujourd'hui n'ont pas voulu le voir,
Et monsieur de Beaumont lui refuse une messe.

Oui, vous avez raison, messieurs de Saint-Sulpice ;
Et pourquoi l'enterrer ? N'est-il pas immortel ?
A ce rare génie on peut sans injustice
Refuser un tombeau, mais non pas un autel (58).

(58) On a attribué cette pièce à madame la comtesse *de Boufflers ;* nous croyons du moins l'avoir vue imprimée sans son nom. Tous ces vers rassemblés ici par *Longchamp* forment une espèce de couronne poétique qu'il déposait sur le tombeau de *Voltaire,* comme le tribut de vénération et de reconnaissance d'un vieux serviteur pour son ancien maître. Pénétré des mêmes sentimens qui se manifestaient alors si vivement à Paris et dans toute la France, nous avons hasardé d'offrir aussi un modeste tribut aux mânes du chantre de *Henri IV*.

VERS DE M. DE VOLTAIRE,

Sur la mort de madame la marquise DU CHATELET (1).

Un sommeil éternel a donc fermé ces yeux
Où brillaient la vertu, l'amour et le génie;
La vérité, l'honneur, la foi, la modestie
N'ont pu changer du sort l'arrêt impérieux!
    Tu meurs, immortelle Emilie,
Ou plutôt ta belle âme, en volant vers les Dieux,
    A son principe est réunie.
Avec toi la Pudeur, de la terre bannie
    Rentre pour jamais dans les cieux.
Tu meurs! et je survis à ton heure fatale!
Je vois encor le ciel dont tu ne jouis plus!
Hélas! où l'amitié, les talens, les vertus

C'est l'ode qui est à la suite de ces *Mémoires*. Espérant que le sujet du moins ne déplaira point au lecteur, et le disposera à l'indulgence, nous avons cédé au désir de la joindre à ce recueil, qui n'est lui-même dans tout son ensemble qu'un monument destiné à faire mieux connaître la personne de *Voltaire*, et à rendre sa mémoire encore plus chère à la postérité.

(1) Tel est l'intitulé de la pièce que *Longchamp* avait mise à la suite de l'article relatif à la mort de madame *du Châtelet* (*voyez* page 257). Il ne dit ni quand ni comment elle lui est parvenue. Il peut l'avoir tirée de quelque recueil imprimé, pour la joindre à ses Mémoires, qu'il n'a rédigés que très-tard. Quel que soit le mérite de ces vers, on y remarque en plusieurs endroits une ironie qui ne permet pas de croire qu'ils soient de *Voltaire*. *Saint-Lambert*, consulté là-dessus, a dit qu'ils n'en étaient pas. De qui seraient-ils donc? Serait-ce une plaisanterie de *Saint-Lambert* lui-même, ou de *Marmontel* pour aider *Voltaire* à sortir du profond chagrin où l'avait plongé la mort de madame *du Châtelet*? Ils sont de *Marmontel*, suivant *Thiriot*.

Pourront-ils trouver ton égale?
Qui me rendra ces jours passés dans la douceur
D'une confiance tranquille,
Où mon âme, à tes goûts docile,
N'avait pour loi que ton humeur?
Où loin des propos de la ville
Et du vain faste de la cour,
Sans soins, sans brigue, sans entour,
L'Arioste et Newton, dans un loisir utile,
Remplaçaient à Cirey la jeunesse et l'amour?
Dans les bras de la paix, au sein de la sagesse,
Oubliant Versaille et Paris,
Les flatteurs et les beaux esprits,
L'orgueil des grands et leur bassesse,
Nous étions seuls heureux, du moins dans nos écrits.
Pardonne, ombre chère et sacrée,
Si, de son bonheur enivrée,
Mon âme quelquefois secoua ses liens;
Par tes transports, vainqueurs des miens,
Tu vis ma chaîne resserrée;
Et si sur nos beaux jours, tissus par le bonheur,
Le caprice a versé l'amertume et l'aigreur,
Du moins après ta mort tu seras adorée.
Vois des arts la troupe éplorée
Te suivre en deuil jusqu'au tombeau,
Vois l'Hymen et l'Amour éteindre leur flambeau;
Vois le cœur même de l'envie
S'ouvrir aux traits de la pitié;
Vois ton cercueil baigné des pleurs de l'amitié;
Vois ton époux errant et détestant la vie,
Redemander aux dieux sa fidèle moitié.
Admise à la céleste troupe,
A la table des dieux; où tu bois dans la coupe
Et de Minerve et d'Apollon,

Si ton cœur est sensible à l'éclat d'un grand nom,
Si mes vœux jusqu'à toi peuvent se faire entendre,
Que tu dois t'applaudir d'une amitié si tendre!
Je veux que l'avenir, dans mes vers t'admirant,
    Te confonde avec Uranie ;
    Et si quelque censeur impie
Rit du culte immortel que ma muse te rend,
    Pour confondre la calomnie
    J'aurai Saint-Lambert pour garant.

FIN DES MÉMOIRES DE S. G. LONGCHAMP.

LA MORT
DE VOLTAIRE,
ODE.

> Eris mihi magnus Apollo.
> Virg. *Ecl.* 3.

1778.

AVERTISSEMENT.

La mort de ce grand homme, enlevé, le 30 mai 1778, à la philosophie, aux lettres, aux beaux-arts, n'est point un de ces événemens dont on s'entretient quelques instans dans les sociétés d'une ville, et que d'autres nouvelles passagères y font oublier le lendemain. La douleur qu'elle répand sera aussi durable qu'étendue. Les hommes de génie qui, par la profondeur de leurs méditations, ou l'importance de leurs découvertes, reculent les limites des sciences, appartiennent au monde entier; et il n'est point de nation éclairée qui ne gémisse de leur perte. Dans quel pays civilisé n'a-t-on pas en effet regretté des hommes tels que *Newton, Locke, Descartes, Colomb, Cook, Galilée, Copernic, Herschel, Linnée*, etc.? Il en est de même de ces êtres non moins privilégiés qui, au jugement des vrais connaisseurs, ont approché le plus de la perfection dans les beaux-arts. Il faudrait en dire autant des inventeurs des arts mécaniques les plus utiles, si leurs noms n'étaient presque tous ensevelis dans les ténèbres de l'antiquité. Il n'est point douteux qu'entre les personnages les plus illustres, M. *de Voltaire* ne tienne un rang distingué, et que sa mort n'excite de justes regrets partout où les lumières et le goût des beaux arts ont pénétré. Peut-être même reconnaîtra-t-on un jour qu'il aura contribué plus qu'aucun autre au bonheur de la terre, en persuadant aux peuples, ainsi qu'aux souverains, qu'ils ne peuvent être véritablement heureux qu'en étant toujours justes, humains et tolérans. Nous ne tirons point cet augure de son brillant génie, de ses vastes connaissances, de ses nombreux succès dans presque tous les genres de littérature ; nous le fondons sur son extrême sensibilité aux malheurs du genre humain, sur ses vœux et ses efforts constans pour le rendre meilleur et plus heureux, le détourner de toute espèce d'injustice, lui inspirer l'horreur du crime, le remplir enfin de cette vertu nommée par *Cicéron, charitas humani generis*, qui n'est que cette bienveillance mutuelle si nécessaire à la concorde, à la félicité de tous les hommes. Voilà en effet le caractère dominant des écrits de M. *de Voltaire*, et ce qui semble en être le principal but. Leur ensemble n'est, pour ainsi dire, qu'un plaidoyer en faveur de l'humanité, et jamais en a-t-il paru de plus éloquens dans cette cause sacrée? En est-il de plus capables de toucher le cœur des souverains et d'éclairer l'esprit des peuples? Si les premiers désormais doivent être convaincus que la politique la plus droite et la plus franche est toujours la meilleure, et les seconds, que la fidélité an prince légitime et la soumission aux lois sont le vrai fondement de leur bonheur, c'est peut-être à M. *de Voltaire* que les races futures seront principalement redevables de ce bienfait. Il ne faut pas s'étonner si des nations trop souvent divisées par de frivoles et trompeurs intérêts, se réunissent pour rendre hommage au génie, et déplorer comme nous la mort du bienfaiteur de l'humanité.

Une perte si funeste devint plus cruelle encore, par les circonstances extraordinaires qui l'accompagnèrent. M. *de Voltaire,* de retour à Paris, après une absence de près de trente années, y fut accueilli avec les démonstrations de la plus vive joie, et l'enthousiasme qu'un mérite si rare pouvait seul exciter. On sait que ce mérite, qui s'était fait pressentir dès ses premiers pas dans la carrière des lettres, avait aussi dès lors blessé les yeux de l'envie, et suscité contre lui des écrivains jaloux. Ceux-ci et leurs successeurs ne cessèrent de le harceler et de le poursuivre dans tout le cours de sa vie, et même jusque dans le tombeau. Il est vrai qu'après le succès de sa tragédie d'*OEdipe*, ses ennemis littéraires ne tardèrent pas à trouver des alliés d'une autre espèce, et dont les armes étaient plus dangereuses que la plume des écrivains satiriques. On vit des champions de deux sectes rivales (*) se réunir, et ne faire avec les autres qu'un parti contre l'homme

---

(*) Les jansénistes et les molinistes.

impartial qui osait parler trop librement de la futilité de leurs querelles. Se couvrant d'un voile sacré, ils pouvaient être alors à craindre; et si quelque temps après ils sont également tombés dans le mépris et presque dans l'oubli, c'est peut-être parce que l'homme courageux qu'ils attaquaient osa le premier les démasquer et les couvrir d'un ridicule ineffaçable.

Cependant les écrivains faméliques de la basse littérature ne laissèrent pas de continuer leurs attaques contre M. *de Voltaire* dans des brochures anonymes et des feuilles périodiques. S'ils ne purent lui faire beaucoup de mal de son vivant, ils espérèrent de lui en faire davantage après sa mort, de concert avec quelques-uns de leurs anciens alliés, et au moyen de ces mêmes armes dangereuses que l'on croyait depuis long-temps rouillées et tout-à-fait émoussées.

Les Parisiens se félicitaient encore de ce jour glorieux pour M. *de Voltaire* et pour eux-mêmes, dans lequel des honneurs extraordinaires lui avaient été décernés à l'Académie française et à ce théâtre qu'il avait enrichi de tant de chefs-d'œuvre. Ils y avaient vu représenter la tragédie d'*Irène*, noble et intéressante production de sa plume octogénaire. Ils n'ignoraient pas que, toujours plein d'ardeur et de courage, il se livrait encore nuit et jour à d'utiles travaux; tout Paris enfin s'attendait à jouir encore du fruit de ses veilles, à recevoir de lui des écrits instructifs et de nouveaux plaisirs (*), lorsqu'on apprit avec effroi que le *Sophocle* français venait, comme celui d'Athènes, de succomber, pour ainsi dire, sous le poids de ses lauriers. Mais quelles furent la surprise et la consternation de tous les hommes éclairés et sensibles, lorsqu'ils surent que la famille de M. *de Voltaire* avait été obligée de faire transporter son corps loin de Paris, pour le dérober aux outrages de ces ennemis furieux armés contre lui, et qui étaient parvenus à le priver, non-seulement des honneurs funèbres qui lui étaient dus, mais encore de la sépulture, qu'on ne refuserait pas au dernier des hommes? On ne s'en tint pas à cette pitoyable injure gratuitement faite à ses mânes; les mêmes ennemis eurent le crédit de faire défendre aux journalistes d'apprendre à la France et à l'Europe les circonstances de la perte qu'ils venaient de faire. Il fut également interdit à toute autre personne de publier, de quelque manière que ce fût, des écrits relatifs à M. *de Voltaire*, et aux comédiens, de représenter ses pièces. A peine les véritables gens de lettres eurent-ils la liberté de verser en secret une larme généreuse sur cette étrange destinée du chantre d'*Henri IV*. Rien sans doute

---

(*) Il préparait dans les dernières semaines de sa vie un grand travail pour le dictionnaire de l'Académie qu'on devait réimprimer, et, par intervalle, il s'occupait à terminer la tragédie d'*Agathocle* et à corriger celle des *Pélopides*.

n'était plus singulier que de voir les muses étrangères répandre à l'envi des fleurs sur la tombe du plus illustre des écrivains français, et les muses françaises rester pendant une année dans un morne et honteux silence. Il devait les déshonorer, s'il eût été volontaire; s'il n'a été que l'effet de la contrainte, nos neveux ne chercheront pas moins à découvrir quels en furent les motifs. On croit les voir de loin se perdre en vaines conjectures, s'interroger et se dire : « Comment expliquer une telle » bizarrerie ? Aurait-on eu dans ce siècle, appelé » par excellence le siècle des lumières, une con- » descendance pusillanime pour quelque classe de » citoyens qu'il eût été peut-être imprudent d'in- » disposer autrefois, mais qui aujourd'hui ne sau- » rait se faire craindre de l'autorité? Les Français » n'auraient-ils pas craint de se voir exposés aux » reproches ou aux railleries des autres peuples ? » A-t-on pu supposer que des honneurs, solennels » il est vrai, rendus par des particuliers à un autre » particulier, quelques jours avant sa mort, ébran- » leraient les trônes et les dominations? La gloire » d'un poète aurait-elle été capable pour la pre- » mière fois d'offusquer l'éclat des sceptres et des » diadèmes? Un simple écrivain pouvait-il du fond » de son tombeau faire ombrage aux puissances » de la terre ? Ont-elles pu en être jalouses? » Ces discours hasardés de nos descendans ne contiendraient rien de vraisemblable, et s'ils croyaient y trouver seulement une ombre de vérité, ce trait sans doute ne serait pas à leurs yeux le moins singulier de l'histoire d'un homme de lettres.

Au reste, quels qu'aient été les motifs de tout ce qui s'est passé d'extraordinaire en cette circonstance, ils ont cédé au temps, qui affaiblit et absorbe toutes choses. Peu à peu l'inutilité ou l'inconséquence s'en est fait apercevoir, et enfin il a été permis aux gens de lettres et aux artistes d'exprimer leurs sentimens sur M. *de Voltaire*. Les académiciens, les journalistes ont pu en parler sans contrainte, les comédiens représenter ses ouvrages dramatiques, et les statuaires, les peintres, les graveurs retracer ses traits que le public est avide de voir et de posséder. Les plus habiles artistes se distinguent à l'envi dans les hommages qu'ils rendent à la mémoire de l'homme célèbre que la France a perdu. Nous partageons leur zèle sans avoir leur mérite, et nous osons, à leur exemple, rendre aujourd'hui notre juste tribut d'admiration et de reconnaissance au philosophe humain et au poëte sublime qui est allé rejoindre dans les Champs-Élysées ce héros qu'il a si dignement chanté, le grand, l'adorable *Henri IV*.

P. S. On a vu dans cet AVERTISSEMENT les raisons qui ont empêché l'ode de paraître dans l'année où elle fut faite. On ne l'imprima qu'en 1780, seulement pour être distribuée aux parens et à quelques amis intimes de M. *de Voltaire*. Un éditeur anonyme l'a insérée depuis dans un recueil de pièces diverses, mais avec quelque falsification. On la donne ici d'après une bonne copie revue et corrigée. Il y a des notes qu'on a mises à la fin sans renvois, afin que les vers puissent être lus sans distraction.

LA MORT DE VOLTAIRE,

ODE.

1778.

Après tant de splendeur, que d'affreuses ténèbres
Des Muses, des beaux-arts troublent soudain le sort!
Partout que de regrets, partout quels cris funèbres,
    Lorsqu'un seul homme est mort!

Oui, c'est toi, dont le deuil se répand sur la terre;
Toi, dont les nations déplorent le trépas;
Et ta seule patrie est muette, ô Voltaire,
    Quand tu meurs dans ses bras!

Génie universel, cœur brûlant, âme tendre,
Rien ne peut enchaîner la voix de mes douleurs;
Elle éclate, et mon zèle ose couvrir ta cendre
    De larmes et de fleurs.

Quoiqu'indigne de toi, mon faible et juste hommage
Peut trouver grâce aux yeux des peuples consternés;
Ma tristesse profonde, hélas! est le partage
    De tous les cœurs bien nés.

Ce coup irréparable est-il une infortune
Que l'homme vertueux supporte avec dédain?
Il gémit d'autant plus que sa perte est commune
 A tout le genre humain.

Vous restez sans appui comme sans espérance,
Vous, qui perdez un père encor plus qu'un *seigneur*,
Colons industrieux, sur qui sa bienfaisance
 Répandait le bonheur.

Par un charme invincible attiré sur la rive
Où ce grand enchanteur a su vous arrêter,
Je le vis, l'entendis, et mon âme captive
 Ne pouvait le quitter.

Près de ces monts altiers où se brisent les nues,
D'où le Rhône et le Rhin roulent avec fracas,
Vénus, les Ris, les Jeux, les Grâces ingénues
 Suivaient partout ses pas.

Les mortels rassemblés aux accords de sa lyre,
En admiraient l'éclat, comme en ses plus beaux jours;
Soit qu'il se plût encore à folâtrer et rire,
 Entouré des Amours;

Soit qu'avec dignité sa voix persuasive
Prêtât à la raison des charmes plus puissans,
Ou soit que Melpomène, à lui plaire attentive,
 Lui transmît ses accens.

Du plus noble transport sa grande âme enflammée
Au bonheur de la terre intéressait les rois;
Et ses bienfaits sans nombre ont de la Renommée
 Epuisé les cent voix.

Combien de fois, touché des pleurs de l'innocence,
Ne la ravît-il pas aux coups de l'oppresseur!
Par lui souvent l'orgueil, la force et l'opulence
    Se sentaient naître un cœur.

Ce nouvel Amphion, élevant des asiles
A l'honnête indigence, au commerce, aux beaux-arts,
Changeant d'affreux déserts en des hameaux fertiles,
    Enchantait mes regards.

Les monts, les eaux, les bois, et toute la nature
S'asservissaient sans peine à ses vastes desseins :
Pouvaient-ils résister à la main libre et sûre
    Qui changeait les humains!

Tel le fier Prométhée aux flammes du tonnerre,
Malgré Jupiter même, allumant son flambeau,
Donna la vie à l'homme, et retira la terre
    De la nuit du tombeau;

Ou tel, disciple heureux de la philosophie,
Conquérant pacifique, et modèle des rois,
Penn vit dans les forêts naître Philadelphie
    A l'ombre de ses lois.

Ferney, Delphes nouveau, fameux par tes oracles,
A quels dieux tout-puissans ton bonheur est-il dû?
Un homme, un homme seul a fait tous ces miracles...
    Et tu l'aurais perdu!

Ah! devait-il quitter ton séjour plein de charmes,
Où la Parque, sans doute, en prolongeant ses jours,
N'eût point ouvert sitôt une source de larmes
    Qui coulera toujours!

CHER à tous ses vassaux, sensible à leurs tendresses,
Il n'a pu de leurs bras s'arracher sans pitié ;
Mais comment résister à deux enchanteresses :
    La Gloire et l'Amitié?

L'AMITIÉ suit de près l'Amour et la Nature,
Et joint souvent, comme eux, la peine à ses plaisirs
Quoi! des biens les plus doux cette source si pure
    Trompe encor nos désirs!

DISPENSANT à la fois sa faveur, sa disgrâce,
Du destin de VOLTAIRE elle a rempli le cours :
De regrets Genonville en a semé l'espace,
    D'Argental, d'heureux jours.

POUVAIT-IL moins se rendre à la voix magnanime
De la Gloire, autre fée, idole des grands cœurs,
Promettant dans Paris à son amant sublime
    Ses dernières faveurs?

C'EST là qu'il les obtient, là que sur sa personne
Elle épuise ses dons. Le Pinde en tressaillit,
L'Envie est aux abois, le Tartare frissonne,
    Tout l'Oympe applaudit.

MINERVE, les neuf sœurs et toutes les déesses,
Avec la même ardeur, prodiguent tour à tour
Au Sophocle français les plus vives caresses
    Et le plus tendre amour.

QUE d'hommages divers rendus à son génie!
O triomphe! ô transports! que ne puis-je en mes vers,
Avoués cette fois du Dieu de l'harmonie,
    Vous peindre à l'univers!

Combien ce jour fameux, où couronnant Voltaire,
Sa patrie a payé soixante ans de succès,
Doit augmenter l'estime et l'amour de la terre
    Pour le peuple français !

Mais quel affreux revers succède à tant de joie !
O mort, suspens tes coups, peut-être irrésolus....
Elle est sourde à nos cris, elle fond sur sa proie :
    Le grand homme n'est plus !

Il n'est plus ! c'en est fait, hélas ! comme un vain songe,
Le bonheur de le voir a pu s'évanouir,
Et la douleur cruelle où sa perte nous plonge
    Jamais ne doit finir !

On voit les nations, à ce coup effroyable,
Comme les plus grands rois, gémir et soupirer ;
Et tout ce que le monde a de plus respectable
    Avec nous le pleurer.

Frédéric, Catherine, ô noms que l'on révère,
Et que le genre humain à jamais doit chérir,
Toujours entrelacés dans celui de Voltaire,
    Remplissez l'avenir.

Déployant en tous lieux leur force mutuelle,
Vos rayons et les siens, par un accord heureux,
Vont éclairer la terre et détourner loin d'elle
    Cent fléaux désastreux :

La discorde, l'erreur, l'hypocrisie infâme,
La chicane insultant Thémis avec mépris,
Et le faux zèle armé du fer et de la flamme
    Forçant jusqu'aux esprits.

Dieux! quel vide au Portique, au Lycée, au Parnasse
Ils perdent en Voltaire Homère et Cicéron,
Sophocle et Lucien, Térence, Ovide, Horace,
    Thucydide et Platon.

Lorsqu'en lui rassemblés leurs talens, leur génie
Multipliaient sa gloire et notre juste orgueil,
Pour nous humilier, Atropos en furie
    L'entraînait au cercueil.

O comble de douleur! ô honte sans exemples!
Contraste inconcevable avec des jours si beaux!
Voltaire, après sa mort, est repoussé des temples
    Et même des tombeaux!

On le brave, on l'insulte au moment qu'il expire,
La France méconnaît tout ce qu'elle lui doit,
Et par un froid dédain semble tout bas souscrire
    Aux affronts qu'il reçoit.

Que servent tant de jours consumés dans l'étude,
De vertus, de travaux, de services rendus
A sa patrie injuste, et dont l'ingratitude
    Ne doit surprendre plus?

On la vit trop souvent, pour un talent vulgaire,
Au frivole étranger prodiguer son encens,
Et bannir de son sein, plus marâtre que mère,
    Ses plus dignes enfans.

Que t'importent, grand homme, une indigne avanie,
Le refus d'une tombe, ou de pompeux honneurs?
Il est un monument plus cher à ton génie,
    Son temple est dans nos cœurs.

Quel mal eût pu sur toi jaillir de cette injure?
Quel bien de l'appareil d'un cortége nombreux
Qui souvent suit le vice, ou l'ignorance obscure,
  Ou le crime orgueilleux?

Quoi! lorsqu'il tient le sceptre aux rives du Permesse,
On traite dans Paris comme les criminels
Le chantre de la France, à qui la docte Grèce
  Eût dressé des autels!

Rome osait élever dans l'empire céleste
Des hommes détestés et craints de toutes parts,
Soldats dont les succès et la grandeur funeste
  N'étaient dus qu'aux hasards.

Voltaire, ces brigands signalés dans l'histoire,
Pour avoir asservi nos tranquilles aïeux,
En les abrutissant croyaient trouver la gloire
  Et devenir des dieux.

Ils traînent après eux l'ignorance profonde,
L'imposture, la fraude et la crédulité;
Ils ont fondé l'erreur sur les débris du monde,
  Et toi, la vérité.

Ils n'étaient rien par eux, tu fus tout par toi-même;
De la rage de nuire on les vit s'enflammer:
Ils recherchaient la haine, et ton plaisir suprême
  Fut de te faire aimer.

Ils ont semé l'horreur, la honte et l'esclavage;
Dans le sang innocent ils ont trempé leurs mains;
Tes seuls bienfaits peut-être ont compensé l'outrage
  Qu'ils ont fait aux humains.

O sainte humanité, trop long-temps ignorée,
Première des vertus, qu'étouffaient nos erreurs,
C'est Voltaire surtout, dans l'Europe éclairée,
  Qui t'ouvrit tous les cœurs.

Règne en France à jamais, que rien ne t'en sépare;
Elle t'adore... et moi, téméraire censeur,
Je l'osais accuser d'être ingrate et barbare
  Envers son bienfaiteur!

Où me jetaient mon trouble et ma douleur extrême?
Ah! loin de mériter ces reproches sanglans,
La France estime, honore autant qu'Athènes même
  Les sublimes talens.

On la vit distinguer Voltaire en sa jeunesse;
L'admirer, l'applaudir jusqu'à son dernier jour;
Et le deuil qui succède à sa vive allégresse
  Atteste son amour.

Le chantre de Henri, qui dans son sein expire,
Pouvait-il, en mourant, voir ses lauriers flétris,
Quand le goût, la raison triomphent sous l'empire
  Du jeune Sésostris?

La suprême vertu, la beauté sur le trône,
Ranimant tous les arts, long-temps dans l'abandon,
Accueillirent les fleurs dont ornait leur couronne
  Le vrai fils d'Apollon.

Eh! quel monstre, ô Voltaire, a donc bravé ton ombre...?
Méconnaît-on ses coups saintement furieux!
Ce cilice trompeur, ce fer, ce voile sombre
  Etendu sur ses yeux?

Ah ! c'est le Fanatisme Oui, sa bouche écumante
Demande encor du sang et du fiel et des pleurs ;
Mais l'univers enfin, grâce à ta voix puissante,
   Craindra moins ses fureurs.

Ta gloire augmente encor par son absurde outrage ;
Le monstre ne voit pas, dans sa férocité,
Que ton nom plus chéri passera d'âge en âge
   A la postérité.

Née au sein de la fange, une vapeur grossière
S'élève, et du soleil veut éclipser les traits ;
Cet astre la dissipe, et poursuit sa carrière
   Plus brillant que jamais.

Je vois s'accroître ainsi ta lumière immortelle.
La superstition croit en vain la ternir :
La raison, par ta voix, parlera plus haut qu'elle
   Aux siècles à venir.

Ils béniront ta fête au jour anniversaire
Du triomphe éclatant qui combla nos plaisirs ;
Où les arts, les talens ont, dans leur sanctuaire,
   Surpassé tes désirs.

Aux pieds de ta statue un peuple aimable et juste
Veut consacrer ce jour où, descendant des cieux,
Apollon, les neuf Sœurs, de leur couronne auguste
   T'ornèrent à nos yeux.

Mais pourquoi fallait-il, en ce jour mémorable,
Accablé par les ans moins que par le plaisir,
Répondre à nos transports par ce cri lamentable :
  Ils me feront mourir !

Hélas! il est trop vrai : tu ne pus y survivre.
Adoré comme toi, comme toi regretté,
Au prix de ton seul nom, qui ne voudrait te suivre
    Sur les bords du Léthé?

Tu t'endors caressé dans les bras de la Gloire;
Du char triomphateur tu descends au tombeau;
Tu meurs, comme Turenne, au sein de la victoire :
    Quel destin fut plus beau?

Que dis-je! Il valait mieux que tes mains tutélaires
Fussent encor long-temps l'appui des malheureux,
Et que ton cœur, ouvert aux larmes de nos pères,
    Consolât nos neveux.

Avec vos attributs, vous qui le fîtes naître,
Et dont peut-être enfin vous deveniez jaloux,
Impitoyables Dieux! ne devait-il pas être
    Éternel comme vous!

Où s'égarent mes sens! ma plainte audacieuse
Ne peut changer l'arrêt par les destins porté;
Tout expire, tout cède à la loi rigoureuse
    De la nécessité.

Sur un marbre sans faste, au moins, dans mes retraites,
Je peux graver en paix, loin des hommes cruels,
Ces mots, des nations fidèles interprètes :
    Au plus grand des mortels!

Là, je verrai ces fleurs d'elles-mêmes écloses,
Dont Voltaire sans cesse était environné,
Croître aux pieds des lauriers, des myrtes et des roses
    Dont il fut couronné.

Trop heureux arbrisseaux, par votre ombrage utile,
Dérobez-en l'aspect à l'Envie en fureur,
Et soyez respectés, près d'un autre Virgile,
   Par le Temps destructeur.

Vous serez arrosés dans ce temple champêtre,
Des pleurs de la vertu, des beaux-arts, des talens,
Qui viendront quelquefois y soupirer, peut-être,
   Mes douloureux accens!

NOTES.

1 O vous...... sur qui la bienfaisance
  Répandait le bonheur.

On invoque ici le témoignage de madame *Denis*, nièce de *Voltaire*, et sa compagne pendant plus de vingt-cinq années; de mademoiselle *de Varicourt*, aujourd'hui marquise *de Villette*, qu'il regardait comme sa fille; de ses amis qui ont fait quelque séjour à Ferney, et de tous les habitans que cet homme célèbre y avait attirés et fixés par ses bienfaits. L'auteur n'avance ici que ce qu'il tient d'eux-mêmes, et ce qu'il a eu l'avantage de voir de ses propres yeux.

2 D'où le Rhône et le Rhin roulent avec fracas, etc.

L'éditeur d'un recueil intitulé : *Mémoires et Anecdotes pour servir à l'Histoire de Voltaire, etc., Paris*, 2 volumes in-12, 1780, a mis cette ode en tête du second volume. Nous ignorons quel est cet éditeur, et comment un exemplaire de l'ode lui est parvenu; nous savons seulement que ce vers lui a déplu, puisqu'il a jugé à propos de refaire ainsi la strophe :

> Près de ces monts altiers où se brisent les nues,
> D'où s'échappe le Rhône à travers les glaçons,
> L'Amour, les Ris, les Jeux, les Grâces ingénues
>   Dansaient à ses chansons.

Sans trouver sa strophe mauvaise, nous ne croyons pas devoir changer rien à la nôtre. Le second vers lui en a paru dur, et il a voulu l'adoucir, ne s'apercevant pas que ce vers rocailleux est *imitatif*, et qu'on en trouve de cette espèce dans les meilleurs poètes anciens et modernes. *Virgile* en a divers exemples, que tout le monde connaît, et notre *Racine*, dans sa poésie correcte et aussi douce qu'élégante, n'a-t-il pas dit :

> Sa croupe se recourbe en replis tortueux?

L'éditeur anonyme s'est permis de toucher encore à quelques autres strophes, et les a énervées en croyant les embellir.

3   Changeant d'affreux déserts en des hameaux fertiles.

Voltaire, possesseur de plusieurs terres dans le pays de Gex, presque entièrement incultes et inhabitées lorsqu'il les acquit, y fonda en peu de temps une riche colonie. La fable dit que l'ancien Apollon, sortant de l'Olympe, alla bâtir la ville de Troie; l'histoire dira à son tour que l'Apollon français éleva les premiers édifices d'un bourg florissant qui peut devenir une ville ; qu'il a desséché des marais, défriché des forêts et des landes; qu'il a vu, par ses soins, la population, l'agriculture et le commerce s'établir et prospérer très-promptement à Ferney. Les personnes les plus distinguées y venaient de tous les pays de l'Europe pour connaître l'auteur de tant d'ouvrages merveilleux de tous les genres. Elles y recevaient le meilleur accueil, et, ayant vu *Voltaire,* croyaient avoir atteint le principal but de leur voyage, et pensaient comme le jeune poète qui a dit :

> Il fallait voir Ferney pour avoir vu l'Europe (*).

4   De regrets Genonville en a semé l'espace,
        D'Argental, d'heureux jours.

Personne n'a parlé des charmes de l'amitié avec plus de sentiment que *Voltaire.* Ce qu'il en dit en divers endroits de ses ouvrages, tant en vers qu'en prose, suffirait pour nous convaincre qu'il en était lui-même vivement pénétré. Si cette passion a été pour lui une source de grands plaisirs, elle a aussi répandu bien de l'amertume sur sa vie. Il eut le malheur, dans sa jeunesse, de perdre plusieurs amis, et particulièrement M. *de Genonville,* dont il ne parla jamais depuis sans

---

(*) Vers de M. *de Florian.*

de vifs regrets. Qui ne connaît ces vers où sa douleur est exprimée d'une manière si touchante :

> Toi, que le ciel jaloux ravit dans son printemps,
> Toi, de qui je conserve un souvenir fidèle
>   Vainqueur de la mort et du temps ;
>   Toi, dont la perte, après dix ans,
>   M'est encore affreuse et nouvelle, etc.

La mort du président *de Maisons* et celle de la marquise *du Châtelet* ne lui coûtèrent pas moins de larmes. Il eut encore à déplorer la mort du marquis *de Vauvenargues*, de M. *de Formont*, etc. D'un autre côté, il eut le bonheur de ne pas survivre à quelques-uns de ses plus anciens amis, dont le commerce, pendant soixante années, a pu balancer le cruel souvenir des pertes qu'il avait faites. De ce nombre sont le comte *d'Argental*, le maréchal *de Richelieu*, la marquise *du Deffand*, etc. Il eut la satisfaction de conserver long-temps plusieurs autres de ses anciens amis dont la carrière se termina avant la sienne. Parmi eux furent M. *de Cideville*, le comte *d'Argenson*, l'abbé *d'Olivet*, etc. Vers le milieu de sa vie, il acquit encore de nouveaux amis auxquels il ne fut pas moins attaché qu'aux anciens ; nous parlons de MM. *de Saint-Lambert, Marmontel, d'Alembert*, etc. Ce qui prouve peut-être le mieux combien *Voltaire* mettait de prix à l'amitié, c'est l'attachement qu'il conserva pour *Thiriot*, qui en paraissait peu digne sous presque tous les rapports. Son mérite consistait en un goût assez épuré de la littérature française et une excellente mémoire. Du reste, c'était une espèce de parasite qui passa presque toute sa vie chez les autres, où il amusait par le récit d'une foule de vers et d'anecdotes qu'il savait par cœur. C'était le nouvelliste littéraire de *Voltaire*, qui le donna depuis en cette même qualité au roi de Prusse *Frédéric II*. Le premier, dans sa correspondance, lui reproche assez souvent sa paresse et sa négligence. *Thiriot* eut même, en quelques circonstances, des torts plus graves envers son ami et son bienfaiteur. Cependant celui-ci lui pardonnait et le supportait avec ses défauts en faveur de l'ancienneté de leur liaison, qui s'était formée au sortir du collége. On peut remarquer quelque chose de semblable à l'égard de madame *du Deffand*, dont l'esprit léger, versatile et caustique, s'exprimait quelquefois dans la société avec peu d'égard et de justice sur le compte de *Voltaire*, en même temps qu'elle lui marquait dans ses lettres tant d'amitié et d'admiration. Cette conduite n'était pas ignorée à Ferney, mais on la dissimulait, et elle ne parut point altérer l'attachement que *Voltaire* témoigna toujours à cette dame. On pourrait citer encore des exemples récens de l'extrême facilité de ce grand homme à dissimuler, à oublier même des torts dans des jeunes gens comblés de ses bienfaits, et qui depuis nombre d'années se disaient et qu'il croyait ses amis. Et quand ceux qui l'étaient véritablement lui faisaient quelque reproche sur ses liaisons avec des personnes qui leur en paraissaient indignes par leur injustice et leur ingratitude, il se contentait de répondre : *Est aliquid sacri in antiquis necessitudinibus : Il est quelque chose de sacré dans un long attachement.* Cela suffisait pour lui faire tout pardonner. Peut-on douter après cela que les traits dont il a peint l'amitié ne soient partis de son cœur ?

5   On voit les plus grands rois..... avec nous le pleurer.

Les plus illustres souverains qui ont régné en Europe dans ce siècle ont témoigné à *Voltaire* une considération très-honorable pour les lettres. On remarque parmi ces princes, *Stanislas*, roi de Pologne, duc de Lorraine; *Poniatowski*, roi de Pologne; *Gustave*, roi de Suède; le pape *Benoît XIV*; l'électeur de Bavière, *Charles-Théodore*; le landgrave de Hesse, *Frédéric*; les princes de Wirtemberg; *Louise-Dorothée*, duchesse de Saxe-Gotha; *Wilhelmine*, margrave de Bareith; et surtout *Frédéric le Grand*, roi de Prusse, et *Catherine II*, impératrice de Russie. On connaît depuis long-temps quelques lettres de la correspondance du roi de Prusse avec *Voltaire*. Si l'on pouvait un jour la rassembler tout entière, ce serait un monument littéraire et philosophique bien précieux. On peut juger par l'échantillon qui est imprimé, que l'antiquité n'aurait rien de comparable en ce genre à lui opposer. La correspondance même d'*Alexandre* avec *Aristote*, si elle existait, ne serait pas plus importante. Nous possédons des lettres de l'empereur *Julien* aux philosophes *Maxime*, *Porphyre*, *Jamblique*, *Libanius*, et d'autres personnages remarquables, mais elles sont en petit nombre, et quoique fort intéressantes, on ne pourrait mettre ce recueil en parallèle avec une correspondance suivie de plus de quarante années entre les deux personnages les plus étonnans de leur siècle (*).

(*) Ce qu'on a imprimé depuis à Kehl des correspondances du roi de Prusse et de l'impératrice de Russie avec *Voltaire*, justifie bien ce qu'on disait en écrivant ces notes. Ce-

6   Frédéric, Catherine, ô noms que l'on révère,
    Et que le genre humain à jamais doit chérir!

Il n'est guère douteux que les règnes de *Frédéric le Grand* et de l'immortelle *Catherine*, époques mémorables de la gloire et de la prospérité de leurs nations, ne contribuent un jour à la félicité des autres peuples, et que les rois ne sentent enfin la nécessité de suivre de si grands exemples. Que l'on compare l'état ancien et l'état actuel de la Prusse et de la Russie; que l'on se rappelle tout ce que *Frédéric* et *Catherine* ont fait d'admirable et d'utile pour leurs sujets; ce qu'ils font encore tous les jours; ce qu'ils ont acquis de gloire et de considération au dedans et au dehors de leurs États; avec quelle sagesse ils ont perfectionné tout ce qui a rapport aux lois et à la jurisprudence civile et criminelle, qui étaient chez eux, comme ailleurs, remplies d'abus; comment ils ont détruit le germe des querelles théologiques qui dégénèrent trop souvent en guerres civiles, en protégeant dans leurs États la liberté de conscience et l'exercice de tous les cultes; moyen le plus efficace de prévenir les troubles intérieurs, de rendre les empires florissans et stables, et d'assurer à la fois la tranquillité des sujets et celle des souverains. Dans cette sage conduite, qui ces deux grands monarques ont-ils pris pour modèle, si ce n'est l'Etre Suprême, qui permet et souffre tous les cultes? Ne sait-il pas que, sous quelque forme ou nom que ce soit, ces cultes ne peuvent se rapporter qu'à lui seul. Il veut que ceux qui les professent soient indulgens les uns pour les autres, comme il l'est pour eux tous; et il donne ainsi aux potentats de la terre le plus solennel exemple de la tolérance et de la justice. Qu'on jette un coup-d'œil sur le gouvernement équitable et ferme de *Frédéric* et de *Catherine*, et sur les avantages qui en sont résultés, et l'on connaîtra la vérité de ce grand mot de *Platon*, souvent répété, et encore mieux vérifié par le divin *Marc-Aurèle* : *Beatam esse rempublicam si aut philosophi regnarent, aut reges philopharentur. Heureux les Etats dont les rois seraient philosophes, ou dont les philosophes seraient rois* (*) *!*

---

pendant on s'aperçoit avec regret que ces correspondances n'ont pas été recouvrées en entier et qu'il y reste des lacunes.

(**) *Plato, de Republ. dial. V. et Epist.* 7. On sent bien qu'il ne peut être ici question que des vrais philosophes, et non de sophistes aussi absurdes qu'orgueilleux et avides,

7   On la vit trop souvent.....
..... Bannir de son sein, plus marâtre que mère,
   Ses plus dignes enfans.

Persécutés dans leur patrie, *Descartes, Robert* et *Henri Etienne, Arnaud, Bayle, Rapin Thoiras, Beausobre*, etc., allèrent chercher ailleurs la tranquillité. Combien de milliers de Français de toutes professions, d'hommes industrieux et utiles s'exilèrent à regret de leur pays, où ils ne trouvaient plus de sûreté après la fatale révocation de l'édit de Nantes! Personne n'ignore que cette mesure aussi rigoureuse qu'impolitique fut suggérée à *Louis XIV* par l'ambitieuse *Maintenon*, que gouvernait l'hypocrite et fourbe jésuite *Letellier*. Leur apparente dévotion n'était pour tous deux qu'un moyen d'arriver à leur but, c'est-à-dire à dominer. Le trop crédule monarque, en se livrant à leurs conseils, ne prévit pas que les puissances liguées contre lui deviendraient plus redoutables en s'enrichissant de ses pertes, et que ses sujets iraient porter en foule chez l'étranger leur industrie, leurs richesses et leurs talens. En effet, ce ne fut pas très-long-temps après cette fatale époque que sa prospérité commença à décliner, et que de nombreux revers, peu souvent interrompus, rendirent la fin de son règne aussi triste qu'il avait été pendant quarante années brillant et glorieux. Ce prince ne pressentit pas davantage une autre conséquence non moins funeste de la révocation de l'édit de Nantes. Elle lui ôtait, en cas de besoin, un appui utile contre les prétentions de la cour de Rome souvent renouvelées, de cette cour dont le chef, dans les siècles d'ignorance, s'attribuait le droit de disposer des couronnes et de délier les sujets du serment de fidélité à leur souverain. Ces prétentions n'ont jamais été solennellement abjurées par la cour de Rome, et elle n'en a que trop souvent abusé lorsque les circonstances lui parurent favorables, comme on en voit maint exemple dans l'histoire de France, d'Italie, d'Allemagne, etc. Dans la distribution des royaumes, le pape *Alexandre VI* surpassa tous ses prédécesseurs et se montra beaucoup plus généreux. Nous ne parlons pas de quelques principautés d'Italie, dont il dépouilla les anciens possesseurs pour en

qui, pour établir leurs faux systèmes, n'hésiteraient pas de bouleverser et d'ensanglanter la terre entière.

revêtir son fils *César Borgia;* il s'agit d'un don plus important. En 1493, les Portugais et les Espagnols, qui avaient découvert, les uns les Indes orientales, les autres le Nouveau-Monde, se disputaient la possession de quelques îles de l'océan Atlantique; et suivant leur coutume en ce temps-là, ils recoururent à l'autorité du pape. *Alexandre* se fit l'arbitre du différend, et pour mettre les parties d'accord, il divisa la terre, du nord au sud, en deux parts, en tirant une ligne d'un pôle à l'autre, sur le méridien de l'une des îles Açores; et de sa pleine puissance, il adjugea par une bulle, aux Portugais, tout ce qu'ils avaient découvert et pourraient découvrir à l'est de cette ligne, et aux Espagnols tout ce qui était à l'ouest. On sait quels furent leurs exploits. Les uns et les autres se portant toujours en avant, en sens opposé, furent, un beau matin, extrêmement étonnés de se rencontrer vers les îles Mariannes, aux antipodes de leur point de départ. Une autre circonstance ne les surprit pas moins : c'est que malgré l'exactitude de leurs journaux de route, le jour de leur rencontre se trouva n'être pas le même pour les Portugais et pour les Espagnols. Tout cela était pour eux une énigme qui mettait en défaut leurs almanachs et la bulle du pape, et renouvelait en même temps leur contestation. Ils n'étaient pas encore en état de pénétrer ce mystère, quoique la cause en fût simple et naturelle. Les uns allant constamment à l'est, gagnaient chaque jour quelque chose sur la marche apparente du soleil, et le contraire arrivait aux autres qui se portaient à l'ouest. En sorte qu'au moment de leur rencontre, les Portugais avaient gagné les vingt-quatre heures que les Espagnols avaient perdues. Leur étonnement prouve qu'on était alors plus habile dans l'art de guerroyer et d'envahir la terre que dans la géographie et l'astronomie; et ce qui était plus fâcheux, c'est que, dans leurs expéditions, ces conquérans parurent encore moins connaître les lois de la justice et de l'humanité.

8   Rome osait bien placer dans l'empire céleste
    Des monstres détestés, etc.

Si les Romains n'avaient décerné les honneurs de l'apothéose qu'à ceux de leurs empereurs dont la mémoire est encore chère à tous les hommes, cette mesure paraîtrait excusable dans leur système, en ne la considérant que comme une récompense instituée pour exciter les princes à imiter ceux de leurs prédécesseurs qui l'avaient justement obtenue. On pourrait même l'approuver si dans toute la durée de l'empire romain, elle lui eût donné par son influence un plus grand nombre de souverains semblables aux *Antonins*, à *Trajan*, à *Titus*, et même à ce *Julien* tant calomnié par des écrivains qui en ont parlé en ennemis plutôt qu'en historiens. Qu'on nous pardonne ici quelques mots sur ce prince, l'ami et le protecteur des Parisiens. Ce n'est guère qu'à la fin du seizième siècle qu'on a commencé chez les modernes à parler avec équité de cet empereur, qui, dans un règne très-court, s'est conduit en homme capable de rendre à l'empire romain son ancien éclat, et qui avait été pendant trois ans le vengeur et le bienfaiteur de la Gaule. Le célèbre philosophe de Bordeaux, *Montaigne*, fut un des premiers à lui rendre justice, ainsi que *La Mothe-le-Vayer*. Ils reconnurent en lui le grand guerrier, l'habile administrateur et le savant écrivain. Mais c'était un grand crime aux yeux de ses détracteurs, d'avoir tenté de rétablir la religion de ses ancêtres, qui était aussi ancienne que Rome. Elle avait été abandonnée par ses deux prédécesseurs, qui s'étaient baignés dans le sang de leur famille, qui était la sienne, et avaient contribué singulièrement à la décadence de l'empire, surtout le premier, en quittant le séjour de l'ancienne capitale pour aller résider chez les Thraces. L'aversion de *Julien* pour la conduite de ces princes dut s'étendre assez naturellement jusqu'à la religion nouvelle qu'ils avaient favorisée, et qui, déjà partagée en plusieurs sectes rivales, était partout une occasion de troubles et de querelles. C'est dans cette tentative de rétablir l'ancien ordre de choses, que consiste tout le crime de *Julien*, aux yeux des écrivains qui, depuis, se sont livrés contre lui à tant de prévention et d'injustice. Mais ce qu'ils lui reprochent était une de ses plus louables vertus aux yeux du plus grand nombre de ses sujets, dont il soutenait la cause. Si les Romains n'avaient érigé des statues et des temples qu'aux empereurs doués d'aussi belles qualités que les siennes, on serait tenté de les excuser, car de tels hommes valaient mieux que ces êtres fantastiques révérés à Rome sous la dénomination de *grands dieux*, et *demi-dieux*, ou *dieux secondaires*. Au reste, ceux-ci pouvaient être adorés de bonne foi par la populace, qui était à Rome et en Grèce ce qu'elle est partout; on l'y voyait tranquillement porter des offrandes et faire des libations à ses petits dieux pénates; mais tout ce qu'il y avait d'éclairé à Athènes et à Rome méprisait et souffrait ces superstitions qui n'excitaient aucun trouble. Les personnes dont la raison était cultivée, y révéraient un seul Dieu, tout-puissant, incompréhensible, modérateur de l'univers, et qu'on ne pouvait, sans témérité, vouloir définir ou dépeindre. C'était la doctrine qu'on enseignait aux initiés dans les mystères d'Eleusis et de Samothrace. Divers passages des auteurs anciens ne laissent point de doute sur ces vérités.

9 ..... Le goût, la raison triomphent sous l'empire
   Du jeune Sésostris.

Il n'est aucun amateur des belles-lettres et de la poésie qui ne connaisse la jolie pièce de vers de *Voltaire*, intitulée : Sésostris. C'est une allégorie dont la justesse devient plus sensible de jour en jour (*).

10 La suprême vertu, la beauté sur le trône,
   Ranimant tous les arts long-temps dans l'abandon, etc.

Le règne de Louis XVI et de Marie-Antoinette d'Autriche, son épouse, semble en effet avoir retiré la France d'une mortelle stupeur, et tout revifivié depuis quatre ans. La sécurité, la joie, l'espérance remplissent tous les cœurs. Le caractère, les éminentes vertus du jeune monarque, et son alliance avec la puissante maison d'Autriche, sont pour la France le présage d'une longue et heureuse paix, et pour l'Europe celui d'une tranquillité durable.

(*) Cette note fut écrite en 1778...... O Manes de Voltaire! si le bruit des événemens qui ont déshonoré votre patrie à la fin du 18e siècle a pu pénétrer jusqu'à vous dans les Champs-Élysées, combien n'avez-vous pas frémi d'horreur et d'indignation, en apprenant quelle a été la récompense des vertus de l'infortuné Sésostris! quel fruit il a recueilli de son amour pour les Français, dont il voulait assurer le bonheur! et quelle multitude d'exécrables forfaits a suivi le plus affreux des parricides! Ah! tout ce qu'il y a d'êtres justes et sensibles sur la terre partage avec vous ces sentimens, et ne peut penser à tant d'horribles malheurs sans répandre encore un torrent de larmes! (*Note ajoutée par l'auteur en 1825.*)

11   Trop heureux arbrisseaux, par votre ombrage utile,
Dérobez-en l'aspect à l'Envie en fureur,
Et soyez respectés, près d'un autre Virgile,
   Par le Temps destructeur.

Les Napolitains qui conduisent les étrangers au tombeau de *Virgile*, ne manquent pas de leur faire remarquer des lauriers qui, disent-ils, y sont nés spontanément, et conservent leur première fraîcheur depuis près de vingt siècles. Les voyageurs peuvent en croire ce qu'ils veulent sans être inquiétés par l'inquisition; et, sans ce prodige, ils n'en verraient pas avec moins d'intérêt la tombe qui recèle les cendres du grand poète. Au reste, cette fiction leur paraît plus agréable que la fête de San Gennaro, célébrée tous les ans à Naples avec une grande pompe. Ces lauriers si vivaces de *Virgile* nous rappellent les vers attribués à *Voltaire*, et qu'on dit avoir été présentés avec une branche de laurier au roi de Prusse *Frédéric le Grand*, par madame la margrave *de Bareith*, sa sœur. Les voici :

Au tombeau de Virgile un immortel laurier
De l'outrage des temps seul a pu se défendre,
   Toujours vert et toujours entier.
Je voulais le cueillir et n'osais l'entreprendre.
Prévenant mon effort je l'ai vu se plier,
   Et cette voix s'est fait entendre :
« Approche, auguste sœur du rival d'Alexandre ;
» Frédéric de ma lyre est le digne héritier.
» J'y joins un nouveau don que lui seul peut prétendre ;
» Déjà son front par Mars fut cinq fois couronné ;
» Qu'aujourd'hui par ta main il soit encore orné
» Du laurier qu'Apollon fit naître de ma cendre (*). »

(*) Ces vers furent imprimés plusieurs fois avec les poésies mêlées *de Voltaire*, et même dans l'édition de Kehl (t. xiv, p. 315). Ils avaient paru dans un journal sans nom d'auteur, et on les y répéta douze ans après sous le nom de *Voltaire*; mais bientôt ils furent réclamés par *La Condamine*, à qui ils appartiennent en effet, comme on le voit par les détails de la lettre qu'il écrivit à ce sujet au rédacteur du journal. Il y avait d'abord au premier vers : *Sur l'urne de Virgile*, à quoi l'auteur substitua : *Au tombeau de Virgile*, ce qui vaut mieux.

FIN.

Voltairomanie

Les pièces principales concernant la Voltairomanie, au nombre de 14 (lettres de Desfontaines, de Thieriot, de Madame de Bernières, désaveu de Desfontaines — lettres de Vagean, de Prault, de J.ne de Linant, de Desmoulins, de Moupinot) sont dans le tome 6 (§) des dits ou des œuvres de 1738-1745 pp. 403 et suivantes.

Ces pièces manquent dans mon exemplaire — voyez mon cahier I. —

ÉCRITS

DE

Mme LA MARQUISE DU CHATELET,

ET DE THIRIOT, etc.,

AU SUJET DES LIBELLES DE L'ABBÉ DESFONTAINES.

AVIS DE L'ÉDITEUR.

Pendant son séjour à Cirey, en 1738, Voltaire, se partageant entre les sciences et les beaux-arts, et travaillant toujours avec ardeur à mériter l'estime de ses concitoyens par des ouvrages utiles ou agréables, lassé de l'acharnement de l'abbé *Desfontaines* à l'attaquer dans ses feuilles périodiques, résolut enfin de suspendre un moment ses travaux, pour faire voir aux Parisiens que cet homme qui s'avisait de régenter toute la république des lettres, n'était qu'un pédant orgueilleux dépourvu de goût et de connaissances. Pour atteindre ce but, il n'eut qu'à relever une partie des bévues de l'écrivain satirique. On les voit en bon nombre dans l'écrit de *Voltaire* intitulé le *Préservatif,* écrit peu volumineux, mais plein d'une critique juste et instructive. Il en fit parvenir le manuscrit à l'un des jeunes littérateurs qu'il encourageait, au chevalier *de Mouhy,* en l'autorisant à en tirer le meilleur parti qu'il pourrait, à le faire imprimer et à s'en déclarer l'auteur. Ce plan fut arrêté et soutenu constamment par toutes les parties intéressées. On voit dans cet opuscule, au nombre XXVI, une lettre de *Voltaire* où il dit qu'ayant rendu, en 1724, un assez grand service à l'abbé *Desfontaines,* celui-ci, pour toute reconnaissance, fit très-peu de temps après un libelle contre son bienfaiteur; qu'il osa le montrer à *Thiriot,* lequel parvint à le lui faire supprimer.

A l'apparition du *Préservatif, Thiriot,* interrogé sur cette anecdote par les amis de *Desfontaines* ou par *Desfontaines* lui-même, répondit d'une manière si vague, si équivoque, qu'elle suffit à *Desfontaines* pour lui faire dire dans ses feuilles que M. *Thiriot* démentait hautement le fait cité dans la lettre de *Voltaire. Thiriot,* quoi qu'il en dise, était un homme faible, qui, attentif surtout à éviter tout ce qui pouvait porter la moindre atteinte à son repos et à ses plaisirs, s'accommodait aisément avec tout le monde. Ses tergiversations en cette circonstance semblent montrer qu'il craignait l'abbé *Desfontaines,* qu'il voulait le ménager, et même le flatter, puisqu'il ose qualifier le *Préservatif* de libelle, dans sa lettre à madame *du Châtelet.* On conçoit quel dut être l'étonnement de *Voltaire* et l'indignation de tous ses amis, qui étaient bien persuadés qu'il n'avait rien avancé qui ne fût vrai. C'est justement au milieu des altercations survenues à ce sujet que parut tout-à-coup la *Voltairomanie,* nouveau libelle de *Desfontaines,* et plus odieux encore que tous ceux qu'il avait faits jusque là. Ce fut pour toutes les personnes qui s'intéressaient à l'honneur de *Voltaire,* un puissant motif de plus pour presser *Thiriot* de confondre publiquement *Desfontaines* sur le prétendu démenti qu'il lui attribuait au sujet du libelle de 1724. C'est sur la perversité de l'abbé *Desfontaines* et la conduite au moins suspecte de *Thiriot* que roulent les pièces suivantes; elles sont transcrites ici sur les originaux autographes. La première fut écrite par madame *du Châtelet* dans son premier mouvement d'indignation à la vue de la *Voltairomanie*, lorsqu'elle était loin de soupçonner que *Thiriot*, qu'on y prenait encore en garantie pour nier le fait passé à la Rivière-Bourdet en 1724, n'oserait déclarer franchement la vérité, et trahirait son ancien ami, en faveur d'un scélérat, dont il avait lui-même à se plaindre. *Voltaire* essaya de le ramener par la persuasion à des sentimens justes et fermes, et le pressa surtout d'apaiser M. et madame *du Châtelet*, dont le mécontentement était extrême. *Thiriot* alors écrivit à cette dame la lettre du 31 décembre, qui, loin de la satisfaire, ne fit que l'irriter davantage, en lui confirmant ce qu'on avait appris à Cirey de la conduite équivoque et lâche de *Thiriot* en cette occasion, comme on le voit par les observations qu'elle a jointes en marge de sa lettre.

RÉPONSE

A UNE LETTRE DIFFAMATOIRE DE L'ABBÉ DESFONTAINES,

PAR

Mme LA MARQUISE DU CHATELET.

Décembre 1738.

Les naturalistes recherchent avec soin les monstres que la nature produit quelquefois, et les recherches qu'ils font sur leurs causes n'est qu'une simple curiosité qui ne peut nous en garantir; mais il est une autre sorte de monstres dont la recherche est plus utile pour la société, et dont l'extirpation serait bien plus nécessaire. En voici un d'une espèce toute nouvelle; voici un homme qui doit l'honneur et la vie à un autre homme, et qui se fait une gloire, non-seulement d'outrager son bienfaiteur, mais même de lui reprocher ses bienfaits. Par malheur pour la nature humaine, il y a eu de tout temps des ingrats, mais il n'y en a peut-être jamais eu qui aient fait gloire de l'être.

Ce comble de crimes était réservé à l'abbé *Desfontaines*. Le nouveau libelle (1) qu'il vient de publier contre M. *de Voltaire* porte ce double caractère. L'horreur et le mépris que cet infâme écrit a inspirés pour son auteur à tous ceux qui ont pu se forcer à le lire, vengent assez M. *de Voltaire*, et l'on ne doute point qu'il ne suive le conseil de tous ses amis, c'est-à-dire de tous les honnêtes gens, qui l'ont supplié de ne point se compromettre avec un scélérat qui est depuis long-temps l'objet de l'horreur publique, et de mépriser des traits qui ne peuvent l'atteindre, et qui retournent tous contre la main débile qui les a lancés. Aussi ne daignerait-on pas relever ce libelle, s'il n'était rempli de faussetés, qu'il est nécessaire de réfuter, quelque méprisée que soit la source d'où elles partent.

L'abbé *Desfontaines* ose dire que le seul service que M. *de Voltaire* lui ait rendu, a été de composer, à la prière de M. le président *de Bernières*, un mémoire pour le justifier.

Premièrement, il est faux que l'abbé *Desfontaines* eût aucune liaison avec M. le président *de Bernières* avant que M. *de Voltaire* n'eût prié ce magistrat, qui était son ami, de donner chez lui un asile au misérable qu'il venait de sauver (2).

---

(1) *La Voltairomanie, ou Lettre d'un jeune avocat*, qui se distribua dans Paris vers la mi-décembre 1738.

(2) L'abbé *Desfontaines* était à Bicêtre, et prêt à subir un jugement

C'est ce que la veuve de M. *de Bernières* sait très-bien, et ce qui est connu de tout Rouen et de tous ceux qui ont eu quelque liaison avec M. le président *de Bernières*.

Au reste, on ignore si l'abbé *Desfontaines* est parent de M. *de Bernières*, ainsi qu'il l'avance dans son libelle, et c'est ce qui importe très-peu. Il suffit qu'il soit constant que M. *de Bernières* ne reçut l'abbé *Desfontaines* chez lui qu'à l'instante prière de M. *de Voltaire*, loin d'avoir été son protecteur auprès de lui.

Secondement, on ignore si M. *de Voltaire* a jamais fait quelque mémoire pour justifier l'abbé *Desfontaines*, mais ce que l'on sait certainement, c'est que l'abbé *Desfontaines* eût été bien malheureux si M. *de Voltaire* ne l'eût servi que de sa plume. Il ne s'agissait pas de le justifier; cela était impossible : les pièces de son procès étaient toutes prêtes ; il fallait le sauver, il fallait demander grâce pour lui ; et si M. *de Voltaire* n'avait fait qu'entreprendre sa justification, il y a apparence que l'abbé *Desfontaines* ne l'insulterait pas aujourd'hui.

Troisièmement, l'abbé *Desfontaines* demande si l'on peut appeler procès criminel ce qu'il essuya

criminel pour un délit grave, lorsque *Voltaire*, par son crédit auprès de quelques amis puissans, parvint à le tirer de cette prison. On se borna à l'exiler à trente lieues de Paris; et ce fut encore par les soins de son libérateur qu'il trouva un refuge à la Rivière-Bourdet, maison de campagne de M. *de Bernières*, près de Rouen.

en 1724 : c'est à M. *Rossignol*, qui doit avoir encore les pièces de son procès, qu'il doit faire cette demande, et c'est à lui qu'on le renvoie pour résoudre la question.

La seconde imposture que contient le libelle de l'abbé *Desfontaines* est encore plus impudente, puisqu'elle est encore plus aisée à détruire. Il s'agit du libelle qu'il composa chez le même président *de Bernières* contre M. *de Voltaire*, à qui il devait l'air qu'il respirait et la lumière qui l'éclairait. L'abbé *Desfontaines* a l'audace d'avancer que M. *Thiriot*, à qui l'on en a parlé, a été obligé de dire qu'il n'en avait jamais eu connaissance; et il donne sur cela un défi à M. *de Voltaire*. C'est apparemment à M. *Thiriot* que ce défi s'adresse. Aussi est-ce au nom de M. *Thiriot* que je vais répondre à cet article du libelle de l'abbé *Desfontaines*. Il commence par dire que M. *Thiriot* est un honnête homme, mais bientôt il donne l'explication de ce qu'il entend par un *honnête homme* dans la description qu'il fait des sentimens de M. *Thiriot* pour M. *de Voltaire*.

On sait, et on sait par M. *Thiriot* lui-même, les obligations infinies qu'il a à l'amitié de M. *de Voltaire*; et c'est par les soins qu'il a eus de les publier, et par la reconnaissance qu'il en conserve, qu'il mérite ce titre d'honnête homme, que l'abbé *Desfontaines* veut lui ravir, en le peignant comme un homme qui traîne avec peine les chaînes d'une amitié qui ne lui est plus qu'à charge. Il est trop heureux pour M. *Thiriot* que son amitié et son empressement pour M. *de Voltaire* aient éclaté cette année par des marques publiques et qui ne peuvent être équivoques. Il a fait soixante lieues au mois de septembre dernier pour l'aller voir à Cirey (3), et depuis son retour à Paris, il ne passa guère de poste sans lui écrire. Jamais l'amitié entre M. *de Voltaire* et lui n'a été de part et d'autre plus étroite et plus tendre. Quant au fait du libelle que l'abbé *Desfontaines* montra à M. *Thiriot* chez M. *de Bernières*, et sur la négation duquel il ose prendre M. *Thiriot* à témoin, M. *Thiriot* est si loin d'avoir jamais pensé à le nier, que, dans son dernier voyage encore, il raconta à Cirey, devant plusieurs personnes dignes de foi, et avec l'indignation qu'une telle horreur mérite, ce même fait, que M. *de Voltaire* n'eût jamais su sans lui, et dont cependant l'abbé *Desfontaines* a l'audace de dire que M. *Thiriot* n'a jamais eu aucune connaissance. Ce seul trait suffit pour faire connaître au public à quel point l'abbé *Desfontaines* ose lui en imposer, et vaut seul, à ce qu'il me semble, une longue réfutation.

La troisième imposture que contient ce libelle,

---

(3) Il y arriva à la fin de septembre, et y passa une partie du mois d'octobre. De retour chez lui, en déployant son bagage, il fut fort surpris d'y trouver un rouleau de cinquante louis qu'on y avait glissé à son insu.

c'est que l'abbé *Desfontaines* dit que M. *de Voltaire* depuis cinq ans n'ose plus retourner à Paris, et qu'il en est éloigné pour toute sa vie. Ce qu'il y a de singulier, c'est qu'à la fin de ce même libelle, il prétend qu'il n'y a pas plus de deux ans que M. *de Voltaire* proposa à Paris un problème de géométrie à un membre de l'Académie des sciences; or, s'il était à Paris il y a deux ans, il n'en est donc pas éloigné depuis cinq pour toute sa vie. Je n'ai rapporté cette contradiction que pour faire voir que le nouveau monstre dont je fais aujourd'hui l'anatomie, a autant d'absurdité que de venin.

Je me garderai bien de le suivre dans toutes les autres contradictions que contient son infâme libelle, ni d'entrer dans les détails littéraires. Cet *Erostrate* nouveau peut dire tant qu'il voudra que la *Henriade* est un mauvais ouvrage, sans feu, sans invention, et dans lequel on trouve plus de prose que de vers; que l'*Histoire de Charles XII* est aussi mauvaise que les *Révolutions de Pologne*; que le public a tort quand il vient s'attendrir aux représentations d'*Alzire* et de *Zaïre*; que l'*Alciphron* est un livre impie, quoique son auteur (4) ne soit, en quelque sorte, que l'*Abbadie* et le *Houteville* de l'Angleterre; que les plus mauvais vers de M. *Rousseau* sont fort au-dessus de ceux

(4) *Berkeley*, évêque de Cloyne. Son ouvrage intitulé: *Alciphron, ou le Petit Philosophe*, contient l'apologie de la religion chrétienne. Il a été traduit plusieurs fois de l'anglais en français.

de M. *de Voltaire;* que *Newton* n'était point philosophe, parce qu'il n'était qu'observateur et calculateur; que ses ouvrages ne sont que le méprisable galimatias du péripatéticisme, etc. etc. On ne sera point étonné que l'abbé *Desfontaines* juge ainsi de vers, de prose et de philosophie, mais on le sera sans doute, en voyant la façon dont il traite l'évêque de Cloyne et M. *Newton*, d'apprendre qu'ils n'étaient point ses bienfaiteurs.

Quoique j'aie résolu de n'entrer dans aucun détail littéraire, je ne puis cependant me dispenser de m'arrêter à une des critiques de l'abbé *Desfontaines*, qui fera juger des autres; c'est celle où il s'agit du problème de la trisection de l'angle. Je ne puis mieux faire voir l'absurde ignorance de l'abbé *Desfontaines* sur cet article, qu'en rapportant ici l'extrait d'une lettre qu'un des meilleurs géomètres de l'Académie des sciences écrivit à M. *de Voltaire*, lorsque l'abbé *Desfontaines* s'avisa d'insérer son impertinente critique dans les *Observations sur les écrits modernes* (5).

« On avait voulu me persuader que vous aviez envoyé la résolution du problème de la trisection de l'angle avec la règle et le compas, ce que je ne voulus pas croire, regardant cette résolution comme impossible, à cause que le problème est

---

(5) C'est sous ce titre que se publiaient alors les feuilles périodiques de l'abbé *Desfontaines*. Quand elles étaient suspendues momentanément par l'autorité, il les continuait ensuite sous d'autres titres.

solide, et qu'il faut employer un cercle et une section conique pour le résoudre. Voici comme on m'a assuré que cette fausse supposition de l'abbé *Desfontaines* lui était venue dans la tête. Ce vrai *Zoïle* du siècle a été voir M. *de Maupertuis*, et le trouvant qui lisait votre ouvrage, M. *de Maupertuis* lui dit en badinant, et sans doute pour le faire tomber dans le panneau, que si à une distance double, l'angle visuel diminuait de moitié, à une distance triple, des deux tiers, etc., vous auriez trouvé la trisection de l'angle. C'est apparemment cette conversation qui a donné lieu aux invectives que l'abbé *Desfontaines* vous a dites sur cela dans ses *Observations*. Mais il ignore sans doute que, quoiqu'il soit vrai que les angles des rayons visuels ne diminuent pas exactement dans la raison réciproque des distances, comme les images, cette différence est si petite, qu'en langage physique et optique on peut dire indifféremment la diminution de l'angle ou la diminution de l'image des objets, etc. »

Cette lettre est datée de Paris du 11 août 1738 (6).

Quant aux calomnies absurdes et aux injures grossières que l'abbé *Desfontaines* ose dire à son bienfaiteur, on se gardera bien d'y répondre. C'est aux actions des hommes à faire leur apologie; et celles de M. *de Voltaire* parlent assez pour lui. D'ailleurs les injures d'un homme tel que l'abbé

---

(6) Elle est de *Pitot de Launay*.

Desfontaines servent de panégyrique. *Socrate* remerciait Dieu d'être né homme et non brute, Grec et non barbare ; et M. *de Voltaire* doit le remercier d'avoir un ennemi si méprisable.

Lettre de THIRIOT *à madame la marquise* DU CHATELET.	*Observations de madame la marquise* DU CHATELET *sur cette lettre de* THIRIOT.

De Paris, le 31 décembre 1738.

MADAME,

Je reconnais votre zèle pour vos amis dans la lettre que je viens d'avoir l'honneur de recevoir de vous, et quoique j'en sois extrêmement édifié, je n'avais pas besoin de cette émulation pour m'intéresser, comme je le dois, à M. *de Voltaire*, au sujet de l'indigne libelle qu'on vient de répandre contre lui sous le titre de *Lettre d'un jeune avocat*.

Ne trouvez-vous pas qu'il est fort agréable pour moi d'avoir *édifié* Thiriot par mon *zèle*, et qu'il s'intéresse à M. *de Voltaire* par *émulation* pour moi ?

Lorsque le *Préservatif* parut, j'en fus fort scandalisé, et mon amitié fut vivement émue et alarmée de voir attribuer à M. *de Voltaire* ce libelle, dont je le tiens entièrement incapable. L'auteur de ce premier écrit y avait inséré le

Il était édifié tout-à-l'heure, mais le voilà scandalisé à présent. Il est bien question de ce qui l'édifie ou de ce qui le scandalise. Ce qui me scandalise fort, moi, c'est qu'il laisse entendre par là

fragment d'une lettre de M. de Voltaire à M. le marquis *Maffei*, dans laquelle j'étais cité comme témoin d'un fait arrivé à la Rivière-Bourdet, chez feu M. le président *de Bernières*, vers 1724 ou 25. J'ai essuyé beaucoup de questions sur la vérité de ce fait, et voici quelle a été ma réponse, *que je me souvenais simplement du fait, mais que pour les circonstances, elles m'étaient si peu restées dans la mémoire, que je ne pouvais en rendre aucun compte;* et cela n'est pas extraordinaire après tant d'années.

De là, l'auteur de la *Lettre d'un avocat* a pris occasion d'avancer et de me faire dire que je ne savais ce que c'était, et d'en conclure que le fait était imaginaire. C'est ainsi qu'il a abusé d'une réponse générale et très-sincère; et c'est ainsi qu'il a mérité le démenti de ses impostures et le mépris que je fais de ses éloges.

Tout l'éclaircissement que je puis donc vous donner, Madame, c'est qu'il fut question à la Rivière-Bourdet, en ces temps-là, d'un écrit contre M. *de Voltaire*, qui, autant que je puis m'en sou-

qu'il soupçonne M. *de Voltaire du Préservatif.*

Il convient bien à *Thiriot* d'oublier les *circonstances* qui regardent M. *de Voltaire!* Il sentait bien d'ailleurs que les questions qu'on lui faisait étaient malicieuses, et sa réponse l'est assurément davantage.

L'*Auteur* de la *Lettre d'un jeune avocat!* il est le seul qui ne le connaisse pas, et qui n'ose pas le nommer.

Cette réponse *très-sincère* est pourtant fausse par ce qui suit.

On sent qu'il voudrait faire croire qu'il ignorait le nom de l'auteur de ce libelle. *Il fut question d'un libelle...... l'abbé Desfontaines me le fit voir,* comme s'il n'osait dire

venir, était en un cahier de 40 à 50 pages. L'abbé *Desfontaines* me le fit voir, et je l'engageai à le supprimer. Quant à la date et au titre de cet écrit (circonstances très-importantes au fait), je proteste en honneur que je ne m'en souviens pas, non plus que des autres.

Telles sont toutes mes notions là-dessus, et c'est en quoi consiste la **réponse** que j'ai rendue et que je rends encore avec bien plus d'empressement, depuis ce dernier amas de calomnies et d'injures (1). Soyez très-persuadée, Madame, que rien ne peut altérer une estime et une amitié de vingt-cinq années entre M. *de Voltaire* et moi. La reconnaissance m'attache encore à lui, et je m'en ferai toujours honneur. Il m'a également trouvé dans les temps heureux ou malheureux de sa vie, *constantem in amicitiâ virum.* Vous pourriez en voir une preuve dans une lettre à M. le baron *de Breteuil* (2) que M. *de Voltaire* lui adressa de Maisons,

que l'abbé *Desfontaines* était l'auteur de ce libelle, et que lui *Thiriot*, indigné de son ingratitude, le lui fit jeter au feu.

Que dites-vous de cette parenthèse (circonstances très-importantes au fait)? Elle est assurément très-malicieuse, car c'est dire : Vous ne pouvez tirer aucun avantage de ce que la force de la vérité me contraint d'avouer ici; car j'ignore la date et le titre de cet écrit; or l'abbé *Desfontaines* dit seulement que je nie qu'il ait fait en 1725 un libelle contre vous intitulé *Apologie de Voltaire;* je ne me souviens ni du temps ni du titre; donc l'abbé *Desfontaines* a raison, et la parenthèse est là pour en avertir, de crainte qu'on ne tire pas cette conséquence.

Il fait là un étalage de son amitié pour M. *de Voltaire* et des obligations que M. *de*

---

(1) Thiriot désigne ici le nouveau libelle de *Desfontaines*, la *Voltairomanie*, qui paraissait depuis quinze jours.

(2) Du mois de janvier 1724. Elle est dans l'édition de Kehl, in-8°, tom. LII, pag. 25.

après sa petite vérole; et c'est avec bien du plaisir que j'ai l'honneur de déposer cette nouvelle preuve-ci entre les mains de son illustre fille.

Mes sentimens seront toujours les mêmes. La constance est dans mon caractère, comme la probité, le désintéressement, le goût des arts sont dans ma philosophie. Ce sont les titres de l'estime que m'accordent tous les honnêtes gens, et je suis plus flatté de les mériter que d'en être loué, comme l'a prétendu l'auteur de cet infâme écrit; écrit qui mérite la punition la plus sévère, et dont je suis d'autant plus indigné, que je déteste en général tous libelles, tels qu'ils puissent être, comme aussi nuisibles à la considération des lettres que la saine critique est utile à leurs progrès.

Je suis, en vous souhaitant une très-heureuse année, avec beaucoup de respect,

Madame,

Votre, etc.

Voltaire doit lui avoir de l'avoir gardé pendant sa petite vérole, mais il ne dit pas un mot de celles qu'il a à M. *de Voltaire*. Il fait plus, il a été jusqu'à les nier, et il a fallu les lui prouver.

Il est bien question de son caractère et de ce qu'il hait ou de ce qu'il aime! Il prend là un petit air de magistrat qui lui sied tout-à-fait bien.

Il faut noter que ces *circonstances très-importantes* que le sieur *Thiriot* a oubliées, sont mot pour mot dans vingt lettres de lui que l'on a encore, de 1725 et 1726. Ces lettres seront imprimées, de peur qu'il ne les oublie encore.

Lettre du marquis du Chatelet *à* Thiriot.

« A Cirey, ce 10 janvier 1739.

» L'amitié extrême que j'ai, monsieur, pour M. *de Voltaire*, et la connaissance que j'ai de celle qu'il a pour vous, et des preuves essentielles qu'il vous en a données, m'excitent à vous écrire pour vous engager à remplir ce que vous devez à l'amitié et à la vérité. Les lettres que j'ai vues de vous, où vous parlez du libelle que l'abbé *Desfontaines* vous montra chez M. le président *de Bernières* à la Rivière-Bourdet, ne me permettent pas de croire que vous puissiez avoir aucune part à ce que l'on avance sur ce fait dans un nouveau libelle intitulé *la Voltairomanie*; mais comme ce libelle touche encore d'autres points essentiels à l'honneur de M. *de Voltaire*, les lettres dont j'ai parlé ne suffisent pas pour remplir tout ce que vous devez à la vérité et à M. *de Voltaire*; et je suis très-persuadé que vous ne balancerez pas à faire ce qu'exigent de vous les lois de la société et les devoirs d'un honnête homme. Il est donc nécessaire que vous vouliez bien m'écrire une lettre à peu près dans le goût du canevas ci-joint. Vous savez bien qu'il ne contient que la plus exacte vérité, et je laisse à votre zèle d'y ajouter ce que votre cœur et la reconnaissance que j'ai toujours, monsieur, reconnu en vous, vous dicteront. Vous êtes engagé plus que personne à défendre la réputation d'un homme que l'abbé *Desfontaines* accuse de rapine, et qui cependant (vous le savez) a passé sa vie à faire plaisir à ses amis, et qui est aussi connu par ses générosités que par ses ouvrages.

» Quant au démenti qu'on lui donne en votre nom, dans le libelle en question, il sera détruit par l'impression des lettres que M. *de Voltaire* a de vous, et qui sont insérées dans un mémoire justificatif très-sage qui va paraître, et que tous ses amis, à la tête desquels je me fais gloire d'être, lui ont conseillé de présenter à M. le chancelier et au public. Au surplus, indépendamment de l'honneur qu'une conduite ferme et telle que l'amitié l'exige vous fera dans cette occasion, soyez persuadé qu'elle vous attirera toute l'estime de celui qui est très-parfaitement, monsieur, votre très-humble et très-obéissant serviteur

» Chastelet. »

*Lettre du comte d'*Argental *à* Thiriot.

1739.

» Le paquet, monsieur, que vous avez la bonté de m'envoyer (1) ne contient rien de nouveau;

---

(1) C'était des papiers venant de Cirey, que *Voltaire* faisait tenir à M. *d'Argental*, par la voie ordinaire de *Thiriot*. Celui-ci, instruit

mêmes inquiétudes, mêmes agitations, lettres qu'il a reçues ou qu'il a écrites; nulle mention de vous dans tout cela. Je voudrais fort pouvoir contribuer à vous tranquilliser tous. Nous sommes dans un temps d'orage qui passera. Il ne faut pas que vous jugiez de M. *de Voltaire* dans le moment présent. La colère, la douleur, la crainte, le malheur, peuvent lui arracher quelques propos injustes, dont il ne faut pas se souvenir. Restez son ami, monsieur, et rendez-lui les services qui dépendront de vous. Voilà, je crois, quel doit être le principe de toute votre conduite, et en la suivant, vous ne pouvez qu'être très-tranquille. L'affaire est actuellement entre les mains de M. *Hérault.* C'est de ce côté qu'il faut dresser toutes les batteries. Je n'ai pas conseillé à M. *de Voltaire* de se rendre partie, du moins quant à présent. Il vaut mieux, ce me semble, qu'il laisse agir le ministère public. Je vous verrai, monsieur, quand vous voudrez, avec grand plaisir, et je ferai mon possible pour mériter une confiance qui m'est infiniment précieuse. »

du mécontentement qu'il avait donné à madame *du Châtelet* et à *Voltaire*, et n'étant pas tranquille sur ce qui pourrait en résulter pour lui, avait prié M. *d'Argental* de lui permettre d'aller prendre ses conseils.

Lettre de madame DE CHAMPBONIN *à* THIRIOT.

« A Cirey, le 16 janvier 1739.

» Les résolutions pleines d'une fermeté respectable que prennent M. et madame *du Châtelet,* ma douleur extrême de tout ce que je vois, et l'affliction que M. *de Voltaire* ne sent que par rapport à vous, monsieur, me forcent de vous écrire; le refus que vous avez fait d'instruire madame la marquise *du Châtelet* si vous aviez eu la faiblesse d'envoyer au prince royal (*) l'infâme libelle où vous êtes si honteusement loué aux dépens de votre intime ami, et d'un ami tel que M. *de Voltaire,* font un effet ici que vous auriez peine à imaginer, et qui me désespère pour vous. Je vous ai connu à Paris, et votre tendresse et mon amitié infinie pour M. *de Voltaire* m'en avaient inspiré pour vous; il faut pourtant avouer que je fus bien choquée dès lors qu'en vous parlant des amitiés de M. *de Voltaire* pour moi, vous ne me disiez rien de celles qu'il avait eues pour vous. Aujourd'hui nous recevons une lettre de madame la présidente *de Bernières,* qui parle d'un ton bien différent; elle dit formellement que, loin que M. *de Voltaire* fût nourri et logé par charité chez M. *de Bernières,* comme l'ose dire un calomniateur si

(*) De Prusse.

punissable, il louait un logement chez elle, pour lui et pour vous, payant sa pension et la vôtre; elle le dit, monsieur, et vous laissez calomnier votre ami! et quel ami! un homme qui a hasardé le bonheur de sa vie, et qui porte encore la peine de ces malheureuses *Lettres philosophiques*, qui n'ont été imprimées qu'à votre profit, et dont vous avez reçu deux cents guinées; et c'est vous, monsieur, qui laissez dire que M. *de Voltaire* est accusé de rapines! Ah! monsieur, que votre silence dans cette occasion est différent de ce que j'entends et de ce que je vois écrire aux amis de M. *de Voltaire!* que la justice qu'ils rendent à sa générosité et à son amitié, vous rendent coupable! et qu'il est honteux, j'ose vous le dire, que M. *de Voltaire* trouve dans d'autres amis ce qu'il devrait trouver en vous par-dessus tous les autres! Que vous êtes loin de monsieur, de madame *du Châtelet*, de madame *de Bernières*, et autres, dans le nombre desquels je mets ma plus grande gloire d'être! Vous rougiriez bien si vous entendiez nos discours, et si vous voyiez les lettres qu'on reçoit ici.

» Vous savez bien qu'il n'y a que l'amitié qui touche M. *de Voltaire*; il n'est affligé que de votre silence. Je ne sais si sa santé lui permettra de vous écrire.

» Il voulait aller à Paris. J'y courrais plutôt moi-même; j'ai pris tous les liens dont il a voulu nous honorer, par le mariage de madame sa nièce (1). Je vous en ai parlé avec la plus vive reconnaissance; ce sont là des traits de générosité dans M. *de Voltaire*, sans exemple. Que me devait-il, il me connaissait à peine, et je n'ai jamais rien fait pour lui; cependant sa singulière bonté le porte à combler de biens une famille entière, parce qu'il la trouve maltraitée de la fortune; il est vrai que le mariage n'a pas eu lieu, mais que n'a-t-il pas fait pour réparer ce qu'une chose si inespérée eût apporté à mon fils? Je dois publier à jamais que de ce moment j'ai compté mes jours par les obligations que j'ai à M. *de Voltaire*; mais jugez de mon cœur : son amitié m'est mille fois plus chère et plus respectable, et il n'aura point de défenseurs plus zélés que mon mari, mon fils, et moi. Nous irons montrer à tout le monde la vérité, la probité,

---

(1) *Voltaire* avait eu le dessein de marier l'aînée de ses nièces au fils de M. *de Champbonin*, dont le domaine très-médiocre, était peu éloigné de Cirey. Il joignait à la dot quatre-vingt mille francs, outre un riche trousseau. Mais l'inclination de cette nièce s'était déjà portée sur un officier nommé M. *Denis*, et l'oncle n'était point homme à vouloir la tyranniser, en s'opposant à son choix. La lettre de madame *de Champbonin* prouve combien sa famille désirait cette alliance proposée par *Voltaire*, et quel fut le regret de celui-ci, de n'avoir pu la conclure. On y découvre en même temps de nouveaux indices de la bienfaisance inépuisable de ce grand homme.

Le peu de ses lettres à madame *de Champbonin*, imprimées dans l'édition de Kehl, ont été communiquées par feu M. le baron *de Pommereul*. Il en avait vu davantage chez le fils de cette dame, sans en avoir obtenu de copies. Celui-ci servait dans le corps du génie, ce qui l'avait mis en relation avec M. *de Pommereul*, officier supérieur dans le même corps.

la générosité qu'on insulte si indignement; rien n'égale notre douleur et notre colère. Il faut apprendre aux ingrats à rougir et à trembler. Je suis outrée, après les anciennes lettres touchant *Desfontaines* que j'ai vues de vous, que vous puissiez vous taire; elles sont plus fortes que tout ce que vous pourriez jamais dire : mon mari, mon fils et moi les avons lues et signées au bas du procès-verbal; vous voyez que M. *de Voltaire* n'a et ne peut avoir aucun besoin de vous; mais vous, monsieur, vous avez besoin de ne point trahir votre honneur et votre ami. Madame *du Châtelet* est pénétrée du plus vif ressentiment, et M. *de Voltaire* ne s'occupe qu'à l'apaiser. Voilà l'ami que vous êtes accusé publiquement de trahir. Croyez-moi, monsieur, encore une fois, madame *du Châtelet* est la femme de l'Europe la plus respectable et la plus ferme, et votre conduite dans cette affaire l'a outrée. Il n'y a ici que M. *de Voltaire* qui prenne votre parti; nous lui avons tout caché, tant que nous avons pu. Mais enfin il faut bien que les choses éclatent. Nous ménageons sa douleur, nous ne lui disons pas tout, et je ne vous dis pas non plus, monsieur, la moitié de ce que je pense. Tout cela est plus important que vous ne pensez.

» N'imputez, monsieur, qu'à mon extrême douleur et à la plus vive sensibilité cette lettre. Je crois que votre conduite méritera l'estime de madame la marquise *du Châtelet*, et celle avec laquelle je veux être, monsieur, votre très-humble et très-obéissante servante, CHAMPBONIN. »

Lettre de THIRIOT *au* PRINCE ROYAL *de Prusse.*

« A Paris, le 4 mai 1739.

» MONSEIGNEUR,

» J'étais bien persuadé que le sentiment de Votre Altesse Royale sur la satire des *Adieux* (1) s'accorderait avec l'indignation et le mépris que je me suis donné la liberté de lui en témoigner. Vous aurez vu, Monseigneur, que j'y suis traduit aussi bien que dans la satire de *Psaphon*; et il y a eu peu de coups que la méchanceté ait portés à M. *de Voltaire* dont je n'aie eu les éclaboussures; mais, grâces à mon stoïcisme, je les ai si conséquemment et si complétement méprisés, que c'est à cela même que je dois en partie quelque réputation de sagesse que la voix publique m'accorde. Une pareille conduite, Monseigneur, ne peut manquer d'avoir votre approbation, puisque par vos dernières lettres vous me faisiez l'honneur de me

(1) Misérable chanson contre *Voltaire* et tous ses amis. *Thiriot* n'y était pas épargné. Elle fut imprimée; le premier couplet commençait ainsi : *Adieu, belle Emilie, en Prusse je m'en vas,* etc. On l'attribuait, ainsi que la satire de *Psaphon*, à de chétifs écrivains, qui cependant avaient participé aux bienfaits de *Voltaire*.

marquer que vous conseilliez la même chose à M. *de Voltaire*, que vous renvoyiez pour cela à son *Epitre sur la modération*. Je sens que c'est un effort pour l'amour-propre, et je souhaiterais pour le repos de M. *de Voltaire* qu'il en fût capable.

» Je ne vois pas, Monseigneur, qu'il y ait lieu de me raccommoder avec lui, comme vous me faites l'honneur de me marquer, par votre dernière, que je dois le faire; il faudrait pour cela que nous fussions brouillés. Nous sommes au contraire dans le même commerce d'amitié, de correspondance et de confiance étroite qu'il y a eu toujours entre nous, et qui n'a jamais souffert d'altération que par des différences d'avis et des explications, que le plus grand nombre de ses anciens amis, amis d'ailleurs les plus raisonnables, ont toujours décidées en ma faveur. Mais enfin je vois avec une très-grande satisfaction que depuis plus d'un mois il ne pense plus à la *Voltairomanie*, qu'il n'aurait pas dû cesser de mépriser. Depuis ce temps-là, ses lettres et celles de la marquise n'en font pas la moindre mention, et sont rentrées dans leur ton d'amitié et de gaîté ordinaire, et s'il ne fallait pour en convaincre V. A. R. que les envoyer, rien ne serait plus facile.

» Quant à la manière éclatante dont vous exigez, Monseigneur, mon raccommodement avec M. *de Voltaire*, et l'intérêt que vous avez la bonté d'y voir pour ma réputation, cela serait bon, et je ne serais pas à le faire, si nous passions dans le public pour être brouillés; mais encore rien de cela. Tout Paris sait la continuation de notre amitié et de notre correspondance; je fais même voir dans cette intention-là celles de ses lettres qui peuvent se montrer. Il me charge tous les jours de commissions auprès de ses protecteurs et de ses amis. Enfin, Monseigneur, je porte au doigt son portrait (2) dont il vient de me faire présent, et je l'ai embelli de plus de deux cents écus de diamans. Ainsi V. A. R. voit que nous ne sommes ni brouillés ni ne passons pour l'être (3).

Malgré cela, Monseigneur, Votre Altesse Royale désirerait-elle quelque démarche de ma part envers le public, lorsqu'elle a la bonté de m'écrire de lui faire ce plaisir? Il n'y a rien, Monseigneur, que je

(2) Il était gravé en pierre fine par *Barier*, qui en avait fait plusieurs. Le premier de ces portraits fut présenté à madame *du Châtelet* par *Voltaire*, qui lui dit:

Barier grava ces traits destinés pour vos yeux;
Avec quelque plaisir daignez les reconnaître.
Les vôtres dans mon cœur furent gravés bien mieux,
Mais ce fut par un plus grand maître.

(3) En effet, on ne voit pas d'interruption dans leur correspondance à cette époque. Du 13 novembre 1738 au 7 mai 1739, il y a vingt-quatre lettres de *Voltaire* à *Thiriot*, dont trois imprimées en 1808, chez *Xhrouet*; les autres dans l'édition de Kehl. Quoique la conduite de *Thiriot* dût paraître très-coupable aux yeux de *Voltaire*, le seul offensé la supporte avec bien plus de calme que ses amis. On voit dans ces lettres quel cas il faisait d'une ancienne amitié, et combien il lui en aurait coûté de la voir rompue. C'est toujours par le sentiment, c'est en parlant au cœur d'un ami qui lui a manqué par faiblesse, qu'il cherche à le ramener à lui, et à lui inspirer quelque

ne fisse pour satisfaire vos moindres désirs et vous témoigner ma parfaite soumission. Mais quelle est cette démarche? Je l'ai demandé à M. *de Voltaire* et à madame *du Châtelet*, qui n'ont jamais rien proposé ni de précis ni d'admissible, je ne dis pas à mon jugement seulement, mais à celui de leurs parens et de leurs amis, qui ont tous, ainsi que le public, trouvé ma lettre à madame *du Châtelet*

énergie. Qu'on en juge par cette lettre que nous transcrivons du recueil de *Xhrouet*, parce qu'elle est courte.

Lettre de VOLTAIRE *à* THIRIOT.

« Cirey, le 24 décembre 1738.

» Ce scélérat d'abbé *Desfontaines* a donc enfin obtenu ce qu'il dé-
» sirait! Il m'a ôté votre amitié. Voilà la seule chose que je lui re-
» proche. Je ne m'attendais pas que depuis le 14 décembre, que son
» libelle a paru, je ne recevrais qu'une lettre de vous. Si vous m'aviez
» écrit avec amitié et tout uniment comme à l'ordinaire, je n'aurais
» point eu à me plaindre. Personne ne vous a demandé de lettre os-
» tensible; mais moi je demandais à votre cœur des marques de votre
» amitié, et j'ai eu la mortification de n'en recevoir aucune, pendant
» que les plus indifférens m'écrivaient les choses les plus fortes et les
» plus touchantes, et m'offraient les plus grands services. M. et ma-
» dame *du Châtelet*, madame *de Champbonin*, tout ce qui est ici, ef-
» frayés de votre silence, ne savent à quoi l'attribuer. Pour moi, qui
» ne pense pas seulement à *Desfontaines*, et qui ne pensais qu'à
» l'amitié, je ne me crois outragé que par l'inquiétude où vous me
» laissez. »

Le 31 du même mois, *Thiriot* crut apaiser le mécontentement qu'il avait donné à tout ce qui était à Cirey, et réparer ses torts en écrivant une lettre péniblement apprêtée, comme on vient de le voir, adressée à madame *du Châtelet*, et dont il laissa courir des copies à Paris. Loin de satisfaire M. et madame *du Châtelet* et *Voltaire*, elle ne fit que les indisposer davantage contre lui. Elle lui fut renvoyée, et

aussi suffisante qu'elle était nécessaire. L'imposture était confondue, le mépris de l'écrivain et de ses éloges pour moi, était bien marqué, mon estime et mon attachement pour M. *de Voltaire* bien prononcés; ainsi tout se trouvait consommé, et d'autres démarches m'auraient rendu, infructueusement pour M. *de Voltaire*, ridicule et hors de mon caractère. Car permettez-moi de vous dire

Voltaire, après lui avoir écrit plusieurs lettres, où de vifs reproches sont tempérés par l'amitié, lui dit dans celle du 28 janvier 1739 :

« Madame *du Châtelet* est excessivement fâchée que vous ayez fait » courir votre lettre à elle adressée : cela est contre toutes les règles, » et un nom aussi respectable doit être plus ménagé. Je suis encore à » comprendre comment cela peut vous être venu dans la tête, et pour- » quoi vous lui avez écrit une prétendue lettre ostensible qu'elle ne » demandait assurément pas. Pour la centième fois, si vous aviez écrit » tout d'un coup comme à l'ordinaire, et si vous n'aviez pas voulu » mettre dans l'amitié une politique fort étrangère, il n'y aurait pas » eu le moindre malentendu. Oublions donc toute cette mésintelli- » gence. Au reste, je poursuivrai *Desfontaines* à toute rigueur : qui » ne sait pas confondre ses ennemis, ne sait point aimer ses amis. »

Le lecteur peut voir de plus amples détails sur cette affaire dans les lettres de *Voltaire* à *Thiriot*, des mois de janvier et février 1739, principalement celles du 18 janvier et du 12 février ; et dans celles au comte *d'Argental*, des 25 et 27 janvier de la même année. On peut juger par la lettre de *Thiriot* au prince royal de Prusse, qu'on vient de lire, que ce prince n'avait pas moins insisté que les autres amis de *Voltaire*, pour que *Thiriot* satisfît à ce qu'il devait à l'ancienne et honorable amitié qu'il paraissait avoir trahie. Il est très-vraisemblable que ce dernier, reconnaissant à la fin ses torts, fit ce que tout le monde désirait de lui, et qu'il apaisa madame *du Châtelet* et *Voltaire*. Celui-ci, de son côté, ayant obtenu en avril le désaveu authentique de *Desfontaines*, qu'il demandait, ne songea plus à la faute de *Thiriot*, dont il connaissait la faiblesse ; et dès le mois de mai 1739, on ne voit plus dans la correspondance de *Voltaire* avec *Thiriot* de traces de toutes ces querelles.

que j'ai été en état de juger des choses mieux que M. *de Voltaire*, et que nous avons des usages qu'on n'enfreint point impunément. Ce n'est pas que M. *de Voltaire* ne les sache, mais sa passion et son éloignement étaient des raisons pour ne point suivre toutes ses idées. Il était à mon égard, moi étant à Paris et fort répandu, ce que serait un homme éloigné d'un tribunal où il plaiderait, à l'égard d'un autre qui serait sur les lieux, à la suite des juges, et à portée de savoir l'air du bureau à chaque moment.

Soyez persuadé, Monseigneur, que personne n'est plus attaché que moi à mes amis, et que si j'ai résisté, comme il m'est arrivé souvent, à M. *de Voltaire*, c'était pour son intérêt, que j'ai toujours mieux senti qu'il ne le sentait lui-même. Aussi feu M. le duc *de Sully* m'appelait-il son bon sens; et feu M. le président *de Maisons* disait-il que ses acides avaient besoin d'être empâtés de mes alcalis.

Au reste, Monseigneur, je finis en vous assurant de la soumission la plus respectueuse et de l'empressement le plus sincère à vous obéir en tout ce qu'il vous plairait de m'ordonner. C'est dans ces sentimens que je suis avec un très-profond respect et un attachement sans bornes, Monseigneur,

De V. A. R., etc.

FIN.

NOUVEAU
DIALOGUE DES MORTS,

PAR

LE PRÉSIDENT HÉNAULT.

AVERTISSEMENT

DE L'ÉDITEUR.

Cet opuscule a été trouvé dans les papiers de *Voltaire,* avec une apostille de sa main qui en indique l'auteur. On y voit à la fin une espèce d'allégorie relative à sa réception à l'Académie française, ce qui fait présumer qu'il a été écrit après l'année 1746. On y fait aussi allusion à une fête donnée à Bellebat, en 1724, dont la description est dans le tome XII de l'édition in-8º des *OEuvres de Voltaire,* imprimée à Kehl. Le président *Hénault,* qui était fort gai dans sa jeunesse, aimait les chansons et en faisait d'assez jolies. Plusieurs couplets de cette fête étaient de lui. Les interlocuteurs du dialogue qu'on va lire sont *Voltaire* et le curé de Courdimanche, les deux principaux personnages avec lesquels le président avait figuré dans le divertissement de Bellebat, dont il rappelle diverses particularités. C'est sans doute de cet opuscule que parle le président *Hénault* dans une lettre *à Voltaire,* du 12 mai (sans indication d'année), où il dit : « Voici une espèce de farce qui vous amusera peut-être, ne fût-ce que par le souvenir. Je vous l'envoie dans la sécurité qu'elle ne sera que pour vous, premièrement par la fidélité que je vous connais; et puis, parce que cela ne peut être plaisant que pour vous, et que les acteurs et les témoins n'y sont plus. »

Par la même lettre, le président dit qu'il joint dans l'envoi un *divertissement dont la musique est charmante*. Il est très-probable qu'il parle du *Temple des Chimères*, dont les paroles étaient de lui et la musique du duc *de Nivernais*. Cet ouvrage, imprimé en 1758, semble indiquer la date de la lettre; ce qui pourtant ne prouve point que le dialogue soit de cette année. L'auteur pouvait l'avoir écrit dans un temps plus voisin de la réception de *Voltaire* à l'Académie.

Le château de Bellebat, occupé par la marquise *de Prie*, était sur la paroisse de Courdimanche, entre Etampes et Fontainebleau.

NOUVEAU DIALOGUE DES MORTS.

DE L'ÉGALITE DES CONDITIONS.

ARGUMENT.

Le curé de Courdimanche était un original, grand ivrogne, grand chansonnier; et quelles chansons! Nous nous en amusâmes beaucoup dans un voyage que nous fîmes chez madame la marquise *de Prie*, à Bellebat, où se trouvait M. *de Voltaire*. Nous mîmes dans un lit ce curé, à moitié ivre; nous lui fîmes faire son testament. M. *de Voltaire* vint l'assister à la mort. Par reconnaissance, le moribond le nomma son successeur à la cure de Courdimanche; tout cela en couplets fort agréables, qui ont été imprimés, et qui faisaient une espèce de fête telle qu'on en imagine à la campagne.

Il a fallu cette explication pour entendre le dialogue suivant, dont les interlocuteurs sont M. *de Voltaire* et le curé de Courdimanche, qui se rencontrent dans les Champs-Elysées.

VOLTAIRE, LE CURÉ DE COURDIMANCHE.

VOLTAIRE.

Eh quelle joie! Ne vois-je pas mon ami le curé de Courdimanche?

LE CURÉ.

Comment! seriez-vous monsieur *de Voltaire?*

VOLTAIRE.

Assurément.

LE CURÉ.

Je vous trouve encore maigri.

VOLTAIRE.

Et moi je vous trouve fort engraissé. Ah! que je suis aise de retrouver mon illustre prédécesseur (1)!

Parlez-moi un peu de vous; j'arrive, vous êtes le premier homme de connaissance que j'aie encore rencontré. Quel canton habitez-vous ici? Sans doute vous êtes au séminaire des Champs-Élysées.

LE CURÉ.

Cela devrait être, mais on a refusé de m'y recevoir.

VOLTAIRE.

Bon!

LE CURÉ.

Oui; il y a ici un homme qui fait le nécessaire, qui se mêle de tout, et qui m'a empêché d'entrer.

---

(1) Dans la fête de Bellebat, le Curé, à l'agonie, résigne sa cure à *Voltaire.*

VOLTAIRE.

Et quel est cet original-là?

LE CURÉ.

C'est le curé de Saint-Sulpice (2). Il a appris une certaine aventure qui m'est arrivée avec vous, et il m'a traité fort durement.

VOLTAIRE.

Et quelle aventure?

LE CURÉ.

Comment! vous ne vous en souvenez pas?

VOLTAIRE.

Pas trop.

LE CURÉ.

Eh! c'était à Bellebat, où se faisait la noce de madame *de Monconseil*. Tout le monde était arrivé pour la messe, j'étais même habillé; il s'agissait d'arranger je ne sais combien de papiers, des publications de bans, des certificats, des extraits baptistaires, des permissions... que sais-je, moi? je ne pouvais en venir à bout, on s'impatientait;

(2) C'était alors le célèbre *Languet*. On connaît l'art merveilleux par lequel il savait se procurer des ressources extraordinaires pour l'achèvement de son église, ce qu'il osa entreprendre n'ayant encore que cent écus à y employer.

vous montâtes à l'autel, vous m'arrachâtes les papiers.

VOLTAIRE.

Ah! cela est vrai, je m'en souviens; à telles enseignes que vous vous en allâtes tout en chasuble, vous promenant dans l'église, et faisant des couplets pour les mariés.

LE CURÉ.

Eh bien! quel mal y a-t-il à cela?

VOLTAIRE.

Pour moi, je n'y en trouve point.

LE CURÉ.

Et puis encore, n'a-t-on pas été dire à ce curé de Saint-Sulpice que, par plaisanterie, on m'avait fait mettre dans un lit, comme si j'avais été à l'agonie (il est vrai que j'avais un peu bu), et que vous me fîtes faire ma confession en chansons, et qu'ensuite je vous résignai ma cure, et que tout le village célébra votre bien-venue. Y a-t-il rien là contre les canons?

VOLTAIRE.

Comme nous ne les avons lus ni l'un ni l'autre, je ne puis vous en rien dire. Mais enfin, mon cher curé, où êtes-vous actuellement?

LE CURÉ.

J'ai été me présenter dans bien des endroits, où j'ai vu des couronnes de laurier, ce qui est la glorieuse parure des poètes. Il était bien naturel que j'y fusse reçu. Bon! on m'a ri au nez. J'ai voulu insister, c'était des moqueries........! Eh! de quel droit, s'il vous plaît? N'ai-je pas entendu dire qu'ici tous les hommes étaient égaux? et en effet, je comprenais que cela devait être, parce que n'y ayant plus de besoins, on n'y a plus que faire de personne, et qu'on se suffit à soi-même. Pourquoi donc est-ce qu'il y a des gens qui font les fiers, qui ne se laissent pas accoster par tout le monde, et à qui les autres paraissent déférer? Expliquez-moi cela, mon cher monsieur *de Voltaire*, vous qui êtes si savant.

VOLTAIRE.

Comment donc! vous vous avisez de raisonner?

LE CURÉ.

Ce n'est pas raisonner que cela, c'est questionner.

VOLTAIRE.

Et depuis quand, s'il vous plaît, réfléchissez-vous?

LE CURÉ.

Depuis que je suis à jeun.

VOLTAIRE.

Je vous dirai tout cela une autre fois, je n'ai pas le temps à présent.

LE CURÉ.

Oh! je vous en prie. Est-ce que vous seriez honteux de causer avec moi?

VOLTAIRE.

Je ne dis pas cela.

LE CURÉ.

J'ai vu que vous causiez avec monsieur le marquis de Livry; et parce que je ne suis pas un grand seigneur.....

VOLTAIRE.

Vous avez raison. Eh bien donc, vous avez ouï dire qu'ici tous les hommes sont égaux : cela veut dire que l'inégalité établie par les préjugés en est bannie. Par exemple, un roi qui n'en a que le nom, n'y est pas plus considéré que le moindre de ses ci-devant sujets; mais ne croyez pas qu'il en soit ainsi des vertus et des talens; et cela était bien juste. L'Elysée venge le mérite qui s'est vu négligé dans l'autre monde. On n'ôte pas son chapeau à Nabuchodonosor quand il passe.

LE CURÉ.

Parbleu! je le crois bien, c'était une bête.

VOLTAIRE.

Et l'on se range, quand on voit Aristote; on tourne le dos à l'empereur Claude, et l'on salue Virgile.

LE CURÉ.

Je commence à comprendre.

VOLTAIRE.

C'est-à-dire, mon ami, que ce que l'on ne tenait dans cet autre monde où nous avons vécu, que du hasard, que de la naissance, que des richesses transmises par succession, tout cela ne donne plus de distinction dans ce pays-ci. En un mot, les égards n'y sont point forcés; et comme aussi l'envie en est bannie, le seul mérite, la seule vertu y règlent les rangs. Cela ne se pouvait pas dans le monde que nous avons quitté.

LE CURÉ.

Eh pourquoi? Cela aurait été aussi juste que dans celui-ci.

VOLTAIRE.

Point du tout. Dans l'autre monde il y a des passions, et comme tout le monde y voudrait être le maître, il a fallu convenir de certaines règles auxquelles, sans raisonner, on fût obligé de se soumettre, sans quoi l'on aurait toujours été en guerre : entendez-vous, mon cher curé? Dans la vie, tous les rangs sont réglés, et pour le bon ordre, on en a banni l'égalité. On adore les rois de l'Asie, on se prosterne devant leurs ministres, on respecte les grands, et ainsi de suite. Cela est juste, c'est un hommage que l'on rend aux lois, parce qu'ils en sont les instrumens, et que, comme des liens de fer, ils contiennent, resserrent, affermissent la masse des bâtimens. Mais à quoi l'on n'est pas obligé, c'est de les estimer, s'ils n'en sont pas dignes. On rend des respects extérieurs, et c'est l'ordre de la société, mais on en est quitte pour cela. Ici, au contraire, un noble de mille ans n'est pas plus noble que vous, et on ne le regarde pas, au lieu que Périclès, La Fontaine, Solon, Homère, Charles V, Henri IV, le chancelier de l'Hôpital, et autres de cette espèce, voilà les grands de ce pays-ci.

LE CURÉ.

Mais comment s'accorde-t-on ici à reconnaître leur mérite ? car j'entendais dire autrefois que l'on disputait tout aux plus grands hommes, et que....

VOLTAIRE.

Je vous l'ai déjà dit, mon cher curé, c'est qu'ici il n'y a plus d'envie.....

LE CURÉ.

Tout cela est bel et bon; mais tout franc, j'aurais mieux aimé être Nabuchodonosor là-haut que d'être Virgile dans ce pays-ci : là-haut on est en chair et en os, et on jouit réellement ; ici nous ne sommes que de la fumée.

VOLTAIRE.

Et comptez-vous pour rien la réputation ? Virgile était doublement heureux. Il jouissait dans l'autre monde de l'estime de ses contemporains, et en même temps il pensait à la grande réputation qu'il laisserait après lui.

LE CURÉ.

Après lui ! Et de quoi cela guérit-il, dès qu'on n'y est plus ?

VOLTAIRE.

Oh ! c'est que de son vivant on jouit d'avance de ce qui nous survivra : comprenez-vous cela ?

LE CURÉ.

Pas trop ; je m'applique à le comprendre....

VOLTAIRE.

Un homme illustre se transporte par avance dans la postérité ; il s'y voit admiré ; on y parle sans cesse de lui ; ses ouvrages sont dans la main de tout le monde.

LE CURÉ.

Mais il n'y est pas, lui.

VOLTAIRE.

Si fait. L'espérance, le désir de l'immortalité est un sentiment, et il n'y a rien de plus réel qu'un sentiment, car nous ne sommes que cela. Est-ce que si vous aviez fait de beaux sermons, vous n'auriez pas été bien aise qu'ils fussent imprimés?

LE CURÉ.

Oui dà.

VOLTAIRE.

Est-ce que, s'ils ne l'avaient pas été de votre vivant, vous n'auriez pas bien recommandé à votre héritier de les rendre publics?

LE CURÉ.

Cela est vrai; et pourtant il me semble que c'est une grande folie.

VOLTAIRE.

Point du tout; parce que l'on se transporte en esprit dans l'avenir, que l'on croit y être; et dès qu'on le croit, on y est.

LE CURÉ.

Ma foi! ma foi!

VOLTAIRE.

Oui certes. Vous voyez, mon cher curé, que je ne dédaigne pas de causer avec vous. Que conclure de tout ce que j'ai dit? C'est qu'il n'y a rien de si faux que de prétendre que tous les hommes sont égaux; c'est tout le contraire; ils ne le sont ni dans ce monde-ci ni dans l'autre. Dans l'autre, les titres, les richesses rompent l'égalité; dans celui-ci, c'est le mérite.... Mais en voilà assez, parlons un peu d'autre chose. Ce marquis de Livry que vous m'avez nommé tout-à-l'heure, qu'est-il devenu?

LE CURÉ.

Bon, vous ne savez pas ce qui lui est arrivé?

VOLTAIRE.

Eh! comment le saurais-je?

LE CURÉ.

Oh bien! quand il est venu ici, comme Pluton savait qu'il avait été premier maître-d'hôtel du roi, il a voulu le faire souper, par honneur, avec Proserpine. Vous vous souvenez combien il disait de gravelures là-haut, quand il était ivre. Il n'a pas manqué d'en user de même à ce banquet infernal; il en a tant dit, tant dit, que Proserpine, qui est sage comme une image, lui a jeté son assiette à la tête; Pluton, qui ne pouvait s'empêcher de rire, l'a chassé par les épaules, et on l'a fait échanson de Tantale.

VOLTAIRE.

Châtiment politique.

LE CURÉ.

Cela est malin.

VOLTAIRE.

En vérité, mon cher Curé, je trouve ici encore de meilleure compagnie que dans l'autre monde.

LE CURÉ.

Vive la joie, monsieur de Voltaire!

VOLTAIRE.

Parlez-moi un peu de quelques autres de nos connaissances.

LE CURÉ.

Il y a ici le gros Berthelot, le frère de Pléneuf, qui était le père à madame de Prie. Il n'y a plus rien à gagner pour eux sur les vivres, car les ombres vivent de rien; aussi ces messieurs s'ennuient. Ils auraient bien voulu ferrer la mule chez Pluton; mais Minos y a mis bon ordre. Je me ris de ces drôles-là; nous sommes ici tous à la même table. Savez-vous une chose, monsieur de Voltaire? Ceux qui ont été de bons vivans dans l'autre monde, et qui n'ont fait de mal à personne, continuent la même vie dans ce pays-ci; ils s'imaginent boire et manger : c'est comme s'ils le faisaient encore; car, d'après ce que vous disiez tantôt, cela revient au même. Quant aux autres, qui ont cherché à nuire, ils sont au pain et à l'eau A propos, savez-vous comment on traite ici les gens que vous appeliez à bonnes fortunes?

VOLTAIRE.

Eh bien?

LE CURÉ.

Il y en a un qui s'est avisé d'écrire à Proserpine.

VOLTAIRE.

A Proserpine?

LE CURÉ.

Oh! ces gens-là n'y vont pas de main morte. Vous savez que Proserpine ne sait ni lire ni écrire.

VOLTAIRE.

Je ne savais pas cela.

LE CURÉ.

Elle a donné cette lettre à lire à sa fille de chambre, mademoiselle Tisiphone, qui a été la porter tout droit à Pluton.

VOLTAIRE.

A Pluton?

LE CURÉ.

A Pluton lui-même. Heureusement il n'est point jaloux, et il s'en est diverti; mais, pour apprendre à vivre au galant, il l'a condamné... Devinez à quoi!.... à copier des lettres galantes du *Cheva-*

lier d'Her..... (3), et on disait hier que cela le corrigerait.

VOLTAIRE.

Je n'en doute pas. Dans l'autre monde, on se serait contenté de le condamner à les lire. Mais revenons à vous.

LE CURÉ.

Rebuté de ce que l'on ne voulait de moi nulle part, j'ai rencontré un bouchon, et, comme bon sang ne peut mentir, j'y suis entré... Cela est étonnant, on connaît dans ce pays-ci tous les gens qui arrivent. On est venu me sauter au cou.

VOLTAIRE.

Et qui cela?

LE CURÉ.

Un homme assez mal vêtu, à la vérité, et qui avait un fouet à la main.

VOLTAIRE.

Le cocher de monsieur de Verthamont, je parie.

LE CURÉ.

Justement. Oh! nous sommes ensemble à merveille.

(3) Ouvrage peu estimé de Fontenelle. Si ce dialogue n'a été écrit qu'en 1758, Fontenelle n'existait plus; il était mort dans l'année précédente, à l'âge de près de cent ans.

VOLTAIRE.

Je le crois. Mais, me direz-vous des nouvelles de quelques-uns de nos amis? Auriez-vous rencontré par hasard madame de Prie?

LE CURÉ.

Oui, je l'ai rencontrée bien loin d'ici, mais je n'ai pas osé l'approcher : savez-vous qu'elle était entre Catherine de Médicis et Marion de Lorme?

VOLTAIRE.

Cela est plaisant.

LE CURÉ.

J'ai demandé par quel hasard : on m'a dit que c'était Rhadamante qui l'y avait envoyée.

VOLTAIRE.

Cela est bien honorable pour elle.

LE CURÉ.

Oh! point du tout. On m'a expliqué cela. C'est une punition. On dit que c'est à cause qu'elle avait fait l'entendue dans l'autre monde, et qu'elle gouvernait l'État sans y rien comprendre, qu'on l'a mise auprès de Catherine de Médicis, qui est une maîtresse femme celle-là, en qualité de fille de garderobe; et, pour lui rendre également justice, on l'a faite la véritable compagne de Marion de Lorme, que l'on dit avoir été une drôlesse. Mais parlez-moi un peu de vous, et que je vous questionne à mon tour. Je sais bien de vos nouvelles, car vous êtes connu ici comme Barrabas dans la Passion. Est-il vrai, ce qu'on dit?

VOLTAIRE.

Quoi?

LE CURÉ.

Que vous étiez le bon ami d'un bandit qui ne va jamais à confesse.

VOLTAIRE.

Comment?

LE CURÉ.

Oui; on l'appelle le roi de Prusse. C'est un enragé qui est sorti de son village, et qui a détrôné tous les rois de l'Europe.

VOLTAIRE, *éclatant de rire.*

Bon!

LE CURÉ.

On dit aussi que vous avez été vous établir chez des sauvages qui ne vont point à la messe; mais cela est-il bien possible?

VOLTAIRE.

Et que dit-on encore?

LE CURÉ.

N'en est-ce pas assez? On dit aussi que vous

avez fait tant de métiers, tant de vers, tant de prose, tant d'histoires, un poème fort grave qu'on appelle, je crois, épique; des tragédies qui faisaient pleurer tout le monde, vous que j'ai vu si jovial! Fi! cela n'est pas de vous.

VOLTAIRE.

Et à qui avez-vous entendu dire tout cela?

LE CURÉ.

Oh! c'était en bonne compagnie. A la vérité, j'étais derrière tout le monde. Mais comme tout ce pays-ci n'est qu'un jardin, je me suis approché librement d'un endroit fort agréable, où l'on m'avait dit que se tenait un conseil. Effectivement, il y avait un grand banc de gazon, sur lequel une vingtaine de personnes au moins étaient assises. Je me les suis fait nommer, et j'ai écrit leurs noms. D'abord il y avait un aveugle (*) qui était le président; cela ne vous donnera pas une grande idée du reste. A côté de lui un nommé Salluste, et puis Virgile, qui avait l'air assez malpropre, et puis un nouveau venu qu'on appelle Newton, et puis un vieillard qu'on appelle Sophocle, avec un autre dont j'ai peut-être estropié le nom; mais il me semble que c'est Euripide; et puis un égrillard qui me revient beaucoup, c'est Anacréon: on dit

(*) Homère.

que j'ai beaucoup de son air; je ne sais pas s'il a été curé. Venaient ensuite quelques Français, Corneille, Molière, Racine, Quinault, La Fontaine, et un Anglais qui a bien l'air d'un fou (**), mais qui pourtant a travaillé sur le Paradis; il faut que ce soit un bon chrétien. J'en oublie sûrement......

VOLTAIRE.

Eh bien, mon cher ami, que faisaient-ils là?

LE CURÉ.

Ils jugeaient. Il y avait des avocats qui plaidaient comme des enragés.

VOLTAIRE.

Contre qui?

LE CURÉ.

L'un contre l'autre.

VOLTAIRE.

Et pourquoi?

LE CURÉ.

Vous allez le savoir. Les uns parlaient pour les poètes, les autres pour les historiens, d'autres pour les philosophes. Il s'agissait de savoir lequel des nouveaux venus remplirait une place auprès d'eux; si ce serait à l'histoire, à la philosophie, à la poésie que l'on donnerait la préférence. Il y avait long-

---

(**) Milton.

temps qu'on n'y avait vu de poètes. Il s'est levé un homme, comme qui dirait un avocat-général. On le nomme Boileau, lequel a dit qu'il ne fallait pas se presser, et qu'il fallait attendre qu'il vînt une ombre qui fût tout cela à la fois, parce que cela tiendrait la place de trois. C'a été une huée de la part de tout le barreau, comme si cela n'était pas possible; c'était comme à l'audience du bailly de Bellebat. Ils allaient aux opinions, et enfin...; mon cher monsieur de Voltaire, que je vous embrasse..., je n'y tiens plus..., j'en pleure de joie.....

VOLTAIRE.

Et de quoi?

LE CURÉ.

C'est que, quand tous ces messieurs ont repris leur place, j'ai entendu l'huissier crieur (il me semble qu'on l'appelle maître Thiriot) nommer à haute voix : Voltaire! Quelle joie, mon cher successeur, quelle joie! J'espère bien, au moins, que vous me ferez avoir là quelque petite place, en faveur de l'ancienne connaissance. On dit qu'il y a un certain ***, leur greffier (4), dont ils ne sont pas trop contens, qui veut corriger toutes les pièces

(4) Celui qu'on désigne ici est évidemment Mirabaud, secrétaire perpétuel de l'Académie française, mort à Paris, le 24 juin 1760, âgé de 85 ans. On lui reprochait de tronquer les poèmes italiens dans les traductions françaises qu'il en a données. Il vivait encore quand ce dialogue fut écrit, et par ménagement, le président Hénault a laissé son nom en blanc.

des anciens..... Oh! pour moi, je ne corrige personne. ... Mais ne voilà-t-il pas que l'on vient vous chercher pour vous installer! Adieu, embrassons-nous, et souvenez-vous de moi dans votre gloire.

FIN.

PRÉFACE

D'UNE ÉDITION

DES

OEUVRES DE M. DE VOLTAIRE,

PAR BACULARD DARNAUD,

ET ANECDOTE A CE SUJET.

AVIS DE L'ÉDITEUR.

Vers l'année 1750, des libraires de Rouen ayant eu le dessein de publier une nouvelle édition des œuvres de *Voltaire*, s'adressèrent à *Darnaud*, ami de l'auteur et en quelque sorte son élève, pour la diriger, ou du moins pour l'orner d'une préface, ou de quelque notice sur l'auteur et sur ses ouvrages. *Darnaud*, flatté de la proposition, ne voulut l'accepter qu'après en avoir demandé et obtenu l'autorisation de *Voltaire*. Il composa la préface, et lui en communiqua la minute écrite de sa main, en le priant d'y changer ou corriger ce qu'il jugerait convenable. Les changemens qui y ont été faits sont de deux sortes : premièrement, *Voltaire* supprima ou adoucit quelques éloges, quelques expressions qui lui paraissaient trop flatteuses. Secondement, il retrancha divers passages qui semblaient, sans utilité, trop allonger la pièce. C'est ainsi qu'il la fit copier par *Longchamp* son secrétaire, et que nous l'imprimons, d'après cette copie; mais la minute originale qui s'y trouve jointe, nous permet de placer comme variantes, à la suite de la préface, ces passages qui en ont été supprimés. On les transcrit d'autant plus volontiers qu'ils offrent quelques détails, quelques particularités peu connus. Malgré les retranchemens faits à cette préface, elle est encore assez étendue, à cause des pièces de vers ou de prose citées en entier par *Darnaud*, et qui ont été imprimées depuis dans plusieurs éditions. Nous aurions pu renvoyer le lecteur à ces éditions, mais ayant remarqué des différences dans les pièces dont il s'agit, nous avons préféré de les conserver : elles dénotent que *Darnaud* les avait transcrites sur les originaux ou du moins sur des copies plus correctes que celles dont les éditeurs avaient eu connaissance.

L'attachement de *Voltaire* pour *Darnaud* et la reconnaissance de celui-ci paraissent s'être maintenus constamment jusqu'à l'époque du séjour de *Darnaud* à Berlin, c'est-à-dire jusque vers le milieu de l'année 1750. C'est ce qu'on peut voir par une ou deux pièces de leur correspondance, que nous rapporterons. Quelques années auparavant, *Darnaud* avait succédé à *Thiriot* en qualité d'agent littéraire du roi de Prusse à Paris. On ne peut guère douter que l'avis de *Voltaire* n'ait également influé, en différens temps, sur le choix de ces deux correspondans du monarque. *Darnaud* avait l'avantage d'être homme de lettres, et *Voltaire* pouvait le recommander à ce titre, qui lui donnait une grande supériorité sur *Thiriot*, lequel jamais n'avait pu être considéré que comme un simple courtier de littérature. Le roi recevait avec plaisir les vers flatteurs que lui adressait quelquefois son nouvel agent, et il paraît qu'il avait goûté sa fameuse *Epître à Manon*. Il désira de le connaître en personne, et l'invita même par des vers galans à venir à sa cour. Il y comparait le jeune homme à un soleil levant, et le vieux *Voltaire* à un soleil couchant :

« *Darnaud*, par votre beau génie,
» Venez réchauffer nos cantons,
» Et, des sons de votre harmonie,
» Réveiller ma muse assoupie,
» Et diviniser nos Manons.
. . . .
» Déjà l'Apollon de la France
» S'achemine à sa décadence;
» Venez briller à votre tour;
» Élevez-vous, s'il baisse encore :
» Ainsi le couchant d'un beau jour
» Promet une plus belle aurore. »

Voltaire ayant eu connaissance de ces vers, dont le jeune *Darnaud* était tout enorgueilli, ne fut guère flatté du parallèle, et il le fit sentir au roi dans cette épître, où il dit :

« Ainsi, dans vos galans écrits,
» Qui vont courant toute la France,
» Vous flattez donc l'adolescence
» De ce *Darnaud* que je chéris,
» Et lui montrez ma décadence.... »
. . . .
Quel diable de Marc-Antonin !
Et quelle malice est la vôtre !

> Vous égratignez d'une main
> Lorsque vous caressez de l'autre.
> Croyez, s'il vous plaît, que mon cœur,
> En dépit de mes onze lustres,
> Conserve encore quelque ardeur;
> Et c'est pour les hommes illustres.

Le sens adroit, juste et profond de ce dernier vers ne dut pas échapper à *Frédéric*. Quoi qu'il en soit, il était presque impossible que lorsque les deux astres se trouvèrent en contact immédiat à sa cour, ils n'embrasassent point tout l'horizon de Berlin; car, comme dit Scarron :

> « Deux soleils réunis dedans un même endroit,
> » Rendent trop excessif le contraire du froid. »

On devait donc s'attendre que cet état de choses ne durerait pas long-temps, et que l'un de ces astres éclipserait l'autre. En effet, cela arriva très-peu de temps après : mais qui l'eût cru ? C'est le *soleil levant qui s'est allé coucher*, comme le disait *Voltaire* dans sa lettre à madame *Denis*, datée de Potsdam le 24 novembre 1750. Le ton et la conduite de *Darnaud* en Prusse avaient si mal répondu à l'idée que s'en était faite le roi qui l'y avait appelé, qu'on ne put le souffrir long-temps, et qu'il fut renvoyé. Trompé dans son attente chimérique d'une grande gloire et d'une grande fortune, *Darnaud* se persuada que c'était *Voltaire* qui l'avait perdu dans l'esprit du roi. Voilà l'origine de la division de ces deux hommes de lettres, dont le plus jeune était devenu jaloux de la préférence accordée à l'autre. Pour s'en venger, il se hâta de mander les faussetés qu'il s'était mises en tête, à l'ennemi de *Voltaire*, à *Fréron*, et de s'unir à lui pour décrier celui qu'il avait appelé long-temps son maître et son bienfaiteur. Un de ses premiers soins fut de rétracter la préface qu'il lui avait communiquée, de la condamner comme falsifiée, dénaturée, etc. C'est ce qu'on l'on voit par les pièces que l'on a rapportées à la suite de ladite préface.

PRÉFACE

D'UNE ÉDITION

DES

OEUVRES DE M. DE VOLTAIRE,

Que des libraires de Rouen se proposaient de faire en 1750.

Il était temps que l'on donnât enfin une édition complète et exacte des œuvres de M. *de Voltaire*, après tant d'éditions indignes qui ont paru. La liaison que j'ai avec lui depuis ma plus tendre jeunesse, et la confiance qu'il a eue en moi me mettent en droit d'assurer que celle qui vient de paraître à Dresde est la meilleure sans contredit qu'on ait faite. Celles de Hollande et toutes les autres sont incomplètes et absurdes.

A l'égard de M. *de Voltaire*, je dirai ce que je sais de certain de sa personne.

François-Marie *de Voltaire*, gentilhomme ordinaire de la chambre du roi, historiographe de

France, de l'Académie française, etc., naquit, le 20 février 1694, de François *Arouet*, trésorier de la Chambre des Comptes de Paris, et de Catherine *Daumart de Mauléon*, d'une des meilleures maisons d'Anjou. Il est dit dans un de ces misérables libelles qui ont couru, que son père était *greffier-porte-clef* du Parlement. Jamais il n'y a eu un tel office au Parlement, et cette impertinente anecdote est aussi vraie que celle qui dit que son grand-père était paysan. Quoique les gens de lettres n'aient pas besoin de l'illustration de la naissance, cependant la vérité oblige de dire que sa famille a très-long-temps possédé des charges dans la robe, et que tous les parens de M. *de Voltaire* occupaient des postes très-honorables dans l'épée et la magistrature. On ne conçoit pas comment on a pu débiter tant de mensonges ridicules sur son compte. De cette nature est une petite historiette imprimée par *Arkstée et Merkus* à la suite de je ne sais quel gros ennuyeux libelle, avec le titre de Paris. On parle d'une prétendue liaison de littérature qu'il eut au sortir du collége avec la femme du duc de *Richelieu*, qui était veuf alors, et qui ne s'est remarié que quinze ans après. Mais ces libelles, faits pour la canaille, ne méritent pas d'être réfutés.

Il fut élevé au collége des pères Jésuites de Paris, et on voit par tous ses écrits qu'il a conservé pour ses maîtres la plus tendre reconnaissance. Son talent pour les vers français se développa chez eux dès ses premières années. Un jour un officier des Invalides vint prier un jésuite de vouloir bien lui faire quelques vers pour être présentés le jour de l'an à Monseigneur, fils unique de Louis XIV, dans le régiment duquel il avait servi. Le jésuite, trop occupé, le renvoya au jeune Arouet, qui composa pour cet officier les vers suivans :

> Digne sang du plus grand des rois,
> Son amour et notre espérance,
> Vous qui, sans régner sur la France,
> Régnez sur le cœur des François,
> Pourrez-vous souffrir que ma veine,
> Par un effort ambitieux,
> Ose vous donner une étrenne,
> Vous qui n'en recevez que de la main des dieux?
> Mars vous a donné le courage ;
> Apollon, l'esprit, la beauté ;
> Minerve, dès votre jeune âge,
> Vous donna la maturité ;
> Mais un dieu bienfaisant, que j'implore en mes peines,
> Voulut aussi me donner mes étrennes
> En vous donnant la libéralité.

Ces vers furent présentés à Monseigneur, et valurent un présent de vingt louis d'or à l'officier invalide. Mais on fut fort surpris quand on sut que ce petit ouvrage était d'un écolier de quatorze ans. En effet, il n'aurait pas pu mieux faire dans un âge plus avancé. Le nombre des petites pièces dans ce goût qui lui sont échappées depuis, est innombrable. Je n'en sais guère de plus jolie que l'inscription pour une statue de l'Amour dans le magnifique jardin du président *de Maisons*, son camarade de collége, et son ami jusqu'à la mort.

>Qui que tu sois, voici ton maître :
>Il l'est, ou le fut, ou doit l'être.

Y a-t-il rien de plus agréable et qui sente plus l'homme de bonne compagnie que ce madrigal pour M. *Bernard*, jeune homme qui commençait alors à se distinguer par de très-jolis vers?

>Dans ce pays, trois Bernard sont connus :
>L'un est le saint, ambitieux reclus,
>Prêchant les rois et rendant des oracles;
>L'autre Bernard (*) est le fils de Plutus,
>Bien plus grand saint, faisant plus de miracles;
>Et le troisième est l'enfant de Phébus,
>Gentil Bernard, dont la muse féconde
>Doit vivre encore aux derniers jours du monde,
>Quand des deux saints on ne parlera plus.

J'ai vu une lettre de M. *de Voltaire* à un de ses amis qui cultivait les lettres, et dont le style était trop diffus et pas assez châtié. Voici les conseils qu'il lui donne dans cette lettre :

>Émondez ces rameaux confusément épars,
>Ménagez cette séve, elle en sera plus pure :
>Songez que le secret des arts
>Est de corriger la nature.

Il a écrit peu de lettres où l'on ne trouve de ces

(*) Samuel Bernard, conseiller d'État, mort riche de 33 millions effectifs, plus célèbre encore par ses bienfaits que par ses richesses. (*Note de Darnaud.*)

vers frappés qui lui échappaient. Mais c'est surtout dans son commerce de lettres avec Sa Majesté le roi de Prusse qu'il s'est le plus abandonné à cette facilité heureuse. Il n'y a peut-être point d'exemple au monde d'un commerce épistolaire de cette espèce. Le roi de Prusse se délassait souvent des affaires du gouvernement avec les muses, et ses lettres étaient presque toujours remplies de vers en notre langue, du meilleur goût et du meilleur ton. Les lettres de ce héros à M. *de Voltaire*, et celles de notre auteur qui ont été imprimées, ne sont peut-être pas les plus intéressantes. En voici une de M. *de Voltaire*, dont il m'a permis de tirer copie. Je crois faire quelque plaisir au lecteur de la mettre ici.

Lettre au Roi de Prusse.

A Bruxelles, le 2 septembre 1742.

Vous laissez reposer la foudre et les trompettes,
Et sans plus étaler ces raisons du plus fort,
Dans vos fiers arsenaux, magasins de la mort,
De vingt mille canons les bouches sont muettes.
J'aime mieux des soupés, des opéras nouveaux,
Des passe-pieds français, des fredons italiques,
Que tous ces bataillons d'assassins héroïques,
  Gens sans esprit et fort brutaux.
Quand verrai-je élever par vos mains triomphantes
Du palais des plaisirs les colonnes brillantes?
  Quand verrai-je à Charlotembourg,
Du docte Polignac les marbres respectables,

Des antiques Romains ces monumens durables,
Accourir à votre ordre, embellir votre cour?
Tous ces bustes fameux semblent déjà vous dire :
Que faisions-nous à Rome, au milieu des débris
    Et des beaux-arts et de l'empire,
Parmi ces capuchons blancs, noirs, minimes, gris,
Arlequins en soutane, et courtisans en mitre,
Portant au Capitole, au temple des guerriers,
Pour aigles, des bourdons, des agnus pour lauriers?
Ah! loin des monsignors tremblans dans l'Italie,
Restons dans ce palais, le temple du génie;
Chez un roi vraiment roi fixons-nous aujourd'hui;
Rome n'est que la sainte, et l'autre est avec lui.

Sans doute, Sire, que les statues du cardinal de Polignac vous disent souvent de ces choses-là, mais j'ai aujourd'hui à faire parler une beauté qui n'est pas de marbre, et qui vaut bien toutes vos statues.

    Hier je fus en présence
    De deux yeux mouillés de pleurs,
    Qui m'expliquaient leurs douleurs
    Avec beaucoup d'éloquence.
    Ces yeux qui donnent des lois
    Aux âmes les plus rebelles,
    Font briller leurs étincelles
    Sur le plus friand minois
    Qui soit aux murs de Bruxelles.

Ces yeux, Sire, et ce très-joli visage appartiennent à madame *de Walstein*, ou *Wallenstein*, l'une des petites-nièces de ce fameux duc *de Walstein*, que l'empereur Ferdinand III fit si proprement tuer au saut du lit par quatre honnêtes Irlandais; ce qu'il n'eût pas fait, assurément, s'il avait pu voir sa petite-nièce.

Je lui demandai pourquoi
Ses beaux yeux versaient des larmes ;
Elle, d'un ton plein de charmes,
Dit : C'est la faute du roi.

Les rois font de ces fautes-là quelquefois, répondis-je ; ils ont fait pleurer de beaux yeux, sans compter le grand nombre des autres qui ne prétendent pas à la beauté.

Leur tendresse, leur inconstance,
Leur ambition, leurs fureurs,
Ont fait jadis verser des pleurs
En Allemagne comme en France.

Enfin j'appris que la cause de sa douleur vient de ce que le comte *de Furstemberg* est pour six mois, les bras croisés, par l'ordre de Votre Majesté, dans le château de Vésel. Elle me demanda ce qu'il fallait qu'elle fît pour le tirer de là. Je lui dis qu'il y avait deux manières : la première, d'avoir une armée de cent mille hommes et d'assiéger Vésel ; la seconde, de se faire présenter à Votre Majesté, et que cette façon-là était incomparablement la plus sûre.

Alors j'aperçus dans les airs
Ce premier roi de l'univers,
L'Amour, qui de Walstein vous portait la demande,
Et qui disait ces mots que l'on doit retenir :
« Alors qu'une belle commande,
Les autres souverains doivent tous obéir. »

Je voudrais pouvoir insérer ici quelques lettres du grand homme qui a honoré notre auteur de

ses correspondances ; ce serait bien mériter du public : mais je n'ai pu jamais en obtenir, et je suis réduit à estimer la discrétion du dépositaire de ces trésors, et à m'en plaindre.

Voici une petite pièce de vers qu'il fit étant encore fort jeune. Elle prouve, à mon avis, que s'il avait voulu se borner à la vie oisive et voluptueuse des *Bachaumont*, des *Chaulieu*, et restreindre ses talens aux agrémens de ces poésies de société que *Tacite* appelle *Levia carmina et faciles versus*, il aurait eu par ce seul genre une grande réputation.

« Il faut penser, sans quoi l'homme devient,
Malgré son âme, un vrai cheval de somme :
Il faut aimer, c'est ce qui nous soutient,
Car, sans amour, il est triste d'être homme.

Il faut avoir un ami qu'en tout temps,
Pour son bonheur, on écoute, on consulte,
Qui sache rendre à notre âme en tumulte
Les maux moins vifs et les plaisirs plus grands.

Il faut le soir un soupé délectable,
Où l'on soit libre, où l'on goûte à propos
Les mets exquis, les bons vins, les bons mots ;
Et sans être ivre, il faut sortir de table.

Il faut, la nuit, dire tout ce qu'on sent
Au tendre objet pour qui seul on soupire,
Se réveiller pour en redire autant,
Se rendormir dans cet heureux délire.

> Mes chers amis, avouez que voilà
> Ce qui ferait une assez douce vie,
> Or, dès le jour que je connus Silvie,
> Sans plus chercher, j'ai trouvé tout cela.

Mais son principal talent étant pour les choses sérieuses et grandes, il composa à l'âge de dix-huit ans la tragédie d'*OEdipe*, comme il se peut voir dans les lettres qui sont dans le recueil au-devant de cette pièce.

Il commença à l'âge de vingt et un an le poème de la *Henriade*, étant à la Bastille, sans plume ni encre. *Pélisson*, se trouvant dans le même cas, avait fait dans le même endroit le poème d'*Alcimédon*. Mais la différence est que cet *Alcimédon* est très-insipide, au lieu que la France se glorifie aujourd'hui de la *Henriade*, comme l'Italie s'honore de la *Jérusalem délivrée*. Une chose fort étrange, et que M. *de Voltaire* nous apprend lui-même, c'est qu'ayant refondu tout son poème, il n'a jamais changé un seul mot au chant de la Saint-Barthélemi, qui est encore tel aujourd'hui qu'il fut fait à l'âge de vingt-deux ans. Je renvoie le lecteur, pour ce qui regarde ce poème, à la belle préface de M. *Marmontel*, qui est à la tête de la *Henriade*; j'y ajouterai seulement quelques anecdotes. L'action généreuse dont parle M. *Marmontel*, c'est que la *Henriade* ayant été imprimée par souscription à Londres, et l'argent des souscripteurs de France ayant été enlevé à un ami de l'auteur qui en était le dépositaire (1), M. *de Voltaire* remboursa cet argent de ses deniers à tous ceux qui n'eurent pas la commodité de faire venir le livre d'Angleterre.

J'ajouterai, à propos de la *Henriade*, que j'ai trouvé dans l'édition de *Dresde*, conforme à celle de M. *Marmontel*, plus de trois cents vers qui ne se trouvent pas dans les éditions de Hollande. Les variantes recueillies par M. l'abbé *Lenglet du Fresnoi* sont ici dans un très-bel ordre, qu'on ne voit point ailleurs, et il y a des remarques très-curieuses.

Si on me demande à présent pourquoi la Bastille fut le berceau de ce poème, je répondrai que vers l'an 1716, le prince *de Cellamare*, ambassadeur d'Espagne, ayant à tramer une conspiration contre le régent de France, et plusieurs personnes ayant été engagées par lui à semer des écrits contre le gouvernement, M. *de Voltaire* fut soupçonné d'être du nombre. Il fut mis à la Bastille avec plusieurs personnes; mais son innocence ayant été pleinement reconnue, le gouvernement lui donna une gratification de mille écus et une pension de

---

(1) *Darnaud* s'exprime ici avec un grand ménagement, et il pouvait alors en user ainsi par de bons motifs; sans cela, au lieu de *enlevé à*, il eût dit plus franchement *dissipé par*. On n'ignore pas aujourd'hui que l'ami dont il s'agit était *Thiriot*, le même qu'on vit douze ans après, dans une circonstance importante, hésiter de se déclarer pour *Voltaire* contre l'abbé *Desfontaines*, ce qui pourtant ne fut pas encore capable de lui faire perdre l'attachement et la bienveillance de son ancien ami.

deux mille livres, que le cardinal *de Fleuri* réduisit depuis à 1,600 liv., quand il diminua toutes les pensions. Il fit plus, il retrancha à M. *de Voltaire* une rente de mille écus qu'il avait sur l'Hôtel-de-Ville, et la réduisit à moitié dans la réduction qu'il fit des rentes sur le roi ; et on ne peut s'étonner assez qu'un précepteur du roi ait si maltraité les gens de lettres, qu'il aurait dû protéger.

La *Henriade*, comme le dit M. *Marmontel*, fut d'abord imprimée sous le nom de *la Ligue*, et ce fut même par les soins précipités et intéressés de l'abbé *Desfontaines*, en 1723. Le prodigieux succès de ce poème, tout tronqué et tout informe qu'on le donnait, et celui de la tragédie d'*OEdipe*, excitèrent contre l'auteur la jalousie envenimée des gens de lettres et de ceux qui usurpent ce nom ; et les effets n'en peuvent guère être comparés qu'aux épreuves où l'on mit en Italie la patience du *Tasse*, lorsqu'il illustra l'Italie de son poème épique. L'indécence et la fureur furent portées jusqu'à jouer publiquement la *Henriade*, l'auteur et ses amis, à Paris, sur le théâtre d'Arlequin ; et le sieur *Hérault*, lieutenant de police, permit cette indignité. On écrivit plus de cent brochures contre l'auteur, et on n'épargna pas les plus horribles calomnies. L'abbé *Desfontaines* faisait la plupart de ces brochures pour gagner de l'argent, et le sieur *Saint-Hyacinthe*, alors réfugié en Hollande, en faisait de son côté. Qu'est-il arrivé ? Toutes ces satires sont tombées, et la *Henriade* est restée. C'est le seul poème épique qu'ait notre nation, et le seul que peut-être elle aura jamais.

Il y avait déjà plus de vingt éditions de la *Henriade*, lorsqu'un abbé, qui était membre de l'Académie des inscriptions, s'avisa de donner à son Académie une dissertation sur le poème épique, dans laquelle il ne daigna pas seulement parler de la *Henriade;* mais il donne hardiment le plan d'un poème sur la Pucelle d'Orléans; et dans le même temps on vit paraître un poème en prose française intitulé *Aurelia*, traduit, disait-on, d'un prétendu poème latin. On ne connut jamais ce poème latin, et on ne lut guère cette *Aurelia* en prose ; elle mourut en naissant, et à peine sait-on aujourd'hui qu'elle a existé. Voilà les suites de la jalousie présomptueuse et sans talent. Quand on parla à M. *de Voltaire* de ce poème en prose, il dit que l'auteur était un impuissant, fâché contre les gens à bonnes fortunes.

La plus grande réputation de la *Henriade* et le meilleur accueil furent chez les étrangers, car en 1727, lorsque ce poème fut magnifiquement imprimé par souscriptions, cette édition valut dix mille écus à l'auteur, qui n'avait essuyé que des satires dans sa patrie; et le roi d'Angleterre, *Georges* Ier, non-seulement fit à l'auteur un présent de six mille livres, mais il daigna l'admettre dans sa familiarité et dans ses soupés particuliers.

Le second tome de cette édition contient des mélanges extrêmement curieux d'histoire, de philosophie et de littérature. Ces morceaux détachés, qui ont été imprimés sous beaucoup de noms différens (*), réveillèrent les ennemis que le succès de ses pièces de théâtre, de ses poésies détachées, et surtout de la *Henriade*, lui avait faits. On l'attaqua sur deux points délicats, l'un est la réfutation des *Pensées de Pascal*; l'autre est l'opinion de *Locke* sur la puissance qu'il admet dans Dieu, de communiquer la pensée à quelque être que Dieu veuille choisir, et même à la matière. Nous conseillons de lire attentivement le chapitre des mélanges, où ce sentiment de *Locke* est discuté. On y verra que nous sommes très-loin de connaître les premiers principes des choses ; que nous ne savons ce que c'est que *matière* et *esprit*. L'auteur, qui est persuadé de l'immortalité de l'âme, comme de la puissance infinie de Dieu, de qui nous tenons tout, croit avec le sage *Locke* que ce Dieu tout-puissant pourrait, s'il le voulait, donner la pensée à tous les êtres, selon ces paroles de l'Ecriture : *Dieu pourrait changer ces pierres en enfans d'Abraham.* Nous laissons à tout lecteur impartial à juger de cette philosophie.

L'autre article regarde les *Pensées de Pascal*. La question roule sur le péché originel. M. *Pascal* dit

---

(*) Entre autres de, *Lettres philosophiques.*

que c'est un mystère, et que la raison le prouve; et M. *de Voltaire*, que si c'est un mystère, la raison le respecte et ne le prouve pas. Nous y renvoyons le lecteur, ce n'est pas à moi à discuter ces matières.

On sait que sur l'*Histoire de Charles* XII, il a été instruit plusieurs fois par la bouche du roi de Pologne *Stanislas*, qui assurément était bien au fait, et qui a honoré l'auteur de la bienveillance la plus marquée et la plus constante ; et que ses premiers Mémoires venaient de M. *Fabrice*, qui resta si long-temps auprès de *Charles* XII, en Turquie. Ainsi les mémoires sur lesquels il a travaillé sont aussi supérieurs à ceux de M. *Norberg*, que le style de l'historien français l'emporte sur celui du compilateur suédois.

A l'égard de ses ouvrages divers de poésie, on sait que M. *de Voltaire* s'est ouvert au théâtre une nouvelle carrière, qu'il a remplie avec les mêmes applaudissemens qu'on a donnés à son poème épique. Le public ne s'est lassé ni d'*OEdipe*, ni de *Mariamne*, ni de *Brutus*, sujets au-dessus de la mollesse de notre théâtre. *Zaïre* nous a fait voir que l'on pouvait encore, après *Racine*, traiter avec intérêt une passion épuisée dans nos tragédies. Quelle nouveauté d'expressions, d'images, on peut dire même de sentimens et de situations, dans *Alzire* ! *Mérope* n'est-elle pas le chef-d'œuvre de l'amour maternel ? Ne devons-nous pas à *Sémiramis* un genre de tragédie qui nous était inconnu? Et l'*Enfant prodigue* n'est-il pas encore un nouveau genre? C'est cependant contre cet homme qui nous a donné tant de différens plaisirs, que l'envie et la calomnie se sont déchaînées. Les succès du théâtre sont les plus prompts, les plus brillans, et par conséquent excitent davantage la bassesse de la jalousie et de la satire. D'ailleurs la malice humaine n'a pu voir avec tranquillité que ce même homme fût à la fois le seul poète épique qu'ait eu encore la France, le successeur de *Corneille* et de *Racine*, et souvent leur égal, le premier de nos poètes aimables et corrects, l'historien le plus nerveux, le plus élégant et le plus philosophe. On ne voulait point que l'auteur de la *Henriade* nous donnât la philosophie de *Newton*, parce qu'il y a des gens qui croient absolument qu'il est impossible d'être à la fois poète et philosophe, comme si la poésie devait exclure toutes les autres belles connaissances, et que même ces connaissances ne lui fussent point nécessaires. Cependant nous sommes bien heureux qu'*Homère*, *Virgile*, *le Dante*, *le Tasse*, *l'Arioste*, aient su autre chose que faire simplement des vers : la lecture de leurs ouvrages ne nous causerait point ce plaisir qui nous les rend toujours nouveaux. Le fameux baron *de Leibnitz* n'était-il pas géomètre, poète et historien? M. *de Fontenelle* ne s'est-il pas essayé dans les opéras, dans les tragédies, dans les églogues?

S'en est-il tenu à l'histoire de l'Académie des sciences? M. *Addisson* n'a-t-il pas fait le *Spectateur* et la tragédie de *Caton?* et n'a-t-il pas continué à travailler quand il a été secrétaire d'État? Enfin, quelle instruction recevons-nous tous dans nos premières études? On nous fait traduire, composer, apprendre l'histoire, l'éloquence, la poésie, la philosophie, et dans la suite de notre vie, il nous serait défendu de nous livrer à ces mêmes choses auxquelles on nous a forcés dans notre enfance! Cet esprit de cabale et d'injustice crut avoir trouvé dans le *Temple du goût* quelque sujet d'éclater. On vit d'abord plusieurs personnes se récrier contre ce petit ouvrage, et la plupart sans trop savoir pourquoi; car M. *de Voltaire* n'a été, pour ainsi dire, que le secrétaire des gens de goût: il a eu le courage d'écrire ce qu'ils osent penser et ce qu'ils disent tout bas. Le moyen que la raison humaine fasse des progrès, lorsqu'on se contente de sentir les vérités et qu'on n'a pas la force de les dire tout haut? J'ai eu le plaisir de faire convenir à ces critiques du *Temple du goût*, qu'il n'y avait que très-peu de pages à lire dans *Marot*, quoique sa versification, bonne pour son temps, soit semée de quelques grâces. Il ne pensait point; et qu'est-ce que le mérite d'un simple faiseur de vers familiers? Ils avouèrent que *Rabelais* était inintelligible; que le peu qu'on en pourrait lire était rempli d'ordures, et n'avait d'assaisonnement qu'une gaîté maussade et impudente. *Voiture* leur paraissait infecté de ce faux bel-esprit, si aisé à attraper, et qui, par malheur pour le goût, fait aujourd'hui tant de progrès. Ils traitaient *Ségrais* et *Pavillon* de versificateurs plats et froids ; très-convaincus qu'il n'y a guère de jeune homme de goût, élevé à Paris, qui, commençant à s'exercer, n'écrive mieux qu'eux. Enfin ils poussaient beaucoup plus loin que M. *de Voltaire* leur critique sur le reste des auteurs dont il parle dans son *Temple du goût*. Et ces mêmes personnes osaient lui reprocher une hardiesse au-delà de laquelle ils allaient eux-mêmes !

Ce n'est donc que dans l'envie qu'on peut trouver la source de tant de libelles calomnieux faits contre lui. Mais croirait-on que la plupart de ces infamies ont été composées par ceux-là mêmes auxquels il avait fait du bien ? Je ne l'aurais jamais cru. Cependant il a fallu me rendre à des preuves incontestables. J'ai vu la lettre même de l'abbé *Desfontaines*, écrite de sa propre main à M. *de Voltaire*, où il lui donne le nom de bienfaiteur ; il déclare que c'est à ses soins généreux qu'il doit sa liberté, et que sans lui il serait mort de douleur dans sa prison, et il tient depuis avec M. *de Voltaire* la conduite qui est connue de tout le monde. Je l'avouerai, je ne puis comprendre de pareils excès dans des gens de lettres, et cependant je n'en ai vu que trop de preuves. J'ai vu les lettres d'un de ces malheureux qui lui ont eu le plus d'obligation, et qui ont ensuite écrit contre lui les plus lâches calomnies. Voici les propres paroles de l'un d'eux :

« Ayez pitié de moi, monsieur; je m'adresse à
» vous comme à la personne la plus répandue et
» la plus considérée de Paris. N'ai-je pas grande
» raison d'implorer votre secours? Je me jette en
» vos bras pour y trouver la vie, etc. »

Et puis dans une seconde lettre il dit :

« Je remercie le plus grand cœur comme le plus
» grand génie; personne n'a jamais reçu un bien-
» fait plus grand que moi, dans le secours que
» vous m'avez envoyé, etc. »

Quel fut le fruit de ce bienfait? Un libelle. Ce *Saint-Hyacinthe* qui a laissé à La Haye et à Paris une mémoire si odieuse, reçoit de lui les services les plus essentiels, et il le déchire. J'ai vu beaucoup de lettres de ces misérables, qui se rétractent ou lui demandent pardon. Il a reçu leur rétractation, il leur a pardonné, et il a méprisé les autres.

On sait aussi la cause du fameux démêlé entre M. *de Voltaire* et le poète *Rousseau*. Ce dernier fit une critique très-mauvaise de la tragédie de *Mariamne*, représentée avec un grand succès en 1725. Il rhabilla même la *Mariamne* de *Tristan*, croyant prouver qu'elle était bien supérieure à l'autre, mais elle ne gagna rien à ce prétendu rajeunissement (2).

---

(2) Cette ancienne tragédie de *Tristan*, corrigée par *J.-B. Rousseau*, fut imprimée en 1731.

On ne connaît aujourd'hui que la *Mariamne* de M. *de Voltaire*. Malgré tous les différends survenus entre eux, M. *de Voltaire* rend justice aux talens de *Rousseau;* mais il blâme cet auteur d'avoir employé le style marotique dans les sujets sérieux, parce qu'il sait qu'on doit écrire, principalement sur de tels sujets, avec toute la pureté et la sévérité de la langue. *Marot,* comme nous l'avons dit, pouvait avoir les grâces du langage de son siècle, mais aujourd'hui ce jargon est ridicule, et n'est supportable tout au plus que dans une épigramme, dont la naïveté est le mérite principal.

On ne s'est pas contenté de vouloir rabaisser le mérite des ouvrages de M. *de Voltaire*, on lui en a attribué plusieurs où il n'a eu aucune part, comme *Athénaïs*, des odes au Roi, une longue épître contre *Rousseau*, dans laquelle on justifie la comédie qu'on appelle larmoyante, ou tragédie bourgeoise; mais il est aisé de juger, à la façon de penser et au style, du peu de solidité de pareilles imputations.

On a aussi prétendu qu'il avait tiré beaucoup d'argent des libraires qui ont tant multiplié les éditions de ses ouvrages en Hollande. Jamais il n'a reçu le moindre argent d'eux. Il a donné *gratis* au nommé *Van Duren* l'*Anti-Machiavel*, qu'on l'avait chargé de faire imprimer, et qu'un autre eût pu vendre chèrement dans un pays où l'on ne connaît que le commerce. Qu'on ose démentir ces faits.

Non-seulement il en a usé très-généreusement avec tous ces gens-là, mais j'ai des preuves par écrit de la façon noble dont il s'est conduit avec des auteurs distingués, et particulièrement avec M. *Destouches*, son confrère à l'Académie. En un mot, il a été l'ami de tous les gens de lettres dont le cœur n'a point déshonoré l'esprit; il a partagé leurs succès, il les a encouragés et leur a souvent rendu de grands services.

Ses correspondances, comme on le voit par ses œuvres, ont été avec les principales personnes de l'Europe. Les Académies de Londres, d'Edimbourg, de la Crusca, de Pétersbourg, de Rome, de Berlin et beaucoup d'autres (3), ont pris la peine de le venger de ses adversaires. Et quels étaient ses ennemis? De misérables écrivains, presque tous sans nom, sans talent, sans mœurs, qui cherchaient à se faire quelque réputation en attaquant la sienne. Mais aussi, ce qui arrive toujours, les plus honnêtes

---

(3) Avec les papiers remis par madame *Denis* à M. *Panckoucke*, se trouvaient vingt diplômes au moins de diverses académies étrangères et de France. Ils lui étaient donnés : il pouvait les garder. Mais sous prétexte que les sceaux de plusieurs d'entre eux étaient contenus dans des boîtes d'argent, il les rendit tous. Ces parchemins réunis formaient en chœur un des plus rares panégyriques dont un homme de lettres pût être l'objet. On ne sait ce qu'ils sont devenus. Madame *Denis* avait épousé M. *Duvivier*, qui devint bientôt veuf. Il se remaria et ne survécut pas long-temps à son nouveau mariage. On sollicita madame sa veuve pour qu'elle voulût bien donner communication des papiers relatifs à *Voltaire* qui pouvaient être restés chez elle. Par malheur, toute prière à cet égard a été mal accueillie.

gens dans les lettres et les meilleurs esprits l'ont dédommagé de l'ingratitude de ces hommes méprisables; et parmi ceux que l'estime et la reconnaissance lui ont attachés, il n'y en a point qui se soit signalé par un plus beau monument que M. *Marmontel.* Son épître est un des morceaux de poésie les plus tendres et les plus sublimes que nous ayons en français. Je citerai ici avec bien du plaisir ces beaux vers qui font tant d'honneur à celui qui les a faits et à celui auquel ils sont adressés.

« Des amis des beaux-arts ami tendre et sincère,
Toi, l'âme de mes vers, ô mon guide! ô mon père!
(Car ce nom t'est bien dû : mon cœur me l'a dicté,
Et de tes sentimens il peint seul la beauté.)
Le tribut d'un talent que ta voix fit éclore
M'acquitte auprès de toi bien moins qu'il ne m'honore.
L'on saura que sur moi tu tournas ces regards
Qui d'un feu créateur animaient tous les arts;
L'on saura qu'au sortir des mains de la nature,
Inculte, languissant dans une nuit obscure,
Mais épris de tes vers, par ta gloire excité,
Je t'appelai du fond de mon obscurité;
Que mes cris de ton cœur réveillant la tendresse,
Tes bras tendus vers moi reçurent ma jeunesse;
Qu'à penser, à sentir par tes leçons instruit,
Dans la cour d'Apollon sur tes pas introduit,
Adopté pour ton fils au temple de mémoire,
Sur moi tu fis tomber un rayon de ta gloire.
Que j'aime à me flatter qu'un si beau souvenir
Ira peindre ton âme aux siècles à venir!
Oui, de l'humanité cette touchante image,
Des pleurs de nos neveux doit t'assurer l'hommage.
« Il n'est plus, diront-ils, ô destins! ô regrets!
» Heureux son siècle! heureux qui put le voir de près!

» Heureux surtout l'ami qui, choisi par l'estime,
» Et de ses sentimens dépositaire intime,
» Put lire dans son cœur et penser d'après lui !
» Modèle des talens, il en fut donc l'appui,
» Et la vertu qu'il peint avec des traits de flamme,
» Ainsi qu'en ses écrits régna donc dans son âme ! »

Après ces beaux vers de M. *Marmontel*, je citerai un morceau de prose du livre intitulé : *Introduction à la connaissance de l'esprit humain*, livre où l'on trouve des choses admirables, et même neuves dans un siècle où il semble qu'on ait tout dit. Voici comme l'auteur (*) également éloquent et équitable parle de M. *de Voltaire* dans la 245e réflexion.

«Je n'ôte rien à l'illustre *Racine*, le plus sage et
» le plus éloquent des poètes, pour n'avoir pas
» traité beaucoup de choses qu'il eût embellies,
» content d'avoir montré dans un seul genre la ri-
» chesse et la sublimité de son esprit. Mais je me
» sens forcé de respecter un génie hardi et fécond,
» élevé, pénétrant, facile, infatigable, aussi ingé-
» nieux et aussi aimable dans les ouvrages de pur
» agrément que vrai et pathétique dans les autres;
» d'une vaste imagination, qui a embrassé et pé-
» nétré rapidement toute l'économie des choses
» humaines, à qui ni les sciences abstraites, ni les
» arts, ni la politique, ni les mœurs des peuples,
» ni leurs opinions, ni leurs histoires, ni leurs lan-

(*) Le marquis *de Vauvenargues*.

» gues même n'ont pu échapper; illustre, en sor-
» tant de l'enfance, par la grandeur et par la force
» de sa poésie féconde en pensées, et bientôt après
» par les charmes et par le caractère original et
» plein de raison de sa prose; philosophe et pein-
» tre sublime, qui a semé avec éclat dans ses écrits
» tout ce qu'il y a de grand dans l'esprit des hom-
» mes, qui a représenté les passions avec des traits
» de feu et de lumière, et enrichi le théâtre de
» nouvelles grâces; savant à imiter et à saisir l'es-
» prit des bons ouvrages de chaque nation, par
» l'extrême étendue de son génie, mais n'imitant
» rien d'ordinaire qu'il ne l'embellisse; éclatant
» jusque dans les fautes qu'on a cru apercevoir
» dans ses écrits, et tel que, malgré les efforts de
» la critique, il a occupé sans relâche de ses veilles
» ses amis et ses ennemis, et porté chez les étran-
» gers, dès sa jeunesse, la réputation de nos lettres,
» dont il a reculé toutes les bornes. »

PASSAGES

RAYÉS PAR VOLTAIRE

Sur la minute originale de la Préface de Darnaud.

Page 497. *Après :* Au-delà de laquelle ils allaient eux-mêmes,
On lisait :

Quelle étrange contradiction ! C'est bien là qu'on doit plaindre l'esprit humain de se laisser aller à de pareilles inconséquences ; et la cause en est dans le cœur où se trouve la source de l'envie. On ne veut point que le même homme fasse tant de choses : cela l'élève trop au-dessus des autres. Cependant on nous fait travailler dans nos premières études sur plusieurs sujets, prose, vers, histoire, matières philosophiques ; et dans la suite de notre vie, il nous serait défendu de nous livrer à la même variété !

Le fameux baron *de Leibnitz* n'était-il pas philosophe, poète, historien ? M. *de Fontenelle* ne s'est-il pas essayé sur plusieurs genres de littérature ? Il ne s'en est point tenu à son histoire de l'Académie et à ses Eloges. Si nous voulions d'autres exemples, nous verrions chez les Grecs un *Platon*, un *Aristote* qui écrivent sur divers sujets; chez les Romains, des *Varron*, des *Cicéron*; un *Horace* qui fait des odes, des épitres, des satires; un *Ovide* qui se partage entre des élégies, des héroïdes, des métamorphoses, et qui compose des tragédies. Les Italiens ont quelques auteurs qui se sont distingués de même dans plusieurs genres différens. M. *de Voltaire* ne se sera-t-il autorisé de l'exemple de ces grands hommes que pour essuyer les calomnies les plus atroces, les libelles les plus odieux?

Ce n'est donc, je le répète, que dans l'envie qu'on peut trouver la source, etc.

Page. 497. *Après* : Je n'en ai vu que trop de preuves,
On lisait :

Je puis l'écrire parce que je le pense. Un honnête homme ne peut voir qu'avec indignation un pareil déchaînement. Est-ce là la récompense réservée à ceux qui honorent autant les lettres? Tous ceux qui les cultivent ne devraient-ils pas avoir une âme plus éclairée et par conséquent moins susceptible de ces bassesses qui sont la tache et la rouille des âmes vulgaires? Croirait-on que la plupart des auteurs de ces libelles diffamatoires répandus contre M. *de Voltaire*, sont autant d'ingrats et de gens dénaturés qu'il a obligés, ou qui lui doivent même ces jours qu'ils emploient à l'outrager. Quelle que soit l'amitié qui me lia à M. *de Voltaire* dès ma plus tendre enfance, je ne m'en suis point rapporté à ce qu'il aurait pu me dire, persuadé qu'un homme juste et impartial qui avance des faits devant le public ne saurait trop les appuyer de recherches et de preuves. Je n'écris ceci que sur la foi d'une foule de lettres que j'ai eu la patience de lire. Voici même des passages que j'ai extraits de quelques-unes, et qui peuvent donner une plus juste idée de la dépravation et de l'ingratitude de ces malheureux, qu'on veut bien encore, par charité, ne pas nommer, dans l'espérance qu'ils sentiront toute la noirceur de leurs procédés. Voici comme débute la lettre de l'un d'eux : « Ayez pitié de moi, monsieur, etc. » (*Voyez le texte.*) Je fais grâce à plusieurs autres, mais je ne peux passer sous silence ce *Saint-Hyacinthe*, etc.

Page 498. *Après* : Et il a méprisé les autres,
On lisait :

Je ne veux rapporter qu'un exemple des faussetés et des calomnies grossières dont sont remplis ces libelles. Entre autres sottises, il est dit dans un de ces pitoyables ramas d'injures que M. *de Voltaire*, ayant été introduit chez M. le duc *de Richelieu*, au sortir des classes, fit des vers avec madame *de Richelieu*, sa première femme, laquelle lui donna cent louis d'or, dont il acheta un carrosse. Et là-

dessus on bâtit l'histoire la plus ridicule et la plus impertinente. Qu'on juge par ce trait à quel excès d'impostures on peut se laisser entraîner. Jamais M. le duc *de Richelieu* n'eut de femme qui fît des vers, et M. *de Voltaire* ne fut jamais dans le cas de recevoir d'argent de personne. On sait qu'il a toujours eu de la fortune, laquelle est devenue par la suite très-considérable pour un homme de lettres. Quand il connut M. *de Richelieu,* ce seigneur était veuf de sa première femme. J'ai vu une de ses lettres, datée du 8 février 1739, où il dit à M. *de Voltaire :* « Ce livre (*la Voltairomanie*) est bien ridi-
» cule et bien plat. Ce que je trouve d'admirable,
» c'est que l'on y dit que madame *de Richelieu* vous
» avait donné cent louis et un carrosse, avec des
» circonstances dignes de l'auteur et non pas de
» vous; mais cet homme admirable oublie que j'é-
» tais veuf en ce temps-là, et que je ne me suis re-
» marié que plus de quinze ans après, etc. »

M. *de Voltaire* était trop porté d'inclination à suivre les conseils que lui donnait M. *de Richelieu* dans cette même lettre, pour ne pas mépriser tant d'absurdes calomnies. Depuis, les éditeurs de ces infamies osèrent en envoyer un exemplaire à Lunéville à S. M. le roi de Pologne, *Stanislas,* qui voulut le faire brûler par la main du bourreau. M. *de Voltaire* l'en empêcha, disant que ce serait faire trop d'honneur à ces misères et à leurs auteurs que d'y faire la moindre attention, le mépris étant en ce cas la plus sûre punition qui puisse les affliger.

Personne n'ignore que le parlement de Paris a condamné plusieurs de ces libelles, et que leurs auteurs ont été forcés de se rétracter. On sait aussi la cause du fameux démêlé, etc.

Page 500. *Après :* M. Destouches, son confrère à l'Académie, *On lisait :*

M. *Prault*, le père, n'a-t-il pas dit à tout le monde qu'il ne put jamais rien faire accepter à M. *de Voltaire*, qui lui avait donné le *Poème de Fontenoy*, dont on connaît le succès et le prodigieux débit? Ne sait-on pas que depuis peu, M. *de Voltaire* a de même refusé un magnifique service de porcelaine de Saxe que les libraires de Dresde voulaient lui envoyer comme un témoignage de leur reconnaissance? Quelque notoires que soient ces faits et d'autres semblables, on ne se flatte pas de désarmer l'envie; on n'écrit ici que pour les honnêtes gens qui pourraient, sans examen, et du premier coup d'œil, se livrer à certaines préventions dont les meilleurs esprits ne sont point toujours exempts. Il est si aisé de se laisser séduire par le faux, qui souvent est d'autant plus dangereux qu'il prend l'air du vraisemblable!

Si M. *de Voltaire* eût été susceptible de cet esprit

de basse jalousie qui est une maladie trop contagieuse parmi les gens de lettres, assurément il eût moins applaudi au mérite de beaucoup d'entre eux, tels que MM. *de La Motte, Crébillon, Fontenelle*, etc. On n'a qu'à lire la préface......

Nota. Les derniers feuillets de la minute de *Darnaud* étaient fort souillés et endommagés ; après quelques lignes qu'on ne pouvait lire, elle se terminait comme on le voit au texte, par :

Les Académies de Londres, d'Edimbourg, etc.

NOTE

ÉCRITE DE LA MAIN DE VOLTAIRE,

Et qui était annexée à la Préface qu'on vient de lire (1).

S'IL est vrai que M. *Darnaud* ait écrit en France pour rétracter une préface dont il m'avait demandé, l'an passé, la permission d'orner mes faibles ouvrages, ce procédé doit d'autant plus m'étonner, que cette préface est écrite toute de sa main, et signée de lui ; et je n'en ai retranché que les éloges trop forts qu'il me donnait. S'il a pu penser qu'il y eût dans cette préface quelques réflexions

(1) Cette note est sans date, mais doit avoir été écrite à Potsdam dans le mois d'octobre ou de novembre 1750.

dont le gouvernement pût être mécontent, il a encore très-grand tort : je l'ai montrée au roi de Prusse, qui n'y a rien trouvé qui pût blesser personne. Si M. *Darnaud* s'est plaint dans ses lettres que je l'ai desservi auprès du roi de Prusse, c'est un nouveau sujet de repentir qu'il s'est préparé : le roi m'est témoin que, non-seulement je ne lui ai jamais dit le moindre mal de ce jeune homme, mais que je l'ai excusé dans toutes ses fautes, non-seulement auprès du roi, mais auprès de la nation, et des Français qui sont ici. J'ai été assez heureux pour lui rendre quelques petits services à Paris, et je n'ai point changé ici de sentimens à son égard. Je me flatte qu'il se rendra digne des bontés du roi et de tous ceux qui sont à sa cour.

Quant à sa préface, il y a long-temps que j'avais supplié ceux qui comptaient entreprendre une édition de mes ouvrages de supprimer ce morceau, parce qu'il suffisait de celles dont M. *Cocchi* et M. *Marmontel* m'avaient honoré. Je me flatte qu'on m'a tenu parole. Au reste, je ne connais point l'édition nouvelle qui doit, dit-on, paraître ; je souhaite qu'elle soit plus correcte et plus fidèle que les précédentes.

ÉPITRE

De Darnaud à M. de Voltaire (1).

Toi qui pleures encor l'aimable *Genonville*,
Qui pleureras toujours cet ami malheureux,
Ce Vauvenargue, hélas! dont un trépas affreux
Ne sut point émouvoir le courage tranquille,
Et qui fut jusqu'au bout un sage vertueux;
O mon cher Apollon! j'ose épancher mes larmes
Dans ce sein où les arts épanchent leurs secrets.
 L'amitié seule excita tes regrets,
L'amour n'a point encor eu part à tes alarmes;
  Et moi d'un sort plus rigoureux
   Victime infortunée,
Frappé de tous les coups dans la même journée,
  Je les pleure à la fois tous deux.
Je pleure une maîtresse, une amie, une mère,
Des talens, des vertus, l'assemblage parfait;
  Une femme qui m'instruisait,
  Un sage qui savait me plaire,
Un esprit vigoureux, toujours maître de soi,
Qui pénétrait le mien de sa vive lumière,
  Un cœur!... j'ai tout perdu, *Voltaire*,
Le cœur le plus sensible et qui n'aimait que moi.
Chère ombre que j'adore et qui vis dans mon âme,
Qui sauras y régner jusqu'aux derniers momens,
Je dois à ton amour ces nobles sentimens,
Ces sublimes transports, cette féconde flamme,
La mère des vertus et l'esprit des talens.
 Combien de fois sur tes divins ouvrages
  A-t-elle, ô mon cher maître! attaché ses beaux yeux?

(1) Darnaud y déplore la mort d'une dame à laquelle il était fort attaché. On croit qu'elle fut écrite vers le mois de juillet 1749.

Quel charme elle goûtait, en ces momens heureux,
  A leur prodiguer ses suffrages !
 Qu'avec transport elle s'en pénétrait !
  Avec *Mérope* elle était mère,
  Avec *Zaïre* elle pleurait,
  Et raisonnait avec *Voltaire*.
 Elle n'est plus ; c'en est fait, et les Dieux
Ne me laissent qu'un cœur tout plein de cette image.
Ah ! cesse d'exiger que ma muse s'engage
  A suivre ton vol dans les cieux.
  Je vais, gémissant loin du monde,
M'ensevelir dans ma douleur profonde,
  Et goûter toute la douceur
De ce plaisir dont tu nous peins les charmes,
Le seul, hélas ! qui suive la douleur.
  Je vais m'enivrer de mes larmes,
  En remplir sans cesse mon cœur.
  Crois-moi, le véritable sage
  Est celui, dans un tel malheur,
  Qui sait s'attendrir davantage.

Lettre *de* Darnaud *à* M. de Voltaire.

         Ce 31 mai 1750.

J'ai reçu votre lettre, mon cher Apollon, comme le roi partait pour la Prusse ; je n'ai donc point eu le plaisir de la lui montrer ; tout ce que je puis vous dire, c'est qu'on vous attend ici avec une grande impatience. Le roi se fait fête de vous voir. J'apprends que *Cléopâtre* (*) vient d'être sifflée. Il est arrivé ce que j'avais prévu : cet homme n'a point la chaleur de l'âme et un tact qu'il faut avoir absolument lorsque l'on veut se mêler de donner des tragédies ; c'est la porte par laquelle vous avez rendu vos ouvrages dignes de l'immortalité. Je vous attends ici comme un enfant attend son père, en m'occupant. Je vous ai dédié une édition de quelques-uns de mes faibles ouvrages, il y a une épître dédicatoire au roi, et j'y ai ajouté ces vers, que le roi a approuvés :

(*) Tragédie de Marmontel, représentée à Paris le 20 mai 1750.

A Monsieur DE VOLTAIRE.

Mon maître, mon ami, mon père dans les arts,
De l'un de tes enfans que ta muse encourage,
Peut-être de celui qui t'aime davantage,
Quoiqu'il mérite moins tes sublimes regards,
  O *Voltaire*, accepte l'hommage.
Au milieu des poisons, des sifflemens mortels,
Qu'autour de tes lauriers, aux pieds de tes autels,
Poussent, en s'élançant, les serpens de l'Envie,
Que le cri de mon cœur et de la vérité
  Se fasse entendre à la terre ravie
De voir voler ton nom à l'immortalité.
Cette esclave des cours, la basse Flatterie,
Qui n'accorde qu'aux rangs son suffrage et sa voix,
Avec étonnement verra ma main hardie
  Prodiguer au rare génie
Le même encens qui brûle pour les rois.
Mais l'équité, mais *Frédéric* lui-même,
  Qui daigne de son diadème
Couvrir les arts près de son trône admis,
  Par une faveur aussi juste,
Ordonne qu'à côté du nom sacré d'*Auguste*,
  Le nom de *Virgile* soit mis.

Voilà, mon cher maître, un hommage de mon cœur; vous partagez mon admiration avec un grand roi, et un vainqueur. J'écris ce que je pense, toute notre académie attend sa divinité.

  Tout votre vin ne saurait nous déplaire,
   C'est un bourgogne velouté,
  Qui du champagne a la mousse légère,
  Flatte le goût, et donne la santé;
   Les restes du vin de *Voltaire*,
  Sont le nectar de l'immortalité.

J'assure madame *Denis* de mes très-humbles respects. Je me flattais qu'elle m'honorerait d'un mot de réponse; le roi a fort envie de voir la comédie(1); venez donc avec assurance de plaire.

(1) La *Coquette corrigée*, comédie de madame Denis, dont on ne connaît rien. Il paraît que son oncle la détourna de faire jouer cette pièce. Le comédien La Noue en a depuis

Le temps, de ses rides cruelles
N'a point sillonné vos attraits,
Vous êtes du nombre des belles
Dont l'éclat ne périt jamais.
Pour quelque papillon volage
Que vous ne pouvez arrêter,
Combien de cœurs qu'on peut citer
Sont encor dans votre esclavage!

J'attends un mot de réponse, et suis avec respect, mon cher maître, votre admirateur, votre disciple et votre ami (2).

LETTRE *de M. le comte* D'ARGENTAL, *ancien conseiller d'honneur au parlement de Paris, et depuis ministre plénipotentiaire de l'Infant duc de Parme, à Paris, à* M. DE VOLTAIRE, *à Potsdam.*

A Paris, ce 24 novembre 1750.

Je vous demande pardon d'avance, mon cher ami, de la lettre que je vais vous écrire. Je ne vous y parlerai que du sieur *Baculard Darnaud*. C'est une matière bien abjecte, bien peu intéressante, et j'avais dédaigné jusqu'à présent de la traiter; mais cet homme s'est rendu célèbre à la façon d'*Erostrate*; il me force à rompre le silence, et à vous le découvrir tout entier. Il y a déjà long-temps que j'ai la plus mauvaise opinion de lui. Outre que je le connaissais médiocre en talent et en esprit, supérieur en mensonge, en fatuité et en folie, je savais que, dans le temps qu'il recevait vos bienfaits, il parlait de vous d'une manière indigne. Moitié par mépris pour le personnage, moitié par égard pour sa misère, j'avais négligé de vous en avertir. Enfin, j'appris avec la plus grande surprise qu'un très-grand roi avait daigné l'appeler à sa cour. Je ne

donné une sous le même titre. Quelques personnes ont soupçonné que ce pouvait être la même, mais cela n'est rien moins que prouvé.

(2) Nous terminons ce qu'il y avait à dire sur le mérite et la conduite de *Baculard Darnaud*, par deux lettres qui font un étrange contraste avec l'idée que pouvaient donner de lui les pièces précédentes. Il surprend d'autant plus, que *Voltaire*, de son côté, n'avait cessé, jusqu'à son voyage en Prusse, en juillet 1750, de donner des témoignages d'une sincère amitié à *Darnaud*, comme on le voit par les lettres qu'il lui écrivait en 1749 et 1750, tant en vers qu'en prose (t. XIII, XV et LIV de l'édition de Kehl, in-8°; voyez surtout la lettre du 19 mai 1750, t. XV, p. 205, et l'épître à Darnaud, qui partait pour la Prusse, t. XIII, p. 160).

pus m'empêcher de me réjouir de l'occasion qui vous en délivrait (1), et je n'eus garde de vous conseiller de vous opposer à ce voyage. Je ne prévoyais pas alors celui que vous méditiez, et qu'en vous éloignant des insectes littéraires qui fourmillent à Paris, vous en trouveriez un à Berlin, d'autant plus dangereux, qu'on était persuadé d'un attachement qu'il vous devait à tant de titres. Depuis que vous êtes en Prusse, il n'y a sorte d'impertinences qu'il n'ait écrites sur votre compte, et il a couronné ses procédés par une lettre qui est un tissu de calomnie, de noirceur et d'ingratitude. Il a osé mander, à qui? à *Fréron*, « qu'après lui avoir fait composer une préface pour
» mettre à la tête de l'édition de Rouen, vous aviez jugé à propos
» d'y ajouter des choses si graves et d'une si grande importance,
» qu'il ne pouvait ni ne voulait les adopter, attendu qu'il était bon
» Français, et qu'il n'était pas dans l'intention de s'expatrier comme
» vous aviez fait. »

Cette affreuse calomnie est une des plus lourdes et des plus maladroites, puisqu'elle est démentie par la préface que plusieurs personnes ont vue, et que d'autres verront encore. Cependant vous ne sauriez imaginer le bruit que cette histoire a fait. Après s'être répandue dans les cafés et autres tripots, elle a pénétré dans les honnêtes maisons. *Fréron* a fait trophée de la lettre de ce misérable, et s'en allait la publiant sur les toits. Il est vrai qu'il en a reçu une seconde, dans laquelle *Baculard*, touché de repentir et non de remords, lui a mandé de ne plus montrer la première, et que la préface de l'édition était l'ouvrage du libraire. Il joint à cet article toutes les impertinences les plus folles, disant que les reines se l'arrachent, qu'il est las de souper avec elles, qu'il les refuse le plus souvent, et qu'il va se servir de sa grande faveur pour être le protecteur des lettres, des arts, et de ceux qui les cultivent. Au moyen de cette seconde lettre, *Fréron* n'a pas voulu donner de copie de la première, de manière qu'il est impossible de l'avoir. Mais ce que je vous ai dit est conforme à la plus exacte vérité, et d'après le témoignage de gens non suspects, très-dignes de foi, qui ont vu, tenu et lu la lettre. Je ne doute pas que le roi de Prusse n'ait déjà fait justice de ce malheureux, et je vous avoue que je vous blâmerais extrêmement de demander sa grâce. Ce serait une générosité de votre part,

(1) *Voltaire* resta à Paris plusieurs mois après le départ de *Darnaud* pour la Prusse, en 1750, et ce ne fut qu'au mois d'auguste de la même année qu'il arriva à Berlin, où il revit Darnaud.

trop contraire à la justice, et à ce que vous devez au roi de Prusse, qu'il ne vous est pas permis de laisser plus long-temps dans l'erreur. C'est par une très-grande méprise qu'il l'a fait venir, et il ne peut assez tôt le renvoyer avec toute l'ignominie que la noirceur de son procédé mérite.

Adieu, mon cher ami; j'ai à peine l'espace de vous embrasser.

D'ARGENTAL.

Lettre de M. DE VOLTAIRE *à M.* THIRIOT, *à Paris* (1).

Potsdam, novembre 1750.

Quoique vous paraissiez m'avoir entièrement oublié, je ne puis croire que vous m'ayez effacé de votre cœur; vous êtes toujours dans le mien. Vous devez être un peu consolé d'avoir été remplacé par un homme tel que *Darnaud*. La manière dont il s'acquittait à Paris de la commission dont il était honoré, devait servir à vous le faire regretter, et la manière dont il s'est conduit ici a achevé de le faire connaître. Je ne me repens point du bien que je lui ai fait, mais j'en suis bien honteux; s'il n'avait été qu'ingrat envers moi, je ne vous en parlerais pas; je le laisserais dans la foule de ses semblables; mais je suis obligé de vous apprendre que, par sa mauvaise conduite, il vient de forcer le roi à le chasser. Ses égaremens ont commencé par la folie, et ont fini par la scélératesse. Il débuta, en arrivant en cour par le coche, par dire qu'il était un homme de grande condition (2), qu'il avait perdu ses titres de noblesse et les portraits de

---

(1) Par ménagement pour *Darnaud*, alors vivant, déjà avancé en âge, et végétant à Paris d'une manière assez déplorable, on n'avait imprimé dans l'édition de Kehl (t. LIV, p. 286) qu'une partie de cette lettre. C'est bien le cas de la donner entière d'après l'original.

(2) Nous ignorons s'il tenait à une famille noble du comtat Venaissin, comme il le disait, comme on l'a répété d'après lui. Ce que nous savons, c'est qu'étant écolier, il s'attira l'attention de *Voltaire* par quelques vers assez bien tournés qu'il lui adressa; que celui-ci, pour l'encourager, lui faisait tenir de temps en temps de petites gratifications pécuniaires, par l'abbé *Moussinot*, son trésorier, comme il se voit par leur correspondance; que *Baculard* le père fit banqueroute à Lille pendant la guerre de 1741, s'étant mal comporté dans quelque régie dont il s'était chargé; que son fils, renvoyé de Prusse, après un séjour de courte durée, et fort brusquement, se réfugia d'abord à Dresde, et ne tarda guère à revenir à Paris, où il se vit réduit à vivre assez tristement du produit de ses tristes écrits. Il était, pour ainsi dire, aux gages des libraires. Sa plume était très-

ses maîtresses avec son bonnet de nuit. On l'avait recommandé comme un homme à talens, et le roi lui donnait environ 5,000 livres de pension. Ce beau fils, tiré de la boue et de la misère, affectait de n'être pas content, et disait tout haut que le roi se faisait tort à lui-même, en ne lui donnant pas 5,000 écus de pension, et en ne le faisant pas souper avec lui (3). Il dit qu'il soupait tous les jours, à Paris, avec M. le duc *de Chartres* et M. le prince *de Conti*. Il crut qu'il était du bon air de parler avec mépris de la nation et des finances. A cet excès d'impertinence et de démence, succédèrent les plus grandes bassesses. Il escroqua de l'argent à M. *d'Arget* et à bien d'autres; il se répandit en calomnies, et enfin, devenu l'exécration et le mépris de tout le monde, il a forcé Sa Majesté à le renvoyer; il a eu encore la vanité de demander son congé, après l'avoir reçu, pour faire croire à Paris qu'un homme de sa naissance et de son mérite n'avait pu s'accommoder de la simplicité des mœurs qui règnent dans cette cour.

Vous savez peut-être que quand il a vu l'orage prêt à fondre sur lui, le perfide a prétendu se ménager une ressource en France, en écrivant à cet autre scélérat de *Fréron*, et en prétendant qu'on avait inséré des traits contre la France dans une préface qu'il avait faite, il y a environ dix-huit mois, pour une édition de mes ouvrages.

féconde, et nulle peut-être n'a plus répandu de *noir* sur du blanc. Malgré les rétributions des libraires et une pension sur le *Mercure*, il était toujours aux expédiens pour avoir de l'argent, en recevait de toutes mains, et ne refusait pas même un écu. Tout cela n'est point preuve de noblesse, ou paraît fort y déroger. C'est ainsi que *Darnaud* a prolongé sa carrière jusqu'à près de quatre-vingt-dix ans, écrivant le matin, passant les soirées dans les cafés, où des jeunes gens étaient toujours prêts à l'entendre pérorer, parce qu'il était aussi hableur que vain. Si, tombé dans la disgrâce de *Voltaire*, il se permettait quelquefois d'en parler peu convenablement, du moins nous croyons qu'on n'a pas à lui reprocher d'avoir, comme plusieurs autres, publié des libelles contre son ancien bienfaiteur. Il est mort en 1805.

(3) Peut-on, après cela, ajouter foi à ce qu'on lit dans un dictionnaire, que *Darnaud* soupant avec le roi de Prusse, et tous les convives y plaidant la cause de l'athéisme, le roi demanda à *Darnaud* son avis sur cette question, et qu'il répondit : *Sire, j'aime à croire à l'existence d'un être au-dessus des rois*. Premièrement, il est au moins douteux que *Darnaud* ait jamais été admis aux soupés du roi et à ceux des reines ; secondement, la réponse qu'on lui prête n'est nullement dans son caractère, que nous avons connu bassement adulateur, et n'épargnant pas, au besoin, les faussetés pour se donner du relief. Ce n'est pas lui qui, trahissant son propre intérêt, se serait exposé, par un propos hardi, à déplaire au prince dont il attendait sa fortune. Toute cette aventure racontée par lui, peut, d'après son seul témoignage, avoir été recueillie par des compilateurs d'anecdotes, et ensuite répétée de confiance dans des ouvrages estimables.

Vous noterez qu'ayant fait cette préface pour obtenir de moi quelque argent, il me l'a laissée écrite et signée de sa main; qu'il n'y avait pas un mot dont on pût seulement tirer la moindre induction maligne; mais qu'elle était si mal écrite, qu'il y a plus de huit mois que je défendis qu'on en fît usage. Malgré tout cela, ce beau fils s'est donné le plaisir d'essayer jusqu'où l'on pouvait pousser l'ingratitude, la folie et la noirceur. Les pervers sont d'étranges gens : ils se liguent à trois cents lieues l'un de l'autre; mais il arrivera tôt ou tard à *Fréron* ce qui vient d'arriver au nommé *Baculard*; il sera chassé, si mieux n'est; et peut-être, tout Prussien que je suis, je trouverai au moins le secret de faire taire ce dogue.

Voilà, mon ancien ami, ce que sont ces hommes qui prétendent à la littérature; voilà de nos monstres! *ô inhumaniores litteræ!* Je gémis sur les belles-lettres, si elles sont ainsi infectées, et je gémis sur ma patrie, si elle souffre les serpens que les cendres des *Desfontaines* ont produits. Mais, après tout, en plaignant les méchans et ceux qui les tolèrent; en plaignant jusqu'à *Darnaud* même, tombé par l'opprobre dans la misère, je ne laisse pas de jouir d'un repos assez doux, de la faveur et de la société d'un des plus grands rois qui aient jamais été, d'un philosophe sur le trône, d'un héros qui méprise jusqu'à l'héroïsme, et qui vit dans Potsdam comme Platon vivait avec ses amis. Les dignités, les honneurs, les bienfaits dont il me comble sont de trop; sa conversation est le plus grand de ses bienfaits. Jamais on ne vit tant de grandeur et si peu de morgue. Jamais la raison la plus pure et la plus ferme ne fut ornée de tant de grâces. L'étude constante des belles-lettres, que tant de misérables déshonorent, fait son occupation et sa gloire. Quand il a gouverné le matin, et gouverné seul, il est philosophe le reste du jour, et ses soupés sont ce qu'on croit que sont les soupés de Paris; ils sont toujours délicieux, mais on y parle toujours raison, on y pense hardiment, on y est libre. Il a prodigieusement d'esprit, et il en donne. Ma foi! *Darnaud* avait raison de vouloir souper avec lui; mais il fallait en être un peu plus digne.

Adieu, quand vous souperez avec M. *de la Popelinière*, songez aux soupés de *Frédéric le Grand*; félicitez-moi de vivre de son temps, et pardonnez à l'Envie, si mon bonheur extrême et inouï lui fait grincer les dents.

LETTRE

DE PIRON A VOLTAIRE.

1723.

LETTRE DE M. PIRON

A M. DE VOLTAIRE,

IMPRIMÉE POUR LA PREMIÈRE FOIS, ET D'APRÈS LE MANUSCRIT AUTOGRAPHE.

PIRON A M. DE VOLTAIRE,

SUR SA CONVALESCENCE.

Décembre 1723 (1).

Chacun s'étonne avec raison, Voltaire,
Par quel bonheur la Mort vous a raté :
Tout jeune corps d'esprit rare habité
Ne vieillit point, du moins l'on n'en voit guère ;
Hélas! témoin le gentil La Faluère (2),
Qui jà n'est plus et n'a qu'à peine été.

Contre vous donc quand l'arrêt fut porté,
Onc jugement ne fut moins téméraire :
Aussi de tous étiez jà regretté,
Fors de l'Envie et de votre bon frère (3),
Qui ne sentant en vous de sainteté,
Priait à Dieu qu'il vous mît vite en terre,
Pour accourcir d'autant l'iniquité.
Que béni soit le zèle qui l'enflamme,
Et Dieu m'en gard! le voilà bien camus,

Le janséniste avec son *oremus*;
Vous pécherez encor : c'il qu'on réclame
Ne vous a mis ni dans son Paradis,
Ni dans l'Enfer, ni partout où votre âme
Eût eu de nous maints beaux *De profundis*,

Je disais donc qu'ici de cette cure
Chacun s'étonne et s'étonne à propos,
Puisque je sais moi seul quelle aventure
A suspendu le ciseau d'Atropos.
N'en rendez point grâce à votre jeunesse :
Rien ni faisait, ci-dessus l'avons dit.
N'en rendez point grâce au dieu du Permesse :
Certe Apollon vous aime et vous caresse,
Mais d'aucun mal le bon saint ne guérit.
Des gens ont cru, mais ne le croyez mie,
Qu'Amour avait pris soin de votre vie,
Pour le besoin qu'il a de votre esprit,
Qui peut (trop mieux que toute autre partie
Qu'ayez en vous) le mettre en bon crédit,
Par jolis vers d'excellent acabit.
Non, non, vous dis-je, erreur, pure chimère!
Amour ne sait ni qui meurt, ni qui vit,
Et votre mal ne l'embarrassait guère :
Trop sûr que tout veille à ses intérêts,
Il n'y va pas regarder de si près :
Pour réparer les pertes qu'il peut faire,
Le garnement a cent moyens tout prêts.
Cent fois ce mal (*), source de mil regrets,
A ravagé l'empire de Cythère,
Chassé l'enfant du giron de sa mère,
Et de sa trousse ôté les plus beaux traits.

(*) La petite vérole.

En a-t-il fait pour cela moindre chère,
Moins triomphé toujours sur nouveaux frais?

Par un soupçon encor moins légitime,
Croiriez devoir le jour au commun vœu
Des gens de bien dont vous avez l'estime,
Quasi tous gens mal avec le bon Dieu.
Qui vous a donc conservé la lumière?
Qui? le dirai-je? à peine le croirez;
Moi seul, moi-même! Oui, j'ai fait de manière
Que pour long-temps encor vous respirez.
Comment cela? Vous saurez le mystère;
Mais avant tout, s'il vous plaît, entendrez
Quel homme suis, et quel esprit m'anime.
Malgré Phébus j'habite au mont sacré.
Vous comprenez assez dans quel degré :
Un peu plus près du pied que de la cime.
Or tout reptile est venimeux un peu.
Quand donc j'ouïs, beau sire, qu'un cheveu
Tenait le coup pendu sur votre tête,
De mon bourbier, contre l'aigle du lieu
Je croassai cette douce requête :

« Que ses honneurs ne soient point impunis!
Du haut du mont qu'il devale au Tartare,
Le malheureux qui nous a tous honnis,
Et dont le nom fait si grand tintamare!
Dieux! enfermez-le aux ténébreux enclos!
Le sacré Pinde à ce coup sera clos;
Triompherons enfin dans notre mare!
Lors faudra bien qu'à nous, faute de mieux,
Descende ici madame Melpomène;
Lors aux Pradons, malgré les envieux,
En proie encor sera la noble scène;

Vengé sera notre bon capitaine,
Si méchamment jadis vilipendé.
De la critique outrageante et profane
Verrons en paix l'arc enfin débandé.
Vivat Inès! et foin de *Mariamne!* »

Ainsi parlait dans mon cœur ulcéré
La maigre dame, au teint livide et blême,
Aux deux yeux creux, au regard effaré,
Au cœur infect qui, bourreau de lui-même,
Nourrit l'aspic dont il est déchiré,
Quand on m'a dit qu'étiez tiré d'affaire.
Sot que je suis! de ma vive prière
Je devais bien attendre cet effet!
Savais-je pas que je n'ai rien qu'à faire
Au Ciel un vœu pour que, dès qu'il est fait,
Sans point de faute avienne le contraire?
Mon astre est tel : c'est ce même démon,
Quand je priai pour avoir la raison,
Qui m'inspira le métier de la rime.
O Ciel malin! que ne t'ai-je imploré
Pour la santé de ce corps cacochime?
Je t'attrapais : il serait enterré.
L'heureux garçon vit pourtant à bon compte,
Vit, grâce à nous, et vit malgré nos dents;
Qu'au moins ceci ne dure pas long-temps!
Que tôt il crève, ou vive dans la honte!
Que son esprit n'enchante plus les gens!
A cet effet qu'on le rejette en fonte!
Qu'il soit moqué, berné, sifflé.... Bon! bon!
Ce beau courroux me rend un bon office :
Le Ciel, de qui j'oubliais la malice,
Va m'exaucer encore à sa façon.

La Bruyère a dit quelque part que ceux qui écrivent avec trop d'ardeur sont sujets à retoucher à leurs ouvrages. Il pouvait, je crois, ajouter, et à y retoucher inutilement. Je vous ai obéi, monsieur, autant et du mieux que j'ai pu. J'ai bien peur d'avoir encore plus mal fait la seconde fois que la première. Vous en jugerez. Je n'ai pu me résoudre à réduire la prière à son quart, comme vous le vouliez : L'*ainsi parlait* qui la suit semble en exiger la longueur ; et puis, c'est l'endroit de la pièce qui fait le mieux votre éloge ; ce n'est pas là des endroits à raccourcir.

J'ai l'honneur d'être, monsieur, avec tout le respect et l'estime imaginables, votre très-humble et très-obéissant serviteur,

Piron (4).

NOTES DE L'ÉDITEUR.

(1) *Voltaire* fut attaqué de la petite vérole au château du président *de Maisons*, le 4 novembre 1723; dès le 15 il se croyait hors de danger, mais il ne fut transporté à Paris que le 1er décembre. (*Voyez* sa lettre au baron *de Breteuil*, tome LII, page 25, édition de Kehl.)

(2) M. *La Faluère de Genonville*, conseiller au parlement, intime ami de *Voltaire*, ainsi que le président *de Maisons*. Ils moururent jeunes tous deux. Quel amateur de la belle poésie ne connaît les vers touchans par lesquels *Voltaire* a déploré leur perte?

(3) Le frère aîné de *Voltaire* était un zélé janséniste, et se fâchait toutes les fois qu'il entendait dire du bien des jésuites à son frère cadet.

(4) Si cette épître singulière d'un poète très-connu paraît peu digne d'éloge aux amateurs de la belle et noble poésie, ils pourront du moins la trouver curieuse et intéressante sous d'autres rapports. Premièrement, elle confirme ce qu'on a dit de tous les ennemis un peu marquans de *Voltaire*, lesquels ont commencé par sentir et reconnaître son mérite extraordinaire, en manifestant sans détour leur admiration, avant que des motifs d'orgueil, de jalousie ou d'intérêt ne leur eussent fait chanter la palinodie. C'est ainsi précisément que l'on vit se conduire les *Desfontaines*, les deux *Rousseau*, les *Sabatier de Castre*, les *Clément*, les *Gilbert*, et jusqu'à ce *Fréron*, dont on connaît les aveux, quand il essaya, par l'entremise d'un tiers, de se faire pardonner ses torts par le grand homme que sa plume vénale s'était efforcée de dénigrer périodiquement.

La lettre de *Piron*, restée dans les papiers de *Voltaire*, sans que celui-ci daignât en faire usage, est une nouvelle preuve de la modération de l'homme si souvent outragé par celui qui l'avait écrite. *Piron*, en effet, eut beau répandre contre lui des épigrammes plus grossières que plaisantes, l'offensé semblait ne pas s'en apercevoir. Ce fut seulement en l'année 1760 que *Voltaire*, dans une pièce de vers intitulée: *La Vanité*, faite spécialement contre *Lefranc de Pompignan*, dit en passant:

> *Piron* seul eut raison, quand, dans un goût nouveau,
> Il fit ce vers heureux, digne de son tombeau :
> *Ci gît qui ne fut rien.*

On pourrait, à la rigueur, trouver dans ce trait un éloge plutôt qu'une satire; car le poète paraît n'y montrer d'autre intention que d'opposer un exemple d'extrême modestie ou d'humilité, à l'excès d'orgueil et de vanité de *Lefranc*; mais *Piron* le prit autrement, et fit contre ce trait-là même plusieurs mauvaises épigrammes.

En supposant dans cet hémistiche : *Ci gît qui ne fut rien*, une intention maligne, il faudrait avouer que jamais épigramme ne fut à la fois plus naïve, plus fine et plus adroitement enchâssée dans un ouvrage absolument étranger à *Piron*. Des gens d'un goût sévère pourraient même la trouver *juste*, si *Piron* n'était l'auteur de la *Métromanie*, qui, à leurs yeux, est presque son seul titre de gloire. En effet, sans cette comédie, que lui resterait-il pour la postérité? Encore doit-on observer qu'il n'est point l'inventeur du sujet de la pièce; il n'a fait que le mettre habilement en œuvre. Il l'avait trouvé dans le *Mercure de France*, où une muse nommée *Malcrais de la Vigne* s'est tout-à-coup métamorphosée en un poète bas-breton, connu sous le nom de *Desforges-Maillard*. A l'égard du style de la *Métromanie*, plus doux, plus élégant, fort supérieur, en un mot, à celui des autres ouvrages de *Piron*, on a prétendu qu'il n'a cessé, dans le cours des représentations, d'être corrigé, limé, tant par l'auteur que par d'autres poètes jaloux, comme lui, de la gloire de *Voltaire*, et saisissant tous ensemble avec joie l'occasion de le bafouer au théâtre sous le nom de *Monsieur de l'Empirée*. Le sujet parut si heureux, qu'on crut ne pouvoir assez l'épuiser; on entassa scène sur scène, au point de donner à la pièce une longueur démesurée, qui surpasse de plus d'un tiers celle du *Tartufe*, ou du *Misanthrope*.

Au reste, *Voltaire* ne fit que rire de cette prétendue bonne fortune de ses ennemis. « Je suis bien aise, dit-il, que *Piron* gagne » quelque chose à me tourner en ridicule. L'aventure de *la Malcrais-* » *Maillard* est assez plaisante. Elle prouve au moins que nous som- » mes très-galans; car quand *Maillard* nous écrivait, nous ne lisions » pas ses vers; quand mademoiselle *de la Vigne* nous écrivit, nous » lui fîmes des déclarations. » (*Lettre à Thiriot, du 25 janvier* 1738.)

Il n'est personne qui n'eût trouvé *Voltaire* très-excusable d'user d'un peu de vengeance contre un ennemi aussi acharné que *Piron*. Cependant il paraît n'avoir fait contre lui aucune épigramme. Il est vrai qu'on lui en a quelquefois attribué une fort jolie, qui n'a rien de grossier et d'atroce comme celles de *Piron*. Quoiqu'elle soit bien dans la manière de *Voltaire*, et qu'il en existe même une copie de sa main, cela n'empêche pas, ce nous semble, qu'on ne doive la laisser à *Marmontel*, dans les œuvres de qui elle se trouve. De quelque main qu'elle soit, on la relira peut-être ici avec plaisir :

> Le vieil auteur du cantique à Priape,
> Humilié, s'en allait à la Trappe,
> Pleurant le mal qu'il avait fait jadis.
> Lors son curé lui dit : Bon métromane,
> C'est bien assez d'un plat *De profundis*.
> Rassure-toi, le Seigneur ne condamne
> Que les vers doux, faciles, arrondis,
> Qui savent plaire à ce monde profane.
> Ce qui séduit, voilà ce qui nous damne :
> Les rimeurs durs vont tous en paradis.

L'épître de *Piron* n'aurait-elle pas été la première cause de son inimitié contre *Voltaire*? Celui-ci, quoique plus jeune de 6 ou 7 ans, osa lui faire quelques observations critiques sur ses vers; et sans doute avec politesse, car *Piron* les approuva une première fois, et refit son épître. C'est en effet une seconde leçon qu'on vient de lire; et cependant on y voit encore en marge, et sur quelques vers, des traits de plume par lesquels *Voltaire* semblait indiquer des passages défectueux ou tout-à-fait mauvais, qu'il aurait voulu faire changer ou supprimer. Il est assez probable que *Piron*, piqué à la fin de ces itératives remontrances d'un jeune homme qui voulait se connaître mieux en vers que lui, le quitta avec humeur, et résolut, dès ce moment, de le censurer à son tour. En effet, on le voit, dès l'année suivante, 1724, faire jouer à la foire une parodie où il dénigre la *Mariamne* de *Voltaire*, tragédie représentée le 24 mars de la même année, et qu'un prétendu bon mot proféré par une voix du parterre fit retirer après cette seule représentation. L'auteur fut consolé de ce contre-temps l'année suivante, où sa Mariamne fut jouée avec un très-grand succès. On voit que *Piron*, à qui *Voltaire* avait probablement lu cette tragédie dès l'année 1723, en faisait d'avance l'éloge, en même temps qu'il décriait l'*Inès* de *La Motte* dans ce vers ironique de sa lettre :

> *Vivat* Inès *et foin de* Mariamne !

FIN.

ANECDOTES
SUR VOLTAIRE.

ANECDOTES
SUR VOLTAIRE.

I.

Lorsque le *Mercure de France* était rédigé par deux hommes de lettres très-distingués, chacun dans son genre, *Mallet du Pan* pour la politique, et *La Harpe* pour la littérature, celui-ci, en y rendant compte de la *Vie de Voltaire*, par *Condorcet*, en relève une assertion qu'il prétend être fausse. Il s'agit *d'une bien petite anecdote*, dit-il, *si quelque chose est petit de ce qui regarde un grand homme*. Elle concerne le père *Adam*, jésuite, lequel, après l'expulsion de son ordre de la France et des autres Etats de la maison de *Bourbon*, vers l'année 1764 (1), fut recueilli avec bienveillance par *Voltaire* dans son château de Ferney. Il y resta environ douze ans, et presque tous les soirs ils jouaient ensemble aux échecs. Le jésuite, suivant *Condorcet*, savait cacher adroitement sa supériorité à ce jeu, et avait assez de politique pour se laisser enlever les parties. « Le fait est » vraisemblable, dit *La Harpe*, mais je puis assurer qu'il n'est » pas vrai. Je les ai vus jouer tous les jours, pendant un an ; et » non-seulement le père *Adam* n'y mettait point de complai- » sance, lui qui dans tout le reste était plus que complaisant,

(1) L'institut des jésuites ne fut aboli solennellement par le pape *Clément XIV* que plusieurs années après, en 1773.

» mais je puis attester qu'il jouait souvent avec humeur, sur-
» tout quand il perdait, et qu'il était fort loin de perdre volon-
» tairement. Au contraire, je n'ai jamais vu *Voltaire* se fâcher
» à ce jeu, et je jouais souvent avec lui. Il y mettait même
» beaucoup de gaîté, et une de ses ruses familières était de
» faire des contes pour vous distraire, quand il avait mauvais
» jeu. Il aimait beaucoup les échecs, et se les reprochait comme
» une perte de temps; car il faisait cas du temps en raison de
» l'emploi qu'il en savait faire. *Passer deux heures*, disait-il,
» *à remuer de petits morceaux de bois! On aurait fait une*
» *scène pendant ce temps-là.* »

II.

Voici une anecdote plus singulière. Dans la *Vie de Voltaire*, par *Condorcet*, on lit ce passage :

« On avait persuadé à madame *de Pompadour* qu'elle ferait
» un trait de politique profonde en prenant le masque de la
» dévotion, que par là elle se mettrait à l'abri des scrupules et
» de l'inconstance du Roi, et qu'en même temps elle calme-
» rait la haine du peuple. Elle imagina de faire de *Voltaire*
» un des acteurs de cette comédie. Le duc *de La Vallière* lui
» proposa de traduire les psaumes et les ouvrages sapientiaux;
» l'édition aurait été faite au Louvre, et l'auteur serait revenu
» à Paris sous la protection de la dévote favorite. *Voltaire* ne
» pouvait devenir hypocrite, pas même pour être cardinal,
» comme on lui en fit entrevoir l'espérance quelque temps
» après. »

Cette anecdote, dit *La Harpe* dans son journal, *me paraît extrêmement hasardée..... Je crois également improbable, ou qu'on ait imaginé de pouvoir lui faire espérer le chapeau, ou qu'il ait été assez crédule pour se prêter un moment à cette chimère.*

Pour prouver que *Condorcet* n'a point inventé cette anecdote extraordinaire, et, dans le dessein d'étonner ses lecteurs, osé écrire une chose destituée de toute vraisemblance, nous rapporterons ici des lettres du duc *de La Vallière*, par lesquelles on verra que l'allégation de *Condorcet* n'est point tout-à-fait chimérique.

Lettre du duc DE LA VALLIÈRE *à M.* DE VOLTAIRE.

A Versailles, ce 1er mars 1756.

« J'ai reçu, mon cher *Voltaire*, le sermon (1) que vous m'avez envoyé, et malgré la saine philosophie qui y règne, il m'a inspiré encore plus de respect pour son auteur que pour sa morale. Un autre effet encore qu'il m'a fait, c'est qu'il m'a déterminé à vous demander la plus grande marque d'amitié que vous puissiez me donner. Vous avez près de soixante ans (2), je l'avoue. Vous n'avez pas la santé la plus robuste, je le crois; mais vous avez le plus beau génie et la tête la plus harmonieuse, j'en suis sûr; et en commençant une nouvelle carrière sous le nom d'un jeune homme de quinze ans, dût-il vivre plus que *Fontenelle*, vous lui fourniriez de quoi se rendre l'homme le plus illustre de son siècle. Je ne crains donc pas de vous demander de m'envoyer des psaumes embellis par vos vers; vous seul avez été et êtes digne de les traduire; vous effacerez *Rousseau*, vous inspirerez l'édification, et vous me mettrez à portée de faire le plus grand plaisir à madame **** (3). Ce n'est plus *Mérope* (4), *Lully* ni *Métastase* qu'il nous faut, mais un peu de *David*. Imitez-le, enrichissez-le. J'admirerai votre ouvrage, et

(1) Le poème sur le *Désastre de Lisbonne*.
(2) Il en avait alors 62 passés.
(3) *De Pompadour*.
(4) *Voltaire* avait promis à M. *de La Vallière* sa tragédie de Mérope mise en opéra par le roi de Prusse.

n'en serai point jaloux, pourvu qu'il me soit réservé, à moi pauvre pécheur, de le surpasser avec ma *Betzabée*. Je serai content; et vous ajouterez à ma satisfaction en m'accordant ce que je vous demande avec la plus grande instance. Donnez-moi une heure par jour; ne les montrez à personne, et incessamment j'en ferai faire une édition au Louvre, qui fera autant d'honneur à l'auteur que de plaisir au public. Je vous le répète, je suis sûr qu'elle en sera enchantée; et je le serai que ce soit par vous que je puisse lui faire un aussi grand plaisir. Je compte sur votre amitié, vous savez qu'il y a long-temps; ainsi j'attends incessamment les prémices d'un succès certain que je vous prépare. Je ne vous tiens pas quitte pour cela de la Mérope royale ni de la justification de ma chère amie *Jeanne* (5)....

» Adieu, mon cher *Voltaire*, j'attends de vos nouvelles avec la plus grande impatience. Vous êtes sûr de ma sincère amitié; vous pouvez l'être aussi de ma véritable reconnaissance. »

Autre lettre du duc DE LA VALLIÈRE *à M.* DE VOLTAIRE.

A Versailles, ce 22 avril 1756.

« Je vais répondre avec le plus grand plaisir du monde, mon cher *Voltaire*, à toutes les questions que vous me faites : commençons par le moins intéressant, et le plus aisé. J'habite toujours Mont-Rouge; je suis comme *Proserpine*, juste la moitié de ma vie à Versailles, l'autre moitié dans ma retraite délicieuse à tous égards; jamais un moment à Paris; je ne vais plus à Champs; il m'est impossible, à la vie que je mène, d'en jouir, et je le regarde précisément comme une maîtresse qui

(5) Le poème de *la Pucelle d'Orléans* qui venait d'être, pour la première fois, rendu public, par des ennemis de *Voltaire*, lesquels, pour gagner plus d'argent et mieux nuire à l'auteur, avaient rempli leur édition de méchancetés et de sottises de toute espèce.

serait allée s'établir au Nouveau-Monde. Il se pourrait quelquefois qu'il m'en revînt des images agréables, mais je ne m'en croirais pas moins dans le cas d'en prendre une autre. Quant à l'abbé *de Voisenon,* hélas ! dans ce moment-ci c'est une brebis égarée ; l'Amour me l'a ravi. Plus épris qu'un jeune écolier, il ne quitte plus l'objet de sa tendresse, et je crains d'autant plus pour sa santé, que je ne crois point du tout qu'elle soit d'accord ni avec son ardeur ni avec son bonheur. Deux accès d'asthme ne me l'ont point encore ramené ; il touche au troisième et je le reverrai : mauvais moment, comme vous voyez, pour lui proposer ce que je désire ; et puis, à tout seigneur tout honneur (6).

» Passons au plus intéressant. Un rayon de la grâce a éclairé, mais sans ivresse (7) ; quelques changemens médiocres en sont le seul témoignage. On ne va plus au spectacle, on a fait maigre trois jours de la semaine, pendant tout le carême, mais sous la condition qu'on n'en serait point incommodée. Les momens qu'on peut donner à la lecture sont vraisemblablement employés à de bons livres ; au reste, la même vie, les mêmes amis, et je me flatte d'être du nombre ; aussi aimable qu'on a jamais été, et plus de crédit que jamais. Voilà la position où l'on est, et qui fait qu'on voudrait des psaumes de votre façon. L'on vous connaît, on vous a admiré, et l'on veut vous lire encore, mais l'on est bien aise de vous prescrire l'objet de ses lectures. Ainsi, je vous le répète, il faut que vous nous donniez une heure par jour, et bientôt vous verrez que vous aurez satisfait et à nos désirs et à votre réputation. Je vous le dis encore, et en vérité sans fadeur, de tout temps vous avez été destiné à

(6) On peut conjecturer de ce que dit ici le duc *de La Vallière,* que *Voltaire,* en éludant la demande qu'on lui faisait touchant des psaumes, aurait engagé le duc à s'adresser à l'abbé *de Voisenon,* qu'on appelait l'évêque de Mont-Rouge, pour remplir un thème qui était plus de sa compétence que de celle d'un laïc.

(7) Il s'agit ici de madame *de Pompadour.*

faire cet ouvrage. Vous vous le devez et à nous aussi, et c'est une marque d'attention à laquelle le bon prophète sera très-sensible ; je le serai aussi très-sincèrement à cette preuve d'amitié de votre part, et j'en attends incessamment les heureux essais.

» A l'égard de l'opéra prussien (*Mérope*), de la fin de la *Pucelle* que vous m'avez promise, et des autres choses que vous me faites espérer, envoyez-les à Genève à M. *Vasserot de Châteauvieux*, il me les enverra par le premier ballot qu'il m'adressera. Je vous demande deux exemplaires de vos deux poèmes avec les notes (8), l'un pour madame *de Pompadour*, l'autre pour moi. Envoyez-les-moi par la poste avec une première enveloppe à mon nom, et par-dessus une autre à M. *de Malesherbes*, premier président de la cour des aides. Il est accoutumé à en recevoir beaucoup pour moi. Vous feriez bien d'y joindre un ou deux psaumes, je vous en remercie d'avance.»

Il paraît que ces instances vives et réitérées de M. *de La Vallière* ne purent déterminer *Voltaire* à se prêter à ce qu'on désirait de lui; et c'est peut-être pour vaincre cette résistance qu'on lui fit entrevoir, *à peu près dans le même temps*, l'espérance d'un chapeau de cardinal. Il est vrai que cette particularité ne se voit pas dans les deux lettres qu'on vient de rapporter, mais il peut en avoir existé d'autres où il en était fait mention, et dont *Condorcet* a eu connaissance, ou bien M. *de La Vallière* dans la suite a pu lui en parler confidentiellement. Ce dont nous sommes persuadés, c'est qu'un homme du caractère de *Condorcet* ne pouvait être l'inventeur d'une pareille anecdote, et qu'il était incapable de recourir à de fausses suppositions, misérable ressource, dont il n'avait nullement besoin pour rendre son ouvrage intéressant. D'un autre côté, on ne peut douter que madame *de Pompadour* n'attachât beaucoup de prix à la complaisance de *Voltaire*, en cette occasion. Nous

---

(8) Sur la *Loi naturelle* et sur le *Désastre de Lisbonne*.

serions probablement mieux instruits des récompenses qu'elle permit de lui faire entrevoir, si l'on avait les réponses de *Voltaire* aux lettres de M. *de La Vallière*; l'on n'a pu les obtenir de madame la duchesse *de Châtillon*, sa fille, et l'on ne sait ce qu'elles sont devenues. Mais ce qui est évident, c'est que *Voltaire* n'a pas traduit les psaumes. Cette tâche était réservée à son disciple *La Harpe*, qui, long-temps après, l'a remplie, comme on sait, avec beaucoup d'édification.

Si quelques années plus tard, *Voltaire* a donné un Précis ou une imitation en vers de l'*Ecclésiaste* et *du Cantique des cantiques*, on ne peut supposer que ces deux poèmes de genre différent, l'un et l'autre si parfaits, si précieux à tous égards, aient été la suite des demandes faites précédemment à l'auteur; aussi les a-t-il dédiés, non pas à madame *de Pompadour*, mais à *Frédéric le Grand*, qui n'était rien moins que l'ami de cette dame.

Si l'auteur de *la Henriade*, séduit par l'offre magnifique qui lui était faite, avait acquiescé à ce qu'on désirait de lui, c'eût été un spectacle très-curieux de le voir passer par tous les degrés de la hiérarchie ecclésiastique, depuis la simple tonsure jusqu'au chapeau d'écarlate, et peut-être jusqu'à la tiare; mais, sans doute, moins dissimulé et moins ambitieux que *Sixte-Quint*, *Voltaire* n'eût point voulu, même pour la triple couronne, dût-elle être entourée de l'auréole, se couvrir d'un masque, et feindre de penser ce qu'il ne pensait point.

III.

Thiriot avait un ami établi à la Martinique, nommé *Deville*, auquel il adressait de temps en temps des lettres sur l'Etat de la littérature en France. La dernière est de 1772, année de la mort de *Thiriot*. On la trouve dans le tome x de l'*Evangile du jour*, recueil aujourd'hui peu répandu. Nous en donnons ici un extrait où se trouvent quelques particularités peu connues sur *Voltaire*.

Thiriot, après l'annonce de quelques ouvrages publiés depuis peu à Paris, tels que la traduction des Géorgiques de *Virgile* par l'abbé *Delille*, et le poème des Saisons par M. *de Saint-Lambert*, dont il transcrit un assez long fragment, continue ainsi :

« M. *de Voltaire* n'a point fait de poème sur Philadelphie, comme on vous l'a dit ; il est vrai qu'il l'avait commencé, mais il l'a abandonné pour des choses qui nous regardent de plus près. Je vous confierai qu'en 1753, il avait eu dessein d'aller fonder un établissement dans ce pays, qui, par tout ce que j'en entends dire, est digne d'être habité par des philosophes, et où l'on jouit de la plus grande et de la plus honnête liberté ; mais il a préféré les environs de Genève, dont le climat ne vaut pas, à beaucoup près, celui de la Pensilvanie......

» On m'a parlé d'un livre dans lequel il y a des choses excellentes ; il est intitulé : *De la Félicité publique ;* mais il ne m'est pas encore parvenu. Les satires, les libelles pleuvent ici de tous côtés et passent aussi vite que la pluie. Le petit *Sabatier* (de Castres), dont vous me parlez, et qui est de votre pays, est venu augmenter le nombre des malheureux désœuvrés qui viennent chercher du pain à Paris. M. *d'Alembert* lui a fait fermer sa porte. M. le comte *de Lautrec* l'a chassé de chez lui pour chose très-grave. On disait chez madame *de G....* qu'il y avait trop de ces petits gredins, qui se font auteurs, au lieu d'être de bons menuisiers, de bons cuisiniers.... Ah ! pour bons cuisiniers, dit-elle, Dieu m'en préserve ! ils m'empoisonneraient. Votre *Sabatier* est un homme qui ne sortira de la boue que pour aller trouver l'abbé *La Coste* à Toulon (1).

» Voici un petit madrigal impromptu assez plaisant, fait par

---

(1) *Sabatier* est mort à Paris, dans la misère, en 1817, recueilli par les sœurs de charité du quartier qu'il habitait.

un jeune conseiller au parlement l'année dernière, un peu avant les grandes aventures (2).

» Un jour au temple de Thémis
On opinait sans rien conclure;
Un chat vint sur les fleurs de lys
Etaler aussi sa fourrure.
Oh! oh! dit un des magistrats,
Ce chat prend-il la compagnie
Pour conseil tenu par les rats!
Non, répond son voisin tout bas,
Mais il a flairé la bouillie
Que l'on fait ici pour les chats.

» Vous savez avec quelle sagesse le roi a changé tous les chaudrons où l'on faisait cette bouillie...... Mais je n'écris point de nouvelles sur ce qui se passe dans le gouvernement, et je ne me mêle que de littérature, etc. »

IV.

Note communiquée par Wagnière. 1778.

Le jour où M. *de Voltaire* tomba dangereusement malade à Paris était celui que l'Académie française avait fixé pour l'adoption du projet de refondre son dictionnaire, conformément à la proposition qui lui en avait été faite par M. *de Voltaire.* Ce fut pour travailler à cet ouvrage qu'il m'avait ordonné d'aller lui chercher les livres de sa bibliothèque à Ferney, relatifs à la langue française et à diverses autres langues; et ce malheureux voyage est la cause qui m'a empêché d'assister à ses derniers momens. Voici le projet qu'il devait lire à l'assemblée de l'Académie. Je l'ai copié exactement sur la minute écrite de sa main.

(2) La suppression des parlemens.

« Il a été résolu unanimement qu'on travaillerait sans délai à un nouveau dictionnaire qui contiendra,

» L'étymologie reconnue de chaque mot, et quelquefois l'étymologie probable ;

» La conjugaison des verbes irréguliers qui sont peu en usage ;

» Les diverses acceptions de chaque terme, avec les exemples tirés des auteurs les plus approuvés, comme : *Il lui fut donné de prévaloir contre les rois. Cette île plus orageuse que la mer qui l'environne. Point de campagne où la main diligente du laboureur ne fût imprimée*, etc. ;

» Toutes les expressions pittoresques et énergiques de *Montaigne*, d'*Amiot*, de *Charron*, qu'il est à souhaiter qu'on fasse revivre, et dont nos voisins se sont saisis.

» En ne s'appesantissant sur aucun de ces objets, mais en les traitant tous, on peut faire un ouvrage aussi agréable que nécessaire. Ce serait à la fois une grammaire, une rhétorique, une poétique, sans l'ambition d'y prétendre.

» Chaque académicien peut se charger d'une lettre de l'alphabet, et même de deux.

» L'Académie examinera le travail de chacun de ses membres ; elle y fera les changemens, les additions et les retranchemens convenables.

» M. . . . . a entrepris la Lettre A.
M. . . . . la Lettre B.
M. . . . . la Lettre C., etc. » (1)

(1) Ainsi, touchant presqu'au terme de sa vie, on a vu *Voltaire* prêt à seconder avec courage ses confrères dans un travail long et pénible, et ne cessant, jusqu'à son dernier jour, de vouloir être utile aux lettres et à sa patrie.

FIN DU TOME DEUXIÈME ET DERNIER.

TABLE
DU SECOND VOLUME.

                                                Pages.

EXAMEN (suite de l') des Mémoires secrets, dits de Bachaumont 1

EXAMEN, par Wagnière, des Mémoires pour servir à l'histoire de Voltaire.................................... 75

MÉMOIRES par S. G. Longchamp 105

    Avertissement de l'éditeur............................. 107

    Avertissement de l'auteur............................. 113

    Mémoires 115

    Vers sur la mort de madame du Châtelet............... 382

LA MORT DE VOLTAIRE, ode 385

    Avertissement 387

    Ode 395

    Notes... 406

ÉCRITS de madame du Châtelet et de Thiriot, etc........ 417

    Avis de l'éditeur..................................... 419

    Réponse à une lettre diffamatoire par madame du Châtelet... 423

    Lettre de Thiriot avec des observations 431

    Lettre du marquis du Châtelet........................ 435

	Pages.
Lettre du comte d'Argental	436
Lettre de madame de Champbonin	438
Lettre de Thiriot au prince royal de Prusse	442
NOUVEAU DIALOGUE DES MORTS, par le président Hénault.	449
Avertissement de l'éditeur.	451
Nouveau dialogue des morts	453
PRÉFACE d'une édition des œuvres de Voltaire, par Baculard Darnaud	473
Avis de l'éditeur	475
Texte de la *Préface*	481
Passages rayés par Voltaire	504
Note de Voltaire	509
Epître et lettres de Darnaud, d'Argental et Voltaire.	511
LETTRE de Piron à Voltaire	519
Notes de l'éditeur.	526
ANECDOTES SUR VOLTAIRE	529

FIN DE LA TABLE DU SECOND VOLUME.

ERRATA.

TOME PREMIER.

Pages.	Lignes.		lisez :	
79,	13,	Ruffo,	lisez :	Raffo.
194, note 5,	8,	*Monorif*,		*Moncrif.*
236,	19,	marquis,		maréchal.
252,	6,	interpellations,		interpolations.
297, note 64,	5,	*Gravius*,		*Grœvius.*
302, note 65,	3,	et son,		et bon.
328, note 80,	1-2,	*Giafarte*,		*Giafar le.*
360,	11,	triste,		brisée.
399,	24,	second,		fécond.
404,	27,	Hurnoncourt,		Harnoncourt.

TOME SECOND.

81,	12,	Villette,	Voltaire.
117-118,		*de Sarmoises*,	*des Armoises.*
337, note,	2,	Meurion,	Monrion.
345,	20,	permettent,	permettaient.

Défauts constatés sur le document original

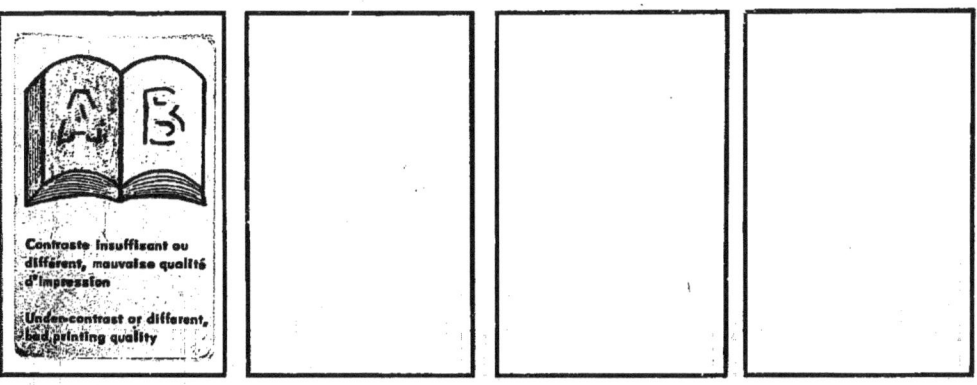

www.ingramcontent.com/pod-product-compliance
Lightning Source LLC
Chambersburg PA
CBHW071201240426
43669CB00038B/1443